Hennig Wargalla

Farbkorrektur

mit Photoshop und Scan-Programmen

Die Deutsche Bibliothek – CIP-Einheitsaufnahme

Hennig Wargalla:
Farbkorrektur mit Photoshop und Scan-Programmen
2. Aufl. – Bonn :
MITP-Verlag, 2001
ISBN 3-8266-0610-8

ISBN 3-8266-0610-8
2. Auflage 2001

Wir danken der Bildagentur PhotoDisc, dass sie uns zahlreiche Bilder aus ihrem lizenzfreien digitalen Bildarchiv zum Abdruck in diesem Buch zur Verfügung gestellt hat. Außerdem möchten wir den beiden Druckereien Media-Print in Paderborn und Engelhardt & Bauer in Karlsruhe für ihr Engagement beim Druck dieses Werkes besonders danken.

Printed in Germany

Ein Unternehmen der verlag moderne industrie AG & Co. KG, Landsberg

Lektorat: Susanne Gerbert, Sabine Müthing
Korrektorat: Dirk Müller
Druck: Media-Print, Paderborn
Umschlaggestaltung: Kommunikation & Design, Köln
Umschlagdruck: Engelhardt & Bauer Druck- und Verlags GmbH, Karlsruhe
Satz und Layout: Eva Kraskes, Köln

Inhalt

Die Zwei-Minuten-Farbkorrektur

Aha. Sie gehören also zu denen, die teure Fachbücher kaufen und dann nicht dazu kommen, sie auch zu lesen, oder nach einigen Seiten das Buch schon wieder weglegen. Ich verstehe das nur zu gut, daher will ich versuchen, Sie etwas zu motivieren.

Wenn Sie zwei Minuten Zeit hätten ...

Dieses Bild ist richtig schlecht. Die Neonröhre hat für einen Grün-Blaustich gesorgt. Wir wollen eine Farbkorrektur durchführen. Dazu sollten wir uns zuerst einen Ton aussuchen, den wir nach menschlichem Ermessen für Grau halten. Ich habe die Stelle, die ich mir ausgesucht habe, mit einem roten Kreis markiert.

Um zu beweisen, dass es einige Regeln gibt, die jenseits des subjektiven Geschmacks funktionieren, werde ich den Monitor auf Graustufen umstellen.

Für die ersten Schritte der Farbkorrektur brauchen wir schlicht keine farbige Darstellung des Bildes. Dies kann nur dazu verführen, dem Monitor zu vertrauen und sich Gedanken um die Farben des Bildes zu machen. Dafür ist es an dieser Stelle definitiv zu früh.

Unser buntes Bild wird jetzt also in Schwarz/Weiß auf dem Monitor dargestellt.

Wir wählen das Menü TONWERTKORREKTUR unter BILD ----> EINSTELLEN.

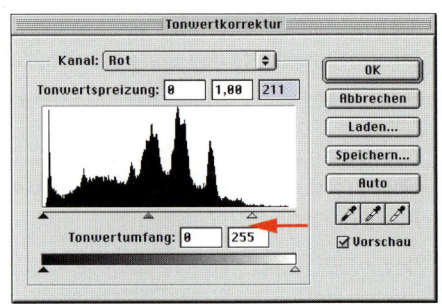

In diesem Menü aktiviert man die einzelnen Farbkanäle und führt das weiße respektive schwarze Dreieck zu der Position, an der die Berge beginnen. Dabei verändern wir nicht den RGB-Kanal und werden auch keine anderen Einstellungen vornehmen.

Wunderbar. Den ersten und wichtigsten Schritt der Farbkorrektur – die so genannte Extremwerteinstellung – haben wir soeben ohne Probleme gemeistert.

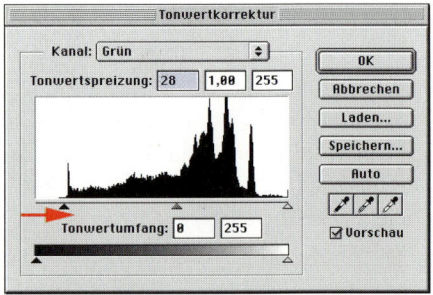

Der zweite Schritt besteht darin, die Graubalance des Bildes zu überprüfen und gegebenenfalls zu korrigieren.

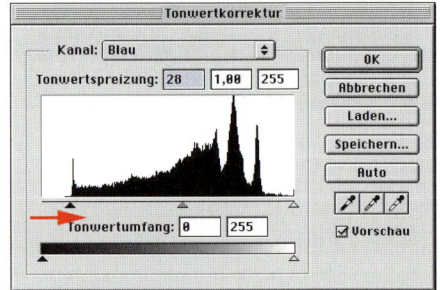

Dazu wählen wir die Pipette und die Informationspalette aus und notieren die Werte, die an der grauen Position des Bildes angezeigt werden. Seit Photoshop 5.0 kann man auch direkt eine Probe setzen.

Ich habe die Werte 77 Rot, 119 Grün, 125 Blau erhalten. Wir wollen nun alle Werte auf den mittleren Wert 119 pegeln.

Dazu wählt man unter BILD ⋯⋗ EINSTELLEN die Gradationskurven aus. Wiederum muss man die einzelnen Farbkanäle aktivieren. Man darf noch nicht im RGB-Kanal arbeiten.

Man setzt einen Punkt auf die Gradationskurve für Rot, indem man einfach auf die diagonale Linie klickt. Dann zieht man so lange an der Kurve, bis man die Werte Eingabe: 77 und Ausgabe: 119, ablesen kann. Wer mit Photoshop 5.0 arbeitet, kann die Werte direkt eingeben. Genauso verfährt man mit Blau. Eingabe: 125, soll zu Ausgabe: 109 werden.

Der grüne Kanal hat schon den gewünschten Wert. Er bleibt unberührt.

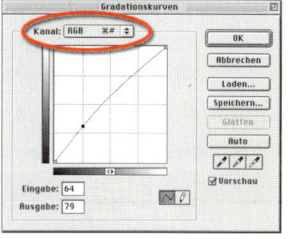

Wenn das Graustufenbild auf dem Monitor nun unverhältnismäßig dunkel oder hell aussieht, kann man in dem RGB-Kanal maximal zwei Punkte setzen und Helligkeit und Kontrast des Bildes korrigieren. Ich habe das Bild ein wenig aufgehellt, indem ich einen Punkt gesetzt und diesen etwas nach oben verschoben habe.

118 Sekunden sind vorbei. Es ist an der Zeit, das Ergebnis zu überprüfen. Wir stellen den Monitor wieder auf Farbe um. Hat sich doch gelohnt, oder?

So etwas funktioniert mit Demo-Bildern natürlich immer. Deswegen sollten Sie sich die Zeit nehmen und die Vorgehensweise an eigenen Bilddaten ausprobieren.

Es wird nicht immer klappen, aber wenn Sie aus den Problemfällen lernen (oder dieses Buch lesen) sind Sie auf dem besten Weg zu einem souveränen Umgang mit Farbe.

Viel Spaß dabei wünscht
Hennig Wargalla

Einleitung

Photoshop bietet tolle Effekte, lustige Gimmicks und unglaublich wilde Filter. Startet man mit der Bildbearbeitung, wird man erschlagen von Millionen von Möglichkeiten, die es zu erforschen gilt. In der Praxis sieht man relativ selten Resultate, die auf diesen Optionen beruhen.

In der täglichen Arbeit spielen die Effekte meiner Erfahrung nach eine untergeordnete Rolle. Wichtiger sind die grundlegenden Fragen: „Wie kriege ich ein Bild korrekt in den Computer? Was kann ich dort verbessern und wie kriege ich es wieder heraus?" Hiervon handelt das Buch.

Ihnen wird vielleicht auffallen, dass ein Teil der Screenshots am Mac und ein anderer Teil am Windows-PC gemacht wurde. Das schöne ist, dass in der Bildbearbeitung die Unterschiede zwischen den Systemen immer geringer werden und dieses Buch damit plattformübergreifend nutzbar ist. Und auch in den verschiedenen Programmen und Programmversionen sind die wirklich grundlegenden Funktionen allesamt vorhanden. Das Histogramm, die Gradationskurve und den Farbkreis kann man in fast jedem Scan- und Bildbearbeitungsprogramm wiederfinden.

Im ersten Teil des Buches werden aus einem pragmatischen Blickwinkel heraus die Grundlagen der Bildbearbeitung behandelt. Farbmodelle, Auflösung, Interpolation und Datentiefe sind die dazugehörigen Stichworte. Auch das weite Feld des Farbmanagement gehört dazu. Ich habe versucht bei diesem Thema möglichst nah an der täglichen Arbeit zu bleiben. Man sollte in diesem Zusammenhang nicht vergessen, dass das Farbmanagement eine Hilfe sein soll, um konsistente Resultate zu erzielen. Schickt man ein schönes Bild in einen solchen Workflow, dann soll hinten ein schönes Bild rauskommen. Schickt man ein hässliches Bild rein, so wird der ganze Aufwand dazu genutzt, das Ergebnis hässlich zu erhalten. Farbmanagement und -korrektur sind also keine widerstreitenden Konzepte, sondern müssen sich möglichst reibungslos ergänzen.

Der zweite und große Teil des Buches ist den Werkzeugen zur Tonwert- und Farbkorrektur gewidmet. Programme, die mit Scannern und Digitalkameras ausgeliefert werden, bieten meist ähnliche Möglichkeiten wie Photoshop. Aus gutem Grund werden sie aber schon im Stadium der Digitalisierung genutzt. Das Aussehen dieser Programme ist gänzlich verschieden. Die Funktionen wiederholen sich dagegen andauernd. Es gibt Hilfestellungen zur Auflösungsberechnung, Entrasterungs- und Schärfungsfunktionen, Histogramme, Gradationskurven und Farbsättigungseinstellungen. Anstatt mich nun auf ein, zwei Programme zu konzentrieren, habe ich versucht die Wirkung der Werkzeuge anhand von Photoshop zu demonstrieren und dann die Parallelen in den Scanmenüs zu finden. Im Buch finden Sie die Lösungen von Agfa, Heidelberg, Mikrotec, Umax, LaserSoft und anderen abgebildet. Sie sind nicht bis ins letzte Detail erklärt. Ziel war es vielmehr, die prinzipielle Herangehensweise der Programme aufzuzeigen, damit man auf dieser Basis auch mit den Scannern von Canon, Nikon, Epson – und wie sie alle heißen mögen – umgehen kann.

Eine Sonderrolle spielt LinoColor, das aus dem üblichen Ansatz, RGB-Daten zu verarbeiten, herausfällt und stattdessen auf Lab/LCH-Korrekturen setzt. Der Heidelberg-Software sind daher einige eigene Seiten gewidmet.

Teil drei beschäftigt sich mit weiterführenden Techniken, die über die klassischen Themen der Farbkorrektur hinausweisen. Besonders aufregend war die 10-farbige Produktion des Hexachrome-Kapitels. Wir haben hier 6-farbige und vierfarbige Bilder in direktem Vergleich nebeneinander abgedruckt, um die Unterschiede schwarz auf weiß (Pardon: grün auf orange) darstellen zu können. Abgeschlossen wird das Buch durch Tonwerttafeln, die Sie hoffentlich in Ihrer täglichen Arbeit einsetzen können.

Die Farbkorrektur ist ein durch und durch subjektives Thema, und im Medienbereich ist kein Zentralkomitee in Sicht, das verbindliche Regeln zum Umgang mit Bilddaten aufstellen könnte. Wenn Sie mir nicht glauben, dann fragen Sie einmal Vertreter von Agfa und Heidelberg nach dem Nutzen des Lab-Farbraums. Ihnen wird der Kopf rauchen, und es wird offensichtlich, dass renommierte Vertreter der Industrie in ganz grundlegenden Fragen unterschiedliche Einschätzungen vertreten. Ich denke, ich muss es nicht extra betonen – und tue es doch: Ich bin nicht klüger als Agfa und Heidelberg zusammen. Von Scitex, Kodak, Fuji, Canon, Polaroid und all den anderen ganz zu schweigen.

Dieses Buch ist auch keine Bibel. Ich koche auch nur mit Wasser und habe ganz bewusst meine eigenen Erfahrungen in dieses Buch einfließen lassen. Es würde mich überhaupt nicht wundern, wenn einige Passagen Ihren Widerspruch herausfordern. Ich habe es mir nicht nehmen lassen, manche Aussage provokant zu formulieren. Sie sollten es sich nicht nehmen lassen, es besser zu wissen.

Ziel dieses Buches ist es, den Werkzeugkasten der Farbkorrektur und Bildbearbeitung auszupacken, Begriffe zu klären und Konzepte einzuführen. Unterschiedliche Einschätzungen zu den Werkzeugen sind dabei völlig in Ordnung.

Teil 1

1 Grundlagen

1.1 Farbe und Pixel

Farbmodelle

Bei der Arbeit mit digitalen Bildern hat man es immer wieder mit zwei Farbmo-
dellen zu tun: RGB und CMYK. Daher lohnt es sich zweifelsohne, einen kurzen,
praxisorientierten Blick darauf zu werfen.

Die Lichtfarben

Rot, Grün und Blau stellen die Lichtfarben dar. Das bekannteste Beispiel sind
die drei Scheinwerfer, deren Lichtkegel sich überlappen und in der Mitte Weiß
bilden. Den umgekehrten Weg geht man, wenn man weißes Licht durch ein
Prisma schickt. Es wird gebrochen und in seine spektralen Bestandteile zerlegt.
Dieses Spektrum kann man in die drei Bereiche Rot, Grün und Blau unterteilen.
Kehrt man den Weg um und schickt rotes, grünes und blaues Licht zurück durch
das Prisma, entsteht weißes Licht.

Mit dem Modus NEGATIV
MULTIPLIZIEREN der
Ebenenpalette kann man
die additive Farbmischung
simulieren.

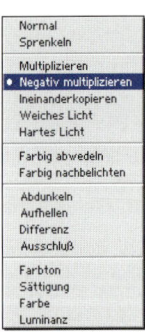

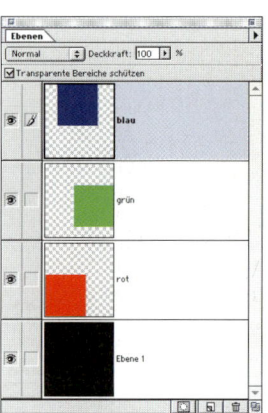

Wir können dies in Photoshop simulieren, indem wir eine Datei mit mehreren
Ebenen erstellen und jeweils eine Fläche mit den Grundfarben füllen. Im Farbwähler muss dann z.B. 255 R, 0 G, 0 B angewählt sein, um Rot zu erhalten.

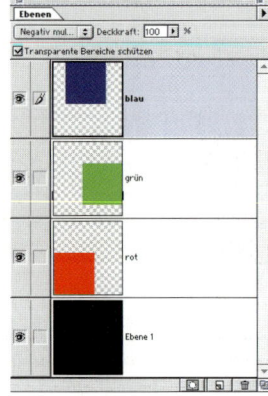

Dort, wo Blau und Rot sich überlappen, entsteht Magenta. Bei Grün und Blau ist es Cyan, und wenn Rot und Grün aufeinander treffen, bildet sich Gelb. Die Farben des CMYK-Modells finden wir hier also wieder. In der Mitte scheinen alle Farben mit der gleichen Intensität. Es bildet sich Weiß.

Reduziert man die Deckkraft der Ebenen, reduziert man dadurch auch die Strahlkraft der Lichtfarben. In diesem Fall habe ich die Deckkraft auf 50% reduziert und es entsteht der Wert „128". Das Bild wird dunkler. Die Farben sind weniger gesättigt. In der Mitte treffen alle Farben aufeinander. Hier entsteht der Farbeindruck Grau.

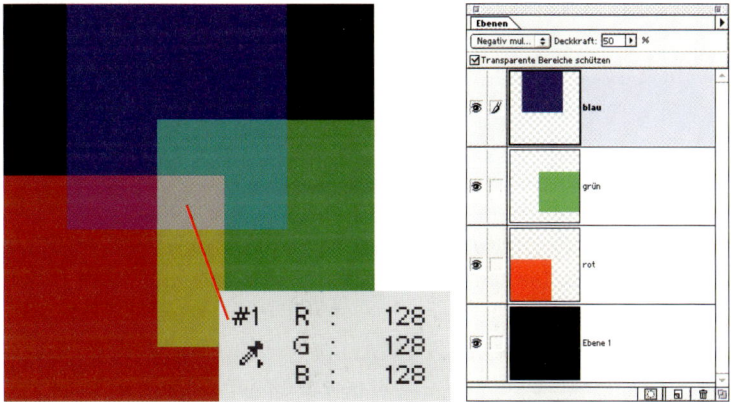

Das ist nun bemerkenswert: Ein schlichtes Grau entsteht nur, wenn alle Lichtfarben in exakt dem gleichen Verhältnis vorliegen. Je mehr Farbe, desto heller – im Extremfall Weiß, je weniger, desto dunkler – im Extremfall Schwarz. Dieser Zusammenhang zwischen Farben und Grauwerten ist in der Farbkorrektur als Grau- oder Farbbalance von ganz entscheidender Bedeutung.

Hat man ein Spektralphotometer, kann man sich die Zusammensetzung des Lichts und seiner spektralen Anteile darstellen lassen. Die abgedruckten Screenshots stammen von einem Colortron II.

Bei weißem Licht sind alle Bereiche des sichtbaren Lichts vertreten. Der Eindruck Schwarz entsteht, wenn kein Licht vorhanden ist.

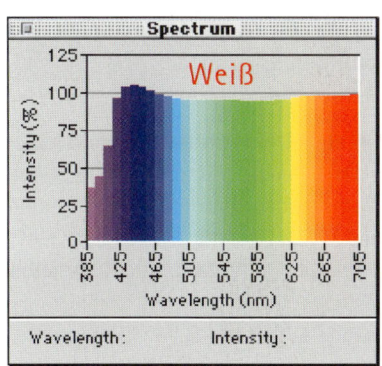
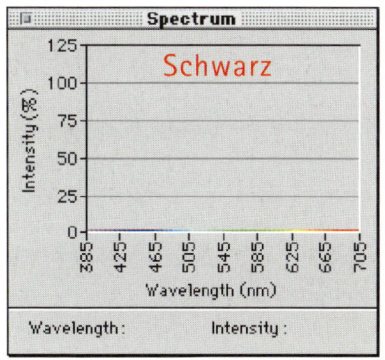

Weißes Papier reflektiert das gesamte Farbspektrum. Schwarz entsteht, wenn alle Anteile des Lichts absorbiert werden und nichts zurückgeworfen wird.

Die Druckfarben

Cyan, Magenta und Gelb sind die Druckfarben. Sie machen nur Sinn, wenn weißes Licht auf sie fällt. Dann absorbieren sie einen Teil dieses Lichts und reflektieren einen anderen. Druckt man alle Farben, werden alle Anteile des Lichts reduziert oder subtrahiert. Daher spricht man auch vom subtraktiven Farbmodell.

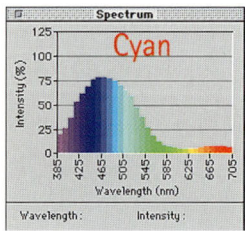

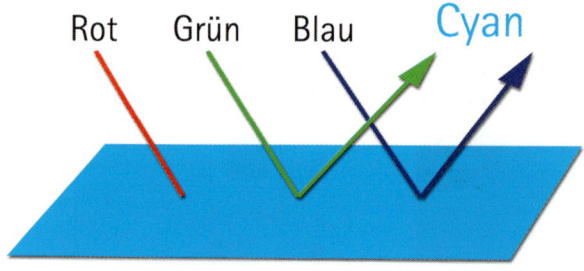

Misst man einen gedruckten Cyanton, erkennt man, welche Farbanteile des Spektrums verschluckt bzw. reflektiert werden.

Die Druckfarbe Cyan verschluckt den Rotanteil des weißes Lichtes. Grün und Blau reflektiert es aber. Die Kombination aus diesen beiden Farben erweckt bei uns den Eindruck Cyan.

Druckt man jetzt Gelb hinzu, absorbiert diese Druckfarbe das blaue Spektrum des Lichts. Der einzige Lichtanteil, der weiterhin reflektiert wird, ist Grün. Genau dieser Farbeindruck entsteht denn auch.

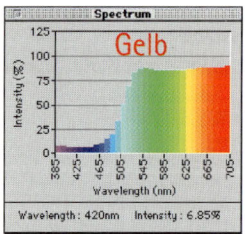

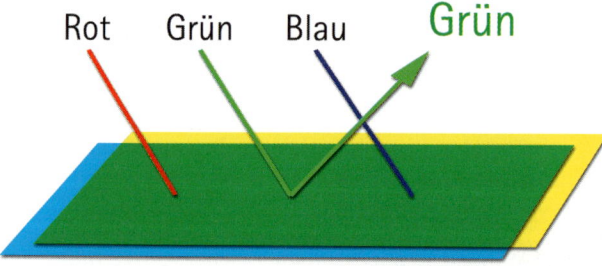

Cyan verschluckt Rot. Gelb absorbiert Blau. Der einzige Farbanteil, der reflektiert wird, ist Grün. Die gelbe Druckfarbe reflektiert den blauen Anteil des Lichts nicht.

Die absorbierte Farbe nennt man auch Komplementärfarbe. Auch dies ist ein ganz wichtiger Begriff in der Farbkorrektur. Die einfache Mischung der Druckfarben bildet hier also die Farben Rot, Grün und Blau der additiven Farbmischung.

Wie man gut erkennen kann, gibt es einen ziemlichen Unterschied zwischen Theorie und Praxis. Weder reflektiert Cyan den Grün- und Blauanteil des Bildes perfekt, noch kann das Gelb die Blautöne völlig absorbieren. Die Farben sind nicht so strahlend, wie sie sein sollten, sondern flau, da nur ein Teil des Lichts reflektiert wird, und verschmutzt, weil die Komplementärfarbe nicht komplett absorbiert wird.

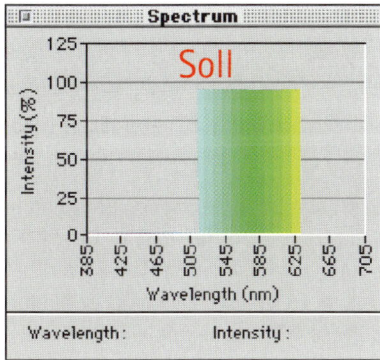 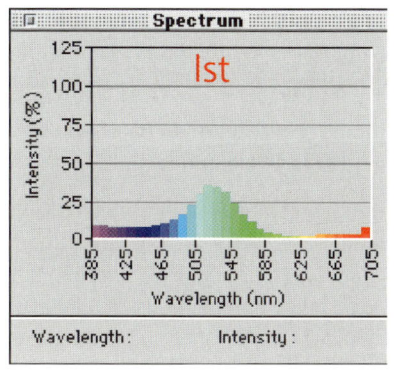

Die spektrale Zusammensetzung für die Kombination der Druckfarben Cyan und Gelb. Theorie und Praxis liegen weit auseinander.
Das wird ganz deutlich, wenn man sich die spektrale Messung für Grün anschaut.

Das ganze Theater um Farbräume findet hier seine Begründung. Mit den Druckfarben Cyan, Magenta und Yellow kann man viele Farben nicht darstellen, da sie einfach nicht exakt genug arbeiten. Die bekannte Enttäuschung, wenn die strahlenden RGB-Farben des Monitors völlig flau und matschig im Ausdruck erscheinen, beruht auf diesem Phänomen.

Sehr schön kann man das nachvollziehen, wenn man im RGB-Modus den Farbwähler von Photoshop aufruft und eine sehr bunte Farbe wählt. Man sieht ein kleines Warndreieck, dass diese Farbe nicht druckbar ist. Klickt man auf das Dreieck, springt der Farbwähler zum nächsten Ton, der mit den Druckfarben zu realisieren ist.

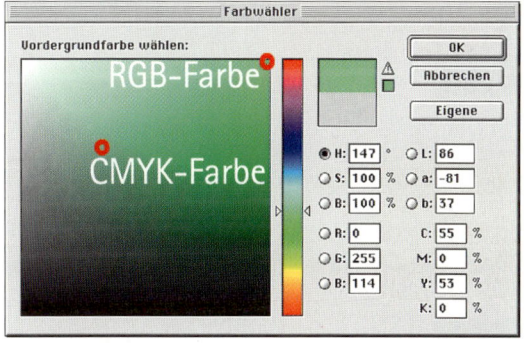

Der Farbwähler macht die ungeheure Differenz zwischen Licht- und Druckfarben deutlich.

Zwei weitere Aspekte der Drucktechnik kann man daran erläutern: Die schöne Theorie besagt, dass

- Cyan – Rot
- Magenta – Grün
- Gelb – Blau

absorbiert.

Damit sind alle Anteile des weißen Lichts von den Druckfarben verschluckt worden, und es entsteht Schwarz. In der Praxis ist das, wie wir gesehen haben, nicht so. Den Druckfarben gelingt es nicht, den exakten Farbanteil herauszufiltern, und es entsteht vielmehr ein sehr dunkles Braun. Dies ist der Grund, weshalb man bei der Reproduktion Schwarz hinzufügt, um so eine ausreichende Tiefe zu erreichen.

Die Ebenenpalette in Photoshop bietet die Möglichkeit, das subtraktive Farbmodell nachzuempfinden.

Betrachtet man Grautöne im CMYK-Modus, steht man vor ähnlichen Problemen. Identische Werte für Rot Grün und Blau ergeben Grau. Identische Werte für Cyan, Magenta und Gelb ergeben stattdessen Braun. Die Druckfarbe Cyan hat noch mehr Probleme als Magenta und Yellow. Es gelingt ihr nicht, in ausreichendem Maße Blau und Grün zu reflektieren. Will man einen Grauton erreichen, muss man also mehr Cyan drucken, damit genügend Blau und Grün das Auge des Betrachters erreicht. In der Praxis könnte ein Grau also z.B. aus 55% Cyan, aber nur aus jeweils 45% Magenta und Gelb bestehen.

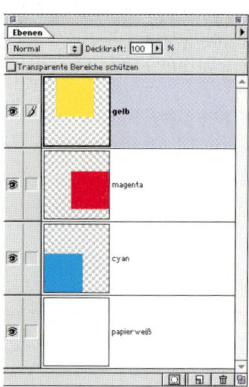

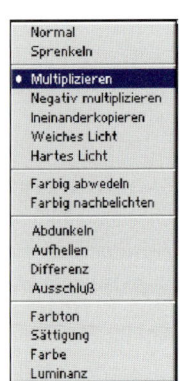

Die Ebenen Cyan, Magenta und Yellow liegen übereinander und verdecken sich gegenseitig. Wählt man den Modus MULTIPLIZIEREN aus der Ebenenpalette, wird das Verhalten von Druckfarben simuliert.

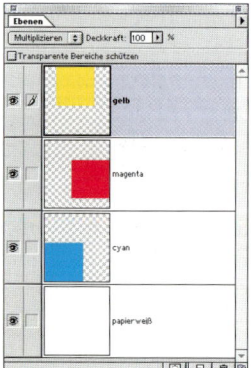

Identische RGB-Werte ergeben Grau. Identische Werte für die Druckfarben Cyan, Magenta und Yellow führen allerdings zu einem rötlich-braunen Ergebnis.

Papierweiß

Bestimmenden Einfluss auf das Druckergebnis hat natürlich auch das Papier. Wenn schon der Bedruckstoff einen Teil des Lichtes absorbiert, dann trägt auch dies zu einem flauen Ergebnis bei.

Ich finde, man kann es an den Messungen mit dem Spektralphotometer wunderbar erkennen. Das hochglänzende Kunstdruckpapier reflektiert sehr viel mehr Licht. Es hat einen leichten Überhang im Blau. Das ist nicht selten bei solchem Material. Das Zeitungspapier dagegen verschluckt jetzt schon einen guten Teil des Lichts, dabei ist noch gar keine Farbe auf das Papier gedruckt. Es absorbiert im blauen Bereich etwas mehr Licht. Dies führt zu einem gelblichrötlichen Einschlag. Auch diese leichte Färbung kann bei Zeitungspapier nicht überraschen.

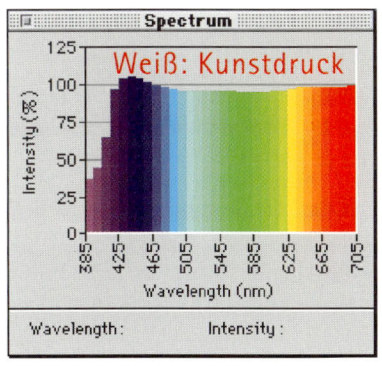

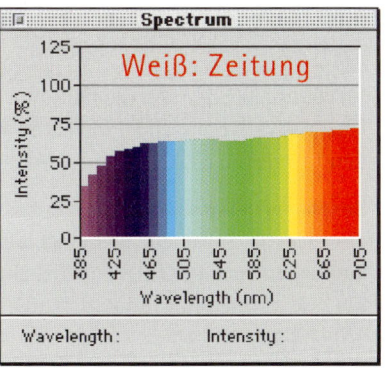

Je nach Papiersorte wird unterschiedlich viel Licht reflektiert.

Der Farbkreis

Licht- und Druckfarben stehen offensichtlich in einem sehr engen Verhältnis zueinander. Nimmt man zwei beliebige Farben des einen Modells, so entsteht daraus eine Farbe des anderen Modells. Darüber hinaus gibt es zu jeder Farbe das Gegenstück im anderen Modell, genannt Komplementärfarbe. Diese Beziehungen kann man sich verdeutlichen, wenn man daraus den Farbkreis bildet.

Jede Farbe kann man aus den beiden Nebenfarben bilden. Rot besteht also aus Magenta und Gelb. Gelb dagegen wird aus Grün und Rot gebildet. Wenn Sie mir das nicht glauben, überprüfen Sie die schematische Darstellung der RGB-Farben zu Anfang des Kapitels. In der additiven Mischung brauchen Sie rotes und grünes Licht, damit der Farbeindruck Gelb entsteht.

Der Farbkreis taucht immer wieder in der Bildbearbeitung auf. Manchmal auch, wenn man es gar nicht vermutet, wie bei Strichbildern. Manche Menüs, wie etwa FARBTON/SÄTTIGUNG, beruhen vollständig auf dem Farbkreis.

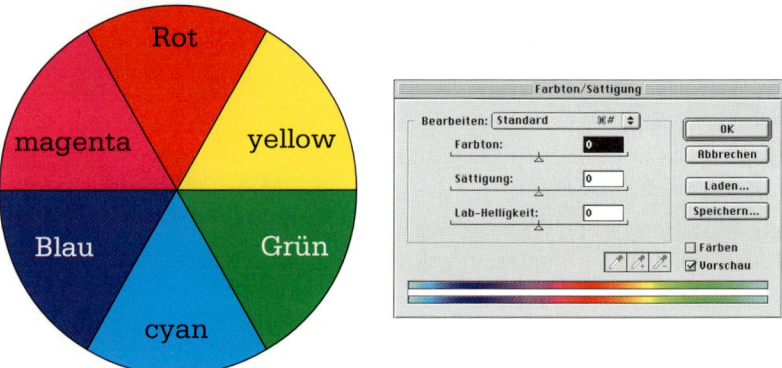

Am gegenüberliegenden Ende des Kreises sieht man jeweils die Komplementärfarbe. Für Rot ist das Cyan; für Gelb ist es Blau. Je stärker die Komplementärfarbe vertreten ist, desto ungesättigter ist der Farbeindruck. Sind alle Töne gleichmäßig vertreten, entsteht Grau.

In der Bildbearbeitung ist die Komplementärfarbe eine sehr wichtige Farbe. Es gibt selten völlig reine Farben, also z.B. ein Rot, das nur aus Magenta und Yellow besteht. In den allermeisten Fällen ist auch Cyan vertreten. Will man nun Einfluss auf das Rot nehmen, ist es oftmals viel effektiver, sich mit der Komplementärfarbe zu beschäftigen, als die Anteile von Magenta und Yellow zu verändern.

Ist kein Anteil der Komplementärfarben vorhanden und sind die Nebenfarben maximal vertreten, so ist die Farbe gesättigt. Im Falle von Rot entspräche dies den Tonwerten 0% Cyan, 100% Magenta und 100% Yellow.

Beschäftigt man sich mit Farbkorrektur, muss man die Beziehungen der Farben, die sich im Farbkreis niederschlagen, verinnerlichen. Es gibt Einstellungsmenüs, die sich gänzlich aus diesem Farbkreis ableiten (FARBTON/SÄTTIGUNG). Aber auch bei den Gradationskurven, muss man eigentlich dieses Prinzip vor Augen haben.

HSB, LCH

Bei RGB und CMYK wird die Farbe durch Anteile der Licht- und Druckfarben definiert. Hat man aber einmal den Farbkreis definiert, liegt es natürlich nahe, ihn als Grundlage zu nehmen und die Farbe über die Position im Kreis zu beschreiben.

Bei HSB steht
- H für Hue (Farbe)
- S für Saturation (Sättigung)
- B für Brightness (Helligkeit)

HSB findet man im Photoshop-Farbwähler. Im Gegensatz dazu wird LCH von LinoColor genutzt. Es basiert zwar eigentlich auf Lab-Daten, stellt aber eine ganz ähnliche Beschreibung von Farbe dar.

Bei LCH steht
- L für Luminanz (Helligkeit)
- C für Chroma (Sättigung)
- H für Hue (Farbe)

CIE-Lab

RGB und CMYK basieren auf physikalischen Phänomenen. Lichtquellen scheinen und geben dabei Licht mit einer bestimmten spektralen Zusammensetzung ab. Druckfarben absorbieren Teile des Spektrums und erwecken somit einen Farbeindruck. Je nach den physikalischen Rahmenbedingungen können gleiche Werte in der wirklichen Welt zu ganz unterschiedlichen Ergebnissen und Farben führen. RGB und CMYK sind damit von den Ausgabeprozessen abhängig, oder kurz: geräteabhängig.

Lab ist der bekannteste Spross aus einer ganzen Reihe von geräteunabhängigen Farbräumen, die das Centre Internationale d'Eclairage (CIE) definiert hat. Man wird keinen Monitor und keinen Projektor finden, der Lab abstrahlt, und auch keinen Drucker, der mit Lab-Farben arbeitet. Lab ist eine losgelöste, rein mathematische Beschreibung aller sichtbaren Farben. Der Farbraum orientiert sich dabei an der Wirkungsweise der menschlichen Wahrnehmung.

Bild: Heidelberg

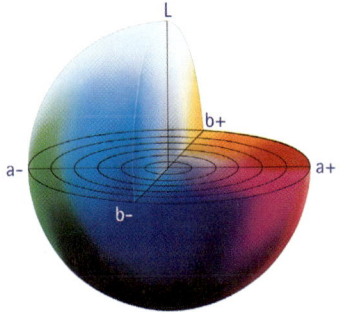

Die Lab-Kugel ist eine schematische Darstellung des geräteunabhängigen CIE-Farbraums.

Dabei steht
- L für Luminanz (Helligkeit)
- a beschreibt die Farben von Rot nach Grün
- b beschreibt die Farben von Gelb nach Blau

Mehr dazu – viel mehr dazu – in Kapitel 1.4 Farbmanagement.

Pixel unter sich

Es gibt zwei Arten, um grafische Informationen im Computer zu beschreiben: Pixel und Vektoren. Ganz viele Eigenheiten der Medienproduktion beruhen auf diesen unterschiedlichen Konzepten und den Schwierigkeiten, von der einen in die andere Welt zu wechseln. Daher kann es sinnvoll sein, sich die Unterschiede genauer vor Augen zu führen. Ich will – auch wenn es sehr theoretisch erscheint – dazu ein wenig ausholen.

Pixel

Hier wird die grafische Information in einzelne Bildpunkte zerlegt. Die Menge dieser Bildpunkte ist unter dem Begriff AUFLÖSUNG von entscheidender Bedeutung für die erreichbare Qualität und Verwendbarkeit eines Bildes. Wie groß die Anzahl möglicher Unterschiede zwischen den Pixeln ist, findet in dem Begriff DATENTIEFE seine Entsprechung.

Dieses Konzept eignet sich hervorragend, um komplexe, fotorealistische Informationen zu beschreiben. Daher arbeiten alle Bildbearbeitungsprogramme auf der Basis von Pixeln. Diese Herangehensweise hat aber auch Nachteile. Die mögliche Ausgabegröße eines solchen Bildes ist durch die Anzahl der Bildpunkte festgelegt. Man kann einfach kein kleines Bild ohne Qualitätsverluste groß ausgeben.

Live Picture

Es gibt einige Ansätze von Herstellern, dieses Problem zumindest zu verringern. Live Picture etwa ist ein Bildbearbeitungsprogramm, das, anders als Photoshop, nicht direkt mit den Pixeln arbeitet, sondern die Bearbeitungsschritte in einer eigenen Datei speichert und die eigentlichen Bilddaten zuerst unberührt lässt. Man sieht nur – und arbeitet allein – in der Bildschirmauflösung. Erst wenn alle Arbeitsschritte erledigt sind, werden die Bildpunkte in einer frei zu wählenden Auflösung berechnet. Aber auch wenn man die Anzahl der Pixel bestimmen kann, bedeutet das nicht, dass man auflösungsunabhängig arbeiten könnte. Entscheidend ist auch hier, dass die Originalbilder über genügend Informationen verfügen, damit das Endergebnis den Anforderungen entspricht.

Fraktale Kompression

Ein anderer Ansatz ist die fraktale Kompression von Bilddaten. Erstes Ziel dieser Technik ist es, bei der Sicherung von Bildern Speicherplatz zu sparen. Dazu wird das Bild in Muster, eben jene Fraktale, zerlegt, die sich durch mathematische Formeln beschreiben lassen. Liegen die Daten erst einmal in einem solchen Format vor, kann man auf dieser Basis das Bild beliebig vergrößern und beliebig viele Pixel errechnen lassen. Das ist natürlich ein ungeheuer spannendes Konzept. Damit könnte man sich endlich unabhängig machen von der Anzahl der Pixel und hätte die Möglichkeit, Bilddaten wirklich für jeden Zweck verwenden zu können.

Leider haben sich die bisher angebotenen Lösungen noch nicht auf breiter Front durchgesetzt. Ob sie in der Lage sind, allen Ansprüchen zu genügen, muss man also abwarten.

Ein weiteres Problem der pixelorientierten Programme ist, dass es hier keine Objekte gibt, die man aktivieren könnte. Eine Person im Vordergrund ist eben in der Bildbearbeitung keine Person, kein geschlossenes Objekt, sondern z.B. zweihunderttausend einzelne Bildpunkte. Das ganze komplexe Themengebiet der Freistellung ist nur der aufwendige Versuch, diese zweihunderttausend Pixel gemeinsam zu aktivieren.

Vektoren

Bei dem anderen großen Konzept, um grafische Informationen zu beschreiben, hat man es nicht mit Bildpunkten zu tun, sondern mit Ankerpunkten. Zwischen diesen Punkten finden sich Verbindungslinien, die so genannten Vektoren. Die Kurvigkeit der Linie wird mit Beziers-Funktionen definiert. So kann man komplexe Objekte erzeugen und ihnen Eigenschaften, wie Inhalt und Kontur, zuordnen.

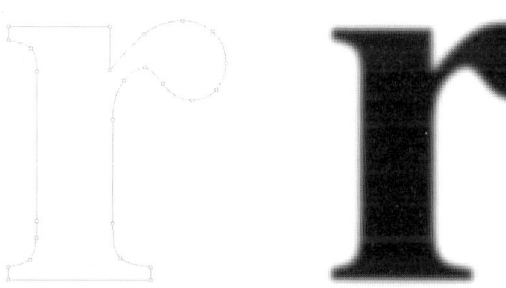

Einen Buchstaben kann man mit einer Handvoll Vektoren, oder mit Tausenden von Bildpunkten beschreiben.

Alle Layout- und Grafikprogramme arbeiten mit diesem Ansatz. Quark, Illustrator, PageMaker, Freehand, Corel Draw und wie sie alle heißen mögen. Die Definition der Punkte und ihrer Verbindungslinien liegen dabei in mathematischen Formeln vor, und in diesen Formeln kann man nun als Maßeinheit Millimeter oder Kilometer eingeben.

Somit ist die mögliche Ausgabegröße nur durch das Ausgabegerät beschränkt, nicht aber durch die Information der Datei selber. Vektoren sind wirklich auflösungsunabhängig. Auch Postscript-Schriften liegen als Vektor-Information vor. In Programmen, wie Freehand und Illustrator, kann man diese Informationen extrahieren, indem man die Schrift „in Pfade umwandeln" lässt.

Diese Art, Informationen zu beschreiben, verbraucht weitaus weniger Platz als die Pixelvariante. Um zum Beispiel einen Buchstaben zu erzeugen, genügt ein gutes Dutzend von Ankerpunkten mit ihren Verbindungslinien. Im Gegensatz dazu kann die Definition des gleichen Buchstabens – je nach Größe – Millionen von Pixeln erfordern, die alle einzeln beschrieben sein wollen.

Beschneidungspfade

Zwei Arten, zwei Sprachen, um grafische Informationen zu beschreiben. Die meisten Programme sind nicht oder in nur ganz geringem Maße in der Lage, eine „Fremdsprache" zu sprechen. Das ist der Grund dafür, warum wir zwar in Photoshop wunderbar transparente Bereiche definieren können, diese aber nicht in den Layoutprogrammen übernommen werden.

Für ein vektororientiertes Programm macht die Information „drucke diesen Pixel, jenen aber nicht" keinen Sinn. Mit Pixeln kann dieses Programm nichts anfangen. Das ist der einzige Grund, warum man für figürliche Freisteller in Photoshop einen Beschneidungspfad, einen Vektor erstellen muss. Diese Information kann das Layoutprogramm verarbeiten und weiß nun, dass es alles innerhalb des Pfades und nichts außerhalb drucken und darstellen soll.

Photoshop 6.0

In der neuesten Version von Photoshop geht Adobe einfach den anderen Weg. Anstatt Pixeldateien in Layoutprogramme zu holen, werden die Vektoren direkt in Photoshop erzeugt. Polygone und Schriften werden also als Vektoren erstellt und bleiben auch als Vektoren erhalten. Jetzt reicht natürlich ein klassisches Pixelformat wie Tiff nicht aus, um all die Informationen aufzunehmen. Daher muss man als Austauschformat PDF oder EPS nutzen. Damit kann man sowohl die Pixel als auch die Vektoren in gleicher Qualität abspeichern.

Wir können dies einmal an einem Titelbild demonstrieren. Dazu habe ich eine Textebene in Photoshop 6 erstellt und über den Text noch einen Freisteller mit den Haaren gelegt. Das unterscheidet sich bis hierin nicht von einer klassischen Herangehensweise. Allerdings war bisher immer das Problem gewesen,

Eine 6-pt-Schrift wurde in Photoshop einmal als Pixel und ein weiteres Mal als Vektor erstellt und die Datei als PDF gesichert.

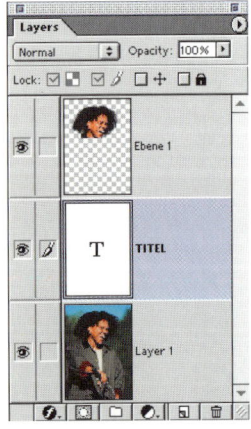

In Photoshop 5 konnten wir die Seite genauso gut aufbauen. Das Problem war aber immer, dass die Schriften bei der Ausgabe aufgerastert und unscharf wurden.

Mit Photoshop 6 bleiben die Vektoren dagegen erhalten. Selbst eine 6-pt-Schrift kann beliebig vergrößert werden, ohne dass es zu Qualitätsverlusten kommt.

dass die Schriften bei der Ausgabe aufgerastert wurden. Mit Photoshop 6 hat sich das geändert. Die Vektorinformationen bleiben erhalten. Damit verdient die Version 6 von Photoshop eine besondere Erwähnung in diesem Kapitel. Es war bisher den teuren Workstations, die in der Druckvorstufe eingesetzt wurden, vorbehalten, Vektoren und Pixel gleichberechtigt zu verarbeiten. Mit Photoshop tun sich jetzt auch im DTP-Bereich ganz neue Möglichkeiten auf.

Verluste bei Korrekturen

In vektororientierten Programmen haben wir es immer mit Objekten zu tun, die wir beliebig verändern können, ohne dass man mit Qualitätseinbußen rechnen müsste. Auch die siebenundzwanzigste Farb- oder Größenänderung schadet der Datei nicht.

In Pixelprogrammen ist das leider nicht so. Jeden einzelnen Bildpunkt für sich kann man zwar weiterhin verändern – also z.B. erst Rot, dann Schwarz, dann Gelb färben. Der Pixel an sich wird dadurch nichts an Qualität einbüßen. Er beschreibt wie immer einen Bildpunkt. Allerdings ist er allein nicht aussagekräftig. Ein Pixelbild entsteht nur aus dem Zusammenspiel von ganz vielen Bildpunkten, und so steht bei der Bearbeitung von solchen Dateien dieses Zusammenspiel weit mehr im Vordergrund als die Bildpunkte selber.

Pixelbilder sind ganz filigrane Gewebe, die man zwar in eine Richtung verbiegen kann, die aber, wenn man versucht sie zurückzubiegen, spröde werden und reißen.

Dies ist der Punkt, auf den ich eigentlich in diesem Kapitel hinauswill. Obwohl wir es mit Computerdaten zu tun haben, die ja eigentlich beliebig veränderbar sind, haben Bilddateien doch immer eine Sonderstellung. Dadurch, dass sich ihr Sinn erst aus dem kollektiven Zusammenspiel der Bildpunkte erschließt, verhalten sie sich fast wie ein analoges Medium.

Es lassen sich viele Beispiele aufführen, woran man sich dies verdeutlichen kann, etwa wenn man eine Retusche durchführt. Erzielt man nicht das gewünschte Ergebnis im ersten Versuch, so macht es meist keinen Sinn, die verkorkste Stelle erneut zu retuschieren. Das Resultat wird nicht besser, sondern peu à peu immer schlechter.

Genauso verhält es sich, wenn man Bereiche eines Bildes auswählt und sie mit Farbe füllt. Man hat bei der Auswahlerstellung die Möglichkeit eine geglättete oder eine harte Kante zu erstellen. Im Regelfall entscheidet man sich für die geglättete Version, da sonst die Treppenbildung der Pixel zu auffällig wird. Im unteren Beispiel wurde die Auswahl zuerst mit Cyan und dann erneut mit Gelb gefüllt. An der Kante entsteht eine Mischung aus beiden Farben, und statt einer gelben hat man auf einmal ein leicht grünliche Kante.

Pixel verzeihen nichts. Auch die erneute Farbänderung von bestehenden Auswahlen führt in den meisten Fällen zu unerwünschten Resultaten.

Ein weiteres Beispiel sind Konvertierungen zwischen verschiedenen Modi. Bei jeder Umwandlung, z.B. von RGB nach CMYK, wird man mit Verlusten konfrontiert. Es wird nicht für jeden einzelnen Pixel die exakte Entsprechung in dem anderen Farbmodell gesucht. Dies wäre ein ungeheurer Rechenaufwand. Stattdessen sucht man diese identischen Werte nur für so genannte Stützpunkte innerhalb des Farbraums. Je nach Programm, je nach Profil kann die Anzahl dieser Punkte unterschiedlich hoch sein. Die restlichen Farbwerte werden auf Basis der Stützpunkte errechnet, und so entstehen unvermeidlich Rundungsfehler, die sich mit jeder Umwandlung addieren.

Natürlich können wir diese Verluste auch bei dem Hauptthema dieses Buches – der Farbkorrektur – wieder finden. Ich werde in einem späteren Kapitel darauf noch näher eingehen.

Farbkorrekturen sind immer mit Verlusten verbunden. Diese Verluste kann man im Histogramm erkennen. Links das Histogramm eines Bildes vor, rechts nach einer Korrektur.

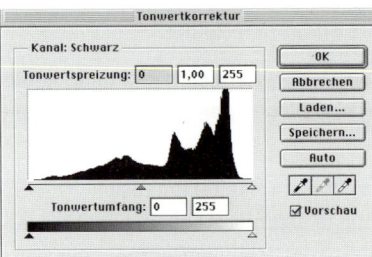 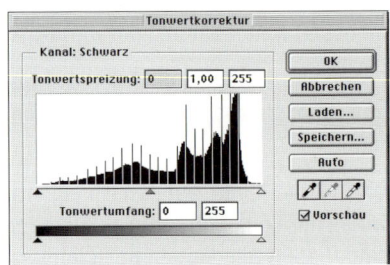

Meine Güte, wenn alles, was man macht, das Bild schädigt, dann sollte man ja am besten gar nichts machen. Richtig. Fast richtig … zumindest so wenig wie möglich. Die beste Herangehensweise ist es, sich vorher die Aufgabenstellung zu überlegen und dann in so wenig Arbeitsschritten wie möglich sein Ziel zu erreichen.

Dabei sollte man alle Hilfsfunktionen, derer man habhaft werden kann, nutzen. Auswahlen kann man als Kanäle speichern, Farbkorrekturen als Einstellungs-ebenen über das Bild legen, und seit Photoshop 5.0 kann man nun endlich auch RGB-Daten in einem profilierten, geräteunabhängigen RGB-Farbraum speichern.

Vorlagen

"Garbage in, Garbage out" – der englische Ausdruck bringt es auf den Punkt: „Müll rein, Müll raus". Man kann ungeheuer viel am Computer machen, aber prinzipielle Mängel einer Vorlage kann man nicht mehr ausbügeln. Ganz offen-sichtlich ist dies, wenn eine Vorlage unscharf ist. Selbst die ausgeklügelste Scharfzeichnung wird das Bild nicht wesentlich verbessern können. Oder neh-men wir ein Portrait, das auf einem sehr harten Film mit hohen Kontrasten foto-grafiert wurde. Man kann wohl eine weiche – den Hauttönen angemessene – Umsetzung versuchen, aber es wird nie so schön werden, wie das ordentlich fotografierte Pendant. Ein weiteres Beispiel sind Duplikat-Dias, wie sie oftmals von Presseagenturen verschickt werden, um zum Beispiel neue Filme anzukün-digen. Manchmal sind sie von wahrlich Mitleid erregender Qualität. Bei einem solchen Input muss man sich klar darüber sein, dass man damit eben keinen erstklassigen Output realisieren kann.

Die wichtigste Aufgabe der Farbkorrektur ist es, Mängel bei der Digitalisierung auszugleichen und die Bilddaten für die Ausgabe vorzubereiten. Ich finde es immer wieder bemerkenswert, dass man darüber hinaus sogar teilweise die Bilder verbessern kann. Leider verführen diese Erfolge aber manche der Betei-ligten zu dem Gedanken, die Bildqualität wäre nicht so wichtig. Das ist ein fata-ler Fehler. Kleinbilddias eignen sich nicht für Megalights, Screenshots nicht für Titelbilder und Urlaubsfotos nicht für Bildbände. Wer das vergisst, wird nur für Frustration bei sich und seinem Umfeld sorgen und darüber hinaus nicht die gewünschte Qualität erreichen.

Checkliste

Farbe und Pixel

- Weißes Licht kann man in die Bestandteile Rot, Grün und Blau zerlegen. Umgekehrt addieren sich rotes, grünes und blaues Licht zu Weiß (additive Lichtmischung).

- Die Druckfarben Cyan, Magenta und Gelb verschlucken jeweils einen Anteil des weißen Lichts. Je mehr Farbe, desto weniger Licht wird reflektiert. Es wird subtrahiert zu (fast) Schwarz (subtraktive Farbmischung).

- Den Druckfarben gelingt es nicht, ihren Anteil exakt zu absorbieren und zu reflektieren. Dies führt zu flauen und verschmutzten Farben und letztendlich zu unterschiedlich großen Farbräumen.

- Darin begründet sich auch der höhere Cyananteil in der Graubalance und die Notwendigkeit Schwarz hinzuzufügen.

- Licht- und Druckfarben stehen in einem engen Verhältnis zueinander. Man kann dies am Farbkreis verdeutlichen. Zwei beliebige Farben des einen Modells führen zu einer Farbe des anderen Modells. Die gegenüberliegende Farbe ist die Komplementärfarbe.

- HSL und LCH beschreiben die Farbe über Modelle, die dem Farbkreis ähneln, mit den Parametern Helligkeit, Farbe und Sättigung.

- Pixel und Vektoren sind die beiden bedeutendsten Konzepte, um grafische Informationen am Computer zu beschreiben.

- Pixel sind geeignet, um fotografische Motive zu beschreiben. Die Ausgabegröße ist durch die Zahl der Bildpunkte begrenzt. Da sie erst im Zusammenspiel Sinn machen, sind sie nicht beliebig korrigierbar.

- Vektoren eignen sich nicht für fotografische Motive. Sie besitzen den Vorteil, beliebig skalierbar und veränderbar zu sein.

- Schlechte Vorlagen kann man manchmal besser – aber nie wirklich gut reproduzieren.

Sidestep 1: Grundeinstellungen

Bevor man mit der Arbeit in Photoshop beginnt, sollte man einige Vorbereitungen treffen.

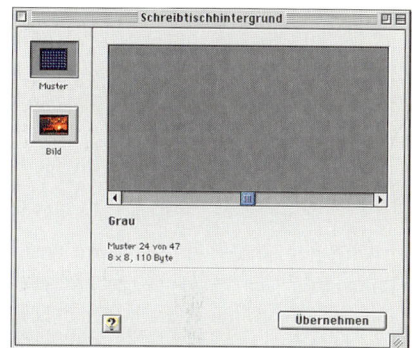

Monitor

Erster Schritt ist es, den Monitorhintergrund auf ein neutrales Grau zu setzen. Hintergrundbilder mögen schön sein, aber gerade bei der Farbbearbeitung können sie sich als außerordentlich störend erweisen. Haben Sie etwa einen schönen roten Hintergrund, so wird dies unweigerlich zu einem falschen Farbeindruck bei den Bildern führen, die Sie gerade bearbeiten. Beim Mac ändern Sie die Einstellung unter KONTROLLFELDER/SCHREIBTISCHHINTERGRUND oder ERSCHEINUNGSBILD.

Auf Windows-Rechnern finden Sie es unter SYSTEM-STEUERUNG ···› ANZEIGE".

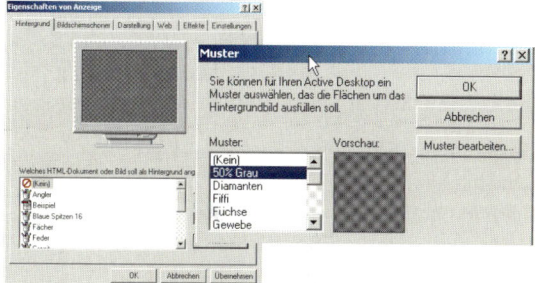

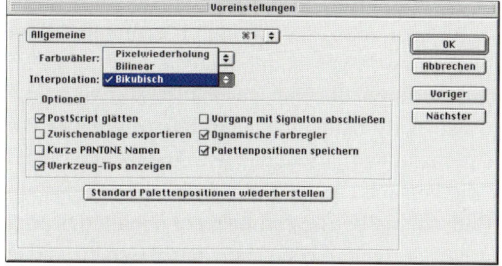

Interpolation

Sie sollten kontrollieren, wie Bildpunkte hinzuerfunden bzw. weggeschmissen werden. Diesem Thema ist ein eigenes Kapitel gewidmet. Hier nur der kurze Hinweis, dass in den Voreinstellungen von Photoshop die BIKUBISCHE INTERPOLATION angewählt sein sollte. Diese wirkt sich auch aus, wenn man Bilder dreht, verzerrt oder auf andere Weise transformiert.

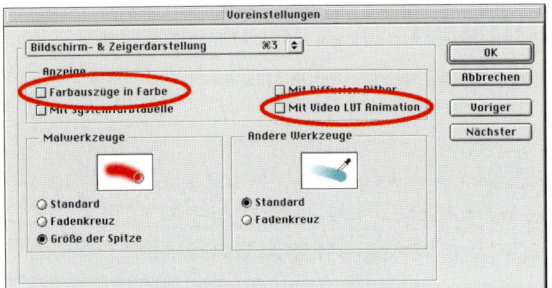

Kanäle in Farbe

Bei der Bildbearbeitung muss man ganz oft die einzelnen Kanäle prüfen. Man steht hier vor der Frage, ob man diese in der Druckfarbe oder in Schwarz/Weiß sehen will.

Ich will Ihnen empfehlen, diese Option zu deaktivieren. Die Farbauszüge gleichen dann den Offsetfilmen, die in der Druckvorstufe gebraucht werden. Man braucht zwar einige Vorstellungskraft, um sich das spätere Ergebnis vorstellen zu können, allerdings bietet nur diese Vorgehensweise die Möglichkeit, die Qualität des Bildes einschätzen zu können.

Links sehen Sie einen Farbauszug in Schwarz/Weiß, rechts in der Druckfarbe Gelb. Ich hoffe, man kann im linken Bild die Strukturen erkennen, die durch eine zu starke JPG-Komprimierung entstanden sind. Dargestellt in der Druckfarbe Gelb, wird man beim besten Willen nie etwas erkennen können.

Video-LUT-Animation

In dem Voreinstellungsmenü, in dem man KANÄLE IN FARBE findet, gibt es auch die Möglichkeit, die LUT-ANIMATION zu aktivieren. Arbeitet man mit dieser Funktion, so wird immer der gesamte Monitor geändert und nicht nur das Bild, das man bearbeitet. Nutzt man also ein Einstellungsmenü, wie etwa hier die Gradationskurven, so wird diese Änderung, sobald man die Vorschau an- und ausklickt, auf den gesamten Bildschirm übertragen und nicht nur auf das Bild. Mit deaktivierter Vorschau kann man durch Klicken in die Titelzeile des Einstellungsmenüs den Unterschied zwischen vorher und nachher vergleichen.

Bei deaktivierter LUT-ANIMATION ändert sich nur das Bild selber, der Rest des Bildschirms bleibt unberührt.

Es erscheint mir viel einsichtiger und sinnvoller, wenn sich nur das Bild, das gerade bearbeitet wird, ändert. Das ist insbesondere von Vorteil, wenn man mit Auswahlen arbeitet und nur Teile einer Datei ändert.

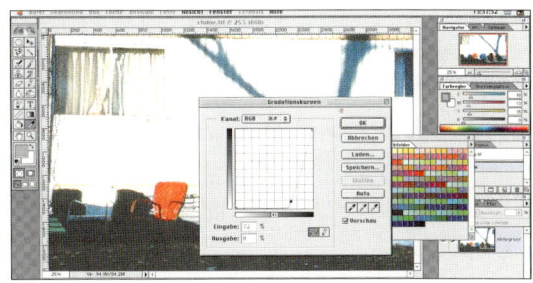

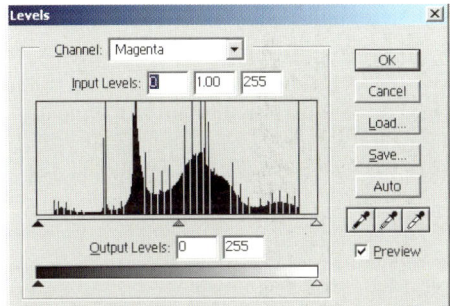

Cache für Histogramme

Histogramme sind ein zentrales Mittel, um Informationen über das Bild zu erhalten und seine Qualität zu beurteilen. Nach der Bearbeitung von Bildern werden im Histogramm oftmals Lücken und Ausreißer sichtbar. Allerdings hat Adobe in den Werkseinstellungen von Photoshop die Anzeige dieser – zugegebenermaßen – unschönen Ergebnisse unterdrückt. Im letzten der Voreinstellungsmenüs gibt es ein CACHE FÜR HISTOGRAMME. Ist dieses aktiv, werden die Histogramme und die eng verwandte Funktion Tonwertkorrektur immer erstklassige Resultate darstellen.

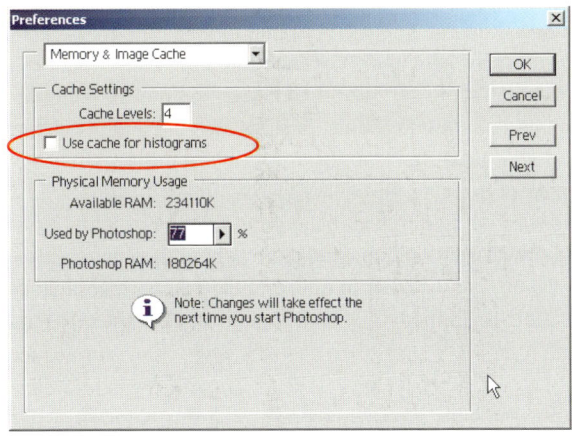

Ich denke, man kann diese fürsorgliche Haltung Adobes, uns nicht mit schlechten Nachrichten zu belästigen, dankbar zur Kenntnis nehmen. Dann aber sollte man umgehend das CACHE FÜR HISTOGRAMME deaktivieren. Es ist besser, den unumgänglichen Verlusten, die jeden Schritt der Bildbearbeitung begleiten, tapfer und unerschrocken ins Auge zu blicken.

1.2 Auflösung und Interpolation

Auflösung

„Also, das mit der Auflösung ist eigentlich ganz einfach ..." Aber Hallo. Jetzt sollte man hellhörig werden. Wenn etwas eigentlich ganz einfach ist, dann ist die Definition des Eigentlichen zumeist das Problem.

Also starten wir mit der Erklärung jener Begriffe, die das Thema Auflösung umschreiben.

Pixel

Die Größe eines digitalen Bildes wird in Pixeln gemessen. Nur die sind wichtig. Pixel ist ein Kunstwort aus den Begriffen "picture" und "element" und bedeutet nichts anderes als Bildpunkt. Zentimeter und inch sind nur Hilfskonstrukte, die wir benötigen, um die spezifischen Erfordernisse der Ein- und Ausgabe zu berücksichtigen. Die Bildinformation selber wird weiterhin Pixel für Pixel beschrieben. Eine Bilddatei ist nur eine Anhäufung von Bildpunkten ohne Ausdehnung oder Größe. Wir legen in Abhängigkeit von der Verwendung eine Skala an diese Datei und organisieren so die Zahl der Bildpunkte in Zentimeter oder Inch.

1 Inch = 2,54 Zentimeter

In Deutschland berechnen wir alles in Zentimeter. Um dies in die amerikanisch dominierte DTP-Welt zu übersetzen, müssen wir die Zentimeterangaben mit dem Faktor 2,54 berechnen. Das passiert in den seltensten Fällen. Zumeist wird die zweite Stelle hinter dem Komma weggelassen und einfach mit 2,5 gerechnet. Nehmen wir eine Drucksache, die über 60 Rasterlinien pro Zentimeter verfügt. Die überwiegende Anzahl von DTP- und Scanprogrammen, die eine Berechnung zulassen, kommen zu dem Ergebnis, dass es sich um 150 (60 x 2,5) Linien pro Inch (lpi) handelt – außer bei LinoColor, dort lautet das Ergebnis 152 lpi, da mit dem exakten Wert von 2,54 gerechnet wurde. Diese Information ist an sich unbedeutend. Es wird nur dadurch klar, dass das exakte Erreichen einer bestimmten Pixelanzahl pro Maßeinheit im wirklichen Leben meist eine untergeordnete Rolle spielt. Ob ein Raster aus 150 oder 152 Linien pro inch besteht werden wir nicht unterscheiden können, ob eine Bilddatei 299 ppi oder 301 ppi hat, ist de facto egal.

Die Rasterpunkte einer Drucksache in starker Vergrößerung. Man kann sich die Punkte aufgereiht in diagonalen Linien denken. Treffen 120 Linien pro inch, oder 48 Linien pro Zentimeter auf den Bildrand, so handelt es sich um ein 48er Raster.

Von lpi, ppi und dpi

Diese drei Abkürzungen dürften die wohl effektivste Quelle der Verwirrung darstellen und ehrlich gesagt: dpi und ppi kann man in vielen Fällen auch gar nicht auseinander halten.

lpi

Hier ist es einfach. Lpi, oder Linien pro inch, beziehen sich immer auf die Anzahl der Rasterlinien bei Drucksachen. In der Umgangssprache wird oft z.B. von einem 48er Raster gesprochen. Dies bedeutet, dass 48 Rasterlinien pro cm (lpcm) gedruckt werden. Umgerechnet auf inch kommt man so (48 x 2,5) zu rund 120 lpi. Die Begriffe lpi und lpcm dürfen wirklich nur im Zusammenhang mit den Rasterpunkten verwendet werden.

Diese so genannte Rasterweite spielt auch eine Rolle, wenn man schon gedruckte Vorlagen digitalisieren will. Die Rasterpunkte und die Bildpunkte, die der Scanner einliest, führen fast immer zu unschönen Mustern – genannt Moirés. Die meisten Scannerhersteller haben ganz hervorragende Lösungen in ihre Programme eingebaut, um das Problem zu minimieren. Man sollte diese Lösungen auf jeden Fall nutzen. Im Nachhinein ein Moiré zu entfernen, führt fast zwangsläufig zu einer starken Unschärfe des Bildes. Man muss der Scansoftware mitteilen, wie groß die Rasterweite der Vorlage ist, damit die Strukturen herausgerechnet werden können.

Einige Anhaltswerte:

- Tageszeitung   30 – 40 lpcm (75 – 100 lpi)

- Drucksache (ungestrichenes Papier)   40 – 54 lpcm (100 – 133 lpi)

- Zeitschrift (gestrichenes Papier)   54 – 70 lpcm (133 – 175 lpi)

- Kunstbuch/ Hochglanz   ab 60 lpcm (150 lpi)

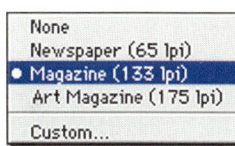

Microtek oben, Lino-Color unten. Die meisten Scanprogramme bieten die Möglichkeit, gedruckte Vorlagen direkt zu entrastern.

Ein einfaches und effektives Hilfsmittel, um die Rasterweite zu messen, ist ein Rasterweitenzähler. Das ist ein kleines Stückchen Film, bei dem feine Linien abgebildet sind, die aufeinander zulaufen.

Dreht man den Film über einer gedruckten Fläche hin und her, werden Muster erkennbar, wenn Rasterweite und Linienabstand übereinstimmen. Man kann dort, wo die Raute auf den Rand trifft, die Zahl der Rasterpunkte pro inch oder Zentimeter ablesen. Meist sieht man wie hier zwei dieser Rauten. Den Unterschied zwischen einem 34er und 70er Raster kann man aber mit einiger Erfahrung leicht erkennen.

Dreht man einen Rasterweitenzähler über einer Drucksache, entstehen Rauten. So kann man die Rasterweite messen, ohne die einzelnen Punkte zählen zu müssen.

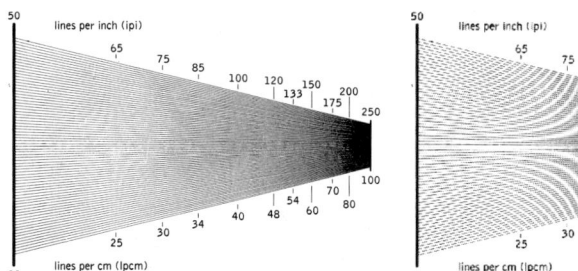 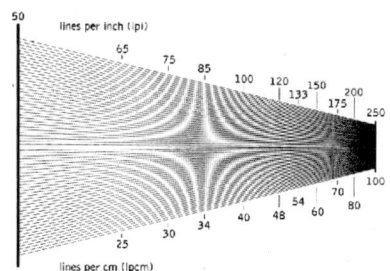

ppi

Die Pixel pro inch (ppi) beschreiben die Auflösung des Monitors. Ein gängiger Mittelwert mit dem gern gerechnet wird, sind 72 ppi. In der Praxis weicht diese Auflösung teilweise deutlich ab. Ppi ist auch das exakte Maß für die Dateiauflösung. Hier wird allerdings auch häufig der Begriff dpi genutzt.

dpi

Eigentlich sollten dots per inch (dpi) die Eingabe- und Ausgabegeräte beschreiben – also Scanner und Drucker. In der Realität sind die Grenzen verwischt. Ganz oft hört man von Bilddateien, die 300 dpi haben. Das ist so nicht richtig. Es müssten ppi sein, aber dieses Begriffsdurcheinander hat sich inzwischen auf so breiter Front durchgesetzt, dass es keinen Sinn macht, sich dagegen zu wehren. Das ist ein bisschen schade, da man so für die Datei- und Scanauflösung jeweils mit dem gleichen Begriff (dpi) operiert, obwohl es um durchaus unterschiedliche Sachen geht. Wie anders wäre es erklärbar, dass Scanner bis zu 10.000 dpi einlesen, obwohl doch die Bilddaten selten mehr als 300 ppi haben und auf der anderen Seite die Drucker und Belichter bis zu 3000 dpi bereithalten, um eben jene Daten auszugeben.

Bei einer Auflösung von nur 72 ppi, z.B. für's Internet, werden die Bildpunkte auf eine sehr große Fläche verteilt. 1000 durch 72 ergibt eine Seitenlänge von rund 13,9 inch, oder eben 35,28 Zentimeter.

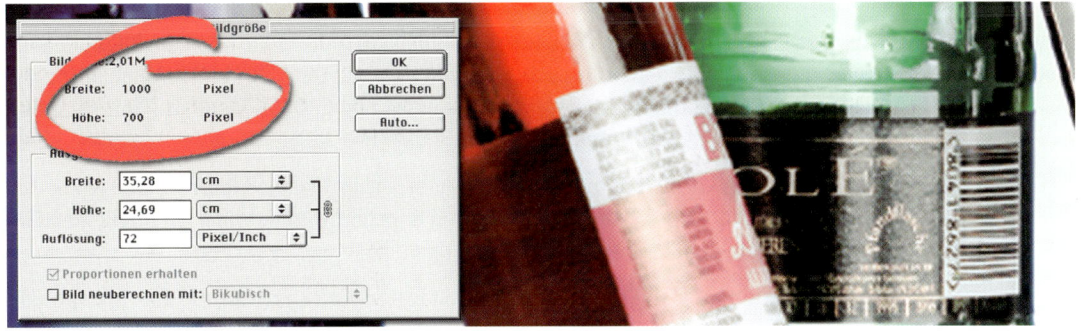

Will man die gleiche Datei auf einem Inkjetdrucker ausgeben, kann eine Auflösung von 150 ppi eine realistische Größe sein. Jetzt ist nur noch eine Größe von 16,93 x 11,85 cm möglich.

So langsam sinkt die Datei auf eine Größe, die diesem Buch angemessen ist. Falls die Datei im Offsetdruck im 70er Raster mit dem Qualitätsfaktor 2 ausgegeben wird sinkt die relative Größe der Datei weiter, da hier eine Auflösung von 350 ppi erforderlich ist (70 x 2,5 x 2).

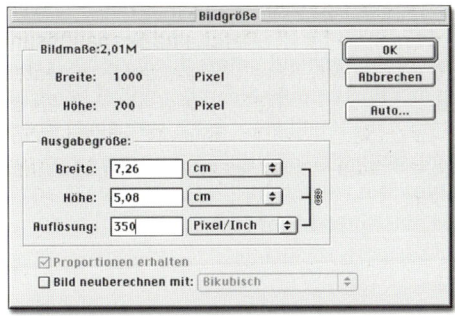

Zumindest in diesem Kapitel des Buches will ich versuchen ganz exakt ppi und dpi zu trennen, auch wenn es im wirklichen Leben nur selten passiert.

Nachdem die Begriffe geklärt wären, kann man in die Praxis gehen. Nehmen wir eine Digitalkamera, die Bilddateien von 1000 x 700 Pixel erzeugt. (Beachten Sie dabei auch, wie elegant ich die Frage umgangen habe, ob man bei Digitalkameras von dpi oder ppi spricht.)

Die Auflösung ist oftmals von den Erfordernissen der Ausgabegeräte abhängig.

In Abhängigkeit von der Ausgabe kann man prüfen, wie hoch die Bildauflösung sein muss und damit auch, wie groß man die Datei ausgeben kann. Verdeutlichen kann man sich das, wenn man das BILDGRÖSSE-Menü in Photoshop aufruft und den Button NEUBERECHNEN deaktiviert.

Die wirkliche Bildinformation, gemessen in Pixeln, bleibt so auf jeden Fall erhalten. Die Skala, die an die Datei angelegt wird, können wir über einen Eintrag in dem Feld AUFLÖSUNG ändern.

In den meisten Fällen hat man es mit festen Werten zu tun, die man in Erfahrung bringen muss. Um einige Anhaltswerte zu geben:

- Im Internet ist man übereingekommen von einer Bildauflösung von 72 ppi auszugehen. Das ist nur die halbe Wahrheit – mehr dazu im Kapitel 2.9.

- Bei Großformatdruckern, die Papierbreiten von 120 cm und mehr bedrucken, ist die Auflösung von dem Gerät abhängig. Am besten man befragt den Hersteller des Druckers oder seinen Dienstleister nach genauen Daten. 100 ppi Bildauflösung dürften aber eine gute Ausgangsbasis sein.

- Für Blow-up's, die wirklich großformatigen Drucke, die vermehrt an innerstädtischen Häuserwänden flattern, liegt die Auflösung noch deutlich tiefer. Das kann heruntergehen auf 36 ppi. Genaue Werte muss man aber auch hier erfragen. Es ist unmöglich bei der schnellen technologischen Entwicklung mehr als Hinweise zu den benötigten Auflösungen zu geben.

- Ein neuerer Inkjetdrucker für Zuhause dürfte mit einer Auflösung von 150 ppi ganz ordentliche Ergebnisse erzielen können.

Bei Rasterdruckverfahren bestimmt die Zahl der Rasterpunkte die benötigte Auflösung.

Einen Sonderfall stellen die Rasterdruckverfahren dar. Die Zahl der benötigten Bildpunkte steht hier in einem direkten Verhältnis zur Zahl der Rasterpunkte. Im Zeitungsdruck hat man z.B. 1296 (36 x 36) Rasterpunkte pro Quadratzentimeter. Im 80er Raster für den Kunstdruck sind es dagegen 6400 (80 x 80) Rasterpunkte auf der gleichen Fläche. Es verwundert nicht, dass die Bildinformation und damit die Zahl der Pixel entsprechend unterschiedlich hoch sein muss. Leider genügt es nicht, für jeden Rasterpunkt einen Dateipixel bereitzuhalten. Durch Verluste bei der Generierung des Rasters muss man eine höhere Anzahl von Bildpunkten bereithalten. Gemeinhin multipliziert man die Zahl der Rasterpunkte mit einem so genannten Qualitätsfaktor, der zwischen 1,4 und 2 liegt. Der genaue Wert ist durchaus umstritten in der Industrie.

- Viele Praktiker sagen, dass ein Qualitätsfaktor von 1,4 ausreicht und ein größerer Faktor nur die Datenmenge erhöht, ohne das im Druck ein Unterschied sichtbar wäre.

- Agfa empfiehlt für Rasterweiten bis 54 lpcm einen Faktor 2, bei feineren Rastern dagegen den Wert 1,5.

- Heidelberg arbeitet immer mit einem Qualiätsfaktor von 2.

Auch die anderen Hersteller empfehlen Werte zwischen diesen Polen. Um die Rechnung einmal durchzuspielen, nehmen wir ein 60er Raster. Zuerst muss man dafür die Rasterweite von Zentimeter in Inch umrechnen und dann mit dem Qualitätsfaktor multiplizieren.

> 60 lpcm x 2,5 = 150 lpi x Faktor 1,4 = 210 ppi
> So könnte ein Minimalist rechnen.

> 60 lpcm x 2,5 = 150 lpi x Faktor 1,5 = 225 ppi
> Dies wäre die Berechnung der Dateiauflösung nach Agfa.

> 60 lpcm x 2,54 = 152 lpi x Faktor 2 = 304 ppi
> In Heidelberg käme man zu diesem Ergebnis.

Es gibt bei dieser Rechnung kein richtiges oder falsches Ergebnis. Es gibt nur unterschiedliche Einschätzungen, die in hohem Maße von dem Druckverfahren und Art der Bilddaten abhängig sind. Der Praktiker sagt, dass nur in seltenen Fällen im Druck ein Unterschied zwischen dem Faktor 1,4 und 2 nachzuweisen ist. Der große Vorteil eines geringeren Qualitätsfaktors wären aber die geringeren Datenmengen, die anfallen.

Druckingenieure mögen dagegen einwenden, dass man als geübter Betrachter doch manchmal einen Qualitätsunterschied erkennen kann. Daher wäre ein Qualitätsfaktor von 2 unumgänglich.

Das Argument der Praktiker in Bezug auf die Datenmenge ist nicht von der Hand zu weisen. Sie steigt nicht proportional, sondern exponentiell zur Auflösung. Verdoppelt man die Auflösung, so vervierfacht sich die Datenmenge.

> Eine A4-Seite hat im RGB-Modus bei:
>
> - 72 ppi   1,44 Megabyte
> - 210 ppi   12,2 Megabyte
> - 300 ppi   24,9 Megabyte

Die linken Bilder haben eine Auflösung von 100 ppi, die Bilder auf der rechten Seite dagegen 300 ppi. Während beim Himmel kaum Unterschiede zu erkennen sind, sieht man in der Schultafel doch deutliche Unterschiede. Die Frage der Auflösung ist also auch motivabhängig.

Einen ganz gewichtigen Einfluss hat das Motiv. Feine Strukturen, Schriften, Haare etc. verlangen nach einer hohen Auflösung. Bei einem hübschen Wolkenhimmel dagegen ist es ziemlich egal, welche Auflösung wir verwenden. Die Einschätzung würde sich natürlich mit einem Vogelschwarm, der durchs Bild fliegt, schon wieder dramatisch ändern.

Eine übertrieben hohe Auflösung führt nicht zu besseren Resultaten.

Eine ganz schlechte Idee ist es, für hochklassige Arbeiten den Qualtiätsfaktor weiter zu erhöhen. Bei einem Faktor 3 belegt eine CMYK-A4-Datei im 60er Raster stolze 75 Megabyte. Jeder Rasterpunkt wird jetzt aus einem Quadrat von 3 x 3 = 9 Pixeln gebildet. Das ist weit mehr, als das Ausgabegerät braucht, um die Bildinformation in Rasterpunkte zu zerlegen, und somit reine Verschwendung von Speicherplatz. Diese Vorgehensweise kann dem Bild sogar schaden, da feine Strukturen, die innerhalb dieser 9 Pixel liegen, verloren gehen. Dies führt in manchen Fällen zu einer etwas weicheren Wiedergabe des Bildes. Sie merken: Ich drücke mich sehr vorsichtig aus. Eine zu hohe Bildauflösung ist weitaus weniger schlimm als eine zu geringe Auflösung, in Anbetracht von hohen Datenmengen und langen Rechenzeiten aber selten wünschenwert.

Es gibt Ausnahmen. Scanneroperator an klassischen Trommelscannern haben die etwas weichere Wiedergabe genutzt, um Hauttöne zu reproduzieren. Die Betonung von Strukturen der Haut und kleiner Poren konnte so verringert werden. Ob noch irgendjemand nach Einführung des Computers und all der Möglichkeiten, die die Bildbearbeitung bietet, damit arbeitet, kann ich nicht sagen. Ich habe davon schon lange nichts mehr davon gehört, und es erscheint mir eher unwahrscheinlich.

Interferenzen

Ein anderes Einsatzgebiet für überhöhte Auflösungen sind Interferenzen. Sie ähneln den Moirés, die bei der Digitalisierung von gedruckten Vorlagen auftreten können. Bei der Digitalisierung können Sie zwischen Motiv und z.B. den CCD-Elementen eines Scanners oder einer Digitalkamera entstehen, wenn etwa das Gewebemuster einer Tasche die gleiche Frequenz aufweist wie die Anordnung der CCD-Elemente erscheinen Strukturen, die nicht im Motiv zu finden sind. Ganz oft kann man solche Interferenzen auch im Fernsehen beobachten. Hat der Talkgast ein klein gemustertes Jacket an, sehen wir auf dem Bildschirm oftmals einen Regenbogen entstehen. Die Moderatoren von Tagesschau und Co. tragen daher solche Anzüge nicht.

Interferenzen sind die bösen Brüder des Moirés. Sie treten beim Fernsehen, bei Digitalkameras und bei der Rasterausgabe auf. Der abgebildete Stoff ist ganz normales Nylon und nicht im Tigermuster designt.
Die Linien entstanden durch die Aufnahme mit einer Digitalkamera.

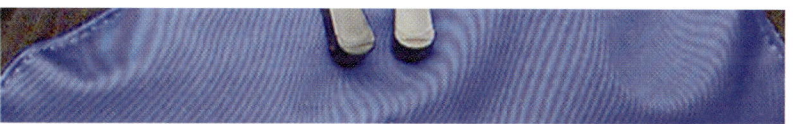

Auch die Hersteller von Digitalkameras haben mit solchen Problemen zu kämpfen. Der Einsatz von Filtern hat hier in jüngster Zeit Abhilfe geschaffen, wobei das Problem bei Digitalkameras noch nicht vollständig gelöst ist.

Zum Anderen können Interferenzen bei der Rasterausgabe auftreten. Wenn das klein gemusterte Hemd die gleiche Frequenz wie die Rasterweite hat, können auch hier Strukturen auftreten. Das Ärgerliche an Interferenzen im Printbereich ist, dass man sie erst in den Filmen oder im Druck erkennen kann. Digitalproofverfahren können im Regelfall nicht weiterhelfen, da der Effekt erst bei der Generierung der Rasterpunkte auftritt. Es kann (es muss aber nicht) helfen, wenn die Dateiauflösung höher ist. Dadurch fließen mehr Bildpunkte in die Berechnung des Rasterpunktes ein, und so werden die Strukturen unter Umständen vermieden. Man muss nicht immer das Bild neu einscannen. Manchmal hilft es schon die bestehende Datei zu interpolieren – sprich neue Pixel hinzuerfinden zu lassen. Wie gesagt, es gibt keine Gewähr dafür, dass diese Vorgehensweise zum Erfolg führt, aber einen Versuch ist es allemal wert.

Scanauflösung

Bisher war immer von Dateiauflösung die Rede. Die Scanauflösung unterscheidet sich dadurch, dass nun auch der Vergrößerungsmaßstab in die Berechnung einfließt. Man stelle sich wieder die A4-Seite vor. Diesmal mit einer Auflösung von 300 ppi. Auf der Breite von 21 Zentimetern, umgerechnet 8,26 inch, finden sich ingesamt 2478 (8,26 x 300) Pixel. Wenn die Vorlage ein Kleinbilddia mit einer Seitenlänge von 2,4 cm ist, so muss der Scanner in der Lage sein diese 2478 Pixel auf der Breite von 2,4 cm herauszulesen. Ist Ihr Scanner dazu in der Lage? Sind Sie sicher? Die Frage der Scanauflösung ist nicht von besessenen Fachbuchautoren erfunden worden, um die Leserschaft zu verprellen, sondern von ganz hoher Relevanz, um einzuschätzen, welcher Scanner sich für welche Vorlagen und Ausgabegrößen eignet.

Dazu muss noch der Begriff Vergrößerungsmaßstab eingeführt werden. Ausgabegröße geteilt durch Vorlagengröße, oder anders ausgedrückt: Soll geteilt durch Ist ergibt den Vergrößerungsmaßstab. Ein Bild ist 10 cm breit und soll im Druck 20 Zentimeter breit erscheinen. 20:10=2

Dieser Vergrößerungsmaßstab von 2 wird auch gerne in Prozent, also in Hundertstelwerten ausgedrückt. Zwei entspricht zweihundert Hundertsteln oder eben 200 Prozent.

Ist die Vorlage größer als die Ausgabe, entsteht ein Vergrößerungsmaßstab von weniger als 1. Ist das Bild z.B. 50 cm breit und soll auf 6 cm im Druck erscheinen, so lautet die Rechnung:

6:50=0,12 oder 12 Prozent

Eigentlich müsste man also von einem Verkleinerungsmaßstab reden. Tut man aber nicht.

Im Regelfall hat man in Scanprogrammen die Möglichkeit, einen Maßstab in Prozent einzutragen. Sehr oft kann man auch einfach einen Bildausschnitt bestimmen und die gewünschte Ausgabegröße eingeben. Der Vergrößerungsmaßstab wird dann automatisch berechnet.

Eingabe	⇔ 200,00	⇕ 100,00	mm	Eingabe	⇔ 165,00	⇕ 82,50	mm	Eingabe	⇔ 165,00	⇕ 82,50	mm
Maßstab	50,00	50,00	%	Maßstab	100,00	100,00	%	Maßstab	25,00	25,00	%
Ausgabe	100,00	50,00	mm	Ausgabe	165,00	82,50	mm	Ausgabe	41,25	20,62	mm

Je nach gewähltem Maßstab wird die Eingabegröße unverändert als Ausgabegröße übernommen oder das Bild verändert.

So, jetzt haben wir alles zusammen. Die Formel zur Berechnung der Scanauflösung lautet ganz einfach:

Dateiauflösung x Vergrößerungsmaßstab = Scanauflösung

Um das Beispiel von oben aufzugreifen: Ausgabegröße (Soll) ist 21 cm. Vorlagengröße (Ist) entspricht 2,4 cm. Der Vergrößerungsmaßstab ist also 21:2,4= 8,75. Die gewünschte Dateiauflösung beträgt 300 ppi. Die Scanauflösung beträgt demnach 300 x 8,75 = 2625 dpi.

Na toll, sagen Sie jetzt vielleicht. Ähnlich interessante Informationen gab es zuletzt vermutlich während der Schulzeit. Die Formel wird ein bisschen spannender, wenn man sie umstellt. Dann heißt es:

Scanauflösung : Dateiauflösung = max. Vergrößerungsmaßstab

Szenario 1:

Sie besitzen einen handelsüblichen Flachbettscanner, der eine reale Scanauflösung von 600 x 1200 dpi besitzt. Bei diesen Scannern werden auf der Schmalseite jeweils 600 Pixel pro Inch eingelesen. In Vorschubrichtung ruckelt der Schlitten pro Inch 1200 mal nach vorne und liest die Daten ein. Eine Datei muss aber in Breite wie Höhe immer die gleiche Auflösung haben, und so werden, wenn Sie mit 1200 dpi einscannen, die fehlenden Pixel der Schmalseite interpoliert. Da dieses Thema erst im nächsten Kapitel abgehandelt wird, wollen Sie auf jegliche Interpolation verzichten. Ihre maximale Scanauflösung beträgt also 600 dpi. Sie erstellen ihre Drucksachen derzeit im 60er Raster mit dem Qualitätsfaktor 2. Die Dateiauflösung beträgt demnach (60 x 2,5 x 2) 300 ppi. Der maximale Vergrößerungfaktor, den der Scanner realisieren kann beträgt also 2 (600 : 300), oder 200 Prozent. Sollten Sie sich dazu entschließen, mit einem Qualitätsfaktor von 1,4 zufrieden zu sein, sinkt die Dateiauflösung auf 210 ppi, und in Abhängigkeit davon steigt der erreichbare Vergrößerungsmaßstab auf (600 : 210 = 2,85) 285 Prozent. Mit einem Schlag haben Sie das Spektrum der Aufgaben, die der Scanner bewältigen kann, enorm gesteigert.

Wie stark kann man Vorlagen mit diesem Scanner vergrößern?

Szenario 2:

Wiederrum ein üblicher Flachbettscanner – diesmal mit einer Durchlichteinheit und der damit verbundenen Möglichkeit Dias zu digitalisieren. Der Scanner schafft 1000 x 2000 dpi. Aus oben genannten Gründen rechnen wir mit einer Scanauflösung von 1000 dpi. Die Daten sollen auf einem Großformat-Inkjetdrucker ausgegeben werden. Die geforderte Dateiauflösung dafür beträgt 100 ppi. Der maximal erreichbare Vergrößerungsmaßstab beträgt also 10 (1000 : 100), respektive 1.000%. Kleinbilddias im Format 2,4 x 3,6 cm können Sie also bis zu einer Größe von 24 x 36 cm ausgeben.

Szenario 3:

Sie erwerben eine Digitalkamera mit einer Auflösung von 1152 x 864 Pixeln. Natürlich stehen Sie jetzt vor der Frage, wie groß man diese Dateien ausgeben kann (alle Angaben abgerundet). Die Formel ist die gleiche, die wir zuvor verwendet haben.

Welche Formate sind bei verschiedenen Ausgabemedien mit dieser Kamera realisierbar?

- Für das Internet (72 ppi) erreichen Sie 40 x 30 cm.
- Beim Großformatdruck (100 ppi) sind 29 x 21 cm möglich.
- Im 40er Raster mit minimalem Qualitätsfaktor von 1,4 (140 ppi) sind 20 x 15 cm drin.
- Im 60er Raster mit Qualitätsfaktor 2 sind (300 ppi) können die Bilder maximal in der Größe 9,7 x 7,3 cm gedruckt werden.

Auch wenn die ganze Thematik ein wenig trocken ist, dürfte klar geworden sein, dass die erste und entscheidende Frage lautet: Wie viele Pixel braucht man, und sind die Geräte, die man nutzt, in der Lage, diese Pixel einzulesen? Dabei muss man die Art der Ausgabe und die damit verbundene Dateiauflösung, den Vergrößerungsmaßstab und natürlich die Scanauflösung des Scanners oder die Auflösung der Digitalkamera einberechnen.

Die ideale Auflösung

Was soll man aber tun, wenn man die Bilder erst einmal digitalisieren will und noch gar nicht weiß, wie sie später genutzt werden.

Bei Digitalkameras ist es einfach. Sie produzieren eine bestimmte Anzahl von Pixeln, worauf man meistens auch keinen Einfluss nehmen kann.

Bei Flachbettscannern empfiehlt es sich, die maximale physikalische Auflösung zu wählen. Soll heißen, dass auf jegliche Interpolation verzichtet wird, wie es in den oben genannten Szenarien der Fall war. Will man das Bild später kleiner abdrucken, kann man es noch immer herunterrechnen. Soll das Bild größer genutzt werden, so sind die Interpolationsberechnungen von Photoshop meist denen des Scanners ebenbürtig, wenn nicht überlegen. Mehr dazu im nächsten Kapitel.

Schwierig ist die Bestimmung einer idealen Auflösung bei Trommelscannern. Diese liefern eine Auflösung von bis zu 10.000 dpi und teils sogar noch mehr. Das ist sehr viel. Die Grenze für die ideale Bildauflösung wird hier eher durch die Blende und die Art der Vorlage gezogen.

Die Größe des Bildausschnittes, die jeder Pixel umfasst, wird bei Trommelscannern durch die Blende bestimmt. Bei einer Auflösung von 300 dpi sollte die Blendenöffnung etwa ein Dreihundertstel von einem Inch groß sein. Ungefähr bei 5.000 dpi ist die Blende so klein, dass Lichtbeugungseffekte auftreten. Kleiner kann man die Blende nicht mehr machen. Bei einer Auflösung von 10.000 dpi überlappen sich also die Bildpunkte, die eingelesen werden.

Unter Umständen schießt man in diesen Dimensionen aber schon lange mit Kanonen auf Spatzen. Der Spatz ist in diesem Fall das Filmmaterial. Statt Bits und Bytes sind die Träger der Bildinformation hier die Silberkörner. Je nach Qualität und Empfindlichkeit des Materials ist ihre Zahl und damit das Auflösungsvermögen des Films unterschiedlich hoch.

Strichdaten

Bei allen Berechnungen, die bisher angestellt wurden, habe ich stillschweigend vorausgesetzt, dass von Graustufen- oder Farbbildern die Rede ist. Bei Strichdaten, also Bildern, die alleine aus schwarzen und weißen Bildpunkten bestehen, verhält es sich anders. Sie werden nicht in Rasterpunkte aufgespalten, da ja keine Notwendigkeit besteht Graustufen zu simulieren. Stattdessen sollen sie ohne Veränderung an das Ausgabegerät weitergereicht werden. Im Idealfall entspricht also jeder Pixel direkt einem kleinsten Druckpunkt des Ausgabegeräts. Entsprechend lautet die Regel: Bildauflösung = Druckerauflösung

Bei Strichdaten lautet die Regel: Eingabe- gleich Ausgabeauflösung, aber nie mehr als 1200 ppi.

Bei einem 600 dpi Laserdrucker sollten Strichdaten also eine Dateiauflösung von 600 ppi haben.

Offsetbelichter in der Druckvorstufe arbeiten mit mindestens 1200 dpi, 2400 bis 2540 dpi sind Standard, und selbst Werte um 3000 dpi sind keine Seltenheit. Folgt man der Regel, müsste man also eine identische Bildauflösung wählen. Meiner Erfahrung nach passiert das relativ selten. Würde man eine Umfrage unter Druckvorstufenunternehmen durchführen, welche Auflösung sie für Strichdaten nutzen, wird man oftmals Werte um 1200 ppi hören. Grund dafür ist, dass die sichtbare Qualitätsverbesserung einer höheren Auflösung im Druck nur minimal oder gar nicht erkennbar ist. Die Datenmengen steigen aber wie schon erwähnt im Quadrat zur Auflösung.

Strichdaten im Format A4 haben bei:

- 600 ppi   4,16 MB
- 1200 ppi   16,7 MB
- 2400 ppi   66,4 MB

Kein Wunder, dass man sich oftmals mit einer 1200er Auflösung begnügt, wenn eine Qualitätsverbesserung so schwer zu erkennen ist.

Scanmenüs

Heidelberg/ Linotype – Lino Color:

In LinoColor ist zuerst die Eingabe der Rasterweite erforderlich. Je nach gewähltem Rastermultiplikator wird die Scanauflösung berechnet.

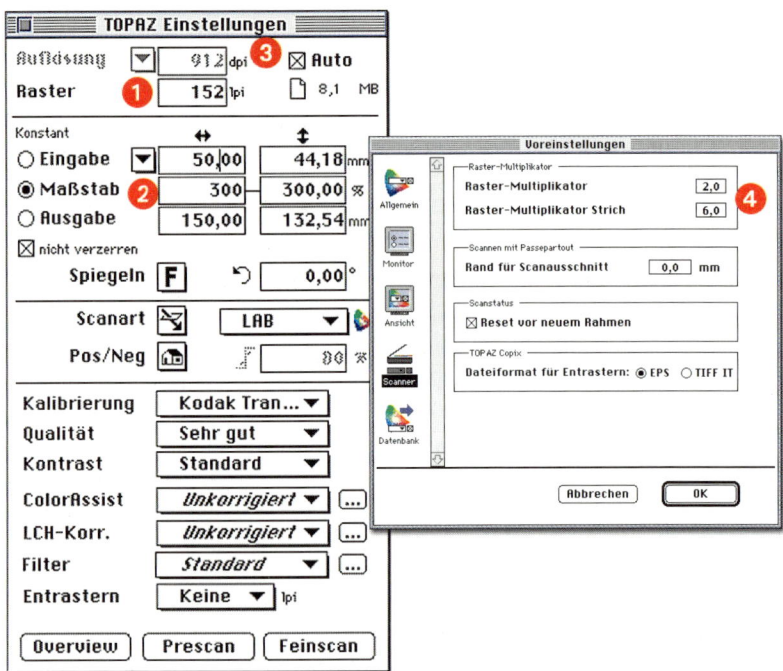

Bei den Scannern aus diesem Hause ist zuerst die Eingabe der späteren Rasterweite erforderlich. ❶ Entsprechend des Vergrößerungsmaßstabes ❷ berechnet die Software automatisch die Scanauflösung ❸. Dabei fließt der Qualitätsfaktor ❹ ein, der in den Voreinstellungen bestimmt wird und hier Raster-Multiplikator heißt. Auch für Strichdaten sehen wir einen Multiplikator. Im Moment würden wir eine Strich-Auflösung von 152 x 6 = 912 ppi erreichen. Als Standard wird ein Faktor 8 genutzt. Dann erzielt man eine Auflösung von rund 1200 ppi. Bei den Heidelberg-Scannern hat man durch die Dreiteilung von Eingabe, Maßstab und Ausgabe sehr übersichtliche Einflussmöglichkeiten. So kann man, nachdem man den Bildausschnitt bestimmt hat, einfach die gewünschte Ausgabe eintragen und der Vergrößerungsmaßstab wird automatisch berechnet.

Agfa Foto Look 3.0

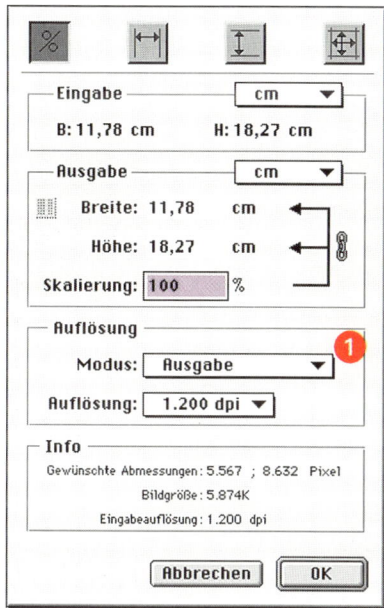 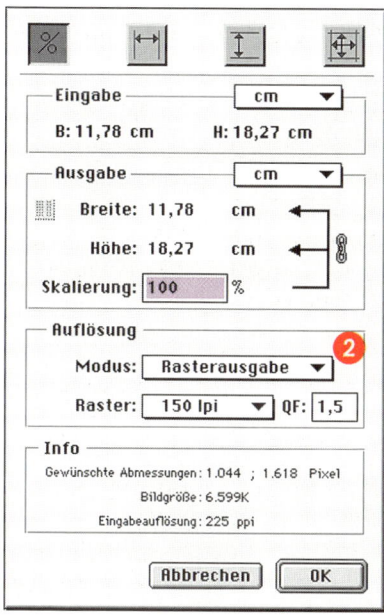

Das Agfa-Menü ändert sich je nach gewähltem Modus.
Links die Optionen für Strichbilder, rechts für Grau- und Farbbilder.

Die Einstellmöglichkeiten sind hier zweigeteilt. Hat man den Strichmodus angewählt, fragt Agfa direkt nach der Auflösung des Ausgabegeräts ❶. Bei Grau- und Farbbildern ist dagegen die Eingabe der Rasterweite erforderlich ❷. Direkt daneben sieht man den verwendeten Qualitätsfaktor. Auch bei Agfa kann man entweder den Skalierungsfaktor in Prozent eingeben oder die Ausgabegröße bestimmen und den Maßstab entsprechend errechnen lassen.

Microtek Scan Wizard:

Hier kann man die gewünschte Auflösung in dpi eintragen. Ich finde ja, es sollte ppi heißen – aber gut. Man kann auch die gewünschte Rasterweite in lpi bestimmen und dann die Auflösung berechnen lassen ❶. Bei der Einstellung DRAFT wird eine Auflösung von 72 ppi für Layoutzwecke genutzt. MEDIUM beschreibt einen Qualiätsfaktor von 1,5 – FINAL dagegen den Qualitätsfaktor 2. Nachdem man den Vergrößerungsmaßstab bestimmt hat ❷, wird die entstehende Dateigröße in KB angezeigt. Die höhere Auflösung von Strichdateien wird von Microtek nicht unterstützt. Hier muss man manuell z.B. die 1200 dpi eintragen, um zum gewünschten Ergebnis zu gelangen.

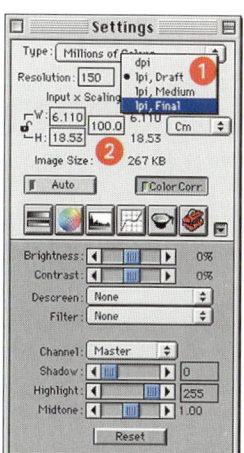

Interpolation

Entscheidender Maßstab für die Größe eines Bildes ist, wie erwähnt, die Anzahl der Pixel. Wenn man diese Pixelanzahl ändert, etwa indem man die Auflösung neu bestimmt, werden Bildpunkte hinzuerfunden oder entfernt.

Dies nennt man Interpolation.

Auch wenn man ein Bild dreht oder verzerrt, muss für jeden Pixel des Bildes ein neuer Platz gefunden werden und das Bild wird neu berechnet.

Jedesmal, wenn man die Bildgröße ändert und dabei den Button NEUBERECHNEN aktiviert hat, wird das Bild interpoliert.

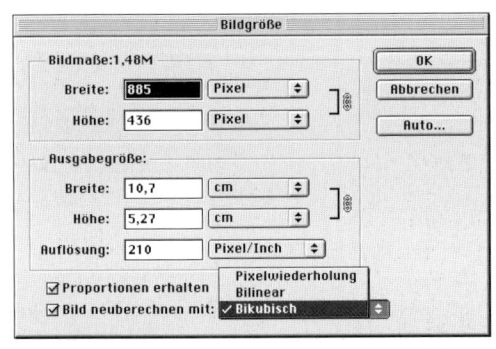

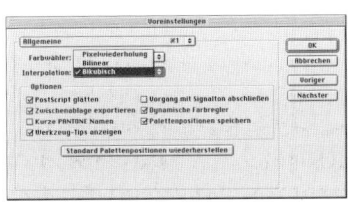

Transformiert man Bilddaten unter BEARBEITEN ----> TRANSFORMIEREN, so werden die Bilddaten auch interpoliert. Auf welche Methode dann zurückgegriffen wird, bestimmt man in den Voreinstellungen.

Drei Arten der Interpolation stehen zur Verfügung:

- Pixelwiederholung: Die einfachste und schnellste Methode. Fehlt ein Pixel, wird einfach der nebenstehende Bildpunkt wiederholt.

- Biliniar: Aus zwei Linien wird eine dritte Linie errechnet. Zwei Pixel bilden also den Dritten.

- Bikubisch: Aus einem Quadrat (Kubus) von vier Pixeln wird ein neuer Bildpunkt berechnet. Diese Methode ist standardmäßig in Photoshop aktiviert. Sie ist die langsamste und im Regelfall beste Methode.

Der Kreis wurde von 72 ppi auf 300 ppi interpoliert. Von links nach rechts: Pixelwiederholung, bilineare und bikubische Interpolation.

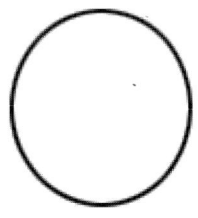

Für „normale" Bilder, etwa Fotografien, sollte man die bikubische Variante wählen. Diese erstellt die qualitativ besten Ergebnisse. Pixelstrukturen und Treppenstufen an schrägen Linien werden weitgehend vermieden. Die Bilder werden aber durch die Neuberechnung etwas unschärfer. Stellen Sie sich dazu eine Kontur vor, an der schwarze und weiße Elemente des Bildes aufeinander treffen. Nach der bikubischen Methode entsteht hier eine graue Pixelreihe. Die Kontur verschwimmt. Das Bild wird unschärfer. Das hört sich jetzt dramatischer an, als es in Wirklichkeit ist, und ist in hohem Maße von der Stärke der Interpolation abhängig. Trotzdem wird man oftmals das Bild nach der Interpolation scharfzeichnen müssen.

 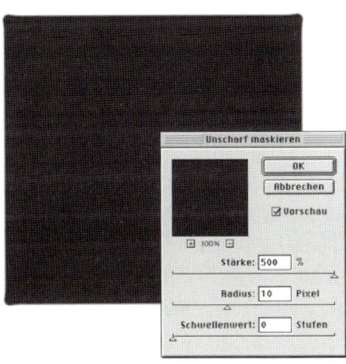

Die bikubische Interpolationsmethode macht das Bild unscharf. Gegebenenfalls muss man mit einem Scharfzeichnungsfilter gegensteuern.

Eine Erhöhung der Zahl der Pixel im Bild führt zu einer höheren Datenmenge. Es führt nicht – und dessen muss man sich immer bewusst sein – zu einer Erhöhung der Bildinformationen selber. Diese wurden während der Digitalisierung festgelegt. Wenn auf einem Foto eine Plakatwand abgebildet ist, und man kann den darauf abgedruckten Text in der Datei nicht mehr lesen, dann wird er auch nach einer Interpolation unlesbar bleiben. Einzig die Zahl der Pixel, die für die Beschreibung gebraucht wird, hat sich erhöht. Will man den Text lesbar machen, dann muss das Bild neu digitalisiert werden.

Die Anzahl der Bildpunkte im Scan zu verringern ist dagegen relativ unproblematisch. Auch in diesem Fall kann eine leichte Scharfzeichnung unter Umständen hilfreich sein. Die Ergebnisse, die man mit der bikubischen Interpolation erzielen kann, sind aber durchaus gut.

Runterrechnen – Internet

Einen Sonderfall stellt die Umrechnung von Schriften und Grafiken für Multimedia- oder Internetprojekte dar. Unter Umständen führt die Interpolation hier zu indiskutablen Ergebnissen. Bei einer Reduktion der Auflösung von 300 auf 72 ppi brechen manchmal feine Linien gänzlich weg.

Obere Reihe:
links das Ausgangsbild,
rechts Pixelwiederholung.
Untere Reihe:
Links bilinear,
rechts bikubisch.

Damit die Linien nicht
wegbrechen, aber auch
keine Bold-Schrift ent-
steht, habe ich zuerst die
Bildauflösung von 300
auf 700 ppi erhöht,
dann den Filter DUNKLE
BEREICHE VERGRÖSSERN
angewendet und erst jetzt
die gewünschten 72 ppi
gewählt.

Die 300-ppi-Ausgangsdatei sollte für das Internet auf 72 ppi umgerechnet werden. Die Pixelwiederholung führt zu inakzeptablen Ergebnissen. Die horizontale
Linie des Fadenkreuzes ist komplett weggebrochen. Zwischen der bilinearen
und bikubischen Variante sind nur geringe Unterschiede zu erkennen. Bei beiden ist die schwarze Schrift durch die Einbeziehung des weißen Hintergrundes
grau geworden. Die Pixelwiederholung hat keine besonderen Vorzüge, außer
dass sie schnell ist. Bei Strichbildern (Bitmaps), die sowieso nur aus schwarzen
oder weißen Pixeln bestehen, können Sie diese Methode gut anwenden. Allerdings ist die Frage, ob es sich lohnt, extra dafür die Einstellungen zu ändern.

In einigen Fällen kann es hilfreich sein, wenn man die Linien, respektive Schriften vor der Umrechnung verstärkt. Hat man, wie in diesem Fall, einfach schwarze
Elemente auf weißem Grund, kann man den Filter DUNKLE BEREICHE VERGRÖS-
SERN nutzen. Er findet sich unter SONSTIGE FILTER in Photoshop. Da man nur
Werte für ganze Pixel eintragen kann, verwandelt man damit jede Schrift in seine
fett gedruckte Version. Will man dies vermeiden, muss man zuerst die Auflösung
erhöhen, dann den Filter anwenden und erst dann die Bildgröße auf 72 ppi verringern. Die Verstärkung einer Linie um einen Pixel ist bei einer hohen Auflösung
relativ weniger wirksam als bei einer geringen Auflösung. Rechnet man jetzt das
Bild wieder auf 72 ppi herunter, steht die Schrift sehr viel besser und wirkt nicht
mehr ganz so grau.

Scanner und Interpolation

Schon für DM 200,- kriegt man einen Scanner, der 4800 dpi einliest. Nochmal
DM 300,- draufgelegt und die Auflösung verdoppelt sich auf sagenhafte 9600
dpi. Allerdings findet sich hinter all diesen Angaben in Klammern der Zusatz
„interpoliert". Die Hersteller dürfen sich freuen, dass es noch keine Strafge-
bühren für Müllproduktion und Umweltverschmutzung in der digitalen Welt gibt.
Nehmen wir den 9600-dpi-Scanner: Dieser hat eine physikalische Auflösung von
600 x 1200 dpi. Pro Quadratinch liest er also 720.000 (600 x 1200) Bildpunkte
ein. Diese interpoliert er auf über 92 Millionen Pixel (9600 x 9600). Das heißt,
ein realer Bildpunkt wird dazu genutzt, 120 andere zu berechnen. Das ist albern,
kontraproduktiv und führt zu chronischer Festplattenverstopfung. Achten Sie
daher bei der Wahl eines Scanners auf die physikalische Auflösung. Zur Ehren-
rettung der Hersteller und Vertreiber muss man aber zugeben, dass nur noch

selten offensiv mit den interpolierten Auflösungen geworben wird. Es scheint sich bei allen Beteiligten herumgesprochen zu haben, dass man mit solchen Angaben keinen Blumentopf mehr gewinnen kann.

Bei der Benutzung eines Scanners sollten Sie sich überlegen, ob Sie über die reale Auflösung des Scanners hinausgehen – und wenn ja, ob es nicht sinnvoller ist, die Interpolation in Photoshop zu machen. Oftmals sind die Berechnungsmethoden von Photoshop besser als die internen Algorithmen des Scannerns. Gerade einfache Desktop-Scanner verwenden aufgrund des Geschwindigkeitsvorteils unter Umständen die Pixelwiederholung oder bilineare Interpolation. Man kann keine generellen Aussagen treffen, aber ich würde Ihnen empfehlen eine Vorlage mit feinen Linien mit einer Auflösung jenseits der physikalischen Grenze Ihres Scanners zu digitalisieren. Als Gegenprobe scannen Sie mit der maximal möglichen – nicht interpolierten – Auflösung ein und rechnen die Daten in Photoshop hoch. Es kann – muss aber keinesfalls – geschehen, dass der Photoshop-Weg zu einer besseren Qualität führt.

Die Daten werden von der Scansoftware übrigens nicht nur interpoliert, wenn die physikalische Grenze überschritten wird. Auch wenn man sie unterschreitet, werden die Daten neu berechnet. Bei einem 600-dpi-Scanner, von dem Sie eine Scanauflösung von 500 dpi verlangen, werden erst einmal 600 Pixel pro Inch eingelesen. 100 davon werden ignoriert und 500 an das Bildbearbeitungsprogramm weitergereicht. Falls Sie Ihrem Scanner misstrauen und der Meinung sind, Photoshop könne diesen Job besser erledigen, dann sollten Sie immer mit der maximalen physikalischen Auflösung oder einem ganzzahligen Teiler davon arbeiten. Aber Achtung, die nicht interpolierte Auflösung ist immer der kleinere Wert, der auf dem Datenblatt des Scanners steht. Bei einem 600 x 1200-Scanner sind es also 600 dpi.

Auch bei der Drehung oder Verzerrung von Bildern werden die Daten neu berechnet. Im Idealfall scannt man die Vorlagen direkt rechtwinklig ein. Falls dies nicht möglich ist und die Scansoftware in der Lage ist, das Bild zu drehen, sollte man das Ergebnis genauestens überprüfen. Es scheint, dass solche Arten von Berechnungen nicht einfach durchzuführen sind, und ich habe einige Erfahrungen mit mangelhaften Ergebnissen gemacht.

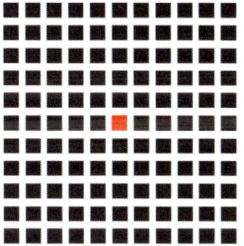

Im genannten Beispiel kommen auf jeden eingelesenen Pixel, hier rot dargestellt, rund 120 Bildpunkte, die erfunden werden.
Übrigens: Sehen Sie auch die grauen Flecken zwischen den schwarzen Quadraten? Ein klassisches Beispiel für eine optische Täuschung.

Das linke Bild wurde in einem Scanprogramm gedreht. Man kann ein offensichtliches Kachelmuster entdecken, das dazu führt, dass die Anschlüsse im Bild nicht mehr passen, Photoshop (rechts) macht es sehr viel besser.

Eine Scansoftware ist nichts Anderes als ein Bildbearbeitungsprogramm, das schon im Stadium der Digitalisierung Eingriffe zulässt. Es ist nicht immer leicht zu definieren, wann man die Lösungen der Scannerhersteller nutzen sollte und wann andere Programme, wie Photoshop, Vorteile bieten. Bei Fragen der Auflösung und Interpolationsqualität kann man aber die Unterschiede meist mit bloßem Auge entdecken. Wenn in diesem Kapitel einige Beispiele genannt wurden, bei denen die Scanprogramme im direkten Vergleich zu Photoshop schlecht abschneiden, so bezieht sich das natürlich nicht auf alle Anbieter. Dazu müsste ich ja alle Hersteller mit all ihren Lösungen kennen. Das ist schon allein aufgrund der Anzahl von Anbietern schier unmöglich. Es gibt hervorragende Programme, die Photoshop in einigen Bereichen um Längen schlagen, aber es gibt eben auch Lösungen, die qualitativ nicht völlig überzeugen können.

Der einzige Vorwurf, den man meines Wissens nach allen Scannerherstellern machen kann, ist, dass kein einziges Programm eine Warnmeldung bringt, wann der Bereich der physikalischen Auflösung verlassen wird. Dies wäre wirklich eine sinnvolle Information, die trotz des teils großen Funktionsumfangs vieler Programme noch immer fehlt.

Ausdrücke wie „bikubische Interpolation" hören sich ungemein wichtig an. Man sollte sich davon nicht beeindrucken lassen. Auch „Entsorgungspark" klingt nett, aber kaum jemand will deswegen sein Wochenende dort verbringen. Interpolierte Bildpunkte sind, um es noch einmal klar zu sagen, keine Träger von zusätzlicher Bildinformation. Sie sind auf der Basis der bestehenden Informationen schlicht und ergreifend erfunden worden.

Erst wenn man keine Alternative mehr sieht, sollte man Dateien hochrechnen. Vorher sollte man sich z.B. Gedanken darüber machen, welchen Qualitätsfaktor man verwendet und ob man daran nicht etwas ändern kann. Eine Interpolation macht nur dann Sinn, wenn der Ausgabeprozess es erfordert, da etwa das Rip eines Belichters bei einer geringen Auflösung schlechtere Ergebnisse erzielt, als wenn man die Daten in Photoshop interpoliert.

Checkliste

Auflösung
und Interpolation

- Bilddateien sind ein Haufen von Pixeln. Wir legen nur eine Skala an, anhand derer die Auflösung gemessen wird. Wirklich wichtig ist die Gesamtzahl der Pixel und nicht, ob jemand auf die Skala Zentimeter, Inch oder Kilometer geschrieben hat.

- Den Begriff lpi darf man nur in Zusammenhang mit der Rasterweite verwenden.

- Ppi beschreibt die Dateiauflösung. Deren notwendige Anzahl ist von dem Ausgabegerät und bei Rasterdruckverfahren von der Zahl der Rasterpunkte abhängig.

- Dpi ist das korrekte Maß für Ein- und Ausgabegeräte. Dpi durch ppi, Scan- durch Dateiauflösung ergibt den erreichbaren Vergrößerungs-maßstab.

- Es heißt nicht: „Je mehr, desto besser". Stattdessen ist eine adäqua-te Auflösung gefragt.

- Es gibt drei Arten der Interpolation. Die bikubische Variante erstellt im Regelfall die besten Ergebnisse.

- Interpolierte Daten sind erfundene Daten. Sie sind keine Träger von zusätzlicher Bildinformation.

- Runterrechnen ist O.K., außer beim Internet. Raufrechnen ist nicht O.K.

- Vertrauen ist gut. Kontrolle ist besser. Scanprogramme erledigen die Interpolationsarbeit unter Umständen schlechter als Photoshop. Prü-fen Sie Ihren Scanner und nutzen Sie gegebenenfalls nur die maxi-male physikalische Auflösung.

1.3 Datentiefe und Histogramm

1-Bit, 8-Bit, mehr Bit

Bildmodi

Die kleinste Dateneinheit eines Computers ist das Bit. Es kennt zwei Zustände: an oder aus; schwarz oder weiß, null oder eins etc. Man spricht auch vom binären Zahlensystem. Daten sind oftmals mit mehreren Bits beschrieben. Postscript als Standardausgabeformat unterstützt 8-Bit. Damit sind 2 hoch 8 = 256 verschiedene Zustände möglich. Aufgrund der Verluste bei Korrekturen macht es aber Sinn mit mehr Tonwerten zu starten. Aus diesem Grund verfügen viele Scanner über die Möglichkeit mehr Bit einzulesen.

Strichbilder

Die Pixel eines Strichbildes sind mit jeweils einem Bit beschrieben. So kann es in diesem Modus nur schwarze oder weiße Pixel geben. Dies ist ein Grund dafür, warum die meisten Filter und einige Werkzeuge bei Strichbildern nicht funktionieren. In Photoshop heißt dieser Modus verwirrenderweise Bitmap. Eigentlich sind alle Arten von Pixelbildern Bitmaps, und daher ist dieser Begriff unglücklich gewählt.

Graustufen

Für die Beschreibung eines Graustufenbildes reicht es nicht aus, nur schwarze und weiße Pixel zur Verfügung zu haben. Daher codiert man solche Bilder mit mehr Bit. Bei zwei Bit gibt es vier mögliche Zustände: 0-0, 0-1, 1-0 und 1-1.

Die Zahl möglicher Graustufen potenziert sich mit jedem Bit, und so erhält man bei 8-Bit (einem Byte) 256 Tonwerte.

2 hoch 2 ist 4.
2 hoch 8 ist 256.

Duplex

Duplex-, Triplex- und Quadruplexbilder werden in zwei, drei oder vier Farben gedruckt. Obwohl sie auf dem Bildschirm farbig erscheinen, handelt es sich dabei um eine 8-Bit-Datei, die in ihrer Struktur einem schlichten Graustufenbild entspricht. Neben den Pixeln sind bei Duplexbildern aber auch Informationen über verwendete Farben und Druckkennlinien Teil der Bildinformation. Da nicht jedes Dateiformat Platz dafür bietet, müssen solche Bilder als Photoshop- oder EPS-Dateien abgesichert werden.

RGB und CMYK

Bei RGB-Bildern handelt es sich um 24-Bit-Bilder. Man kann diese 24-Bit auch in drei Pakete à 8-Bit unterteilen. Das entspricht dann drei Graustufenbildern, denen jeweils eine Farbe zugeordnet wird. Diese Kombination erlaubt 256 x 256 x 256 = 16,7 Millionen Farbwerte. In der Kanälepalette kann man sich die einzelnen Farbauszüge anzeigen lassen.

CMYK-Bilder haben entsprechend vier Kanäle. Man könnte jetzt hochrechnen wie viele Farbkombinationen damit in der Theorie möglich sind. Aber eigentlich macht das keinen Sinn. Der vierte Kanal, Schwarz, wird ja nur hinzugefügt, um Unzulänglichkeiten der Druckfarben auszubügeln. Basis für alle CMYK-Bilddaten sind die Lichtfarben RGB, die vom Scanner aufgenommen oder von der Digitalkamera eingelesen werden. Ein vierfarbiges Bild kann also nicht mehr Informationen besitzen als das Original, aus dem es erstellt wurde.

Indizierte Farben

Das sind wiederum einkanalige Bilder, die mit maximal 8-Bit kodiert sind. Sie ähneln insofern einer Graustufendatei. Allerdings werden hier nicht Graustufen-, sondern Farbwerte der Datei zugeordnet. Somit hat man höchstens 256 Farben zur Verfügung. Für die meisten Anforderungen ist das viel zu wenig, und so verwendet man diesen Modus nur, wenn man die Datei klein halten will (fürs Internet) oder aus technischen Gründen dazu gezwungen ist (Multimedia). Daten kann man hier auch mit weniger als 8-Bit kodieren, um Speicherplatz einzusparen.

Binäres Zahlensystem

Wir sollten uns die Zeit nehmen, einen kurzen Blick hinter die Kulissen zu werfen. In Photoshop begegnet man den Auswirkungen des binären Zahlensystems bei RGB-Dateien und den hier verwendeten Werten von 0 bis 255. Es liegt aber auch allen anderen Farbmodi zugrunde.

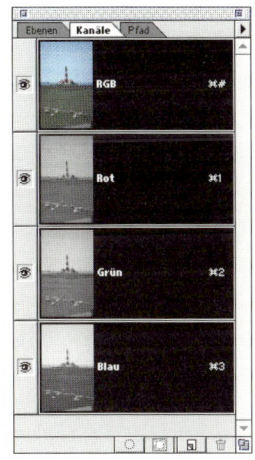

RGB-Bilder sind eine Kombination aus drei Datensätzen, die einem Graustufenbild gleichen. In der Kanälepalette kann man dies erkennen.

0	0	0	0	0	0	0	0	Binäres System
1	1	1	1	1	1	1	1	

0	0	0	0	0	0	0	0	Dezimalsystem
128	64	32	16	8	4	2	1	

Eine 8-Bit-Kodierung besteht aus acht Nullen oder Einsen. Will man eine solche Kodierung in das dezimale System umsetzen, mit dem wir Menschen arbeiten, so kann man jeder Null und Eins einen Wert zuordnen. Der Null wird immer auch eine Null zugeordnet. Der binären Eins wird, beginnend mit der dezimalen Eins, jeweils ein doppelter Wert zugeordnet. Dabei steigen die Zahlen von rechts nach links an.

256 Tonwerte sind mit 8-Bit möglich. Bei 16-Bit könnte man die verbleibenden Seiten dieses Buches mit einem solchen Kästchen füllen um alle Tonwerte darzustellen.

Will man nun herausfinden, wie die Zahl 98 im binären System kodiert wird, so startet man links und sucht die größte Binärstelle, die in die 98 hineinpasst. In diesem Fall ist es die 64. Es verbleiben 34, die man mit der 32 und der 2 beschreibt. Den Rest der 8-Bit kann man mit Nullen auffüllen.

Das Ergebnis wäre also: 98 = 0 1 1 0 0 0 1 0

Umgekehrt geht die Rechnung natürlich auch. Will man den Binärwert 1 0 0 1 0 0 0 1 in einen Dezimalwert umrechnen, muss man die Werte entsprechend zuordnen und addieren.

$$128 + 0 + 0 + 16 + 0 + 0 + 0 + 1 = 145$$

Aus diesem Grund werden die 256 möglichen Tonwerte im RGB-Modus nicht von 1 bis 256 gerechnet sondern von 0 bis 255.

$$0 + 0 + 0 + 0 + 0 + 0 + 0 + 0 = 0 \text{ (Schwarz)}$$
$$128 + 64 + 32 + 16 + 8 + 4 + 2 + 1 = 255 \text{ (Weiß)}$$

Kodiert man Daten mit mehr als 8-Bit, so potenziert sich auch die Zahl der Tonwerte. Bei 12-Bit sind es schon 4096.

$$2048 + 1024 + 512 + 256 + 128 + 64 + 32 + 16 + 8 + 4 + 2 + 1 = 4096$$

Bei 16-Bit kommt man auf die beeindruckende Zahl von 65536 Tonwerten. Den 16-Bit kommt einige Bedeutung zu, da man diesen Modus in Photoshop anwählen kann. So ist es möglich, Daten von Scannern und Digitalkameras, die eine höhere Datentiefe haben, in Photoshop zu importieren. Verfügt der Scanner über 12-Bit, so wird der Scan sozusagen in das größere 16-Bit-Gefäß von Photoshop umgefüllt.

Histogramm

So wie Golfspieler das Gelände, der Jäger die Fährte, so muss der Bildbearbeiter das Histogramm lesen können. Es ist die effektivste Kontrollmöglichkeit, die zur Verfügung steht.

Das Histogramm ist die wichtigste Informationsquelle über die Bilddaten.

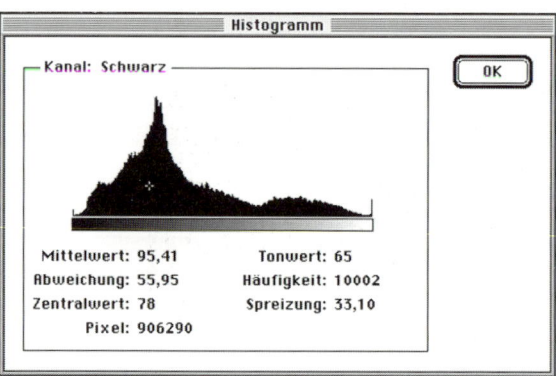

Ein Histogramm ist die grafische Darstellung der Tonwertverteilung unserer 8-Bit-Daten in einem Bild. Von ganz links (Schwarz, Tonwert 0) bis ganz rechts (Weiß, Tonwert 255) werden die in der Datei vorkommenden Pixel dargestellt. Je öfter der entsprechende Tonwert vorhanden ist, umso höher ist der darüberliegende Balken. Der Mittelwert entspricht dem durchschnittlichen Helligkeitswert. Ein Wert unter 127 weist somit auf ein eher dunkles, ein Wert über 128 auf ein eher helles Bild hin. Der Zentralwert zeigt den mittleren Farbwert des Bildes an. Bewegt man den Cursor in das Histogramm, kann man den gewählten Tonwert und seine Häufigkeit ablesen. Die Spreizung gibt dabei an, wie viel Prozent der verbleibenden Pixel dunkler sind.

Im Regelfall sollte ein Scan den gesamten Bereich des Histogramms abdecken und zu den Rändern hin auslaufen. Im schlimmsten Fall sieht ein Histogramm wie ein Querschnitt durch den Grand Canyon aus: Steilwände am rechten und linken Rand deuten dann auf deutliche Zeichnungsverluste in den Lichtern und Tiefen hin. Im besten Fall sehen wir eine geschlossene Gebirgs- oder Hügellandschaft, die zu den Rändern hin die Ebene erreicht. Hier kann man sicher sein, dass die Modulation auch in den Lichtern und Tiefen vorhanden ist.

Zwei schlechte Scans mit ihren Histogrammen: Im rechten Bild türmen sich die Pixel am linken Rand und ragen gar aus der Skala heraus. Das Bild ist viel zu dunkel, und auch eine Korrektur kann hier nicht mehr viel ausrichten. Das linke Histogramm sieht schon sehr viel besser aus. Allerdings sind auch hier in den Lichtern Zeichnungsverluste zu erkennen. Der Sand etwa ist nur noch eine weiße Fläche.

Drängen sich die Pixel am Rand des Histogramms, kann man Zeichnungsverluste vermuten.

Oftmals wird man es aber mit Bildern zu tun haben, die nicht die gesamten Tonwertbereich ausnutzen und so zu flau wirken. Zieht man nun das weiße und schwarze Dreieck an die Grenzen der abgebildeten Tonwerte, so wird eine Neuverteilung der Pixel vorgenommen. Naturgemäß entstehen durch diese Spreizung Lücken im Histogramm. Diese sind ein eindeutiger Hinweis auf eine nachträgliche Bearbeitung des Bildes.

Nutzen die Pixel den vorhandenen Platz nicht aus, mag das Bild zu flau sein. Eine Korrektur führt zu Lücken im Histogramm.

Und hier findet sich auch die Begründung, warum Scanner und Digitalkameras mit einer höheren Datentiefe arbeiten. Hat man mehr Bit und damit nicht nur 256, sondern sagen wir 4096 Tonwerte, so ist es nicht so schlimm, wenn durch die Bearbeitung Lücken im Histogramm entstehen. Für die Ausgabe muss das Bild sowieso auf 8-Bit reduziert werden, und zu diesem Zeitpunkt sucht man sich die 256 besten Tonwerte heraus und ignoriert die Lücken.

Will man die Bearbeitung vergessen machen, kann man einfach die Bildgröße um einen Pixel erhöhen – hier von 300 auf 301 dpi Auflösung. Dabei muss der Erhalt der Dateigröße deaktiviert sein. Um die fehlenden Bildpunkte hinzuzufügen, werden alle Pixel neu berechnet und dadurch die fehlenden Tonwerte interpoliert. Das resultierende Histogramm weist keine Lücken mehr auf. Ähnliches kann man auch mit Filtern bewerkstelligen.

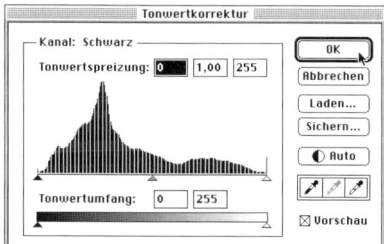 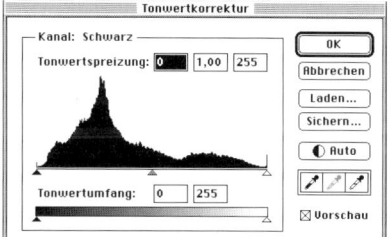

Will man die Lücken unsichtbar machen, kann man die Auflösung um einen Pixel ändern.

Diese Vorgehensweise führt aber nicht zu einer Verbesserung der Bildqualität, sondern ist schlicht Augenwischerei. So muss man die Aussagekraft eines Histogramms ein wenig relativieren. Das perfekte Histogramm, ohne Lücken, kann auf einen perfekten Scan hinweisen – muss aber nicht. Im Umkehrschluss zeigen Lücken im Histogramm fehlende Tonwerte auf, sie können aber auch ein Indiz dafür sein, dass sich jemand wirklich Mühe gegeben und in der Nachbearbeitung versucht hat, auch das Letzte aus dem Bild herauszuholen.

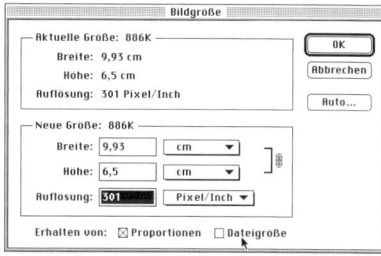

Dieses Bild verfügt über die ideale Anzahl von 256 Tonwerten.

Zu bedenken ist dabei, dass oftmals weit weniger als 256 Tonwerte genügen, um einen sehr ordentlichen Graustufenscan zu erzielen. Sehen Sie den Unterschied?

Hier sind es nur
40 Tonwerte.

Es ist schon überraschend, wie wenig Tonwerte dem menschlichen Auge genügen, um den Eindruck eines „normalen" Graustufenbildes zu erzielen. Allerdings ist Vorsicht geboten, denn bei Motiven mit feinen Abstufungen, oder schlimmer noch, eingezogenen Verläufen würden 40 Tonwerte zu bösen Abstufungen führen. Hier reichen oftmals noch nicht einmal 256 Graustufen aus, um einen idealen und stufenlosen Verlauf auszugeben. So soll denn auch gar kein Missverständnis aufkommen: Ein Bild mit 256 Graustufen ist natürlich einem mit 40 Tonwerten vorzuziehen. Aber es kann ja nicht schaden, sich der Toleranz bewusst zu sein, die das menschliche Auge zulässt.

Übrigens treten die Lücken im Histogramm nicht nur bei der Tonwertkorrektur auf, sondern bei allen Werkzeugen mit denen man die Farben des Bildes ändern kann.

Hellt man etwa das Bild mit Hilfe der GRADATIONSKURVEN auf, so entstehen auf der dunklen Seite des Histogramms Lücken, während in den Lichtern einzelne Spitzen herausragen.

Eine Aufhellung des
Bildes verschiebt die
Tonwerte nach rechts.

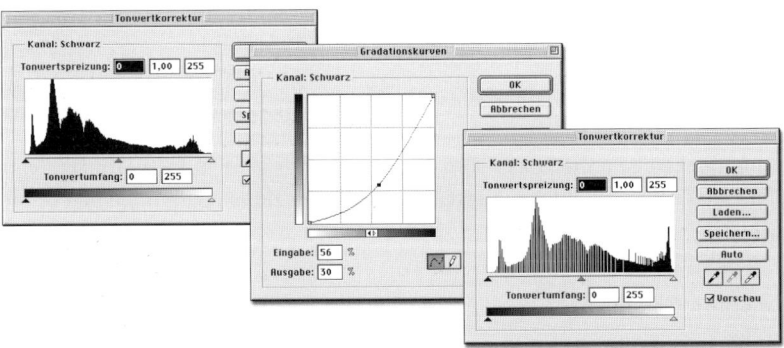

Ganz schlimm wird es, wenn man das Menü HELLIGKEIT/KONTRAST nutzt. Das gesamte Histogramm wird um einen bestimmten Wert verschoben. Bei einer Helligkeitserhöhung um „50" rutscht somit das gesamte Histogramm um ca. zwei Zentimeter nach rechts. Der kleine Hügel, den man im Ausgangsbild noch sieht, verschwindet damit aus der Skala und wird komplett auf Weiß gesetzt. Dies ist der Grund, warum man tunlichst die Finger von diesem Werkzeug lassen sollte.

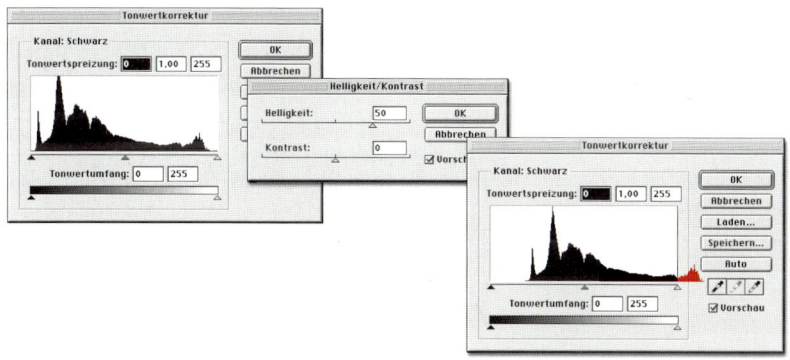

Das Menü HELLIGKEIT/
KONTRAST verschiebt das
gesamte Histogramm.
Der rot-markierte Bereich
verschwindet im digitalen
Nirvana.

Sehr häufig wird man diesen Spreizungen und Stauchungen auch bei selektiven Korrekturen begegnen. Sie sind zwar im Histogramm nicht besonders gut
zu erkennen. Umso häufiger treten sie auf. Wir sehen hier das Histogramm des
Cyankanals eines Vierfarbbildes. Erhöht man die Sättigung für die Farbe Cyan,
verschwinden all die dunklen Pixel dieses Kanals. Sie sind alle an den linken
Rand gerutscht. Dort sieht man einen hohen, schmalen Strich. Fast 50 Prozent
aller Tonwerte des Cyankanals verbergen sich in diesem Strich. Das entspricht
einem extrem starken Zeichnungsverlust.

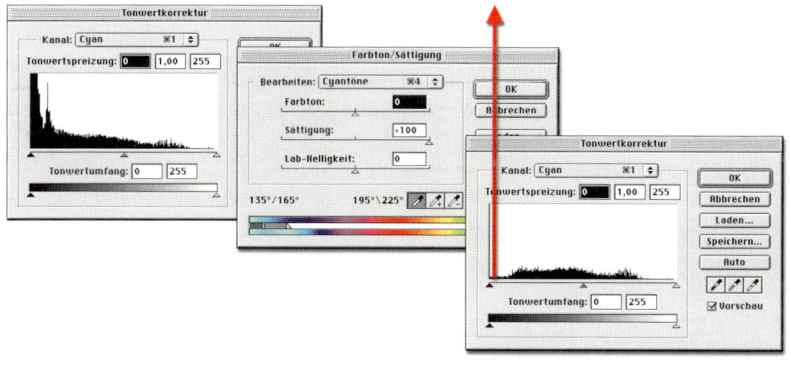

Auch die Veränderung
einzelner Farben führt zu
Verlusten. Die letzte
Pixelreihe weist weit aus
dem Diagramm heraus.
Der rote Strich soll
dies symbolisieren.

16-Bit-Bearbeitung

Scanprogramme

Wann immer man also ein Einstellungsmenü auf 8-Bit-Daten anwendet, verliert
man Tonwerte. Da die Scanner und Scanprogramme meist über eine höhere
Datentiefe verfügen, sollte man also alle Korrekturen auf dieses Stadium der
Digitalisierung konzentrieren. Bei einem 12-Bit-Scanner hat man 4096 mögliche
Tonwerte, die man hervorragend durcheinanderwirbeln kann, um dann die 256
Besten in das Bildbearbeitungsprogramm zu übernehmen. Insbesondere ist
dies sinnvoll, um Helligkeitsänderungen am Rohscan vorzunehmen und etwa
die dunklen Elemente des Bildes aufzuhellen. Hier kann man eine bessere Tren-

nung erzielen, ohne dass Tiefen grieselig werden und Störungen auftreten. Bei Einstellungen, die die Farbsättigung betreffen, hilft auch eine höhere Datentiefe nur bedingt weiter. Erhöht man, wie im oberen Beispiel, die Sättigung, werden alle Farbwerte an den Rand des jeweiligen Farbraums gedrängt. Was ehemals Tonwertunterschiede waren, findet nun seinen Platz an der exakt gleichen Stelle im Farbraum. Ob dieser dann mit 8- oder 16-Bit beschrieben wird, ist von geringerer Bedeutung.

Eine ganz spannende Frage ist es natürlich, ob bei einem 12-Bit Scanner auch wirklich alle Korrekturen mit eben dieser Datentiefe vorgenommen werden. Die Bearbeitung von mehr als 8-Bit muss naturgemäß länger dauern. Es sind ja mehr Daten, die durch den Prozessor geschleust werden. Das steht eigentlich im Widerspruch zu dem Interesse der Scannerhersteller möglichst schnelle Geräte auf den Markt zu bringen.

Das Histogramm ist keine verlässliche Informationsquelle. Wie erwähnt, ist es sehr einfach zu manipulieren. Ich habe zwar schon einige Gerüchte über eine mangelhafte Ausnutzung der Datentiefe durch Scanprogramme gehört, aber Genaues weiß ich auch nicht. So kann man nur den Herstellern vertrauen, dass Ihre Versprechungen stimmen. Einen positiven Aspekt hat diese Verunsicherung aber – und deswegen erwähne ich das Thema hier: Entscheidend ist eben nur, ob der Scanner die Anforderungen, für den man ihn gekauft hat, erfüllt oder nicht.

12-Bit sind nicht unbedingt besser als 10-Bit. Es gibt ganz viele Faktoren, die über die Qualität eines Scanners oder einer Digitalkamera entscheiden. Auch CCD-Element und Lichtquelle, Mechanik und optisches System haben einen bedeutenden Einfluss auf die Bildqualität. Die Bit-Tiefe ist nur ein Kriterium und wahrscheinlich nicht das Wichtigste. Wenn Sie ein Automobil nur nach der PS-Stärke beurteilen, dann mag 400 PS durchaus interessant klingen. Ob Sie sich damit allerdings einen Ferrari, oder einen Trecker einhandeln, darüber sagt dieser Wert nichts aus.

16-Bit in Photoshop

Menüs, wie Tonwertkorrektur und Gradationskurven, sind Werkzeuge. Wie das mit Werkzeugen so ist, manche liegen einfach schlecht in der Hand. Es gibt Scanprogramme, die über Menüs verfügen, mit denen man einfach nicht zurecht kommt. In diesem Fall sollte man prüfen, ob man die Rohdaten des Scanners in Photoshop importieren kann. Nicht alle Programme bieten diese Möglichkeit. Jene, die es können, erkennt man daran, dass sie eine höhere Datentiefe als 24-Bit zulassen, oder an Billionen von Farben, die anwählbar sind.

Nicht alle Menüs sind im 16-Bit-Modus anwählbar.

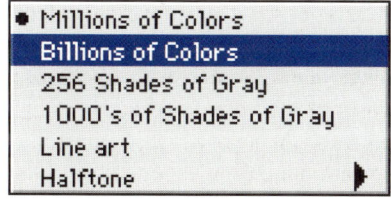

Links das Programm eines Umax-Scanners.
Mit 14-Bit pro Farbkanal erstellt er 42-Bit-Bilder.
Rechts ein Microtek mit 12-Bit. Dies führt zu "Billions of Colors" – Milliarden von Farben.

Nutzt man diese Option, dann werden die Daten in den 16-Bit-Modus von Photoshop importiert. Als Dateiformat sind nur noch Tiff, Raw und das Photoshop-Format anwählbar. Aufgrund der höheren Datentiefe kann man jetzt relativ gefahrlos Korrekturen vornehmen. Allerdings stehen nicht mehr alle Einstellungsmenüs zur Verfügung.

Je neuer die Photoshop-Version, desto mehr Möglichkeiten hat man. In Version 4 war der 16-Bit-Modus nur für RGB-Bilder anwählbar. In Photoshop 5 kam das Menü Farbton/Sättigung und der CMYK-Modus hinzu. Dadurch konnte man schon bei Separationen die höhere Datentiefe ausnutzen. Mit Photoshop 6 können nun auch Lab-Bilder im 16-Bit-Modus bearbeitet werden. Ebenfalls neu ist die Möglichkeit, die wichtigsten Filter anzuwählen. So stehen die Scharfzeichnungs- und Störungsfilter sowie der gaußsche Weichzeichner zur Verfügung. Damit lässt sich schon ganz komfortabel arbeiten und ein Großteil der Aufgaben erledigen. Nur auf die selektive Farbkorrektur muss man weiterhin verzichten. Andere Menüs, wie Tontrennung und Entsättigung, sind sowieso nicht von großer Bedeutung.

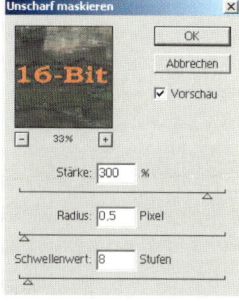

Seit Photoshop 6 sind die wichtigsten Filter auch im 16-Bit-Modus anwählbar.

Man kann nun daran gehen, alle notwendigen Korrekturen vorzunehmen. Gerade bei Helligkeitsänderungen macht es sich bemerkbar, dass man nicht nur 256, sondern 1000 (10-Bit), 4000 (12-Bit) oder gar zigtausende (16-Bit) an Tonwerten zur Verfügung hat.

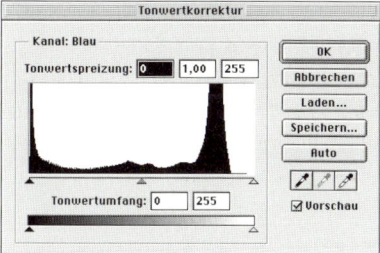

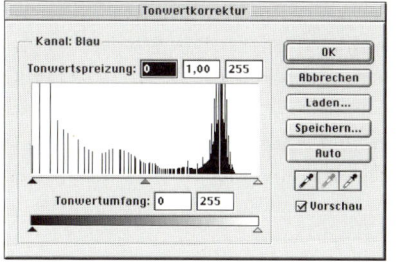

Eine starke Aufhellung in einem 16-Bit-Bild (links). Das Histogramm bleibt geschlossen. Ganz im Gegensatz eine Korrektur mit nur 8-Bit (rechts).

Es bietet sich an, die Umwandlung zwischen Farbräumen auch im 16-Bit-Modus durchzuführen, denn auch bei diesen Umwandlungen hat man mit Verlusten zu rechnen. Allerdings muss die Ausgangsdatei natürlich in 16-Bit vorliegen.

Es macht keinen Sinn, wenn man ein 8-Bit-Bild nimmt, es in 16-Bit umwandelt und dann separiert. Dadurch entstehen keine neuen oder zusätzlichen Informationen.

Vergleicht man die Ergebnisse, sieht man, dass das Histogramm beim 16-Bit-Workflow keine Lücken und keine Ausreisser aufweist. Ganz im Gegensatz zu Bildern, die nur auf 8-Bit bearbeitet wurden. In den meisten Fällen wird man auch eine deutlich bessere Tiefenzeichnung erkennen können und eine feinere Modulation über das gesamte Bild.

„In den meisten Fällen" ist die vorsichtige Umschreibung dafür, dass auch eine 16-Bit-Bearbeitung nicht unbedingt zu besseren Resultaten führen muss. Einen ganz entscheidenden Einfluss hat die Qualität der Rohdaten. Diese müssen die höhere Zahl an Tonwerten auch wirklich ausnutzen. Tun sie das nicht, dann wird man auch keine Unterschiede zwischen einer Bearbeitung in 8- oder 16-Bit erkennen können.

Checkliste

Datentiefe
und Histogramm

- Alle Daten im Computer sind mit Bits kodiert.

- Postscript als Standard-Ausgabeformat arbeitet mit 8-Bit. Damit sind 256 unterschiedliche Tonwerte möglich.

- Arbeitet man mit mehr Bit, steigt die Zahl möglicher Tonwertunterschiede exponentiell an.

- Das binäre Zahlensystem ist, soweit es die Grundlagen betrifft, ganz einfach.

- Das Histogramm ist die wichtigste Informationsquelle, um mehr über Bilddaten zu erfahren.

- In den meisten Fällen sollen die Pixel die gesamte Breite des Histogramms abdecken und zu den Rändern hin auslaufen.

- Steilwände am Rand deuten auf Zeichnungsverluste hin.

- Alle Korrekturen führen zu Lücken oder Ausreissern im Histogramm.

- Es ist daher sinnvoll Korrekturen auf der Basis einer höheren Datentiefe durchzuführen.

- Die Datentiefe ist nur ein Aspekt unter vielen, um die Qualität von Eingabegeräten zu beurteilen.

1.4 Farbmanagement – Einführung

Ingenieure lieben Farbmanagement. Es ist so schön berechenbar. Praktiker ertragen das Farbmanagement oftmals nur. Es löst zwar einige wirklich grundlegende Probleme, aber die kannte man wenigstens. Im Gegenzug hat man sich dafür neue Probleme eingehandelt, und hier müssen die Lösungen erst in dem individuellen Zusammenhang gefunden werden. Das ist manchmal nicht so einfach. Insbesondere wenn man, wie Adobe es mit Photoshop 5.0 getan hat, ein komplettes Farbmanagementsystem implementiert und den Anwender dann mit rudimentären Informationen alleine lässt. In Version 6 werden die Einstellungen schon viel übersichtlicher präsentiert und damit auch verständlicher.

Warum überhaupt Farbmanagement?

Fangen wir ganz grundlegend an. Stellen Sie sich einen Fernsehsender vor, der ein klar definiertes RGB-Signal aussendet. Gehen Sie nun zu dem großen Verbrauchermarkt, bei dem zwanzig Fernseher in einer Reihe stehen. Sie werden zwanzig mehr oder weniger unterschiedliche Ergebnisse sehen. Das RGB-Signal ist immer das gleiche – die Fernseher sind offensichtlich unterschiedlich. Die Resultate sind also vom Gerät abhängig.

Denjenigen, die im Printbereich tätig sind, geht es nicht besser. Gibt man eine CMYK-Datei zu zwanzig verschiedenen Druckern, wird man nicht zwei Ergebnisse erhalten, die völlig identisch sind. Im Bogenoffset, auf gestrichenes Papier, mag man teils nur geringe Unterschiede erkennen können. Wehe aber dem, der die Datei im Zeitungsdruck oder gar im Tiefdruck ausgeben will, wo gänzlich andere Druckfarben verwendet werden. Auch hier wird es also vom Gerät und den verwendeten Materialien (Farbe, Bedruckstoff etc.) abhängig sein.

In der Praxis führt das dazu, dass die Datei auf dem Monitor des Grafikers gänzlich anders erscheint als auf dem Monitor des Repro-Dienstleisters. Will man diese Datei als Anzeige in einer Zeitung, im Offsetdruck und im Tiefdruck ausgeben, muss man dann noch Stunden von Handarbeit investieren, um sie für den jeweiligen Ausgabeprozess vorzubereiten, ohne dass man die Sicherheit hat, auch ein exaktes Ergebnis zu erhalten. Das bisherige Verhältnis der Medienindustrie zur Farbe könnte man auf die Formel „Pi mal Daumen" bringen. Diese Situation kann man halbwegs lösen, wenn nur Profis, die man gerne mit dem Attribut „farbsicher" charakterisiert, sich mit der Reproduktion von Farbe beschäftigen. Es steht aber in direktem Widerspruch zu der weiten Verbreitung von Scannern und Bildbearbeitungsprogrammen. Hier braucht man endlich eine einheitliche Beschreibung von Farbe. Dies gilt umso mehr, wenn man medienneutral produzieren und die so entstandenen Daten in unterschiedlichen Ausgabeprozessen nutzen will.

Auf meinen Schulungen habe ich die Erfahrung gemacht, dass an dieser Stelle alle Beteiligten nicken, um Stunden oder Tage später wieder steif und fest zu behaupten, ein bestimmter CMYK-Wert würde doch eine klar definierte Farbe beschreiben. Nein, das tut er nicht. Es gibt eine relativ große Basis eines Ideal-

Standard-Druckverfahrens, bei dem man ziemlich ähnliche Ergebnisse erwarten kann. Die Fogra hat sich um diese Standardisierung verdient gemacht. Jene, die sagen, die Druckfarben CMYK würden doch eine Farbe beschreiben, setzen zumeist unausgesprochen voraus, dass im Bogenoffset auf gestrichenes Papier im 60er Raster nach Fogra-Richtlinien gedruckt wird. Sie denken dabei an ihren Tonwertatlas, der all diese Prämissen erfüllt. Sie denken dabei nicht an Tiefdruck, Siebdruck, Zeitungsdruck, Inkjetprinter, Thermosublimationsprinter etc. pp.

Eine identische CMYK-Datei in drei unterschiedlichen Ausgabeprozessen. CMYK beschreibt keine Farbe. Es definiert nur, wie viel Druckfarbe auf das Papier trifft. Welche Farbe, welches Papier – darüber sagt es nichts aus.

Ähnlich verhält es sich bei den Lichtfarben Rot, Grün, Blau. RGB-Werte definieren, wie stark eine Leuchtquelle strahlen soll. Welcher Art diese Leuchtquelle ist, weiß man deswegen noch nicht. Es ist gibt ganz unterschiedliche RGBs. Die bekanntesten dürften die Fernsehnormen NTSC und PAL sein. Identische Werte führen hier zu gänzlich unterschiedlichen Resultaten. Es gibt nicht ein RGB, sondern viele RGBs – und wenn Sie Spaß daran haben, dann können Sie auch Ihr eigenes RGB erfinden.

Völlig identische RGB-Werte beschreiben vielleicht einen Hautton, vielleicht aber auch einen Sonnenbrand 2. Grades. Das ist abhängig von der verwendeten Farbraumdefinition.

CIE-Lab

1931 hat sich das Centre Internationale d'Eclairage (kurz: CIE) daran gemacht ein Farbmodell zu entwickeln, das unabhängig ist von den Darstellungsarten. Ja, ich winke schon die ganz Zeit mit dem Zaunpfahl. Jetzt kommts: einen geräteunabhängigen Farbraum. Neben XYZ und xyY entwickelten sie 1976 den CIE-Lab-Farbraum, das derzeit bekannteste Farbmodell und schon fast ein Synonym für Farbmanagement.

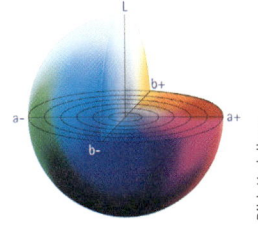

Bild: Hedelberg

Die stilisierte Darstellung des Lab-Farbraums.

Es stellt ein mathematisches Modell von Farbe dar, das alle Farben, die das menschliche Auge wahrnehmen kann, abdeckt.

Die Helligkeitsinformationen sind dabei von den Farbinformationen getrennt. Der L-Kanal beschreibt die Helligkeitsinformation, der a-Kanal die Farben von Rot nach Grün und der b-Kanal die Farben von Gelb nach Blau. Gegenüber den anderen geräteunabhängigen Modellen hat er den Vorteil, dass er die menschliche Wahrnehmung berücksichtigt. Wenn Sie jemand, der nichts mit dem ganzen Themenbereich zu tun hat, nach den Grundfarben fragen, so werden Sie wahrscheinlich als Antwort Rot, Grün, Blau und Gelb erhalten. Jenseits aller RGB- oder CMYK-Modelle sind dies die Farben, die für unsere Wahrnehmung wichtig sind. Ein weiterer Aspekt ist unser unterschiedliches Unterscheidungsvermögen. Manche Farben weisen physikalisch und messtechnisch starke Unterschiede auf. Für das menschliche Auge sind diese Differenzen aber teilweise kaum wahrnehmbar, während bei anderen Farbtönen diese Trennung weitaus besser gelingt. Die Berücksichtigung dieses Phänomens im Lab-Farbraum nennt man Gleichabständigkeit.

Oben ein RGB-, unten ein Lab-Bild mit den dazugehörigen Farbkanälen. Die Trennung von Helligkeits- und Farbinformationen bei Lab führt zu einer ganz neuen Art die Farbe zu beschreiben.

Bild: PhotoDisc

Das Problem der Geräteabhängigkeit wäre also gelöst. Bei einer RGB- oder CMYK-Datei materialisiert sich die „wirkliche Farbe" erst, wenn sie in einer bestimmten Art ausgegeben oder dargestellt wird. Im Gegensatz dazu kann es bei einer Datei im Lab-Farbraum keine Diskussionen geben. Ihre Farben sind klar definiert.

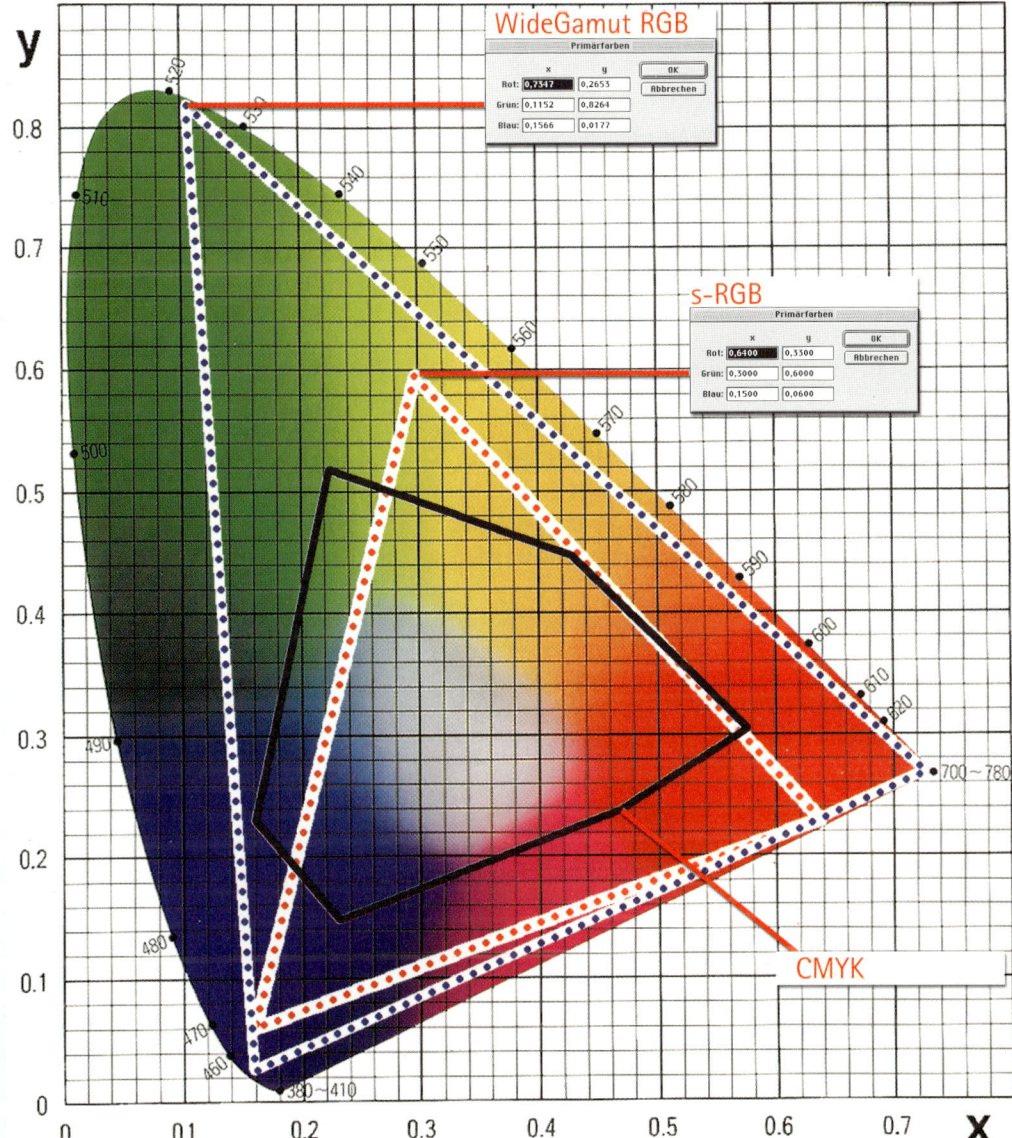

WideGamut RGB

Primärfarben		
	x	y	OK
Rot:	0,7347	0,2653	Abbrechen
Grün:	0,1152	0,8264	
Blau:	0,1566	0,0177	

s-RGB

Primärfarben		
	x	y	OK
Rot:	0,6400	0,3300	Abbrechen
Grün:	0,3000	0,6000	
Blau:	0,1500	0,0600	

CMYK

Bild: Heidelberg, Bearbeitung: Wargalla

XYZ – die Schuhsohle

Obwohl Lab den Sprachgebrauch bestimmt, wird sehr oft der XYZ-Farbraum dargestellt, der genauso alle sichtbaren Farben darstellt. Eigentlich müssen Sie sich hier ein Lesezeichen setzen, da wir auf diese Darstellung immer wieder zurückkommen werden.

Sie sehen in der so genannten Schuhsohle zum einen die unterschiedliche Größe des Lab-Farbraums im Vergleich zum RGB- und CMYK-Farbraum. Man kann aber auch erkennen, dass es offensichtlich unterschiedlich große RGB-Räume gibt. Diese werden über ihre xy-Koordinaten definiert, die bei der Beschreibung von Monitoren und RGB-Arbeitsfarbräumen von Bedeutung sind und die – die manchmal verwirrenden – Aspekte dieser Fragen aufklären können. Es gibt auch unterschiedlich große CMYK-Farbräume, obwohl hier nur eine Linie eingezeichnet ist.

Spektralphotometer

Grundlegendes Werkzeug, um die Farbwerte einzulesen, sind Spektralphotometer. Sie messen die spektrale Zusammensetzung des Lichts und können diese Informationen direkt in einen geräteunabhängigen Farbraum übersetzen. Nehmen wir uns die Zeit, um die Ziele des Farbmanagement an einem Beispiel zu verdeutlichen.

Die Jetons aus einem Kinderspiel sollen möglichst perfekt reproduziert werden. Man kann nun hingehen und in einem Tonwertatlas entsprechende CMYK-Werte suchen. Da es für eine internationale Werbekampagne dienen soll, braucht man einige dieser Farbtafeln und muss die Daten mit großem Aufwand für den jeweiligen Ausgabeprozess vorbereiten. Spätestens wenn es daran geht, in Tokio Einkaufstaschen mit dem Motiv zu bedrucken oder ähnlich bizarre Probleme zu lösen, wird man mit seinem Latein am Ende sein.

Ein Spektralphotometer misst die Zusammensetzung des Lichts und übersetzt diese Werte in einen beliebigen CIE-Farbraum, z.B. Lab. Für diesen Screenshot wurde ein Colortron II verwendet, das die Reflexion der Farben sehr schön darstellt.

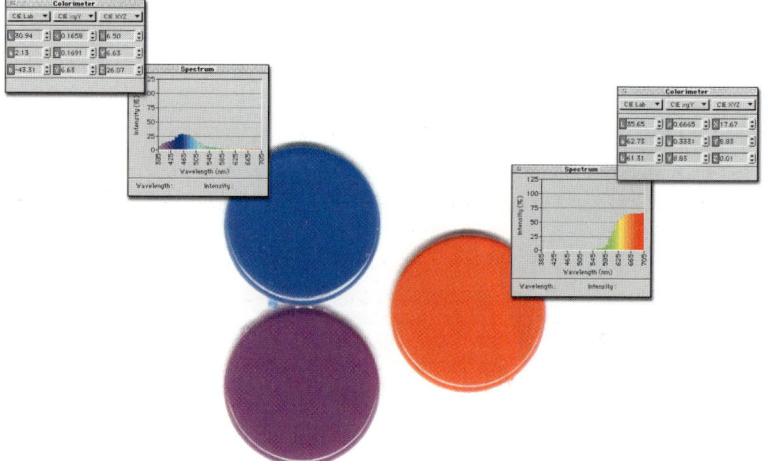

Alternativ dazu kann man auch ein Spektralphotometer nutzen und sich die Lab-Werte anzeigen lassen. Jetzt hat man eine Beschreibung der wirklichen Farbe der Jetons. Bei den CMYK-Werten hatten wir nur in Abhängigkeit von einem bestimmten Druckprozess eine hoffentlich ähnliche Farbe definiert. Im Gegensatz dazu wendet man sich mit dieser Methode den „idealen Farben" zu.

Tja, dann müsste man jetzt nur noch Scanner, Monitore und Druckfarben erfinden, die auf Lab-Basis arbeiten.

ICC-Profile

Ich habe zwar schon Gerüchte über die Entwicklung eines Lab-Scanners gehört, aber wie beim Yeti – gesehen hat ihn noch keiner. Man muss konstatieren, dass alle verfügbaren Scanner und Monitore auf RGB basieren und bei den allermeisten Druckverfahren Cyan, Magenta, Yellow und Schwarz oder daraus abgeleitete subtraktive Druckfarben Anwendung finden. Will man die Vorteile des Lab-Farbraums nutzen, muss man also irgendwie die Verbindung in diese reale Welt

schaffen. Es hat schon vorher diese Verbindungen gegeben, aber diese unterschieden sich von Hersteller zu Hersteller. Ein entscheidender Durchbruch war
die Schaffung des International Color Consortiums (ICC) im Jahre 1993. Die
Großen und die Klugen der Branche haben sich damals zusammengesetzt, um
diese Verbindungen in Form von ICC-Profilen zu standardisieren.

Ein Profil entsteht kurz gesagt, indem man Lab-Daten mit den realen Ergebnissen des jeweiligen Gerätes vergleicht.

Für ein Scannerprofil nimmt man eine Vorlage mit vielen kleinen Farbfeldern
und vermisst es mit einem Farbmessgerät, eben dem Spektralphotometer, um
die Lab-Werte zu erfahren. Nun lässt man den Scanner die gleiche Vorlage einlesen und vergleicht Soll- und Ist-Werte. Diese Differenz ist das Profil des Scanners. Beim nächsten Scan kann man das Profil anwählen und mit den Rohdaten
verrechnen lassen. Wenn alles klappt, werden die Farben der Vorlage exakt in
den Computer übernommen.

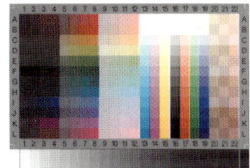

Aus dem Vergleich von
Vorlagen, deren Lab-
Werte bekannt sind, und
den Ergebnissen, die
Scanner, Monitore und
Drucker liefern, entsteht
ein Profil.

Um ein Monitorprofil zu erstellen klemmt man das Farbmessgerät auf die Matt-
scheibe und schickt definierte Lab-Werte auf den Monitor. Wiederum ergibt die
Differenz zwischen gesendeten und empfangenen Daten das Monitorprofil.

Für ein Ausgabeprofil druckt man bekannte CMYK-Werte aus und misst mit
einem Spektralphotometer die entstandenen Lab-Werte. So kann man auch
hier die Verbindung zwischen den beiden Farbräumen herstellen. Zu bedenken
ist dabei, dass der gesamte Druckprozess Einfluss auf das Resultat hat. Neben
dem Gerät sind also Papier und Druckfarbe von entscheidender Bedeutung, um
ein exaktes Profil erstellen zu können. Ändert man nur einen der Parameter,
erfordert dies auch ein neues Profil.

Die Profile sind eigene
Dateien, die auf der
Festplatte abgespeichert
werden.

Die Unterschiede der Farben werden in ΔE (gesprochen: Delta E) gemessen. Ein
Wert von

- ΔE = unter 1   entspricht Farbgleichheit

- ΔE = 1-2   ist ein kaum wahrnehmbarer Farbunterschied

- ΔE = 2-4   ist ein erkennbarer Farbunterschied

- ΔE = über 6   bedeutet eine starke Differenz

Um erfolgreich Geräte zu profilieren, muss man sie zuerst linearisieren. Dies
heißt zum einen, dass Geräte, die morgens einen Blaustich und abends einen
Rotstich haben, für jeden farbverbindlichen Workflow ungeeignet sind. Da kann
auch das beste Farbmanagement nichts ausrichten. Wir brauchen stattdessen
Geräte, die reproduzierbare und konstante Ergebnisse liefern. Des Weiteren
sollten die Geräte von sich aus schon Resultate liefern, die nah am gewünschten Ergebnis sind. Nutzt man das Farbmanagement, um die Daten quer durch
den Farbraum zu jagen oder völlig abgesoffene Drucke aufzuhellen, erhalten
wir nicht ideale Ergebnisse. Viele der schlechten Erfahrungen, die mit Farbmanagement gemacht werden, beruhen darauf, dass eine nur unzureichende
Linearisierung der Ausgabe vorlag.

Color Matching Methods (CMM)

✓ Eingebaut
Apple ColorSync
Kodak CMM
LinoColor CMM

Verschiedene Firmen haben CMMs entwickelt.

Der geräteunabhängige Farbraum Lab; ICC-Profile als Verbindungen hin zu den RGB- und CMYK Farbräumen. Es fehlt noch der Farbrechner, der analog zu einem Taschenrechner die Daten und Profile verrechnet. Das ICC war klug genug, nicht den Anwendungsprogrammen diese Arbeit zu überlassen. Man stelle sich nur Quark und Pagemaker vor: Sie würden bei der Farbumrechnung sicherlich zu unterschiedlichen Ergebnissen kommen – von Corel ganz zu schweigen. Also musste ein Rechner auf Systemebene her, den die Anwendungsprogramme dann gemeinsam nutzen können, um so zu identischen Ergebnissen zu kommen. Auf Apple Macintosh heißt das ColorSync; bei Windows findet die windows.icm Verwendung. Aber ach, die Welt ist eitel. Eine jede Firma meinte, sie könne es besser als die Konkurrenz und müsse nun unbedingt noch die Möglichkeit haben, so genannte "private tags" in das Profil hineinzuschreiben. Sie sollen individuelle, firmenspezifische Lösungen auf der gemeinsamen Plattform erlauben. Um diese privaten Informationen lesen zu können, mussten dann natürlich eigene Programme, genannt Color Matching Methods, für den Taschenrechner entwickelt werden. Lösungen von Apple, Microsoft, Agfa, Linotype, Kodak, Adobe und anderen Anbietern sind unter Umständen in Photoshop anwählbar.

Die Umwandlung einer Lab-Datei nach CMYK mit völlig identischen Einstellungen, aber unterschiedlichen Color Matching Methods.Von links nach rechts: Adobe, Apple, Kodak und Lino. Zumindest Apple und Lino sind sich einig.

#2	C :	55%		#2	C :	58%		#2	C :	59%		#2	C :	58%
	M :	45%			M :	46%			M :	46%			M :	46%
	Y :	47%			Y :	48%			Y :	47%			Y :	48%
	K :	6%			K :	7%			K :	7%			K :	7%

Es kam, wie es kommen musste. Führt man eine schlichte Umwandlung einer Lab-Datei nach CMYK durch, erhält man je nach Color Matching Method unterschiedliche Ergebnisse. Um beim Bild des Taschenrechners zu bleiben: Wenn Sie mit diesen Programmen 2+2 addieren, erhalten Sie irgendein Ergebnis zwischen 3,9 und 4,1. Man kann es positiv formulieren: Sie sind ja alle ganz schön nahe dran. Andererseits kann ich mir keine bessere Möglichkeit vorstellen sich der Lächerlichkeit preiszugeben. Man erfindet das ungeheuer komplexe System Farbmanagement, schüchtert dann alle Anwender mit einer oftmals unverständlichen Sprache ein, um dann bei der Anwendung von Grundrechenarten zu unterschiedlichen Ergebnissen zu kommen.

Welche CMM man bevorzugt, wird eine Glaubensfrage sein. Die Unterschiede sind sehr gering. Es ist also nicht entscheidend, aber durchaus empfehlenswert, treu zu seinem Glauben zu stehen, da man sonst mit leicht unterschiedlichen Ergebnissen rechnen muss.

Rendering Intents

✓ Wahrnehmung (Bilder)
Sättigung (Grafiken)
Relativ farbmetrisch
Absolut farbmetrisch

In den Farbeinstellungen von Photoshop kann man den Rendering Intent wählen.

Die Farbräume Lab, RGB und CMYK sind unterschiedlich groß, wie man der Abbildung des XYZ-Farbraums entnehmen kann. Wenn man nun einen großen Farbraum, z.B. Lab oder RGB, in den kleineren CMYK-Raum umwandeln will, muss man sich entscheiden, wie das geschehen soll.

Vier Methoden stehen zur Wahl.

Bei dem Intent WAHRNEHMUNG wird der größere Farbraum auf den kleineren CMYK-Farbraum komprimiert. Ähnlich einem Pullover, der zu heiß gewaschen wurde, werden die Bereiche am Rand, wie in der Mitte des Pullovers/Farbraums verändert. Farbunterschiede und damit Zeichnung, die außerhalb des Zielfarbraums liegen, bleiben erhalten, auch wenn ihnen eine neue Position im Farbraum zugeordnet wird.

Wählen Sie dagegen eine farbmetrische Variante, werden die Daten exakt übernommen. Farben, die außerhalb des Zielfarbraums liegen, werden auf den nächsten reproduzierbaren Wert gesetzt. Damit eignet sich diese Vorgehensweise für Proofzwecke. Bei der absoluten Variante wird darüber hinaus das Papierweiß simuliert. Um Bilder zu separieren, ist diese Einstellung aber nicht empfehlenswert. Da alle Farben außerhalb des Zielfarbraums auf einen Punkt gesetzt werden, verliert man Zeichnung. Um beim Bild des Pullovers zu bleiben: Sie nehmen dann eine Schere und schneiden einfach die Ränder ab.

SÄTTIGUNG/GRAFIKEN ist die vierte Variante. Hiermit erhält man die relative Sättigung des Originalbildes. Der Farbeindruck kann sich aber unter Umständen deutlich ändern. Bei der Bearbeitung von Bilddaten ist dies sicherlich der am wenigsten genutzte Rendering Intent. Ein Pullover, den man entsprechend behandeln würde, sähe ziemlich zerbeult aus.

Ich finde die Pullover-Metapher sehr passend: Man hat die Alternative zwischen eingelaufen oder abgeschnitten. Beides ist wenig erstrebenswert, aber bei der Umwandlung in einen kleinen CMYK-Farbraum leider unvermeidbar.

CMYK-Konvertierungen

Der umgekehrte Fall wäre nun auch denkbar. Man will einen kleinen CMYK-Farbraum in das größere Lab umwandeln. Dafür müssten die Werte im Farbraum gespreizt – der Farbraum vergrößert werden. Dies ist im Moment leider nicht möglich und stellt uns insbesondere vor Probleme bei der Umwandlung von CMYK-Daten für einen anderen Druckprozess. Also: Die Daten waren schon für den Offsetdruck separiert und sollen nun noch im Tiefdruck ausgegeben werden. Für diese Konvertierung wird das Bild intern vom Offset-CMYK in einen Referenz-Farbraum (meist Lab) gebracht und zurück in das Tiefdruck-CMYK umgewandelt. Da der kleine CMYK-Farbraum nicht entpackt und vergrößert werden kann, entstehen starke Verluste bei dieser Art von Profilkonvertierung.

Links das Ausgangsbild. Nach drei CMYK-zu-CMYK-Konvertierungen ist das Bild unwiederbringlich zerstört (rechts).

Lab als Arbeitsfarbraum

Nachdem nun wortreich bewiesen wäre, dass nur Lab eine exakte Beschreibung von Farbe liefern kann, sollte man annehmen, dass alle Beteiligten im Lab-Farbraum arbeiten. Das Gegenteil ist der Fall. Ein reiner Lab-Workflow ist die große Ausnahme. Das hat zum einen mit Verständnisschwierigkeiten zu tun. Jeder weiß was Rot ist – aber wer weiß etwas mit den Werten L 48, a 66, b 54 anzufangen? Scanneroperator aus der Druckvorstufe können anhand von CMYK-Werten sehr exakt Hauttöne beurteilen, aber die Wenigsten (ich kenne niemand) könnten dies auch in Lab.

Hinzu kommt, dass die Bildbearbeitungsprogramme, allen voran Photoshop, nicht oder in nur sehr geringem Umfang Korrekturen in Lab zulassen. Photoshop entwickelt seine Stärken überwiegend im RGB-Farbraum und mit Abstrichen in CMYK. Im Lab-Farbraum führen die dafür entwickelten Werkzeuge teils zu bizarren Resultaten. Etwa, wenn man eine Tonwertkorrektur anwendet oder Gradationskurvenänderungen im a- und b-Kanal versucht (vgl. Kapitel 3.2).

LinoColor, das zur Ansteuerung der Heidelberg-Scanner verwendet wird, ist eines der wenigen Programme, welches auf Lab-Korrekturen setzt. Allerdings findet der Anwender auch hier nicht die a- und b-Daten, sondern die Korrekturen werden überwiegend in einem daraus abgeleiteten LCH-Modell ausgeführt, um das mathematische Farbmodell handhabbar und verständlich zu gestalten.

Neben den Bildbearbeitungsprogrammen werden aber jede Menge anderer Programme in der täglichen Arbeit genutzt. Ob es die Layoutprogramme im Printbereich sind oder die Tools, die für Internet und Multimedia genutzt werden, in allen Bereichen mangelt es deutlich an Unterstützung für den Lab-Farbraum.

Diese psychologischen und programmiertechnischen Hindernisse ließen sich vielleicht lösen, aber es gibt ein weiteres Problem, welches weitaus schwerer wiegt. Der Lab-Farbraum umfasst alle Farben, die das menschliche Auge sehen kann. Das ist sein großer Vorteil; das ist aber auch sein großer Nachteil, denn es sind weitaus mehr Farben als in der Medienproduktion jemals genutzt werden. Gleichzeitig haben wir pro Farbkanal in der Ausgabe nur 256 Tonwerte zur Verfügung. Bei Verläufen und Hauttönen ist das schon oftmals die unterste mögliche Grenze, um nicht mit Abrissen und stufigen Übergängen zu kämpfen. Für die relevanten Farben, die in der Ausgabe genutzt werden, steht aber in Lab nur ein Bruchteil an Tonwerten zur Verfügung. Der Rest wird für irgendwelche Neonfarben genutzt, die kein Scanner einlesen, kein Monitor darstellen und kein Drucker ausgeben kann. Die Gegenüberstellung von Histogrammen im RGB- und Lab-Modus wird gerne genutzt, um dem Lab-Farbraum den Todesstoß zu versetzen.

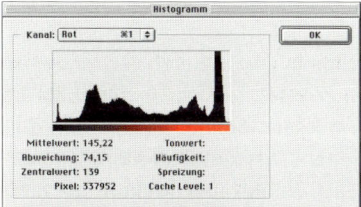
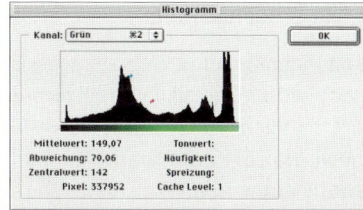
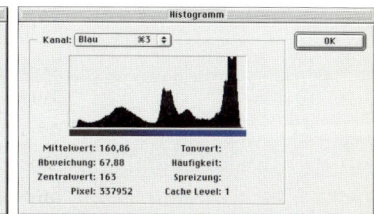
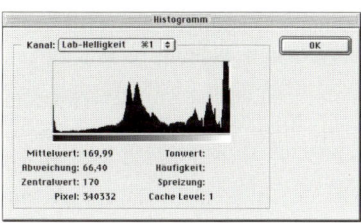
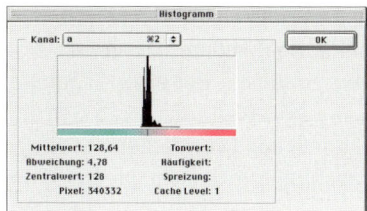
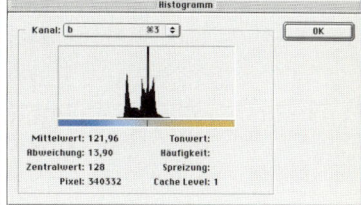

Befürworter des Lab-Farbraums führen dagegen die Gleichabständigkeit des Farbraums ins Feld und weisen darauf hin, dass man nicht allein die Breite eines Histogramms betrachten darf, um die Qualität zu beurteilen. Recht haben sie. CMYK-Daten brauchen vier Kanäle, angefüllt mit Tonwerten, um – mehr schlecht als recht – einen sehr kleinen Farbraum zu beschreiben.

Fakt bleibt aber, dass viel Platz für eine große Anzahl völlig irrelevanter Farben freigehalten wird, und so finden Workflowlösungen auf Lab-Basis keine ungeteilte Zustimmung.

Lab (LH)

Gerade die Befürworter des Lab-Farbraums haben dies frühzeitig erkannt und nach Lösungen gesucht. Linotype/Hell hat den Lab-Farbraum einfach verkleinert und so die Farben ausgeschlossen, die keinesfalls in der Produktion vorkommen werden. Als Standard für LinoColor dient seitdem Lab (LH). Das LH steht dabei für Linotype/Hell. Durch diese Anpassung des Farbraums kann man weiterhin die Vorteile des Lab-Modells nutzen und gleichzeitig ausschließen, dass man mit den Problemen eines übergroßen Farbraums zu kämpfen hat. Man sollte allerdings aufpassen: Lab(LH) ist nicht identisch mit Lab. Das sind zwei verschiedene Farbbeschreibungen.

Die Beschreibung eines identischen Bildes im RGB- und Lab-Farbraum. Während das RGB-Bild (oben) die gesamte Breite des Histogramms ausfüllt, nutzen die Farbkanäle des Lab-Bildes (unten) nur einen Bruchteil des Histogramms.

Lab als Referenzfarbraum

Adobe ist einen anderen Weg gegangen. Schon in den früheren Versionen von Photoshop wurde Lab als Referenzfarbraum genutzt. Ziel war es den späteren Ausdruck möglichst dem Erscheinungsbild auf dem Monitor anzupassen. Der Monitor wurde über drei Parameter beschrieben: Drei xy-Werte für die Primär- farben Rot, Grün und Blau, eine allgemeine Helligkeitskorrektur, genannt Gamma sowie die Farbtemperatur des Lichts. Die xy-Werte stammen genau aus dem geräteunabhängigen XYZ-Farbraum. Da die Eckpunkte des Farbraums bekannt waren, konnte man jedem RGB-Wert einen exakten unabhängigen Farbwert zuordnen. Bei einer Separation von RGB nach CMYK wurden also zuerst die RGB-Werte nach Lab umgerechnet. Nun fragte Photoshop in den Separations- und Druckfarbenmenüs nach, welcher Druckprozess gewollt ist, und transformierte dementsprechend die Lab-Werte nach CMYK.

Die xy-Werte beschreiben die Farben des Monitors und damit den Farbraum in Photoshop 4.0.

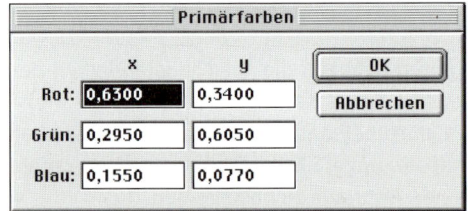

Dieses Konzept hat für die Medienproduktion einen entscheidenden Nachteil. Der Monitor hat einen bedeutenden Einfluss auf die resultierenden CMYK- Werte. Umwandlungen an verschiedenen Rechnern mit unterschiedlichen Bild- schirmen führen zu divergierenden Ergebnissen. Monitore sind sicherlich die unbeständigsten Glieder in einer Medienproduktionskette. Alterungserschei- nungen oder das Umgebungslicht haben einen großen Einfluss auf ihr Farbver- halten. Gerade ihnen einen so entscheiden Einfluss auf die Farbumwandlungen einzuräumen erscheint außerordentlich problematisch.

Mit speziellen Program- men oder dem Kontroll- feld Adobe Gamma kann man ein Profil seines Monitors erstellen.

Mit Photoshop 5.0 und der konsequenten Unterstützung des Farbmanagements hat sich dies gewandelt. Die Beschreibung von Farbe in der Datei und ihre Darstel- lung auf dem Monitor wurden voneinan- der getrennt. Der Monitor wird nun durch ein eigenes Profil beschrieben. Welchen Bildschirm mit welchem Farbverhalten man besitzt, hat keinen Einfluss mehr auf den Datenbestand bei Umwandlun- gen. Die Daten selber liegen in einem Farbraum vor, der, genau wie ehemals der Monitor, über die Primärfarben, das Gamma und die Farbtemperatur beschrie- ben wird. Wie schon früher ist über diese Parameter jedem RGB-Wert direkt ein

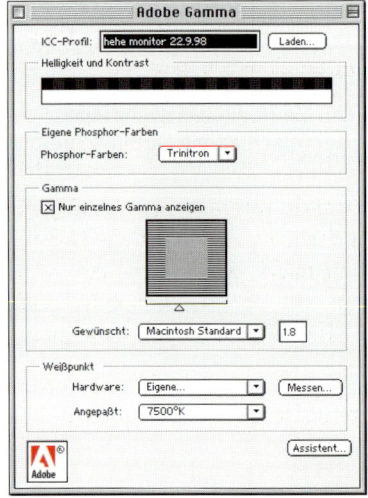

Lab-Wert zuzuordnen. Der Monitor hat damit aber nichts mehr zu tun. Er ist raus dem Spiel und wird nur noch anhand seines Profils versuchen, die Lab-Werte, die der RGB-Datei zugeordnet wurden, möglichst exakt darzustellen.

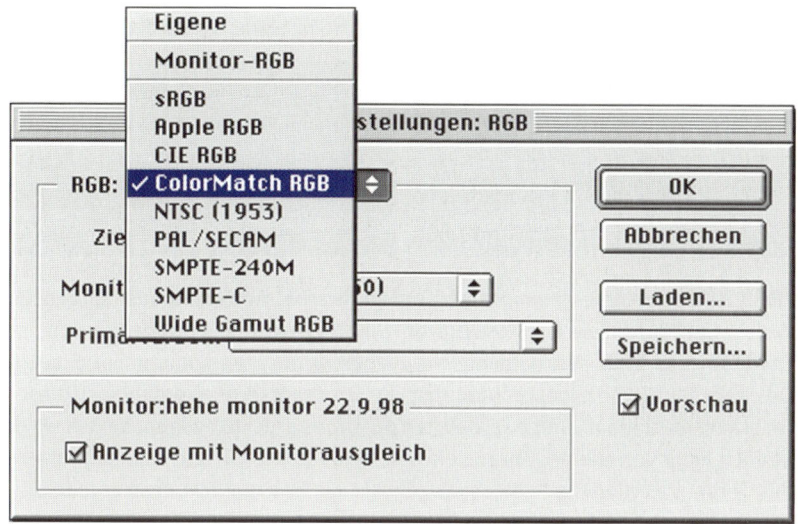

Durch die Wahl eines Arbeitsfarbraums in den RGB-Einstellungen von Photoshop sind die Daten unabhängig von dem Monitor.

Unsere RGB-Datei liegt somit in einem geräteunabhängigen Farbraum vor. Ebenso unabhängig wie Lab. Das hat ungeheuer viele Vorteile: Man kann nun einen RGB-basierten Farbmanagement-Workflow einrichten und weiterhin die Werkzeuge zur RGB-Korrektur nutzen. Dies kann an beliebig vielen Rechnern geschehen, da den RGB-Daten durch die Farbraumdefinition direkt Lab-Werte zugeordnet sind.

Photoshop bietet in Version 5.0 einen ganzen Schwung von RGB-Farbräumen an. In Version 6 wurde das Menü aufgeräumt, sobald man aber auf die ERWEITERTEN FUNKTIONEN klickt, stehen auch hier sehr viele Farbräume zur Verfügung.

Eines ist ihnen gemeinsam: Sie verfügen über ebenso interessante, wie völlig unverständliche Namen. Ein amerikanischer Kollege hat das frei übersetzt einen „Wühltisch obskurer Profile" genannt.

Anforderungen an den geräteunabhängigen RGB-Farbraum

Der RGB-Farbraum muss groß genug sein, um alle Farbwerte (gemessen in Lab) aufnehmen zu können, die Eingabe- und Ausgabegerät umfassen. Es wäre ein sehr unerfreulicher Gedanke, dass manche Farben nicht mehr druckbar wären, nur weil der RGB-Arbeitsfarbraum diese Farben nicht abdeckt. Genau das geschieht aber unter Umständen.

Gleichzeitig darf der Farbraum aber auch nicht zu groß sein, damit nicht unnötigerweise irrelevante Farben, wie bei Lab, beschrieben werden.

Um dies zu verdeutlichen, habe ich eine CMYK-Datei mit der Farbinformation 100% Cyan in verschiedene RGBs umgewandelt und zurück nach CMYK konvertiert. Nicht alle RGB-Farbräume decken den gesamten CMYK-Bereich ab.

Lassen Sie uns unter dieser Prämisse einige Farbräume aus dem „Wühltisch" herausgreifen und näher betrachten.

Wenn Sie für den Druck im sRGB arbeiten, werden Sie nie mehr ein 100%iges Cyan erreichen können. Diese Farbe gibt es in sRGB schlicht und ergreifend nicht.

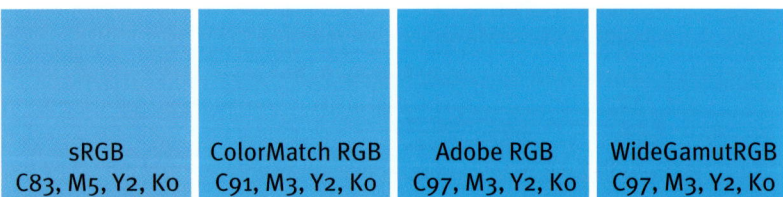

sRGB	ColorMatch RGB	Adobe RGB	WideGamutRGB
C83, M5, Y2, K0	C91, M3, Y2, K0	C97, M3, Y2, K0	C97, M3, Y2, K0

sRGB ist der kleinste gemeinsame Nenner. Internet-Anwender aus der ganzen Welt sollen, sofern sie ein Monitorprofil ihr Eigen nennen, unabhängig von der Qualität ihres Bildschirms identische Farben betrachten können. Für Screen-Designer ist dies die beste Wahl. Für die Druckvorstufe allerdings ist dieser Farbraum nicht ideal. Einige Farben, die durchaus druckbar wären, sind in sRGB einfach nicht vorhanden. Gerade ein 100%iges Cyan, wie auch die angrenzenden Farben, werden nur schlecht abgedeckt. Es ist ärgerlich, dass gerade dieser Farbraum als Grundeinstellung in Photoshop 5.0 verwendet wird. Dies wird bei vielen Anwendern, die sich bisher nicht mit diesem Thema beschäftigt haben, zu nicht optimalen Resultaten geführt haben.

Nimmt man eine CMYK-Datei mit der Farbinformation 100% Cyan und wandelt diese in sRGB und zurück nach CMYK dann erhält man nur die Farbwerte C 83, M 5, Y 2, K 0 (hier unter Verwendung der Option „eingebaut" mit Euroskala, 18% Zuwachs).

ColorMatch RGB entspricht in etwa der Charakteristik eines PressView-Bildschirms. Man benötigt aber keineswegs einen Monitor dieses Typs, um die Einstellung zu nutzen, da es sich ja hier um die Beschreibung eines Farbraums handelt. Man könnte ihn den „konservativen Druckvorstufen-Farbraum" nennen. Er ist mit einem Gamma von 1,8 beschrieben und ähnelt damit den Farbdefinitionen, die auf Macintosh-Systemen unter Photoshop 4.0 eingesetzt wurden. Eine CMYK-ColorMatch-CMYK-Umwandlung ergibt die Werte: C 91, M 3, Y 2, K 0.

Adobe RGB 1998/SMPTE 240-M beruht auf dem HDTV (High Definition Fernsehen). Dies ist der Farbraum, der von Adobe für die Druckvorstufenproduktion empfohlen wird. Er verfügt über einen recht großen Umfang. Man könnte ihn daher den „aggressiven Druckvorstufen-Farbraum" nennen. In der Version 5.0 heißt er noch SMPTE 240-M. Ab der Version 5.02 wurde er in „Adobe RGB 1998" umbenannt. Bei der oben genannten Umwandlung werden diese Werte erreicht: C 97, M 3, Y 2, K 0.

Wide Gamut RGB ist der größte anwählbare Farbraum und steht dem „sRGB" diametral gegenüber. Die 256 Tonwerte, die wir bei einer 8-Bit Datentiefe erreichen, werden jetzt zu einem großen Teil genutzt, um nicht reproduzierbare Far-ben zu beschreiben. Eine CMYK-WideGamut-CMYK-Umwandlung ergibt zwar auch sehr gute Werte: C 97, M 4, Y 2, K 0, allerdings bleiben für die Beschrei-bung z.B. von Hauttönen nur relativ wenig Tonwerte übrig. Sollte man aller-dings mit 16-Bit-Daten arbeiten, kann der Einsatz dieses Farbraums interessant werden.

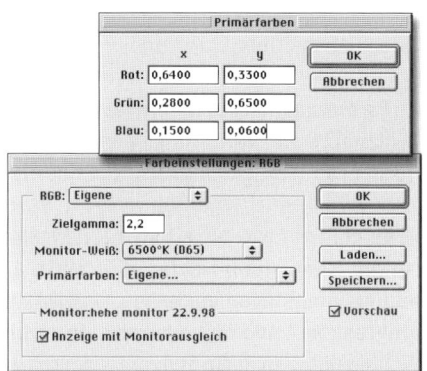

Wennn man Spaß daran hat, kann man seine eigenen RGB-Definitionen eingeben.

Bruce RGB: Diese Farbraumbeschreibung werden Sie nicht im Photoshop-Menü finden. Sie stammt von dem amerikanischen Fachbuchautor Bruce Fra-ser, der sich eingehend mit diesem Thema beschäftigt hat. Er hat kurzerhand eine eigene Definition kreiert, die sich an den Anforderungen der Druckvorstu-fe ausrichtet. Das „Bruce RGB" erfreut sich großer Beliebtheit in den Diskussi-onsforen von Internet und Compuserve und wurde als Standard von einigen Fir-men übernommen. Wenn Sie es ausprobieren wollen, müssen Sie folgende Einstellungen in den RGB-Einstellungen eintragen:

- Gamma: 2,2
- Weißpunkt: 6500 K
- Rot xy: 0,6400 0,3300
- Grün xy: 0,2800 0,6500
- Blau xy: 0,1500 0,0600

Sichert man diese Einstellung, so entsteht ein ICC-Profil, welches man z.B. in den Profileinstellungen von Photoshop nutzen kann.

Das Spannende daran finde ich, ist, wie einfach das Konzept ist. Man legt einfach ein Dreieck über die Schuhsohle (XYZ-Farbraum) und definiert die Eckpunkte mit Hilfe der xy-Werte. Dann entscheidet man sich noch für Farbtemperatur und Gamma, und fertig ist ein RGB-Arbeitsfarbraum. Nicht dass ich Ihnen empfehlen will eigene Farbräume zu erstellen, aber es ist auch kein völlig abgehobenes Thema, sondern begründet sich in den geräteunabhängigen CIE-Farbdefinitionen.

Welches RGB erfüllt die Anforderungen?

Für Internet- und Multimediaanwendungen empfiehlt Adobe den sRGB-Farbraum. Dem will ich mich gern anschließen. sRGB wird in vielen Programmen als Voreinstellung gewählt. Die Allianz der großen Firmen wird auch in Zukunft dafür sorgen, dass dieser Farbraum einen breiten Anwenderkreis hat und weiter unterstützt wird.

Will man seinen Bildern „etwas Gutes tun" und wählt man einen großen Farbraum, kann dies sogar zu unerwünschten Resultaten führen. Ein schönes Rot wird in einem großen Farbraum mit relativ geringen Werten beschrieben. Sieht man sich dieses Bild nun ohne Konvertierung im kleinen sRGB an, dann führen diese geringen Werte zu einem flauen Eindruck, und das eigentliche Ziel, schöne Farben darzustellen, wird in sein Gegenteil verkehrt. Stattdessen sollte man lieber auf ein paar Nuancen im Cyan-Grün-Bereich verzichten, die vielleicht in sRGB nicht ganz perfekt dargestellt werden. Mit sRGB bleibt man auf der „sicheren Seite" und und kann davon ausgehen, dass in den unterschiedlichsten Anwendungsprogrammen und mit diversen Monitoren und Systemen keine allzu großen Schwankungen auftreten.

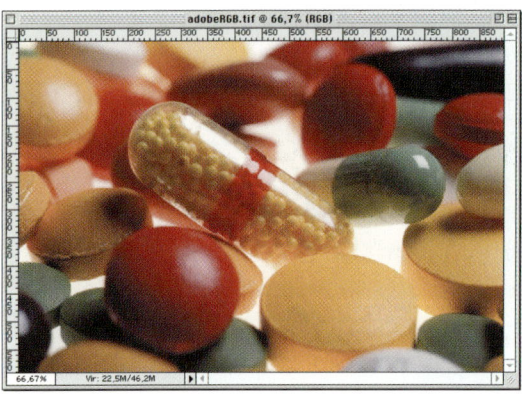
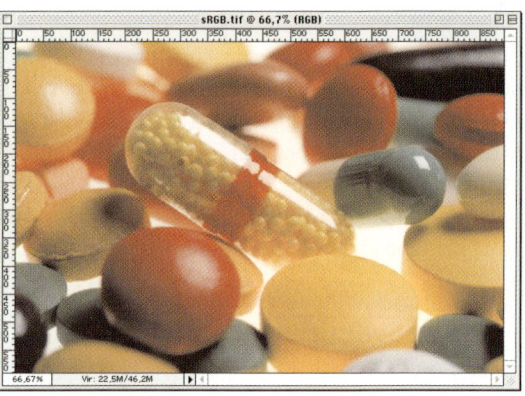

in Adobe RGB 1998 angelegt   in sRGB angelegt

Ein identisches Bild wurde in Adobe RGB und sRGB angelegt. Betrachtet man beide im sRGB, wirkt das Adobe-1998-Bild besonders flau.

Für die Druckvorstufe empfehlen die Photoshop-Erfinder den Adobe RGB 1998-Farbraum. Auch daran zweifele ich nicht. In einem geschlossenen System wird dies sicherlich der Farbraum sein, der einerseits alle notwendigen Farben umschließt und andererseits nicht zu viele Tonwerte an irrelevante Farben vergeudet.

Arbeitet man allerdings viel mit Bildern aus Datenbanken und von CDs, dann können auch Apple RGB und ColorMatch RGB ihre Vorteile haben. Denn viele dieser Bilder wurden mit ähnlichen Farbbeschreibungen erstellt. So spart man sich, indem man diese Einstellungen wählt, die Konvertierungen zwischen verschiedenen Farbräumen. Ich finde es empfehlenswert die Farbeinstellungen den Bildern anzupassen, die man bearbeitet. Dann erspart man es sich nämlich, gegen die Bilder korrigieren zu müssen. Beispiele dazu sehen Sie im Sidestep am Ende des Kapitels.

Welches Profil Sie auch wählen: Die RGB-Farbräume bieten den Vorteil, dass Sie nicht mehr abhängig sind von individuellen Monitorprofilen, sondern konsistente Resultate erwarten können.

RGB-Konvertierungen

Bild: PhotoDisc

Eine sRGB-Datei (links) wurde ohne Konvertierung im Wide Gamut RGB geöffnet (rechts). Dadurch ändern sich die Farben dramatisch. Da gibts – gerade bei Hauttönen – nichts zu lachen.

Das wirkliche Problem in Photoshop 5.0 stellt der Umgang mit Profilen und Farbräumen dar.

Daher ist es notwendig, sich bewusst zu machen, dass RGB-Werte ohne die Definition eines zugeordneten Farbraums keine exakte Farbe beschreiben. Der RGB-Wert 255,0,0 beschreibt vielmehr den Eckpunkt eines Farbraums, der (siehe Diagramm) relativ weit außen oder innen liegen kann. Wenn Sie also eine RGB-Datei öffnen, ohne die Farbraumbeschreibung mitzuliefern, wird der Eckpunkt einfach zu dem Eckpunkt des in den RGB-Einstellungen gewählten Zieldreiecks verschoben. Dadurch ändert sich natürlich die Farbe. In Photoshop heißt dieses Vorgehen „ohne Konvertierung öffnen". Wenn sich Quell- und Zielfarbraum angemessen unterscheiden, kann das zu unerwünschten Farbverschiebungen führen.

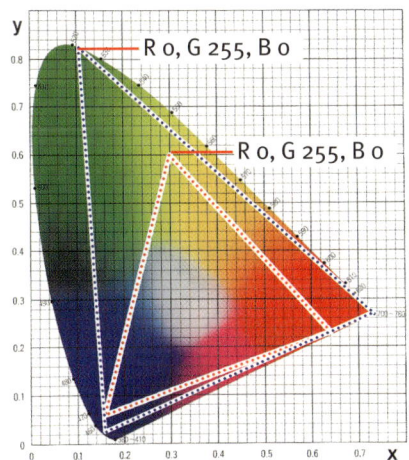

R 0, G 255, B 0

R 0, G 255, B 0

Die rote Linie stellt den sRGB, die blaue Linie den Wide Gamut RGB dar. Ihre Eckpunkte sind in den RGB-Einstellungen definiert. Gleiche RGB-Werte führen – aufgrund der unterschiedlichen Größe der Dreiecke – zu völlig unterschiedlichen Farben.

sRGB

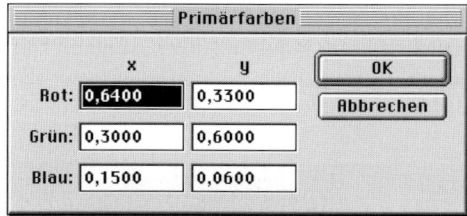

Wide Gamut RGB

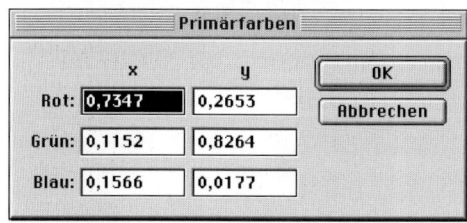

Stattdessen sollten Sie Photoshop über die Farbraumdefinition unterrichten. Einem RGB-Wert mit eingebundem Farbraum kann man einen exakten Lab-Wert zuordnen. In dem Zielfarbraum (den Sie unter RGB-Einstellungen definiert haben) ist wiederum diesem Lab-Wert ein ganz bestimmter RGB-Wert zugeordnet und wird entsprechend gewählt. Die numerischen Werte ändern sich dadurch – der Farbeindruck aber bleibt erhalten. Um dieses Ergebnis zu erreichen, wählen Sie IN RGB KONVERTIEREN.

Die Dreiecke stammen aus den Informationen, die man in den RGB-Einstellungen abrufen kann.

Checkliste

Farbmanagement
Einführung

- RGB und CMYK beschreiben keine Farbe. Sie beschreiben Ein- und Ausgabeprozesse.

- Die CIE-Farbräume, allen voran Lab, definieren dagegen Farben, aber keine Ausgabeprozesse.

- Statt in CIE-Lab kann man auch in geräteunabhängigen RGB-Farbräumen arbeiten, wie sie Photoshop 5.0 anbietet.

- Als Verbindungsglied zwischen der idealen Welt der Farben (Lab) und der realen Welt der Ein- und Ausgabegeräte (RGB und CMYK) dienen ICC-Profile.

- Damit man in allen Anwendungsprogrammen identische Ergebnisse erzielen kann, geschieht die Umrechnung durch einen Farbrechner auf Systemebene (Apple ColorSync, Windows ICM).

- Für diesen Rechner gibt es von verschiedenen Herstellern Programmierungen, genannt Color Matching Methods. Sie unterscheiden sich nur in geringem Maße.

- Die Farbräume sind unterschiedlich groß. Rendering Intents definieren, wie das Große in das Kleine, das Runde in das Eckige umgewandelt wird.

- Die Wahrnehmungsoption dient zur Separation von Bildern, die farbmetrischen Varianten dienen Proofzwecken.

1.5 Farbmanagement – Praxis

Profilerstellung

Um Profile anwenden zu können, muss die Windows.icm oder ColorSync für Macintosh-Computer installiert sein. Damit die Profile genutzt werden können, müssen Sie in bestimmten Ordnern abgespeichert sein. Beim Mac gehört sie je nach Systemversion in den SYSTEMORDNER ⟶ PREFERENCES ⟶ COLORSYNC PROFILES oder an einen freigewählten Platz. Bei Windows müssen die Profile unter WINDOWS ⟶ SYSTEM ⟶ COLORFOLDER abgespeichert werden.

Scanprofile

Eingabeprofile zu erstellen ist denkbar einfach. Hier haben Farbmanagement und Profile auch sicherlich die weiteste Verbreitung gefunden.

Um ein Profil für einen Scanner oder eine Digitalkamera zu erstellen, benötigt man zuerst eine Referenzvolage. Dabei kommen so genannte IT8/7-Vorlagen zum Einsatz. Man unterscheidet zwischen Aufsicht und Durchsicht und den Materialien der einzelnen Hersteller. Agfa, Fuji und Kodak sind die Lieferanten, die solche Vorlagen nach dem amerikanischen ANSI-Standard liefern.

Eine IT8/7-Vorlage zur Erstellung eines Monitor-profils.

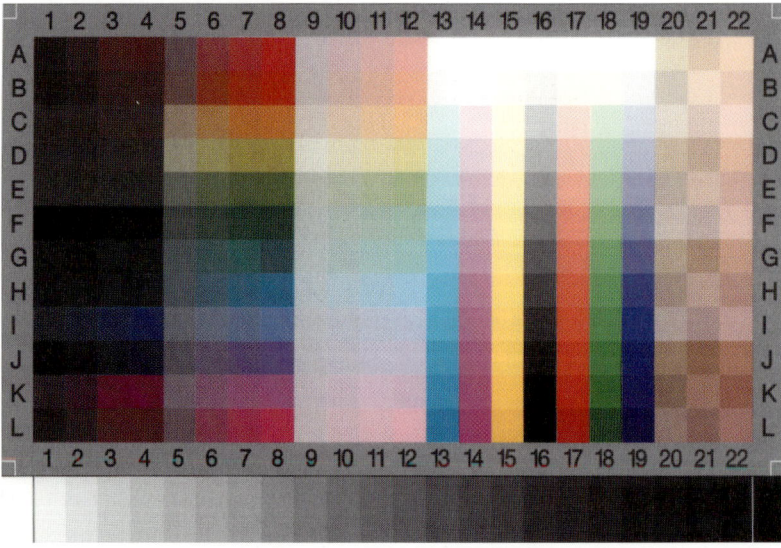

Es gibt zwei Arten von Referenzvorlagen. Jene, die einzeln vermessen wurden, und jene, bei denen aus einer gesamten Produktionsmarge jeweils ein Exemplar unter das Spektralphotometer gelegt wurde. Im Regelfall wird man es mit der zweiten Sorte von Vorlagen zu tun haben. In der Praxis dürften die Unterschiede aber nur von geringer Bedeutung sein.

Die Vorlage ist aufgeteilt in Tiefen, Mitteltöne und Lichter. Weiter rechts folgen Abstufungen von RGB- und CMYK-Feldern sowie Hauttöne und oft verwendete Farben. Diese letzten Felder können je nach Hersteller unterschiedlich aussehen.

Zu jeder Vorlage gehört eine Diskette, auf der die gemessenen Referenzwerte abgespeichert sind. Das sind die Zieldaten – in Englisch: Target Data. Um das Profil zu erstellen, scannt man die Vorlage ein. Es ist dabei wichtig, alle Automatismen des Scanprogramms zu deaktivieren, damit wirklich das Farbverhalten des Scanners und nicht die Softwareeinstellungen des Scanprogramms beschrieben werden. Wohl ist es aber möglich, z.B. bestimmte Gammakorrekturen anzuwenden, um dem gewünschten Ergebnis näher zu kommen. Allerdings gilt das Profil dann auch nur für eben dieses Gamma. Wählt man einen anderen Wert, braucht man auch ein neues Profil. Schließlich beschneidet man den Scan so, dass er mit dem Ausschnitt der Referenzdaten übereinstimmt.

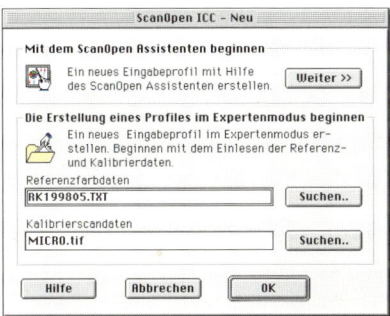

Die Referenzdaten von der Diskette und der Scan des Testcharts werden bestimmt.

Die Arbeitsschritte, die nun folgen, sollen anhand von ScanOpen ICC beschrieben werden. Die anderen Programme arbeiten aber sehr ähnlich.

Zuerst gilt es, dem Programm mitzuteilen, welche Scandaten mit welchen Referenzdaten verrechnet werden sollen. Soll heißen, man wählt den eben erstellten Scan des Testcharts und die Zielwerte, die auf der Diskette gespeichert sind, aus.

Man muss jetzt nur noch das Profil berechnen lassen. Unter Umständen wird man danach erneut mit der Vorlage konfrontiert. Einige Farbfelder sind dabei mir roten Kästchen markiert. Hier gelang es, in der Profilerstellung nicht unter einen bestimmten Wert für die Farbabweichung zu kommen. Diese Farbabweichung für diese, wie auch für alle anderen Felder, kann man in der Fußzeile ablesen. Gemessen werden die Werte ∆E.

ScanOpen zeigt dann auf dem Monitor den Unterschied zwischen den beiden Farbinformationen. Man kann sich hier auch unterschiedliche Diagramme anzeigen lassen, um die Position der gemessenen Werte im Farbraum zu überprüfen.

Die Differenzen zwischen Soll und Ist werden auf dem Monitor angezeigt.

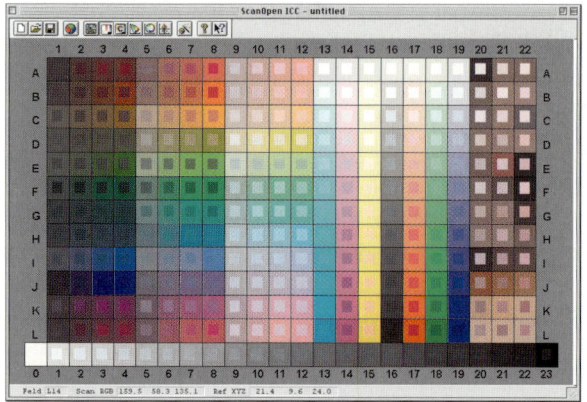

Jetzt kann man das Profil berechnen lassen. Die Werte, die das Spektralphotometer gemessen hat, werden mit jenen verrechnet, die der Scanner eingelesen hat. Es entsteht eine Umrechnungstabelle, eben das Profil, um die Werte des Scanners anzupassen.

Rot markierte Felder weisen auf einen starken Farbunterschied hin.

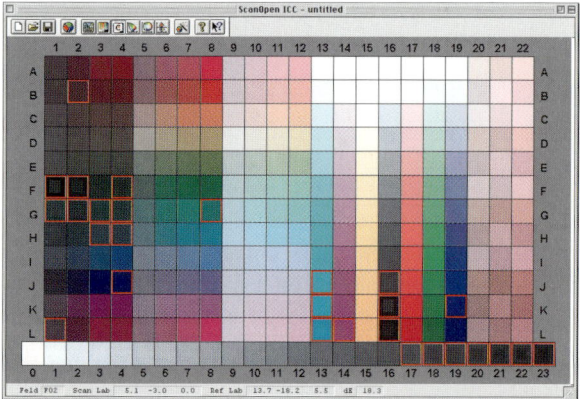

Beim nächsten Scan kann man nun das Profil anwenden. Das Original ❶ wird vom Scanner als Rohscan eingelesen und das Profil automatisch verrechnet. So sollten wir zu einem farbverbindlichen Ergebnis kommen. ❷

Der Rohscan wird eingelesen...

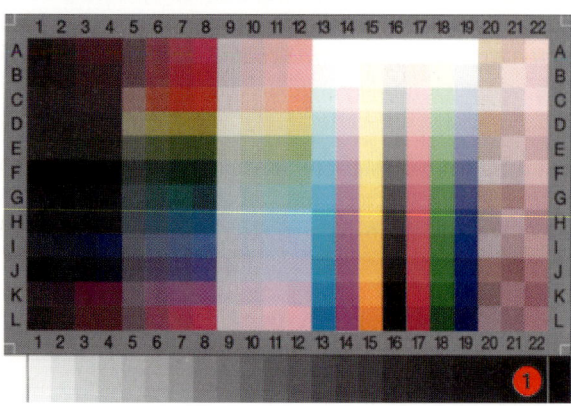

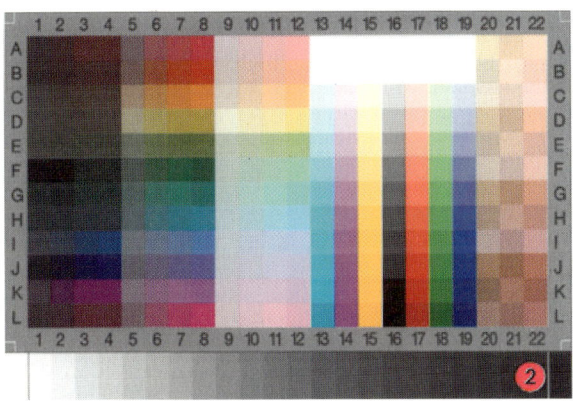

...und das Profil
verrechnet.

Die Anwendung des Profils geschieht entweder im Scanprogramm oder nachträglich in Photoshop. Wichtig dabei ist, dass die Anwendung des Profils den ersten Schritt darstellt. Es beruht auf den Rohdaten des Scanners und muss also auch mit diesen Daten verrechnet werden. Führt man erst Farbkorrekturen durch und wendet dann das Profil auf das Bild an, so erhält man unberechenbare Ergebnisse.

Monitorprofile

Unsere vom Scanner eingelesenen RGB-Daten befinden sich jetzt in einem geräteunabhängigen, profilierten Farbraum. Um die Bilder möglichst exakt darstellen zu können, muss der Monitor charakterisiert und auch hierfür ein Profil erstellt werden. Dazu benötigt man ein Spektralphotometer mit einem Messkopf, welches man an dem Bildschirm befestigen kann. Auch wenn man solche Geräte benutzt, muss man zuerst manuell nach Augenmaß die Helligkeits- und Kontrastregler des Monitors einstellen. Dann werden von einem Zusatzprogramm unterschiedliche Farb- und Helligkeitswerte abgebildet. Der Messkopf liest die Werte ein und erstellt anhand dieser Daten das Profil. Ich kann nicht einschätzen, wie viele Anwender ein solches Gerät ihr Eigen nennen, aber ich will vermuten, dass dies nur ein geringer Prozentsatz ist.

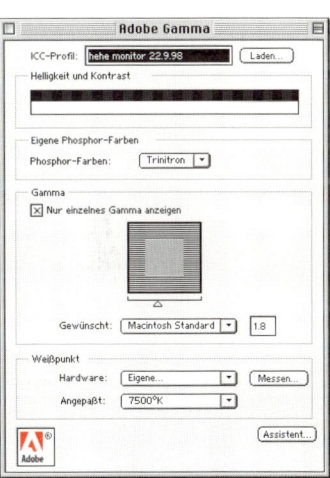

Das Adobe-Gamma
Kontrollfeld

Das war auch Adobe klar, als sie Photoshop 5.0 auf den Markt gebracht haben. Sie haben daher ein kleines Programm – genannt Adobe Gamma – entwickelt, mit dem man ohne zusätzliche Investitionen ein Profil des Monitors erstellen kann. Natürlich ist eine Hardware-unterstützte Profilierung zu bevorzugen, aufgrund der geringen Verbreitung wollen wir uns hier aber auf die Adobe-Lösung konzentrieren. Eine ähnliche Option wird mit ColorSync 2.5 ausgeliefert. Sie gleicht der Adobe-Lösung, scheint aber unempfindlicher gegen Programmabstürze zu sein.

Bei Adobe Gamma stehen zwei Optionen, Assistent und Kontrollfeld, zur Wahl. Qualitativ gibt es keine Unterschiede. Im Kontrollfeld hat man alles im Überblick. Beim Assistent wird man dagegen Schritt für Schritt durch die notwendigen Menüs geleitet. Übrigens hat das nichts mit dem alten Gamma-Werkzeug zu tun, welches man bei Windows in den Monitoreinstellungen, und beim Mac in den Kontrollfeldern fand. Jetzt wird ein Profil erstellt für einen durchgehenden Workflow. Das alte Kontrollfeld sollte man daher deaktivieren.

Im Assistent wird man in mehreren Schritten durch die Profilerstellung geleitet.

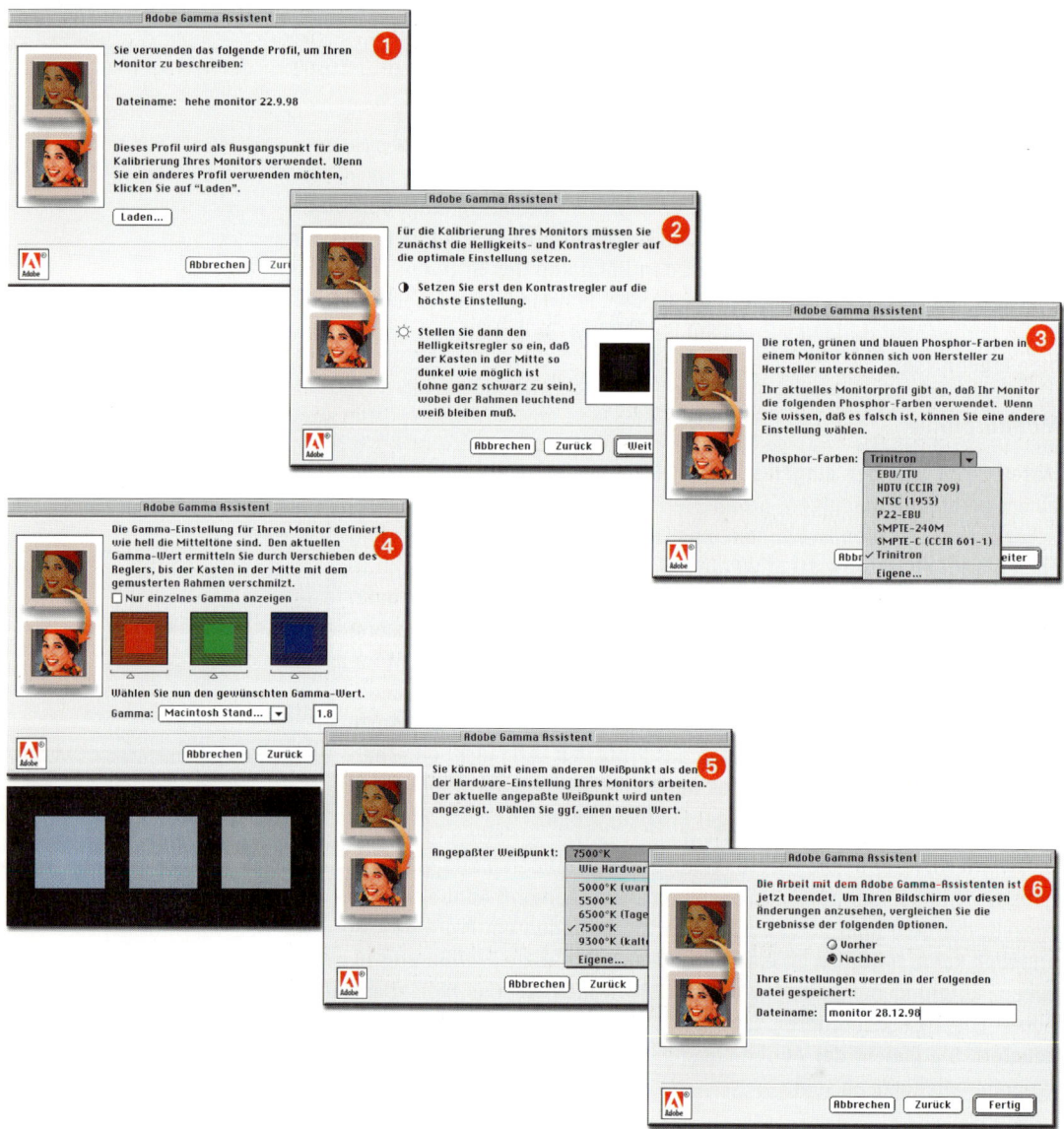

Als erstes kann ein Profil bestimmt werden, das als Ausgangsbasis dienen soll ❶. Dann müssen die Helligkeits- und Kontrastregler des Monitors so eingestellt werden, dass man einen hohen Kontrast und dennoch eine gute Trennung in den Tiefen hat ❷. Dies ist der Schritt, der auch bei der Arbeit mit Spektralphotometern notwendig ist. Danach teilt man dem Programm mit, welche Phosphorfarben der Monitor nutzt ❸. Dies erfährt man entweder in den Unterlagen oder durch einen Anruf bei dem Hersteller. Unter Umständen kriegt man dort drei xy-Zahlenpärchen für die Primärfarben des Bildschirms mitgeteilt, die man in dem Menüpunkt EIGENE eintragen kann. Das kennen wir nun schon von den RGB-Einstellungen. Damit wird ein Dreieck oberhalb der Schuhsohle definiert, eben jener Farbraum, den der Monitor darstellen kann.

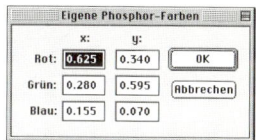

Wieder und wieder begegnet man den xy-Koordinaten. Hier zur Beschreibung des Monitors.

Anhand dreier Farbfelder kann man im nächsten Schritt Graubalance und Gamma einstellen ❹. In der Praxis hat sich bewährt, dabei nicht nur auf die Farbfelder zu achten, sondern auch das Schreibtisch-Grau und ggf. Photoshop-Bilder, die im Hintergrund stehen, in die Beurteilung mit einfließen zu lassen.

Sodann will das Programm Informationen über die Farbtemperatur des Monitors ❺. Bei den meisten neueren Monitoren kann man dies einstellen und sollte den entsprechenden Wert hier eintragen. Besser noch ist es, die Farbtemperatur visuell zu messen. Der Monitor springt dann auf Schwarz um und zeigt drei graue Kästchen. Man muss nun jenes Quadrat auswählen, das am ehesten grau ist, und die Prozedur so lange wiederholen, bis ein ideales Grau in der Mitte des Bildschirms zu sehen ist.

Im nächsten Menüpunkt sollte man den angepassten Weißpunkt des Monitors übernehmen.

Im letzten Schritt hat man dann noch einmal einen Vorher/Nachher-Vergleich und kann das Profil sichern ❻.

Die Erstellung eines Profils anhand dieser visuellen Überprüfungen wirkt vielleicht nicht besonders professionell. Ich habe aber die Erfahrung gemacht, dass man damit sehr gute Ergebnisse erzielen kann. Man sollte allerdings nicht davon ausgehen, dass schon das erste Profil den eigenen Anforderungen genügt. Es gibt einige Parameter, die Einflussmöglichkeiten bieten: etwa Kontrasteinstellung, Gamma und Farbtemperaturmessung. Man sollte die Resultate kritisch anhand realer Drucke überprüfen und durchaus ein neues Profil erstellen, wenn die Ergebnisse noch nicht perfekt sind.

Gerade wenn man Daten auf zwischen mehreren Arbeitsplätzen austauscht und besonders wenn es sich dabei sowohl um Mac- als auch um Windows-Systeme handelt, führt die Erstellung von Monitorprofilen zu einer deutlich konsistenteren Darstellung.

Ausgabeprofile

Nachdem man sein Testchart ausgedruckt hat, muss man ein Spektralphotometer nutzen, um die Farbwerte einzulesen.

Für ein Ausgabeprofil druckt man eine Datei aus und nutzt ein Spektralphotometer, um das Resultat zu vermessen. Ein Programm errechnet dann die Differenz zwischen Soll und Ist – fertig ist das Profil. Wie so oft beim Farbmanagement ist die Theorie von brillanter Schlichtheit. In der Praxis allerdings ist dieser Themenbereich ungeheuer kompliziert. Schwankungen treten im Fortdruck auf. Aufheller im Papier verfälschen die Messergebnisse. Auch wenn alles zu funktionieren scheint, kommt es trotzdem vor, dass die Ergebnisse einfach nicht schön sind. Dieses Thema kann also – und ich bin sehr froh darüber – in diesem Buch nur angerissen werden. Es hat mit Bildbearbeitung im engeren Sinne ja auch nichts zu tun.

Zuerst muss man eine Testform ausgeben und darauf achten, dass alle Parameter des Ausgabeprozesses reproduzierbar bleiben. Bei der Vermessung eines Offsetdrucks gehört z.B. auch die Plattenkopie dazu. Auch Geräte, die ohne Schwarz, also nur mit den Farben Cyan, Magenta und Yellow arbeiten, kann man profilieren. Ebenso RGB-Ausgabegeräte, wie Belichter, die direkt Fotopapier verarbeiten.

In der Profilierungssoftware kann man ein Farbmessgerät auswählen, das zum Einsatz kommt. Dann gilt es gedruckte Farbfelder durchzumessen. Geräte, wie das Spectrolino, die das automatisch können, ersparen einem dabei natürlich einige Arbeit. Anhand der Messungen kann man jedem CMYK-Wert einen eindeutigen Lab-Wert zuordnen. So kann man bei der Separation für jeden Lab-Wert des Bildes den gewünschten CMYK-Wert finden. Die andere Aufgabe des Profils ist es, aus den CMYK-Daten den richtigen Lab-Wert zu filtern, damit der Monitor das Bild exakt darstellen kann.

Ähnlich wie in Photoshop, muss man dem Programm mitteilen, mit welchen Parametern das Bild separiert werden soll. Maximales Schwarz, Flächendeckung, Unbunt- oder Buntaufbau sind nur einige der Angaben, die hier erforderlich sind. Diese Werte werden bei der Profilerstellung festgelegt und können vom Anwender nicht mehr verändert werden.

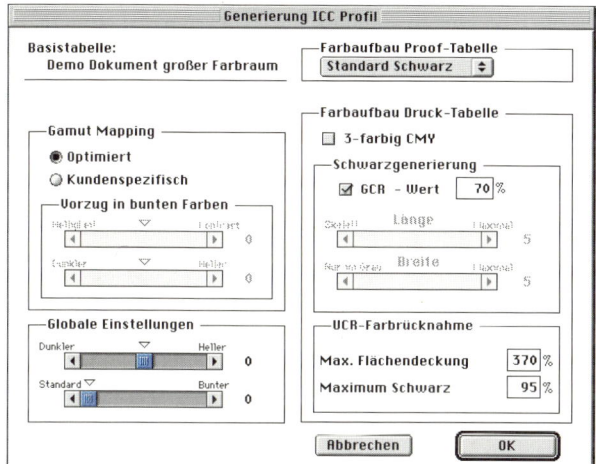

Die Vermessung der Farbfelder sagt noch nichts über Schwarzaufbau und Flächendeckung aus. Diese Angaben muss man in der Profilerstellungssoftware, hier PrintOpen, machen.

Hat man hier seine Entscheidungen getroffen, kann man das Profil berechnen lassen. Wie immer, muss auch dieses Profil in dem entsprechenden Ordner gesichert werden, damit es den Anwendungsprogrammen zur Verfügung steht.

Die Erstellung und der Praxistest von Ausgabeprofilen ist keine Tätigkeit, die man an einem Nachmittag erledigt hat. Spektralphotometer sind nicht billig, und es erfordert doch grundlegende Kenntnisse des Druckprozesses und des Farbmanagements. Es ist daher nur zu verständlich, dass sich kaum jemand dieser Aufgabe stellen will. Wichtig ist, sich bewusst zu machen, dass die Ausgabeprofile zwei Auswirkungen haben. Zum einen bestimmen sie die Umwandlung von RGB/Lab-Daten nach CMYK. Zum anderen sorgen sie für eine exaktere Darstellung von CMYK-Bildern auf dem Monitor. Die gemessenen Lab-Werte des Testcharts fließen direkt in die Berechnung der Bildschirmdarstellung ein.

Inzwischen bieten immer mehr Druckereien und Verlage Profile für ihren Druckprozess an (z.B.: www.eci.org). Das kann einem das Leben natürlich ungeheuer erleichtern. Man zieht sich einfach das Profil aus dem Netz, kann die Daten entsprechend dieser Vorgaben umwandeln und hat auch noch einen Softproof genau dieses Druckprozesses am Monitor.

Photoshop-Einstellungen

Nach der Theorie des letzten Kapitels soll jetzt die praktische Arbeit mit Photo-shop in den Mittelpunkt rücken. Zuerst werden dazu die Einstellmöglichkeiten in Photoshop erklärt und dann anhand einiger Szenarien die praktischen Ein-satzmöglichkeiten erläutert.

Das wichtigste Werkzeug ist immer noch das Auge und nicht ein Spektral-photometer.

Wenn Sie gerade damit anfangen, das Farbmanagement in Ihrer täglichen Pra-xis einzusetzen, kann ich Ihnen nur empfehlen, die Ergebnisse genauestens zu kontrollieren und keinesfalls den vollmundigen Versprechungen von Geräte- und Softwareherstellern zu glauben. Entscheidend ist gerade bei Bildern immer noch, wie das Ergebnis am Ende aussieht. Das wichtigste Werkzeug ist weiterhin das Auge und nicht ein Spektralphotometer.

Neuerungen in Photoshop 6

Pünktlich zur zweiten Auflage dieses Buches kam Photoshop 6 auf den Markt. (Adobe hat in diesem Fall perfektes Timing bewiesen.) Dies hat den Vorteil, dass alle Änderungen Eingang in dieses Buch finden. Es hat aber auch den Nachteil, dass ich nicht auf die Abbildung der Einstellungsmenüs von Photo-shop 5.x verzichten kann, da dies die Version ist, die noch überwiegend genutzt wird. Aus diesem Grund gibt es auf den nächsten Seiten ziemliche viele Dop-pelungen und es wird oft von den Kürzeln PS 6 (für Version 6) und PS 5 (für die Versionen 5.0 bis 5.5) die Rede sein. Zur besseren Übersichtlichkeit wurden die Screenshots für PS 5 am Mac, die Abbildungen für PS 6 dagegen am Windows-PC erstellt.

Die Farbmanagement-Einstellungen wurden in der neuen Version zusammen-gefasst, aufgeräumt und mit einigen sinnvollen Voreinstellungen versehen. Meiner Meinung nach hat das ein hohes Maß an Übersichtlichkeit gebracht. Darüber hinaus wurde in Photoshop 6 eine ganz grundlegende Änderung vor-genommen. In früheren Versionen wurden alle Daten entsprechend der RGB- und CMYK-Einstellungen dargestellt. Öffnete man also eine Zeitungs-CMYK-Datei mit eingebundenem Profil, dann wurde diese Datei anhand der CMYK-Ein-stellungen von Photoshop dargestellt. Das konnte z.B. eine Einstellung für einen Kunstdruck sein. Entsprechend änderte sich das Aussehen des Bildes. Auch bei Konvertierung und Separationen wurde auf die Photoshop-Farbein-stellungen zurückgegriffen. In Version 6 haben nun die Profile, die einer Datei anhängen einen größeren Einfluss bekommen. Sofern man die Option EINGE-BETTETE PROFILE BEIBEHALTEN aktiviert hat, werden nur solche Bilder in ihrer Darstellung geändert, die kein eingebundenes Profil besitzen. Alle anderen werden mit Ihrem eigenem Profil dargestellt. Sieht also in diesem Fall eine Datei auf dem Bildschirm gut aus, dann ist damit nicht gemeint, sie würde auch in dem Druckprozess, den wir im CMYK-Arbeitsfarbraum definiert haben, gut aussehen. Stattdessen stellt sich die Datei so dar, wie Sie mit Hilfe des angehängten Profils errechnet wird.

Die Farbeinstellungen von Photoshop 6 im Überblick.

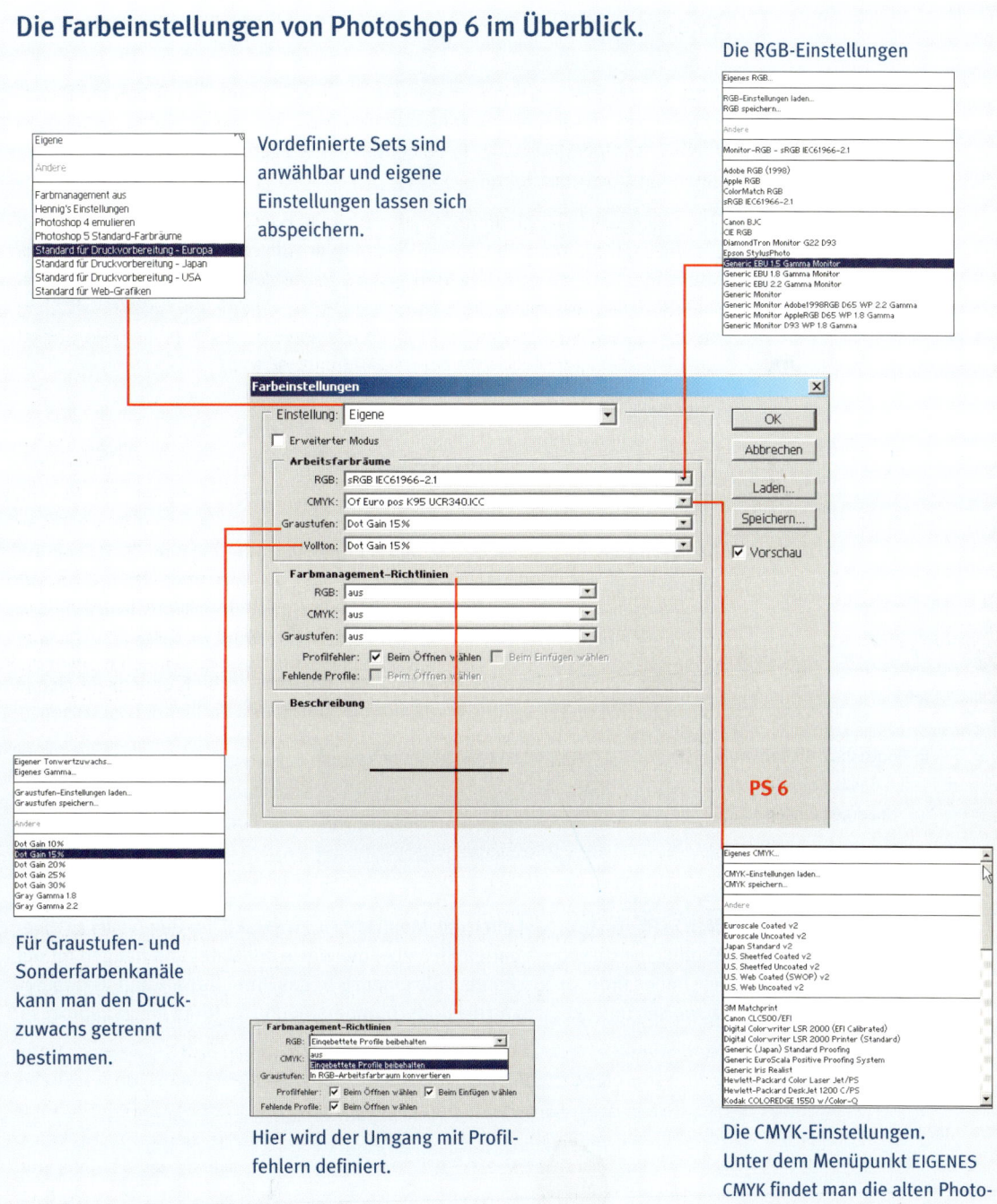

Die RGB-Einstellungen

Vordefinierte Sets sind anwählbar und eigene Einstellungen lassen sich abspeichern.

Eigene / Andere menu:
Farbmanagement aus
Hennig's Einstellungen
Photoshop 4 emulieren
Photoshop 5 Standard-Farbräume
Standard für Druckvorbereitung – Europa
Standard für Druckvorbereitung – Japan
Standard für Druckvorbereitung – USA
Standard für Web-Grafiken

RGB menu:
Eigenes RGB...
RGB-Einstellungen laden...
RGB speichern...
Andere
Monitor–RGB – sRGB IEC61966–2.1
Adobe RGB (1998)
Apple RGB
ColorMatch RGB
sRGB IEC61966–2.1
Canon BJC
CIE RGB
DiamondTron Monitor G22 D93
Epson StylusPhoto
Generic EBU 1.5 Gamma Monitor
Generic EBU 1.8 Gamma Monitor
Generic EBU 2.2 Gamma Monitor
Generic Monitor
Generic Monitor Adobe1998RGB D65 WP 2.2 Gamma
Generic Monitor AppleRGB D65 WP 1.8 Gamma
Generic Monitor D93 WP 1.8 Gamma

Farbeinstellungen dialog:
Einstellung: Eigene
☐ Erweiterter Modus
Arbeitsfarbräume
RGB: sRGB IEC61966–2.1
CMYK: Of Euro pos K95 UCR340.ICC
Graustufen: Dot Gain 15%
Vollton: Dot Gain 15%
Farbmanagement-Richtlinien
RGB: aus
CMYK: aus
Graustufen: aus
Profilfehler: ☑ Beim Öffnen wählen ☐ Beim Einfügen wählen
Fehlende Profile: ☐ Beim Öffnen wählen
Beschreibung
OK
Abbrechen
Laden...
Speichern...
☑ Vorschau

PS 6

Graustufen menu:
Eigener Tonwertzuwachs...
Eigenes Gamma...
Graustufen-Einstellungen laden...
Graustufen speichern...
Andere
Dot Gain 10%
Dot Gain 15%
Dot Gain 20%
Dot Gain 25%
Dot Gain 30%
Gray Gamma 1.8
Gray Gamma 2.2

Für Graustufen- und Sonderfarbenkanäle kann man den Druck-zuwachs getrennt bestimmen.

Farbmanagement-Richtlinien:
RGB: Eingebettete Profile beibehalten
CMYK: aus / Eingebettete Profile beibehalten / In RGB-Arbeitsfarbraum konvertieren
Graustufen: In RGB-Arbeitsfarbraum konvertieren
Profilfehler: ☑ Beim Öffnen wählen ☑ Beim Einfügen wählen
Fehlende Profile: ☑ Beim Öffnen wählen

Hier wird der Umgang mit Profil-fehlern definiert.

CMYK menu:
Eigenes CMYK...
CMYK-Einstellungen laden...
CMYK speichern...
Andere
Euroscale Coated v2
Euroscale Uncoated v2
Japan Standard v2
U.S. Sheetfed Coated v2
U.S. Sheetfed Uncoated v2
U.S. Web Coated (SWOP) v2
U.S. Web Uncoated v2
3M Matchprint
Canon CLC500/EFI
Digital Colorwriter LSR 2000 (EFI Calibrated)
Digital Colorwriter LSR 2000 Printer (Standard)
Generic (Japan) Standard Proofing
Generic EuroScala Positive Proofing System
Generic Iris Realist
Hewlett-Packard Color Laser Jet/PS
Hewlett-Packard DeskJet 1200 C/PS
Kodak COLOREDGE 1550 w/Color-Q

Die CMYK-Einstellungen.
Unter dem Menüpunkt EIGENES CMYK findet man die alten Photo-shop-Separationseinstellungen.

Dieses Bild enthält ein eingebettetes Profil für den Zeitungsdruck (hoher Tonwertzuwachs). In den Farbeinstellungen beider Photoshop-Versionen wurde ein Kunstdruckprofil (geringer Tonwertzuwachs) angewählt.

In PS 5 wird das Bild hell dargestellt, wie es im Kunstdruck mit einem geringen Tonwertzuwachs aussehen würde. Die Photoshop-Einstellung ist entscheidend.

In Photoshop 6 wird es ggf. so dargestellt, wie es im Zeitungsdruck aussehen würde. Das Dateiprofil ist entscheidend.

Diese Vorgehensweise hat aber auch große Vorteile. Arbeiten Sie etwa mit RGB-Bildern, die direkt nach CMYK konvertiert werden, dann können Sie die eingebetteten Profile erhalten. Sie sparen sich unnötige Profilkonvertierungen und laufen nicht Gefahr versehentlich ein falsches Profil zu nutzen.

Sehr hilfreich, um nicht den Überblick zu verlieren, ist die Möglichkeit, sich in der Fußzeile von Photoshop 6 das aktuelle Dateiprofil einblenden zu lassen.

In Photoshop 6 kann man sich das Dateiprofil anzeigen lassen.

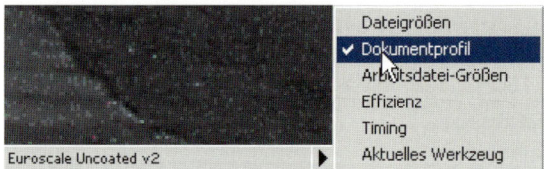

Neu in Photoshop 6 ist auch das Menü PROFIL ZUWEISEN. Im Gegensatz zu einer Profilkonvertierung erhalten Sie dabei die Werte der Datei und hängen ihr nur ein neues Profil an. So können Sie einem Bild das Profil Ihres Arbeitsfarbraums zuweisen und sehen dann die Bildschirmdarstellung für Ihren Ausgabeprozess.

Weist man ein Profil zu, dann werden die Werte der Datei erhalten, aber die Farben ändern sich.

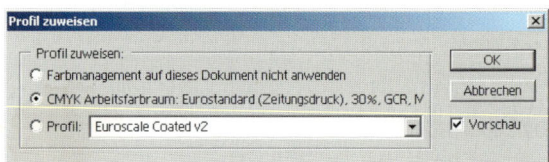

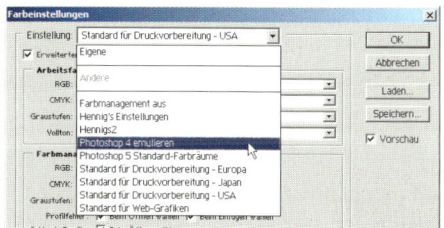

Sehr vorteilhaft in Version 6 ist die Möglichkeit, vordefinierte Einstellungen laden zu können. Es sind Sets für Webgrafiken und verschiedene Druckstandards abrufbar. Aber auch eigene Einstellungen können abgespeichert werden. Dabei entsteht eine Datei, die man an anderen Arbeitsplätzen nutzen kann. Dies ist ganz hervorragend geeignet, wenn man in sicherstellen will, dass in größeren Arbeitsgruppen alle Anwender mit den gleichen Einstellungen arbeiten.

RGB-Einstellungen / RGB-Arbeitsfarbraum

In diesen Menüs entscheiden Sie sich für einen RGB-Arbeitsfarbraum. S-RGB (Internet) oder Adobe RGB (Druckvorstufe) dürften für die meisten Anwender in Frage kommen. Manche möchten weiterhin mit Apple RGB oder ColorMatch RGB arbeiten. Welches Profil Sie wählen, ist noch nicht einmal die wichtigste Frage. Entscheidend ist aber, dass Sie sich ganz bewusst für einen Farbraum entscheiden. Dann haben Sie nämlich eine Basis, anhand derer Sie die Bilddaten und die Monitordarstellung beurteilen können.

In PS 5 konnte man noch einstellen, ob ein Monitorprofil für die Berechnung der Darstellung genutzt wird. Dazu aktiviert das Kästchen MIT MONITORAUSGLEICH. In Version 6 ist dieser Menüpunkt nicht mehr vorhanden. Es wird standardmäßig auf die Systemeinstellungen zurückgegriffen. Beim Mac findet man diese unter KONTROLLFELDER ┄┄> COLORSYNC. In Windows stellt man sie unter SYSTEMSTEUERUNG ┄┄> DARSTELLUNG ┄┄> ERWEITERT ein.

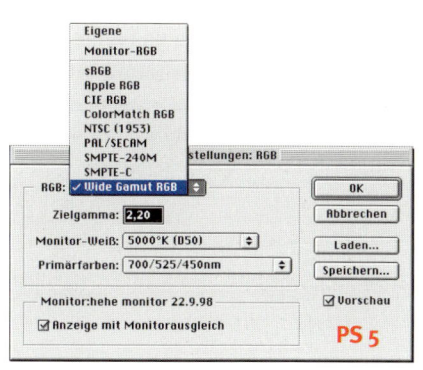
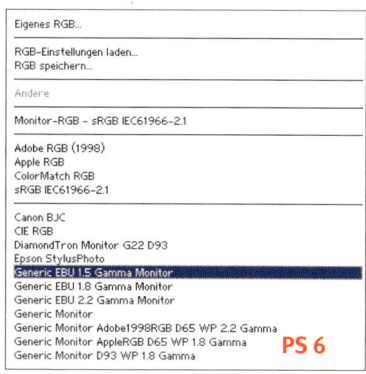

CMYK-Einstellungen/ CMYK-Arbeitsfarbraum

Eingebaut

Die CMYK-Einstellungen sind in Photoshop 5 noch dreigeteilt. In Version 6 ist alles in einem Menü vereint. Die eingebaute Option gibt es schon seit den frühesten Versionen von Photoshop und findet sich in der neuen Version, wenn man zuerst die Farbeinstellungen aufruft und dann im Menüpunkt CMYK auf die Option EIGENES CMYK klickt. Dann öffnet sich das bekannte Fenster. Hier bestimmen Sie die Druckfarben, Tonwertzuwachs, Separationsart und maximale Flächendeckung. Mehr dazu im Kapitel 2.5.1.

Die eingebaute Option gibt es schon seit den frühesten Versionen von Photoshop.

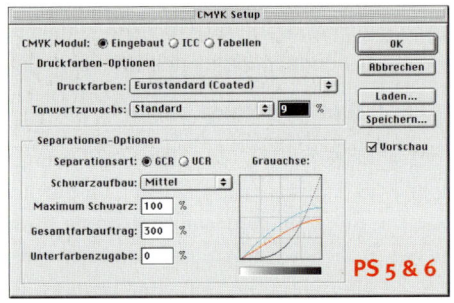

ICC-Profile

Die ICC-Profile findet man in PS 5 unter FARBEINSTELLUNGEN ····⟩ CMYK EINRICHTEN, wenn man auf den Button ICC klickt. In PS 6 werden sie direkt angeboten, sobald man in den Farbeinstellungen auf CMYK klickt.

Diese Profile können z.B. mit einem Gerät zusammen geliefert worden sein, oder sie stammen aus dem Internet, wo man inzwischen die Profile von vielen großen Verlagshäusern und Druckereien beziehen kann. Natürlich können Sie hier auch Profile laden, die Sie selber erstellt haben. In Version 6 ist es notwendig den ERWEITERTEN MODUS zu aktivieren, damit die eigenen Profile angezeigt werden.

In Photoshop 6 stehen die ICC-Profile im Vordergrund. Alle Optionen sieht man aber nur, wenn man sich den ERWEITERTEN MODUS einblenden lässt.

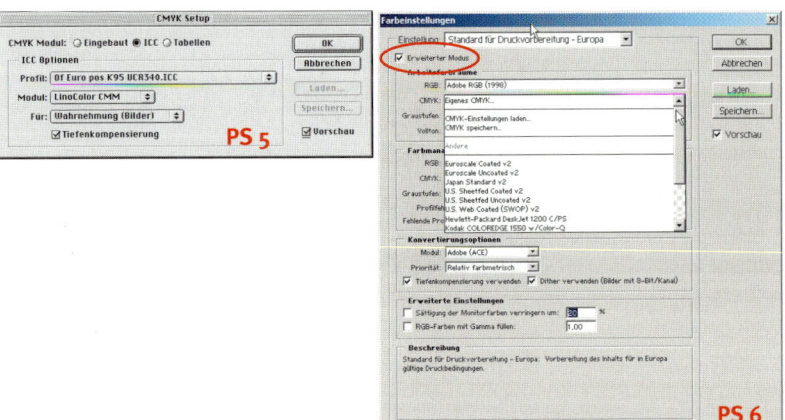

In PS 5 entscheiden Sie unter Modul, welche ColorMatchingMethod verwendet werden soll. Dies sind, wie erwähnt, die Programmierungen für den Farbrechner Colorsync oder Windows.icm. Darunter definiert man den Rendering Intent. Die Option WAHRNEHMUNG ist die bevorzugte Einstellung für Separationen von RGB- und Lab-Daten nach CMYK.

In PS 6 sind diese Optionen nur sichtbar, wenn man die ERWEITERTEN FUNKTIONEN gewählt hat. Der Rendering Intent heißt jetzt PRIORITÄT.

Der Menüpunkt TIEFENKOMPENSIERUNG sorgt nach der Adobe-Definition dafür, dass „die dunkelste neutrale Farbe des Quell-Farbraums statt mit Schwarz mit der dunkelsten neutralen Farbe des Zielfarbraums abgestimmt wird". Im Lab-Farbraum ist die dunkelste Farbe mit dem Wert L = 0 definiert. Nicht jeder Farbraum, nicht jedes Ausgabegerät ist nun in der Lage ein so tiefes Schwarz zu erreichen. Man stelle sich dazu ein Bild vor, das in einem kleinen Zeitungs-CMYK vorliegt. Die maximale Tiefe im Zeitungsdruck ist nicht besonders groß. Es mag ein L-Wert von 15 möglich sein. Wandelt man eine solche Datei ohne Tiefenkompensierung nach RGB, so wird L 15 gewählt und das Ergebnis wird ausgewaschen wirken. Hat man die Option dagegen aktiviert, wird der dunkelste Ton des RGB-Farbraums gewählt und man erzielt ein kontrastreicheres Ergebnis. Ganz entscheidend ist diese Option auch für die Darstellung von CMYK-Bildern auf dem Bildschirm.

In PS 6 ist die Funktion DITHER VERWENDEN hinzugekommen. Damit werden Abrisse und stufige Umsetzungen, die z.B. bei der Separation von Verläufen auftreten können, vermindert.

Tabellen

Bei den Tabellen handelt es sich um ein Auslaufmodell. In der Version 6 von Photoshop sind sie nicht mehr anwählbar. In den älteren Versionen konnte man sie nutzen, um die eigenen Einstellungen mit anderen austauschen zu können. Inzwischen übernehmen diese Funktion die ICC-Profile viel besser.

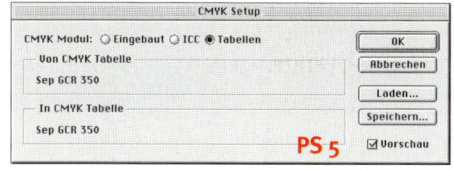

In Photoshop 6 gibt es die Tabellen nicht mehr.

Vorschau

Herrlich ist die Möglichkeit seit Photoshop 5.0, schon vor der Konvertierung von RGB-Bildern die Auswirkungen beurteilen zu können. Schon früher hatte man eine CMYK-Vorschau. In der Version 6 kann man sich unter ANSICHT ···› PROOF EINRICHTEN sogar für verschiedene Profile die einzelnen Farbauszüge anzeigen lassen, noch bevor das Bild separiert wird. Es ist hochinteressant, hier die unterschiedlichen Resultate mit verschiedenen ICC-Profilen zu vergleichen. Man sollte sich diese Kontrollmöglichkeit nicht entgehen lassen, gerade wenn man mit neuen, unbekannten Profilen arbeitet. Nur weil irgendwer ein Profil

erstellt hat, heißt das nicht, dass es auch brauchbar ist. Im nachstehenden Beispiel wurde in einer RGB-Datei ein Verlauf von Schwarz nach Weiß erstellt und
das Bild separiert.

Die Vorschaumöglich-
keiten können hilfreich
sein, wenn man mit
neuen Profilen arbeitet.

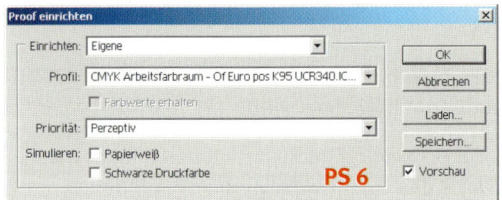

Mit manchen Profilen
entstehen bizarre
Streifenkanäle, die man
zumindest im Offsetdruck
nicht nutzen sollte.

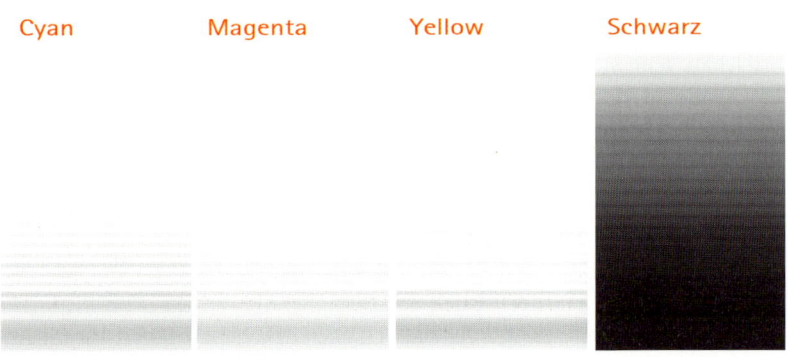

Im Vergleich dazu eine
ordentliche Separation.

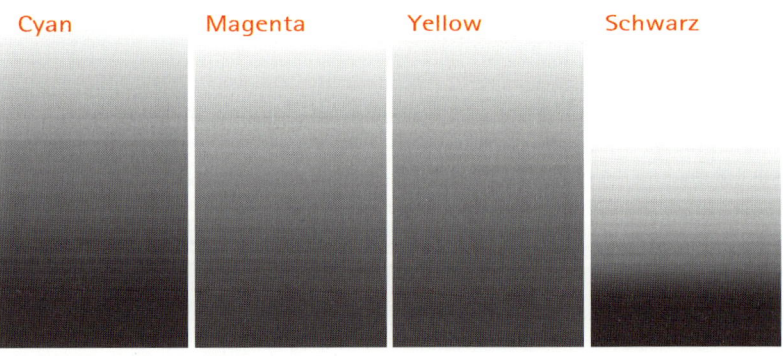

Graustufen/Sonderfarben einrichten

In PS 5 gibt es nur die zwei Optionen RGB und SCHWARZE DRUCKFARBE. Bei RGB
wird auf die Angaben in den RGB-Einstellungen, insbesondere das Gamma,
zurückgegriffen. Alternativ dazu kann man sich Graustufenbilder in SCHWARZE
DRUCKFARBE anzeigen lassen. Die Informationen über Tonwertzuwachs und
Papier, die in den CMYK-Einstellungen niedergelegt sind, fließen dann in die
Berechnung ein.

In PS 6 hat man viel mehr Möglichkeiten. Hier stehen vordefinierte Tonwertzuwächse, ICC-Profile und die Möglichkeit, eigene Tonwertzuwächse einzugeben,
zur Verfügung. Die gleichen Optionen hat man für Sonderfarben. Das ist z.B. für
die Arbeit mit Hexachrome-Bildern ganz interessant, da man diese nun unabhängig von den CMYK-Bildern darstellen kann.

Die Einstellmöglichkeiten
für Graustufen und Son-
derfarben wurden in der
neuen Version entschei-
dend verbessert.

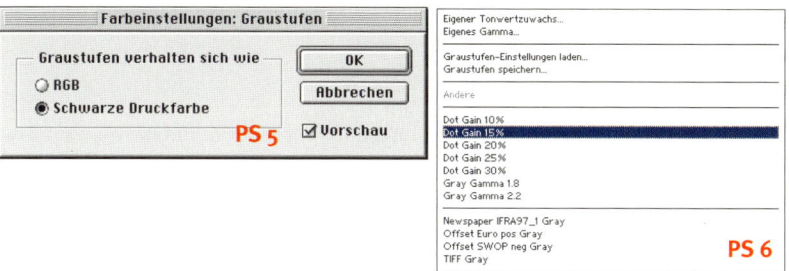

Profile einrichten/ Farbmanagement Richtlinien

Was geschieht mit Bildern, die über kein oder gar ein falsches Profil verfügen?
In PS 5 beantwortet man diese Frage im Menü PROFILE EINRICHTEN. Hier kann
man unprofilierten Daten ein erwartetes Profil zuweisen, um sie dann z.B. automatisch konvertieren zu lassen. Bei Profilfehlern kann man zwischen den Alternativen IGNORIEREN, KONVERTIEREN und BEIM ÖFFNEN WÄHLEN seine Wahl treffen. Auch die Einbindung der Profile beim Sichern wurde in PS 5 in diesem
Menü getroffen.

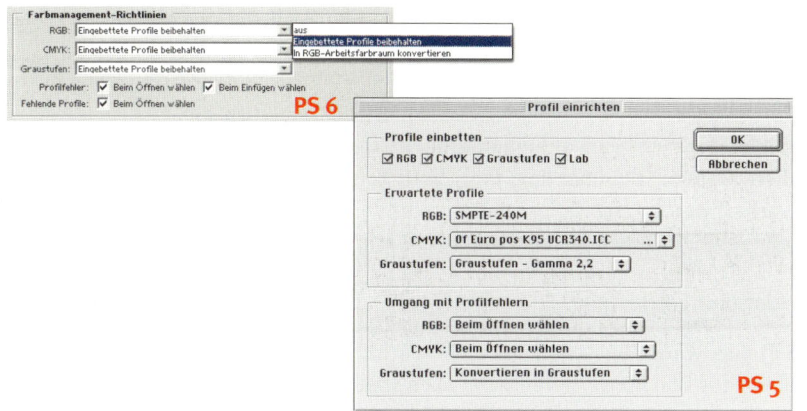

Wie mit fehlenden oder
falschen Profilen ver-
fahren werden soll,
bestimmt man unter
PROFILE EINRICHTEN oder
den FARBMANAGEMENT-
RICHTLINIEN.

In Photoshop 6 wird über die Einbindung der Profile beim Speichern jedes Bildes individuell entschieden. Die Option, Bildern ohne Profil ein solches zuzuweisen, ist komplett entfallen. Die Optionen AUS, EINGEBETTETE PROFILE BEIBEHALTEN und IN ARBEITSFARBRAUM KONVERTIEREN haben je nach Ausgangsdatei unterschiedliche Wirkungen. Alle Optionen bis ins letzte Detail zu erklären, würde sogar den Rahmen dieses Buches sprengen. Deswegen hier nur die wichtigsten Auswirkungen:

Option: AUS

Bilder ohne Profil werden im Arbeitsfarbraum bearbeitet. Ihnen wird aber kein Profil zugewiesen. Bei Bildern, denen ein anderes Profil anhängt, wird dieses gelöscht. Nur Dokumenten, die neu in Photoshop erstellt werden, wird auch das Profil des Arbeitsfarbraums zugewiesen. Photoshop 6 verhält sich jetzt fast wie Version 4. Das Farbmanagement ist weitestgehend deaktiviert.

Option: EINGEBETTETE PROFILE BEIBEHALTEN

Diese Einstellung ist die eigentliche Neuerung von Photoshop 6. Dateien, die kein Profil haben, werden im Arbeitsfarbraum bearbeitet. Auch diesen wird aber kein Profil zugeordnet. Bilder, die über ein Profil verfügen, welches nicht dem Arbeitsfarbraum entspricht, werden anhand des Dateiprofils dargestellt. Der Arbeitsfarbraum hat darauf keinen Einfluss mehr. Zu Beginn des Kapitels hatte ich schon darauf hingewiesen, dass damit die Gefahr verbunden ist, dass Dateien nun auf dem Monitor ordentlich aussehen können, im späteren Druck aber ganz andere Resultate erzielt werden. Gerade bei CMYK-Dateien sollte man diese Einstellung also nur nutzen, wenn man sich der Auswirkungen genau bewusst ist. Hier liegt eine nicht unerhebliche Gefahrenquelle verborgen.

Option: IN ARBEITSFARBRAUM KONVERTIEREN

Bilder, die nicht dem aktuellen Arbeitsfarbraum entsprechen, werden konvertiert. Dateien, die über kein Profil verfügen, können natürlich auch nicht konvertiert werden. Die Option der erwarteten Profile, die es noch in Photoshop 5 gibt, steht in Version 6 nicht mehr zur Verfügung.

Profilkonvertierung

Oftmals wird man schon beim Öffnen über Profilfehler informiert und kann dann das Bild konvertieren. Aber auch später kann man dies mit Hilfe der PROFILKONVERTIERUNG machen. Das kann wünschenswert sein, wenn man ein Scannerprofil auf das Bild anwenden will, oder für den Fall, dass man ein CMYK-Bild nachträglich in einen anderen CMYK-Farbraum konvertieren will.

Dazu gibt man den Quellfarbraum und Zielfarbraum an. In Photoshop 5 wird beim Speichern immer die aktuelle Farbeinstellung als Profil eingebettet. Man sollte also hier als Zielfarbraum nur RGB, CMYK oder Lab auswählen. Nutzt man ein anderes Profil, läuft man Gefahr, dass ein falsches Profil der Datei eingebettet wird. In Photoshop 6 besteht dieses Problem nicht mehr. Die Dateiprofile bleiben erhalten, auch wenn sie nicht den aktuellen Photoshop-Einstellungen entsprechen.

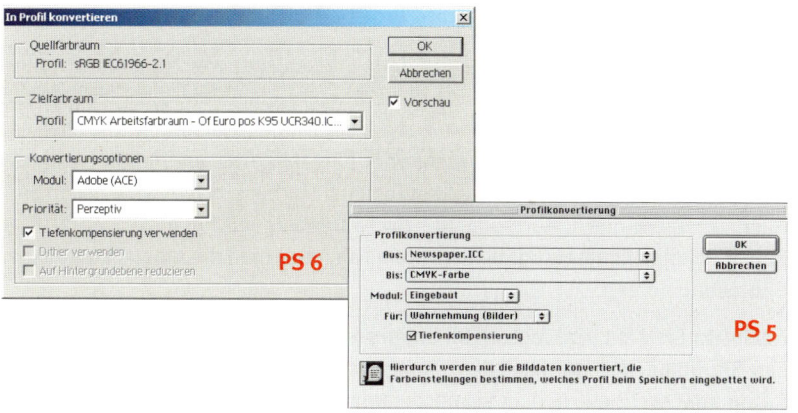

In der PROFILKONVERTIE-
RUNG kann man Bilder in
einen anderen Farbraum
umrechnen lassen.

Um das doch manchmal unübersichtliche und komplexe Thema Farbmanage-
ment handhabbar zu machen, soll es an dieser Stelle in kleine, mundgerechte
Happen aufgeteilt und einige Szenarien entwickelt werden. Dabei besteht kein
Anspruch auf Vollständigkeit.

Ich befürchte, dass die Vielzahl an Möglichkeiten, Einschränkungen und Ein-
satzgebieten auf manche etwas bedrückend und verwirrend wirken kann. Sollte das bei Ihnen der Fall sein, dann genießen Sie die Szenarien doch einfach in
homöopathischen Dosierungen. Es besteht überhaupt kein Grund zu der
Annahme, man müsse alles sofort und vollständig verstehen.

Wir sollten ja nicht vergessen, dass das eigentliche Ziel ist, schöne Bilder zu
(re-)produzieren.

Szenario 1 – RGB-Scandaten mit Profil

Sie haben einen Scanprofil erstellt und ihr Scanner bietet die Möglichkeit einen
RGB-Ausgabefarbraum zu definieren. Herzlichen Glückwunsch! Sie haben es
einfach und müssen nur in der Scansoftware den gleichen Farbraum angeben
wie in Photoshop. Damit verfügen Sie über einen idealen Farbmanagement-
Workflow und müssen sich keine weiteren Gedanken machen.

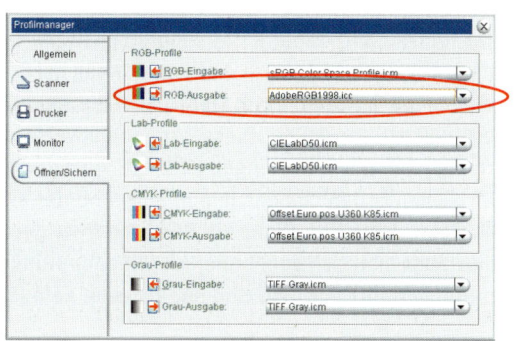

In manchen Scan-
programmen, wie hier
NewColor von Heidelberg,
kann man direkt einen
RGB-Ausgabefarbraum
definieren.

Szenario 2 – RGB-Scandaten ohne Profil

Ganz viele Scanner, gerade der unteren Preisklasse, werden ohne Profilierungssoftware und entsprechende IT8-Vorlagen ausgeliefert. Es hindert Sie aber keiner daran, auch für diese Geräte ein Profil zu erstellen. Die Profilierungssoftware ist völlig unabhängig vom Eingabegerät, und jeder – wirklich jeder – Scanner, der in der Lage ist ein Testchart farbig einzulesen, ist auch profilierbar. Allerdings unterstützt die Softwareansteuerung dieser Geräte im Regelfall keine Eingabeprofile. In diesem Fall muss man die Möglichkeiten von Photoshop nutzen.

Nachdem Sie ein Eingabeprofil für einen solchen Scanner erstellt haben, müssen Sie immer mit den gleichen Einstellungen einscannen und dürfen keine Automatikfunktionen in dem Scanprogramm anwenden. Dies würde die Funktion des Profils konterkarieren. Stattdessen muss man ganz stoisch – auch wenn es erstmal fürchterlich aussieht – die Rohdaten des Scanners einlesen. In Photoshop kann man dann die Funktion PROFILKONVERTIERUNG im Pull-Down-Menü MODUS nutzen, um das Profil anzuwenden. Wenn Ihr Scanner den Import von 16-Bit-Daten unterstützt, sollten Sie diese Option unbedingt nutzen, da die Profilkonvertierung auf Basis der höheren Datentiefe bessere Ergebnisse erzielt.

Auch für „Billigscanner" kann man ein Profil erstellen und mit Hilfe der PROFILKONVERTIERUNG anwenden.

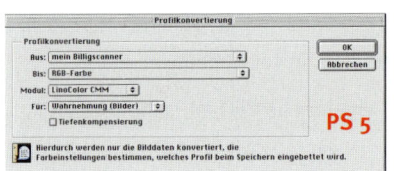

PS 5

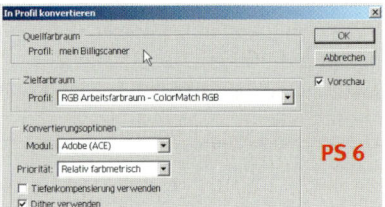

PS 6

Szenario 3 – RGB-Fremddaten mit „falschem" Profil

Sie erhalten fremde RGB-Daten, in die ein Profil eingebettet ist, welches nicht Ihren Photoshop-Einstellungen entspricht, und stehen vor der Frage, wie man damit umgeht. Ich will dazu noch einmal auf das Beispiel aus dem letzten Kapitel hinweisen. Öffnen Sie die Datei ohne Konvertierung, dann werden die Werte erhalten. Konvertieren Sie dagegen die Datei, dann werden die Farben erhalten, während sich die Werte ändern. Im Regelfall wird die Konvertierung zu dem besseren Resultat führen, und daher ist es empfehlenswert, die Daten automatisch konvertieren zu lassen oder sich Warnmeldungen bei Profilfehlern einblenden zu lassen. Sie bestimmen dies im Menü PROFILE EINRICHTEN (PS5) oder FARBMANAGEMENT-RICHTLINIEN (PS6). Diese Vorgehensweise setzt natürlich voraus, dass derjenige, der das Profil eingebettet hat, auch gewusst hat, was er da macht. Im „wirklichen Leben" ist das leider, aufgrund der Komplexität dieses Themas, nicht immer der Fall. Sieht ein Bild also trotz der Konvertierung nicht gut aus, dann muss man sich gegebenenfalls über das eingebundene Profil hinwegsetzen und verfährt mit dem Bild so, als wäre kein Profil eingebunden.

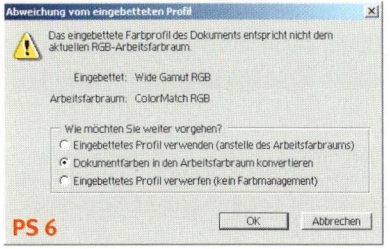

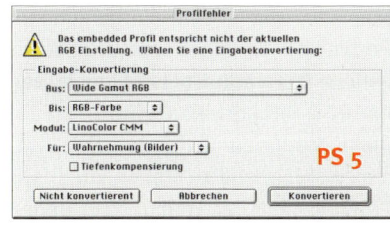

Unterscheidet sich das Dateiprofil von den Photoshop-Einstellungen, dann entstehen Profilfehler, auf die man, je nach Einstellung, aufmerksam gemacht wird. Bei RGB-Bildern empfiehlt sich die Konvertierung.

In Photoshop 6 können Sie auch die Option EINGEBETTETE PROFILE BEIBEHALTEN nutzen. Die Bilder werden dann anhand ihres Profils dargestellt und man spart sich die Konvertierung. Das ist insbesondere dann ein praktikabler Weg, wenn die Daten sowieso nach CMYK konvertiert werden. Will man aber im RGB-Modus bleiben, dann ist diese Option gefährlich, da die Bilder anhand des Dateiprofils dargestellt werden und man nicht erfährt, wie die Bilder im eigenen Ausgabeprozess, der den Photoshop-Einstellungen entspricht, aussehen.

Szenario 4 – RGB-Fremddaten ohne Profil

Eine Datei, die kein eigenes Profil enthält, ist mir die liebste aller Varianten, denn damit wird einem überhaupt keine Beschränkung auferlegt. Man weiß in diesem Fall nicht, welche Farben eigentlich gemeint waren, und hat deswegen die Freiheit einfach den Arbeitsfarbraum zu wählen, der einem am besten gefällt. Danach sollte man aber das Bild in seinen RGB- oder CMYK-Arbeitsfarbraum konvertieren. Diesem Szenario habe ich einen eigenen Sidestep am Ende des Kapitels gewidmet.

Szenario 5 – CMYK-Scandaten mit Profil

Sie arbeiten mit Daten, die an einem High-End-Scanner mit Hilfe eines ICC-Profils separiert wurden. Der Scanner-Operator hat Ihnen verraten, um welches Profil es sich handelt, und es Ihnen zur Verfügung gestellt. Sie können dieses Profil in den CMYK-Einstellungen bzw. dem CMYK-Arbeitsfarbraum anwählen und sollten nun eine deutlich bessere Bildschirmansicht erhalten, als es ohne ColorManagement möglich wäre.

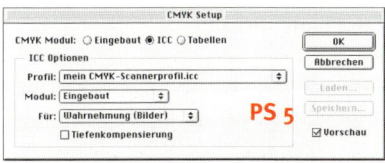

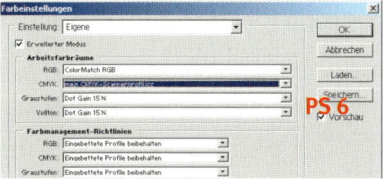

In den CMYK-Einstellungen kann man das ICC-Separationsprofil des Scanners anwählen und erhält eine bessere Bildschirmdarstellung.

Man kann aber noch weitergehen und gleich in RGB scannen. Mit Hilfe des ICC-Profils ist man in der Lage an jedem Rechner, sei es ein Mac oder ein PC, die gleiche Separationseinstellung zu verwenden. Daneben kann man die Vorteile der RGB-Farbkorrektur nutzen, und auch alle Filter stehen im Gegensatz zum CMYK-Modus zur Verfügung. Erst kurz vor der Ausgabe müssen die Daten separiert werden, und so stellen kurzfristige Änderungen des Druckprozesses kein Problem mehr dar. Fremde RGB-Bilder können mit den gewohnten Scannerprofilen separiert werden. Viele Unsicherheiten, die bei der Nutzung von Photoshop-Einstellungen auftraten, werden so vermieden. Ich denke, es ist einer der Einsatzbereiche bei dem das Farbmanagement sich wirklich auszahlt. Man hat eine viel höhere Produktionssicherheit, wenn man die eingetesteten Profile nutzt, und verfügt über eine viel höhere Flexibilität, wenn es darum geht, fremde Daten in den eigenen Produktionsprozess einzubinden.

Gerade wenn die Daten archiviert werden sollen, ist die Bearbeitung der Bilddaten im RGB-Modus zu empfehlen.

Szenario 6 – CMYK-Scandaten ohne Profil

Ihr Scanner liefert direkt CMYK-Daten ohne ein eingebundenes Profil. Die Scans sind von hervorragender Qualität, aber alle Bilder werden noch einmal in Photoshop kontrolliert und bearbeitet. Eine solche Arbeitsweise trifft man in vielen Druckvorstufenbetrieben an. Da die Daten schon in CMYK vorliegen, könnte man versucht sein, alle Farbmanagementfunktionen zu ignorieren. Dabei darf aber nicht vergessen werden, dass man in diesem Fall keine Profile einbinden sollte. In Photoshop 5.x stellt man dies im Menü PROFILE EINRICHTEN ein. In Version 6 entscheidet man über die Einbindung von Profilen beim Speichern der Datei.

Man sollte auf die Einbindung von Profilien verzichten, wenn die Bilder mit einer anderen Einstellung (z.B. des Scanners) separiert wurden.

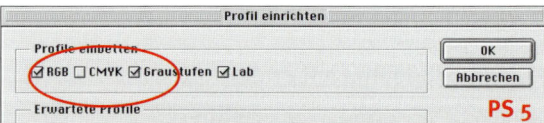

Das ist relativ wichtig für den Fall, dass jemand der aufs Farbmanagement setzt, diese Daten öffnet. Aufgrund des falschen Photoshop-Profils wird auch eine falsche Farbumsetzung erfolgen. Hier ist es besser, überhaupt kein Profil einzubetten.

Szenario 7 – CMYK-Fremddaten mit „falschem" Profil

Was geschieht aber mit fremden CMYK-Daten, denen ein ICC-Profil zugeordnet ist? Wendet man die gleichen Regeln an, die für RGB-Bilder gelten, so sollte man sie konvertieren. Allerdings sind die Verluste bei CMYK-zu-CMYK-Konvertierungen ungleich höher als bei RGB-Daten. Zum anderen mag ein bestimmter Schwarzaufbau aus guten Gründen gewählt worden sein. So gibt es Farbumsetzungen von Graustufenbildern, die ganz bewusst einen sehr starken Schwarzaufbau verwenden, oder Umwandlungen von Grafiken, die gar mit einem maximalen Anteil von Schwarz erstellt wurden. Solche Einstellungen gehen durch die Konvertierung verloren. Ich würde daher in den Profileinstellungen für CMYK keine automatische Konvertierung anwählen. Sicherer erscheint mir die Option BEIM ÖFFNEN WÄHLEN. Dann wird man darüber informiert, welches Profil eingebunden ist. Öffnet man es ohne Konvertierung, kann man prüfen, wie das Bild im eigenen Druckprozess ausgegeben würde, und gegebenenfalls manuell Korrekturen durchführen. Will man das Bild aber noch konvertieren, so ist das auch kein Problem. Unter MODUS ····⟩ PROFILKONVERTIERUNG kann man es aus dem eingebundenen Profil in den CMYK-Farbraum überführen.

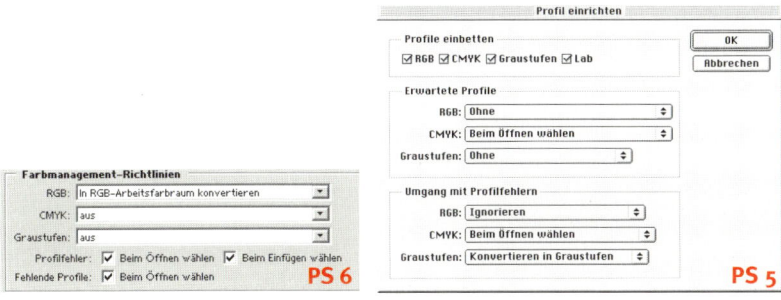

Bei CMYK-Bildern kann man sich die Profilfehler anzeigen lassen und sollte die Daten ohne Konvertierung öffnen.

In Photoshop 6 ist die neue Option EINGEBETTETE PROFILE BEIBEHALTEN mit nicht unerheblichen Gefahren verbunden. Öffnet man damit eine Datei, dann wird das Dateiprofil zur Bildschirmdarstellung herangezogen. Für eine Datei mit Tiefdruckprofil wird der Tiefdruck simuliert, für eine Datei mit Zeitungsprofil eben der Zeitungsdruck. Nur, wie die Datei im eigenen Druckprozess aussieht, das erfährt man nicht. Es erscheint mir daher wenig empfehlenswert, diese Option zu nutzen. Nur, wenn man die Bilder direkt nach RGB konvertieren will, ist diese Einstellung sinnvoll.

Werden die eingebetteten Profile erhalten, dann wirkt sich das u.a. auf die Bildschirmdarstellung aus.

Szenario 8 – CMYK-Fremddaten ohne Profil

Das ähnelt ein bisschen dem letzten Szenario, nur dass man jetzt sowieso keine Alternative hat. Man öffnet die Datei in Photoshop und lässt sich überraschen, wie das Ergebnis aussieht. Hier verhält sich Photoshop, wie zu den Zeiten, als es noch kein Farbmanagement gab. Eine Ausnahme gibt es allerdings in Photoshop 5. Hier kann man für unprofilierte Daten ein erwartetes Profil angeben. Der Gedanke dabei ist, dass man alten Dateien, die vor der Nutzung des Farbmanagements erstellt wurden, ein Profil zuweisen kann, um es dann automatisch konvertieren zu lassen. So kann man Bilder aus Photoshop 4 in einen konsequenten Farbmanagement-Workflow integrieren.

Szenario 9 – Farbmanagement deaktivieren

Sie haben sich durch die letzten Seiten durchgequält und sind zu der Entscheidung gekommen, dass es sich beim Farbmanagement um ein völlig undurchschaubares Konzept handelt? Gut, dann gibt es noch ein letztes Szenario, bei dem alle Optionen deaktiviert werden.

In Photoshop 5 wählen Sie:

1. In den RGB-Einstellungen MONITOR RGB.

2. In den CMYK-Einstellungen arbeiten Sie nur mit der eingebauten Option.

3. Unter PROFILE EINRICHTEN deaktivieren Sie die Einbindung der Profile für alle Modi. Die erwarteten Profile werden auf OHNE gestellt und die Profilfehler müssen natürlich allesamt ignoriert werden.

„Ohne, ohne, ohne"
und „ignorieren,
ignorieren, ignorieren"
sind die Schlagworte,
wenn Sie auf das
Farbmanagement
verzichten wollen.

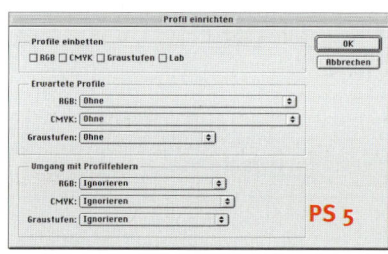

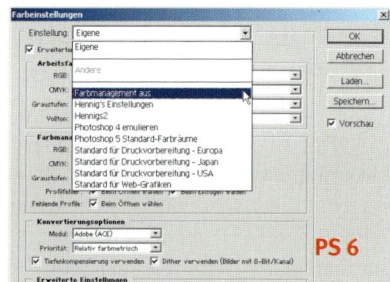

In Version 6 von Photoshop hat man es noch einfacher. Hier nutzt man einfach in den Farbeinstellungen die Option FARBMANAGEMENT aus. Das wars.

Farbmanagement Credo

In der ersten Auflage des Buches (September 1999) fing dieser Absatz mit folgenden Zeilen an:

„Kennen Sie diese klassischen Renovierungsgeschichten? Eigentlich sollte nur die eine Wand neu tapeziert werden. Allerdings kam bei dem Versuch die Tapete abzureißen der Putz mit runter. Der mangelhaft abgedeckte Teppichboden litt unter den Folgen. Die Blumenvase, die von der Standleiter umgerissen wurde, als man selber fiel, gab dem Boden den Rest. Das war aber nichts im Vergleich zu dem Tapetenkleister, der ...

Solche Geschichten enden im Regelfall damit, dass der Heimwerker die Desaster-Area verlassen muss, um in ein Krankenhausbett zu wechseln, und eigentlich kommt sowas nur im Fernsehen vor.

Ich kann mich des Eindrucks nicht erwehren, dass es gewisse Parallelen zur Einführung des Farbmanagements in der Medienproduktion gibt. (...) Wer hätte geahnt, was für ein Rattenschwanz an Problemen daran hängt. Man steht jetzt vor Fragen wie: Soll man bei dem absolut farbmetrischen Rendering Intent die

Tiefenkompensierung aktivieren und die ColorMatchingMethod von Apple wählen? Es ist mir unerklärlich, wie man ohne ein Studium der Ingenieurwissenschaften auch nur eine Idee haben soll, was diese Frage bedeutet. Von ihrer Beantwortung will ich gar nicht reden."

In dieser 2. Auflage (Januar 2001) bietet es sich natürlich an, an das Krankenbett zu treten und zu fragen: „Na, wie gehts?" Die Antwort, die mir zu Ohren kam, lautet: „Oh, schon viel besser. Nur manchmal fühle ich mich noch so unverstanden."

Ich habe den Eindruck, dass die Zeiten der maximalen Verwirrung und des größten Durcheinanders vorbei sind. Mit Photoshop 6.0 hat man alle Funktionen in einem Menü im Überblick. Nicht nur in Photoshop treten die programmspezifischen Lösungen zugunsten eines durchgängigen ICC-Workflows immer mehr in den Hintergrund. So kann man die Vorteile des Farbmangements endlich mehr genießen. Eine geräteunabhängige Farbbeschreibung, problemloser Austausch, medienneutrale Produktion, Bilddatenbanken sind nur einige der Stichwörter, die für das Farbmanagement sprechen.

Weiterhin halten die realen Arbeitszusammenhänge natürlich viele Stolpersteine und Fußangeln bereit. Ebenso gibt es noch viele Verständnisprobleme. Aber das Farbmanagement hat sich doch auf breiter Front durchgesetzt und ist in viele Arbeitszusammenhänge immer besser integriert worden.

Dennoch glaube ich, man sollte „den Ball flach halten". Mit Photoshop 4.0, soll heißen – ohne Farbmanagement, wurden wundervolle Drucksachen, Internetseiten, Großformatdrucke und Diabelichtungen erstellt. Es gibt überhaupt keinen Grund, warum man funktionierende Arbeitszusammenhänge auf einmal in einen kompletten Farbmanagement-Workflow umwandeln sollte.

> Den Ball flach halten und hoch gewinnen. Was im Basketball richtig ist, kann im Farbmanagement nicht völlig falsch sein.

Es gibt aber jede Menge Probleme, die man mit dem Farbmanagement lösen kann. Um einige Beispiele zu nennen:

- Man will die Qualität seiner Scans verbessern.

- In einer größeren Arbeitsgruppe sind alle Monitore unterschiedlich. Mit Monitorprofilen wird man keine identischen Resultate, aber doch eine starke Annäherung zwischen den Bildschirmen herstellen können.

- In der gleichen Arbeitsgruppe fallen die Separationen identischer Dateien auf verschiedenen Rechnern unterschiedlich aus. Mit Hilfe eines geräteunabhängigen RGB-Farbraums und ICC-Profilen ist das kein Problem mehr.

- Die Daten sollen zwischen Macintosh und Windows ausgetauscht werden.

- Die Daten sollen für einen unbekannten Druckprozess (z.B. Tiefdruck) vorbereitet werden. Ohne Farbmanagement ist das ein völliger Blindflug. Verfügt der Drucker dagegen über ein ICC-Profil, ist man zumindest die Verantwortung los.

- Man will einen „Billigdrucker" als Proofgerät nutzen. Es gibt inzwischen einige Rip-Lösungen, die aus einem normalen Tintenstrahldrucker ganz hervorragende Resultate herausholen und viel teureren Geräten Konkurrenz machen. Auch dies ist nur mit Farbmanagement möglich.

- Man nutzt fremde Bilder. Bisher musste man Vermutungen darüber anstellen, welche Farbe mit diesen Daten beschrieben wird. Jetzt teilt ein angehängtes Profil uns mit, in welchem Farbraum die Datei erstellt wurde. Wir können sicher sein, die ursprünglich gewünschten Farben zu erhalten.

Ich denke, wenn man Farbmanagement als Werkzeug zur Problemlösung begreift, dann wird alles gleich viel übersichtlicher. Man erhält die Arbeitszusammenhänge, die funktionieren, und ersetzt nur die verbesserungswürdigen Funktionen. Sicher wird man dann Schritt für Schritt immer weiter in das Farbmanagement hineinrutschen, aber das kann ja nicht schaden. Es erscheint mir gefährlicher, wenn man aus dem Gefühl heraus, man würde etwas verpassen, in einem Hau-Ruck-Verfahren Farbmanagementlösungen einführt. Das kann doch manchmal schwieriger werden, als man denkt. Ganz fatal erscheint mir die Hoffnung, bei diesen Themen würde es sich nur um eine kurzlebige Marotte der Softwareindustrie handeln. Ich bin mir ziemlich sicher, dass sich das Farbmanagement weiterhin recht zügig und auf breiter Front durchsetzen wird.

Checkliste

Farbmanagement Praxis

- Ein Monitorprofil erstellt man mit einem Farbmessgerät oder nach Augenmaß mit einem Hilfsprogramm, wie Adobe Gamma.

- Für ein Scannerprofil braucht man ein IT8-Testchart und die dazugehörige Diskette sowie ein entsprechendes Programm, um Soll- und Ist-Werte zu vergleichen.

- Um ein Ausgabeprofil zu erstellen, benötigt man ein Spektralphotometer und ein Profilerstellungsprogramm, damit man die Testdrucke vermessen und auswerten kann.

- Öffnen Sie eine RGB-Datei ohne Konvertierung, so erhalten Sie die numerischen Werte. Mit Konvertierung werden dagegen die Farben erhalten. Letzteres ist in den meisten Fällen wünschenswert.

- Bei CMYK verhält es sich im Prinzip genauso. Allerdings sind Konvertierungen aus dem CMYK-Modus mit stärkeren Verlusten behaftet. Daher sollte man CMYK-Dateien zuerst ohne Änderung öffnen. Im Zweifelsfall kann man immer noch eine Profilkonvertierung durchführen.

- Als Zielfarbraum bei Profilkonvertierungen in Photoshop 5 sollte man nur RGB, Lab, Graustufen und CMYK angeben. Es wird dann auf die aktuellen Einstellungen zurückgegriffen.

- Nutzt man die Option EINGEBETTETE PROFILE ERHALTEN von Photoshop 6, dann hat die Bildschirmansicht nur begrenzte Aussagekraft, da sie anhand des Dateiprofils und nicht der Photoshop-Einstellungen berechnet wird.

- Es ist immer noch besser kein, denn ein falsches Profil in eine Datei einzubetten. Deaktivieren Sie im Zweifelsfall die Einbindung der Profile.

Sidestep 2: Kreatives Farbmanagement

Nach all der harten Theorie wollen wir jetzt den Spieß umdrehen. Wir können das Farbmanagement durchaus auch als Mittel der Farbkorrektur nutzen, und zwar immer dann, wenn wir es mit unprofilierten RGB-Daten zu tun haben. Dafür ist es nicht erfunden worden, aber das soll uns nicht stören.

Sie haben z.B. Scans erstellen lassen, und an diese sind keine Profile angehängt. Jetzt öffnen Sie die Dateien in Ihrem Standard-RGB-Farbraum, und unter Umständen erkennen Sie, dass die Bilder zu flau oder zu bunt – zu hell oder zu dunkel erscheinen. Anstatt nun sofort mit der Farbkorrektur zu beginnen, können Sie auch mit den RGB-Farbräumen spielen. Dies hat den entscheidenden Vorteil, dass Sie dadurch nicht die die Tonwerte ändern und keine Lücken oder Ausreißer im Histogramm entstehen. Vielmehr wählen Sie einen adäquaten (Farb-) Raum für das Bild.

Bei den hier abgedruckten Bildern handelte es sich um völlig identische, unprofilierte RGB-Daten. Sie wurden in verschiedenen RGB-Farbräumen geöffnet und ohne Korrektur in CMYK umgewandelt.

Bild: Photo-Disc

Color Match RGB: Eher hell (Gamma 1,8) und in der Farbgebung moderat. Dieses Bild mag für ColorMatch digitalisiert worden sein.

Adobe RGB: Eher dunkel (Gamma 2,2) mit starker Farbgebung.

sRGB: Auch dunkel (Gamma 2.2) mit flauen Farben.

Wide Gamut RGB: Wieder ein Gamma von 2,2. Die Eckpunkte der RGB-Farben liegen auf den Rändern des sichtbaren Farbspektrums. Dadurch ändern sich die Hauttöne besonders stark.

Photoshop 5

Die folgenden Arbeitsschritte gelten für Photoshop 5.x. Sie öffnen das unprofilierte RGB-Bild ohne Konvertierung und sehen dann, wie es in dem aktuellen Farbraum aussieht. Jetzt können Sie unter DATEI ‧‧‧➔ RGB-EINSTELLUNGEN einfach eine andere Definition auswählen. Die RGB-Werte werden immer die gleichen sein, aber durch die unterschiedlichen xy-Werte, den Weißpunkt und den Gamma-Wert ändern sich die Farben unter Umständen dramatisch. Sie müssen überhaupt keine Hemmungen haben und wählen einfach die Einstellung, bei der das Bild am schönsten aussieht.

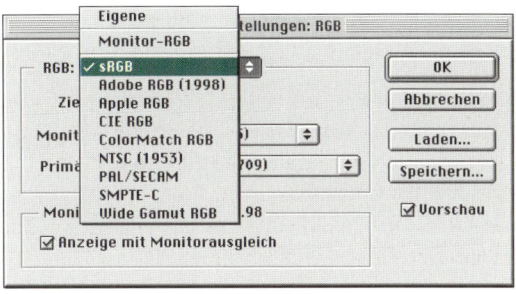

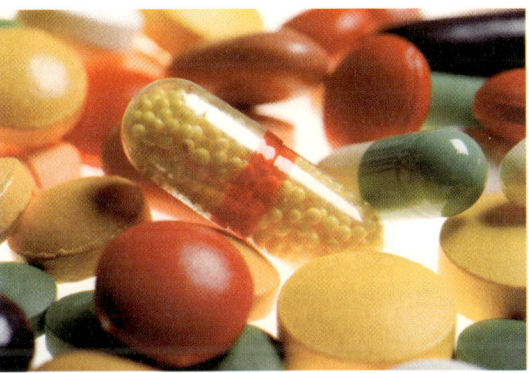

Bild: Photo-Disc

Color Match RGB

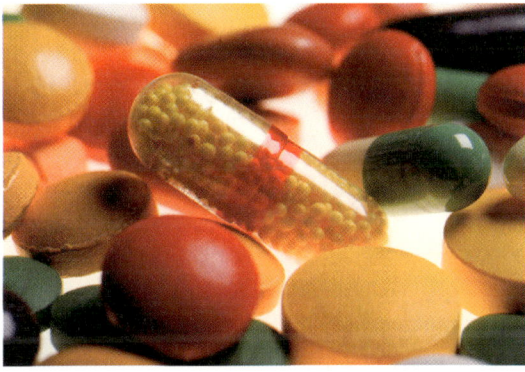

Adobe RGB: Es kann gut sein, dass bei der Digitalisierung dies der anvisierte Zielfarbraum war.

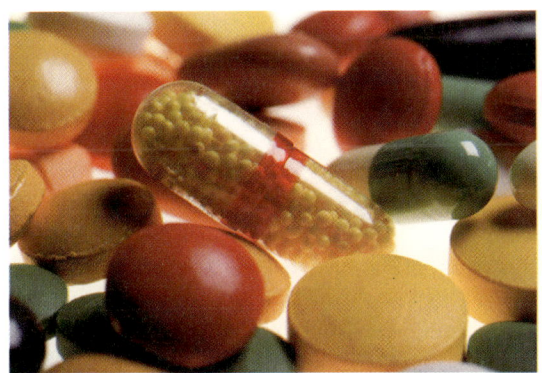

sRGB

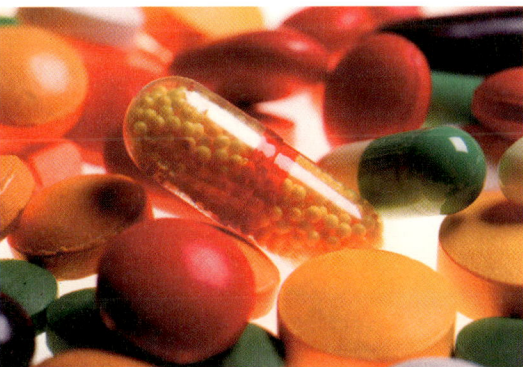

Wide Gamut RGB

Das Problem ist natürlich, dass das Bild jetzt unter Umständen in einem Farbraum vorliegt, in dem Sie normalerweise nicht arbeiten. Das ist unvorteilhaft, da dies für unnötiges Durcheinander sorgt. Daher sollten Sie das Bild konvertieren.

Wenn Sie das Bild nach CMYK umwandeln, sind alle vorherigen Einstellungen vergessen. Die ehemalige RGB-Definition wird nirgendwo vermerkt. Allerdings sollten Sie danach nicht vergessen, wieder Ihren Standard-RGB-Farbraum zu wählen.

Wollen Sie allerdings im RGB-Farbraum bleiben, dann sollten Sie eine Profilkonvertierung durchführen. Dazu wählen Sie BILD ···→ EINSTELLEN ···→ PROFILKONVERTIERUNG. In diesem Beispiel sieht das Bild am schönsten im Wide Gamut RGB aus. Unser Standard-Farbraum ist aber ColorMatch RGB. Also wählen wir als Ausgangsfarbraum Wide Gamut RGB und als Zielfarbraum Color Match.

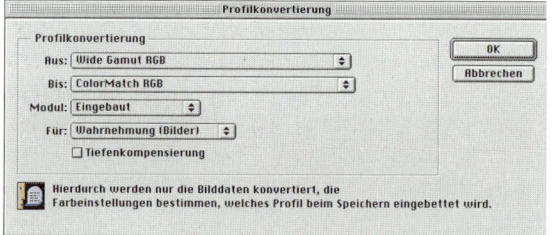

Auch in diesem Fall müssen Sie danach wieder die RGB-Einstellungen ändern, und dann sollte das Bild in Ihrem Standard-Farbraum gut aussehen.

Photoshop 6

In der neuen Version ist die Vorgehensweise ein wenig anders.

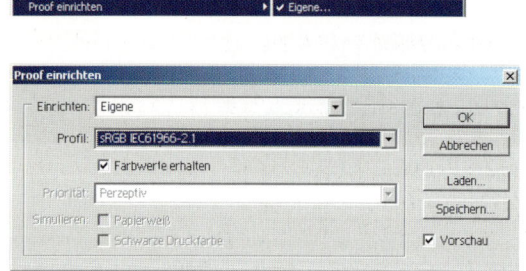

Hier ist es am einfachsten, unter ANSICHT die Funktion PROOF EINRICHTEN zu wählen. In dem erscheinenden Menü kann man nicht nur die CMYK-, sondern auch alle RGB-Farbräume ausprobieren und sich direkt die Unterschiede anzeigen lassen. Dabei ist es wichtig, dass die Funktion FARBWERTE ERHALTEN aktiviert ist, da sonst die realen Werte der Datei verändert werden und überhaupt kein Unterschied sichtbar ist.

Hat man sich hier für eine Farbeinstellung entschieden, kann man unter BILD ⋯⋯> MODUS dem Bild das gewünschte Profil zuweisen. In diesem Fall ist es das sRGB-Profil.

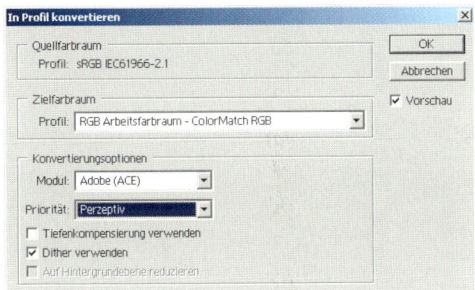

In Photoshop 6 wird nun dieses zugewiesene Profil beim Speichern der Datei angehängt. Anders als in den älteren Versionen läuft man nicht Gefahr, dass beim Speichern der Standard-Farbraum fälschlicherweise als Profil eingebunden wird.

Will man dennoch das Bild seinen Standard-Arbeitsfarbraum konvertieren, so kann man auch in dieser Version die Profilkonvertierung nutzen.

Um keine Missverständnisse aufkommen zu lassen: Es geht nicht darum, welcher Farbraum besser ist. Das ist relativ. Das Ziel muss es sein, einen adäquaten Farbraum für das Bild zu finden.

Um es an zwei Beispielen zu verdeutlichen:

Ich hatte bei einem Dienstleister Scans machen lassen. Sie waren alle viel zu hell. Der Grund dafür war, dass ich ColorMatch RGB gewählt hatte, während die Scans – wie ich durch Ausprobieren herausgefunden habe – für s-RGB optimiert waren. Natürlich war es dann viel sinnvoller, meinen eigenen Farbraum umzustellen, als gegen die Bilder und gegen den Scanprozess zu korrigieren.

Einen anderen Fall kenne ich aus einer Zeitungsproduktion. Dort wurde der technischen Abteilung empfohlen mit Adobe RGB (dunkel, bunt) zu arbeiten. Die meisten Bilder stammten aber aus Datenbanken und waren nicht profiliert. Sie waren überwiegend mit einem Gamma von 1,8 (hell) erstellt. Wurden die Bilder in Adobe RGB geöffnet, wurden sie also viel zu dunkel und zu bunt dargestellt und mussten mit erheblichem Aufwand korrigiert werden. Das ist gerade in einer Zeitungsproduktion, die sowieso mit starken Druckzuwächsen zu kämpfen hat, sehr ärgerlich. Die Umstellung der RGB-Einstellungen hat einen großen Teil der Arbeit überflüssig gemacht.

Ich habe das in einem Artikel schon einmal poetisch formuliert: Man sollte eine fremde (unprofilierte) Bilddatei wie einen netten Gast begrüßen und den passenden Raum für sie finden. Nicht zu bunt und nicht zu grau – nicht zu hell und nicht zu dunkel sollte dieser Raum eingerichtet sein. Dann fühlt sich das Bild wohl und sieht auch gleich viel schöner aus.

2 Farbkorrektur

2.1 Intro Farbkorrektur

„Nur wer die Regeln kennt, der darf sie brechen." Dieser Satz klingt so, wie eine
gehäkelte Klopapierrolle auf der Autoablage aussieht. Gerne würde ich also
der Aussage widersprechen. Aber leider: Es ist etwas Wahres dran. Man sollte
es vielleicht noch ein bisschen modifizieren und sagen: „Wer die Regeln kennt,
der soll sie brechen."

Wer ohne Richtschnur alle Schieber hin und her zieht, die Photoshop oder
andere Programme bereithalten, der wird sich meistens hoffnungslos verlaufen
und sich unnötig viel Arbeit machen. Insbesondere läuft er aber Gefahr, dass in
Bereichen, denen gerade nicht sein Hauptaugenmerk gilt, Verluste auftreten.

Derjenige, der einige Regeln kennt und sich auch immer an diese hält, der wird
zu recht konstanten Ergebnissen kommen. Ob die aber auch immer schön sind,
wage ich zu bezweifeln. Jede Vorlage, jedes Motiv ist unterschiedlich, und so
sollte im Idealfall auch jedes Bild individuell behandelt werden. Es gibt ganz
hervorragende Programme, bei denen alle Regeln der Bildbearbeitung Anwendung finden. Ich will keineswegs diese Lösungen zur automatischen Korrektur
von Bilddaten herabwürdigen. Teilweise kann man nur staunen, wozu etwa der
ColorAssistant von Heidelberg oder die Binuscan-Software in der Lage sind. Auf
alle Eventualitäten sind aber auch diese Programme nicht vorbereitet.

Im besten Fall kennt man also alle Regeln und nutzt die Automatismen von
Scanner- und Programmherstellern, um dann im Einzelfall die Richtlinien zu
brechen und manuelle Korrekturen vorzunehmen.

Neben den Bildern, die unterschiedlich sind, hat die Art der Digitalisierung einen
starken Einfluss auf die Daten, die letztendlich im Computer ankommen. Eine
Digitalkamera, ein Flachbettscanner von Hersteller A und jener von Hersteller B
sowie der Trommelscanner von C weisen bei dem gleichen Motiv unter Umständen deutliche Differenzen auf. Das bezieht sich natürlich auf Farbtiefe, Dynamik-
umfang und Auflösung. Aber auch wenn alle diese Parameter identisch wären
und man in Photoshop die Daten einander angeglichen hat, so wären doch keine
zwei Ergebnisse gleich.

Dann gibt es noch einen quasi-redaktionellen Einfluss. Sind die Personen im
Vordergrund das Wichtige und muss man sein Hauptaugenmerk auf die Hauttöne legen, oder geht es um einen Bekleidungskatalog und das Entscheidende
ist die Farbechtheit der Krawatte? Vielleicht stehen die Leute aber auch nur als
Dekoration vor einer grandiosen Landschaftsaufnahme, um die es hier eigentlich geht und die nach einem hohen Kontrast verlangt.

Unterschiedliche Vorlagen, Digitalisierungsarten und Bildinhalte – das sind
denkbar schlechte Voraussetzungen um Regeln aufzustellen. Man könnte nun
die Protagonisten der grafischen Industrie fragen, aber auch diese halten sich
bedeckt, und es ist kein Zentralkomitee in Sicht, das verbindliche Regeln für die
Korrektur von Bilddaten am Computer festlegen könnte. (Ob all dieser Probleme wird mir langsam klar, warum das Thema Farbkorrektur in vielen Publikationen nur stiefmütterlich behandelt wird.)

Man darf sich also getrost von dem Gedanken verabschieden, man müsse nur Schritt A durchführen und die Regel B einhalten, um zu perfekten Bilddaten zu kommen. Ganz so einfach ist es leider nicht. Anstatt aber nun die Komplexität dieses Themas zu bedauern, kann man sich auf die Gemeinsamkeiten konzentrieren und so doch noch einige Richtlinien finden.

1. So wenig wie möglich machen

Korrekturen spreizen oder komprimieren die Tonwerte. Mit jeder Korrektur kommen neue Verluste hinzu. Das Schlimmste, was man machen kann, ist, sein Bild erst aufzuhellen, dann abzudunkeln und es später erneut aufzuhellen. Das Prinzip, nicht hin und her zu korrigieren, gilt dabei für alle pixelbasierten Programme und die meisten Werkzeuge. Auch Modus-Umwandlungen und Farbkonvertierungen sollten nur dann geschehen, wenn sie wirklich notwendig sind.

Korrekturen, die notwendig sind, müssen natürlich gemacht werden, aber wenn man das gleiche Einstellungsmenü zweimal auf ein Bild anwenden muss, dann weiß man, dass man einen Fehler gemacht hat.

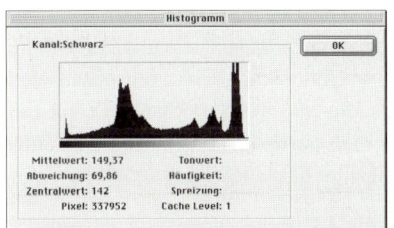 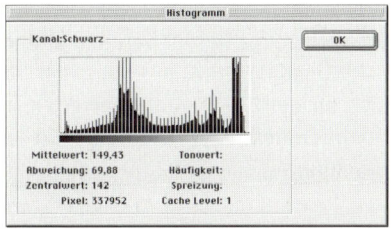

Links das Histogramm des Originalbilds, rechts eine bearbeitete Version, die zuerst abgedunkelt und dann aufgehellt wurde. Löcher und Spitzen weisen auf eine Verschlechterung der Bildqualität hin.

2. Von Groß nach Klein korrigieren

Das Himmelsblau in Ihrem Bild ist zu magentalastig. Sie ändern dies mit Hilfe der selektiven Farbkorrektur. Danach stellen Sie den Weißpunkt ein oder ändern den Kontrast. Je nach Bild werden Sie nun erkennen, dass der Blauton erneut umgesprungen ist. Also rufen Sie erneut die selektive Farbkorrektur auf ... aber Halt! Damit verstoßen Sie gegen die 1. Regel der Farbkorrektur.

Also sollte man zuerst die großen Änderungen vornehmen, um dann, Schritt für Schritt, immer kleinere Korrekturen am Bild durchzuführen.

- Erster und wichtigster Schritt ist, die Eckpunkte des Bildes – also den hellsten (weißen) und dunkelsten (schwarzen) Pixel des Bildes festzulegen. Ideales Werkzeug dafür ist die Tonwertkorrektur, wobei man auch mit den Gradationskurven gleichwertige Ergebnisse erzielen kann.

- Als Nächstes bietet es sich an, die Graubalance des Bildes zu überprüfen und danach allgemeine Helligkeits- und Kontraständerungen vorzunehmen. Die Gradationskurven sind das adäquate Mittel diese Ziele in erstklassiger Qualität zu erreichen.

Die Reihenfolge der Einstellungsmenüs in Photoshop ist sinnvoll gewählt. Es startet mit den globalen Korrekturen. Durch einen Strich getrennt folgen die Farbkorrekturen und weiter unten findet man spezielle Menüs.

Diese beiden Arbeitsschritte nennt man auch globale Korrekturen, da sie alle Tonwerte und Farben des Bildes gleichermaßen betreffen. Vielleicht fällt Ihnen auf, dass hier nicht von Farben die Rede ist, obwohl es doch um Farbkorrektur geht. Stattdessen ist Weiß, Schwarz und Grau das Thema. Der Grund dafür ist, dass diese drei Töne nur entstehen, wenn alle Farben in der exakt gleichen Zusammensetzung vorliegen. Unbunt heißt in diesem Kontext, dass die drei bunten Farben es geschafft haben sich perfekt zu neutralisieren. Die Korrektur dieser Töne ist damit die effektivste Herangehensweise, um Farben zu ändern.

Mit diesen beiden Schritten haben sie 90% aller möglichen Korrekturarbeiten erledigt, und über Wohl und Wehe des Farbbildes ist jetzt schon entschieden worden.

Die anderen Korrekturen sind hilfreich, aber von weit geringerer Bedeutung für den Erfolg der Arbeit. In einem Reisekatalog ist der Himmel Blau – auch bei schlechtem Wetter. In der Immobilienanzeige ist der Rasen grün – auch bei Trockenheit, und das Starlet in der Frauenzeitschrift hat einen frischen Teint – trotz Partystress. Änderungen dieser Art betreffen einzelne Farben und nicht das gesamte Bild. Sie können daher problemlos angewandt werden.

Die Werkzeuge hierfür beruhen oftmals auf dem Farbkreis, wie etwa das Menü FARBTON/SÄTTIGUNG in Photoshop. Andere Einflussmöglichkeiten orientieren sich an den CMYK-Ausgabewerten, etwa die SELEKTIVE FARBKORREKTUR der Adobe-Software. Im letzten Schritt kann man partielle Korrekturen am Motiv durchführen. Am einfachsten geht das mit Hilfe der Einstellungsebenen.

3. Dynamik ausnutzen

Die Welt ist so schön bunt – der Druck im direkten Vergleich dagegen so flau. Ziel ist es also, das bisschen, was man hat, auszunutzen. Dieses Interesse setzt man durch, indem man den erwähnten Weiß- und Schwarzpunkt festlegt. Oftmals steht dieser Wunsch im Widerspruch zum nächsten Punkt.

4. Zeichnung erhalten

Mit Zeichnung sind die Tonwertunterschiede der Originalvorlage gemeint. Startet man mit den Einstellungsmöglichkeiten von Photoshop oder Scanprogrammen, wird man feststellen, dass diese Unterschiede sehr schnell verloren gehen. Manche Werkzeuge sollte man allein aus diesem Grund meiden, wie etwa das Menü HELLIGKEIT/KONTRAST. Im Regelfall ist es das Ziel, die gesamte Zeichnung von der Eingabe bis zur Ausgabe zu erhalten. Viele Eigenheiten der Bildbearbeitung, die von außen besehen skurril erscheinen, fußen auf diesem Prinzip. Die Gradationskurven sind deshalb so wichtig, da man hiermit am besten die Tonwertunterschiede erhalten kann. Die Begrenzung des Schwarzpunktes im Druck wird nur gemacht, damit in den Tiefen kein Zeichnungsverlust auftritt.

Man mag noch mehr Regeln für die Bildbearbeitung finden. Mit dem, was bisher erwähnt wurde, kommt man aber schon relativ weit. Es ist an der Zeit, die Hilfsmittel zu sichten, die zur Verfügung stehen.

Hilfsmittel

Natürlich kann ein ordentlich eingestellter Monitor bei der Beurteilung von Bildern helfen. Mit Hilfe des Farbmanagements kann man dem schlussendlichen Ergebnis sogar ziemlich nahe kommen. Von einem verbindlichen Softproof am Monitor kann man aber normalerweise nicht reden. Es mag Ausnahmen geben, aber die additive Lichtmischung des Monitors und die subtraktive des Drucks übereinzubringen gelingt fast nie. Also muss man alle Kontrollmöglichkeiten nutzen, die man finden kann.

Die Bildpunkte in einer starken Vergrößerung: Ein einzelner Pixel sagt herzlich wenig über den Farbton der gesamten Fläche aus. Daher sollte man den Durchschnitt mehrerer Pixel mit der Pipette aufnehmen.

Die Bildpunkte in einer starken Vergrößerung: Ein einzelner Pixel sagt herzlich wenig über den Farbton der gesamten Fläche aus. Daher sollte man den Durchschnitt mehrerer Pixel mit der Pipette aufnehmen.

Bei der Pipette gilt es zu bedenken, welcher Aufnahmebereich gemessen werden soll. Eine Auswahl zwischen einem und 5 x 5 Pixel ist hier möglich. Man sollte sich keineswegs auf die Information nur eines Pixels verlassen. In jedem digitalisierten Bild findet sich ein bestimmtes Maß an Rauschen und Störungen. Ein einzelner Pixel sagt gar nichts über die Farbe einer Fläche aus. Daher sollte man den Messbereich auf 3 x 3 Pixel einstellen. Dann wird der Durchschnitt aus insgesamt 9 Pixeln als Informationswert übertragen. Auch ein noch größerer Radius ist möglich, dann steigt allerdings die Gefahr, dass an Konturen unerwünschte Pixel mit in die Berechnung einfließen. In den meisten Scanprogrammen kann man den Aufnahmebereich wie in Photoshop wählen.

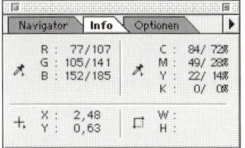

Die Info-Palette sollte einen festen Platz auf dem Bildschirm haben, damit man nicht immer nach ihr suchen muss. Wenn man in einem Einstellungsmenü Korrekturen vornimmt, kann man links die Originalwerte und rechts die veränderten Werte ablesen. Welches Farbsystem dargestellt werden soll, können Sie in den Optionen bestimmen und sich so für das zweite Farbsystem eine Übersetzung in einen anderen Farbraum oder auch den Gesamtfarbauftrag anzeigen lassen. Seit Photoshop 5.0 kann man auch endlich dauerhafte Proben in den wichtigen Elementen des Bildes setzen, wie man es z.B. aus LinoColor schon länger kannte.

Infopalette: Links die alten, rechts die korrigierten Werte sowie die Übersetzung in ein anderes Farbsystem.

Das angezeigte Farbsystem kann man frei wählen.

Hier ist der Tonwertatlas von Hostman/Steinberg abgebildet.

Wenn Sie Drucksachen herstellen, darf ein Tonwertatlas natürlich nicht fehlen, um mit all den schönen Werten überhaupt etwas anfangen zu können. Im Idealfall ist dieser von der eigenen Druckerei auf Auflagenpapier erstellt worden. Aber auch „Ideal-Standard"-Atlanten, die nach Fogra-Richtlinien produziert wurden, erfüllen ihren Zweck. Für die Bildbearbeitung sollte man eine Ausgabe wählen, bei der auch die Schwarzwerte in Abstufungen mitgedruckt sind. Derzeit werden teilweise Produkte angeboten, die preislich über DM 300,- liegen. Es gibt aber auch sehr ordentliche, preisgünstigere Atlanten zu kaufen.

Im Regelfall ist ein Tonwertatlas so aufgebaut, dass unter allen Farbfeldern ein bestimmter Prozentsatz Gelb liegt. Dieser wird durch die einstellige Zahl definiert. Im abgedruckten Beispiel ist es 0%. Bei einer 3 wären es z.B. 30%. Rechts davon sieht man die Schwarzwerte. Auf dieser Seite ist jeweils das obere Kästchen mit 10%, das untere mit 20% bedruckt. Auf der horizontalen Achse sind schließlich die Magentawerte und auf der vertikalen die Cyanwerte von 0 – 100% gedruckt. Oben erkennt man einen Kontrollbalken, den man ausmessen kann, um den exakten Tonwertzuwachs zu vermessen. So erfährt man die individuellen Werte für das eigene Druckexemplar.

Normlicht

Ganz zu Anfang des Buches war das Spektrum des Lichts abgebildet und wie die Druckfarben durch Absorption eines Teils davon einen Farbeindruck erzeugen. Wenn nun gar nicht das volle Spektrum des Lichts das Papier trifft, dann kann der Druck naturgemäß nicht die gewünschten Farbanteile reflektieren. Welche Farbanteile das weiße Licht enthält, wird unter dem Begriff Farbtemperatur in Kelvin (K) gemessen. Eine Kerze mag bei etwa 2.000 K liegen (rötlich), während ein blauer Himmel 10.000 K haben kann. Betrachtet man ein Druckerzeugnis unter solch unterschiedlichen Bedingungen, dann entsteht ein gänzlich anderer Farbeindruck. Daher hat man sich darauf geeinigt, die Farben in einem mittleren Tageslicht zu beurteilen. Dieses liegt zwischen 5.000 K und 6.500 K. Entsprechend gibt es Leuchtkästen und -tische, die eben jene Farbtemperatur abgeben.

Einstellungsebenen

Wer Photoshop 4.0 oder höher nutzt, dem steht ein Konzept zur Verfügung, welches gerade den Einstieg in die Farbkorrektur ungeheuer erleichtert. Einstellungsebenen kann man sich als Korrekturfolien vorstellen, die man über ein Bild legt. Eine Folie sorgt für eine Kontrastverstärkung, eine andere mag einen Farbstich eliminieren. Der große Vorteil liegt nun darin, dass diese Korrekturen nicht sofort mit dem Bild verrechnet werden, sondern dass man die Folien wieder abnehmen kann, um das Original zu sehen, und man die Einstellungen jederzeit wieder ändern kann. Im Pull-Down-Menü EBENE findet sich die Option EINSTELLUNGSEBENE. Man kann auch mit der Befehls-Taste auf das Symbol für

NEUE EBENE in der Palette klicken, um zum gleichen Ergebnis zu kommen. Durch einen Doppelklick auf die Einstellungsebene kann man das jeweilige Menü wieder aufrufen und die Eingaben ändern.

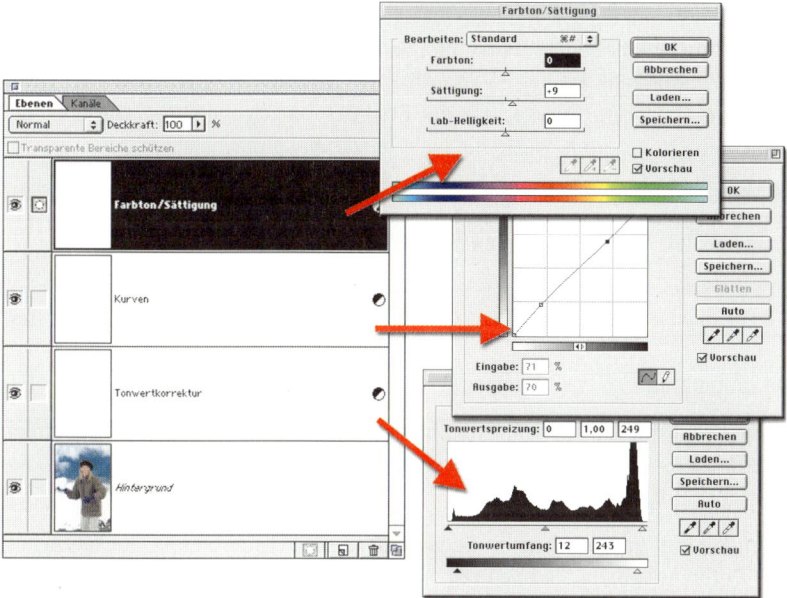

Die Einstellungsebenen liegen wie Folien über dem Bild. Man kann mehrere Korrekturen übereinanderstapeln und ihr Zusammenspiel überprüfen.

Die Reihenfolge, in der diese Ebenen über dem Bild liegen, hat Einfluss darauf, wie die Korrekturen wirken. Analog zu der konventionellen Herangehensweise muss man also darauf achten, dass die globalen Korrekturen direkt oberhalb der Bildebene liegen, während die anderen Korrekturen weiter oben liegen müssen. Ob Bild- oder Einstellungsebene – Dokumente dieser Art lassen sich nur im Photoshop-Format sichern. Will man eines der klassischen Ausgabeformate nutzen, sei es Tiff, Eps, Gif oder JPG, so muss man das Bild zuerst auf Hintergrundebene reduzieren. Erst dann werden die Korrekturen auf das Bild angewandt. Bei besonders aufwendigen Arbeiten kann es sinnvoll sein, zusätzlich eine Arbeitsdatei im Photoshop-Format zu sichern, in der alle Einstellungsebenen erhalten bleiben.

In diesem Buch werden die Korrekturen nicht immer explizit als Einstellungsebenen angelegt. Dies könnte unnötig verwirrend wirken. In der praktischen Arbeit möchte ich Ihnen diese Herangehensweise aber ans Herz legen, da man so wunderbar einen Überblick gewinnen kann, welche Schritte wirklich notwendig sind.

In Kapitel 2.6 werden die Einstellungsebenen wieder Thema sein, wenn es um die Anwendung partieller Tonwertänderungen geht.

2.2 Strichbilder

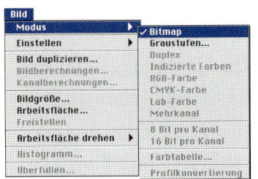

Strichbilder, oder Bitmapbilder, wie sie in Photoshop genannt werden.

Strichbilder sind die einfachste Form von Pixelbildern. Sie sind mit nur einem Bit kodiert und bestehen nur aus schwarzen und weißen Bildpunkten. Das ist auch der Grund, warum viele Werkzeuge in diesem Modus nicht funktionieren. Es macht schlicht keinen Sinn einen Verlauf zu erstellen, wenn als Farben nur Schwarz und Weiß, aber keine Grautöne zur Verfügung stehen. Seit Photoshop 5.0 sind einige Werkzeuge, wie der Stempel, hinzugekommen, die auch mit Strichbildern arbeiten. Weiterhin nicht anwählbar sind:

- Weich- und Scharfzeichner
- Abwedler, Nachbelichter und Schwamm
- Fülleimer
- Verlaufswerkzeug
- Zauberstab

Sinnvoll ist der Einsatz von Strichbildern bei Logos und Schriften, die eingescannt werden. Bei solchen Motiven wollen wir ja vermeiden, dass sie bei der Ausgabe aufgerastert werden.

Bitmapbilder verbrauchen im Gegensatz zu Graustufenbildern nur ein Achtel der Datenmenge, da Sie eben nur mit 1-Bit und nicht mit 8-Bit kodiert sind.

Sie sollen ohne Veränderung an das Ausgabegerät weitergereicht werden und dort als Druckpunkte erscheinen. Für die Auflösung gilt in diesem Fall Dateiauflösung = Ausgabeauflösung. Die „einfachen" Strichbilder stellen damit höhere Anforderungen an die Auflösung als die schönsten, buntesten Bilder.

Die Scanprogramme tragen dem Rechnung. Agfa fragt direkt nach dem Output, also nach der Ausgabeauflösung. LinoColor dagegen verwendet für Strichbilder einen eigenen Rastermultiplikator, der deutlich über dem für Halbtonbilder liegt. In manch anderem Scanprogramm muss man seine eigenen Werte eintragen. Normalerweise wird eine maximale Auflösung von 1200 ppi auch hochwertigen Ansprüchen gerecht.

Schwellwert

Lesen Scanner Strichdaten ein? In der Regel tun sie das nicht, da sie ja für die Verarbeitung von Farb- oder zumindest Graustufenbildern ausgelegt sind. Die CCD-Elemente des Scanners werden also auf jeden Fall eine bestimmte Zahl von unterschiedlichen Tonwerten erfassen. Sie können gar nicht anders. Es liegt in Ihrer Natur. Da aber nur weiße und schwarze Pixel weitergereicht werden sollen, muss das Programm irgendwo die Grenze ziehen. Diesen Grenzstein nennt man gemeinhin Schwellwert. Photoshop verfügt auch über diese Funktion, und es kann Sinn machen, es sich daran zu verdeutlichen.

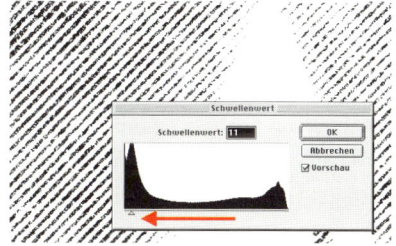 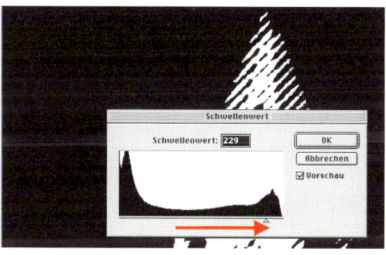

Hier sehen wir das Histogramm eines Bildes und darunter als kleines Dreieck den Schwellwert. Alle Werte links davon werden auf Schwarz, alle Werte rechts davon auf Weiß gesetzt. Unter Umständen wird auch der englische Ausdruck "Threshold" genutzt (unten).

Auch diese Funktion finden wir in den Scanprogrammen. Bei Agfa, Lino, Microtek und allen anderen finden wir den Schwellwert, den Threshold oder welchen Begriff man auch immer dafür gefunden hat.

Abtastkanal

Scanner, die farbige Vorlagen einlesen können, verwenden jeweils einen Filter, um das Bild in die Primärfarben zu zerlegen. Will man nun ein Graustufen- oder Strichbild einscannen, so wird man sich, bewusst oder unbewusst, für einen dieser Farbkanäle entscheiden. Normalerweise ist Grün dieser so genannte Abtastkanal.

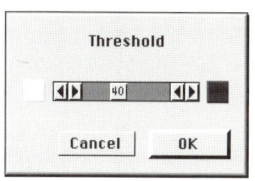

In vielen (nicht allen) Scanprogrammen kann man sich aber auch für eine andere Farbe entscheiden. Das ist dann von Bedeutung, wenn man z.B. eine rote Schrift auf schwarzem Grund einscannen will. Mit Grün als Abtastkanal kommt man – verzeihen Sie mir den Kalauer – auf keinen grünen Zweig. Die Filterfarbe Grün reduziert den Rotanteil sehr stark, was dazu führt, dass Schrift und Hintergrund sich nicht trennen. In einem solchen Fall müsste man den Rotkanal verwenden, um zu dem gewünschten Resultat zu gelangen. Ein anderes Beispiel sieht man beim Blaukanal. Der eigentlich sehr helle gelbe Bereich wird dunkel abgebildet, da Blau diesen Anteil besonders stark herausfiltert. Es ist hilfreich, wenn man sich bei diesem Thema den Farbkreis ins Gedächtnis ruft.

Am MITP-Logo lässt es sich gut nachvollziehen: Je nach Filterkanal werden die Farben unterschiedlich in Graustufen oder Strich umgesetzt. (Der Farbbalken symbolisiert jeweils die Filterfarbe.)

Strich als Graustufen

Auflösung, Schwellwert und Abtastkanal – eigentlich ist damit das Thema Strichbilder schon abgehandelt, bestünde da nicht die Möglichkeit, die Ansteuerungen der Scanner einfach zu umgehen. Wenn Scanner Graustufeninformationen einlesen, dann sollte man sich durchaus überlegen, ob man nicht einfach Graustufen einscannt und in Photoshop die Einstellung des Schwellwerts vornimmt.

Zu bedenken ist dabei, dass viele Werkzeuge und Filter im Bitmapmodus nicht anwählbar sind. Bei Graustufenbildern kann man dagegen stempeln und scharfzeichnen und alle weiteren Optionen der Bildbearbeitung nutzen.

Darüber hinaus bietet diese Vorgehensweise den unschätzbaren Vorteil, dass man die direkte visuelle Kontrolle über die Umwandlung hat. Bei Scanprogrammen ist das oftmals nicht so. Hier muss man Scan für Scan mit verschiedenen Schwellwerteinstellungen machen, um jeweils an den Feindaten beurteilen zu können, ob das gewünschte Ergebnis erzielt wurde oder eben nicht. Erstellt man dagegen einen Graustufenscan und bearbeitet diesen in Photoshop, hat man diese Probleme nicht. Man kann direkt den Schwellwert einstellen oder vorher z.B. Tonwertkorrektur und Gradationskurven nutzen und als letzten Schritt die Trennung in weiße und schwarze Pixel durchführen.

Einen Wermutstropfen gibt es dabei natürlich auch. Die Scandaten sind im Graustufenmodus um den Faktor 8 größer. Während eine A4-Strichseite bei 1200 ppi Auflösung rund 17 MB hat, verbraucht die gleiche Datei im Graustufenmodus bemerkenswerte 137 MB. So muss man sich und sein System prüfen und sich überlegen, welche Datenmengen und Wartezeiten man vertragen kann.

Bei vielen Bildern lohnt sich aber diese Vorgehensweise. Gerade der Scharfzeichnungsfilter kann Wunder bewirken.

Ich will das an einem Beispiel verdeutlichen. Die Originaldatei wurde in Photo-shop erstellt, auf einem Offsetbelichter ausgegeben und auf Litho-Papier kopiert. Jetzt musste der Scanner diese nicht ganz leichte Aufgabe bewältigen.

Hier der Original-Daten-satz, der ausgegeben und dann erneut eingescannt wurde.

Als Strich eingelesen, war das Ergebnis nicht berauschend. Die feinen Linien im hellen Bereich sind weggebrochen, während die dunklen Bereiche dazu neigen zuzusuppen. Hier kann eine einfache Schwellwertänderung nicht weiterhelfen.

Scannt man das Bild als Graustufen ein, sieht das Ergebnis erstmal besser aus. In den hellen Bereichen sind noch Reste der Linien zu erkennen.

Der Trick ist nun, das Bild zuerst scharfzuzeichnen. Dadurch werden die Kontu-ren verstärkt, und darauf aufbauend kann man dann manuell den Schwellwert so regeln, dass man einen guten Kompromiss zwischen hellen und dunklen Ele-menten erzielt.

Hier ein Scan, der im Strichmodus erstellt wurde, und ein vergrößer-ter Ausschnitt derselben Datei.
Die schwarzen Linien in der Häuserwand sind ebenso weggebrochen wie die weißen Linien in den Fenstern.

Das gleiche Bild als
Graustufen eingescannt.
Rechts eine vergrößerte
Ansicht.

Die Scharfzeichnung der Graustufendatei ist der entscheidende Schritt, um die Bildqualität zu verbessern. Danach kann man mit dem Schwellwert Schwarz und Weiß trennen.

Obwohl wir nun jetzt nur noch weiße und schwarze Pixel in unserem Bild vorfinden, befinden wir uns weiterhin im Graustufenmodus. Dies würde bei der Ausgabe zu aufgerasterten Rändern führen. Also muss man als letzten Schritt das Bild in ein Bitmap umwandeln.

Die Einstellung 50% Schwellwert ist dabei die puristische und richtige Wahl. Alle anderen Einstellungen versuchen mit Hilfe von Mustern den Eindruck eines Graustufenbildes zu simulieren. Man kann in diesem Menü auch das Bild aufrastern und dabei verschiedene Rasterformen und -frequenzen ausprobieren. In der Regel wird man aber, wenn man den Eindruck eines Graustufenbildes erzielen will, auch ganz schlicht ein Graustufenbild verwenden. Die Dithering und Rasterungsoptionen sind eher Relikte aus den Anfängen des DTP. Sie dürften derzeit nur Insellösungen darstellen und für eher seltene Probleme Lösungen anbieten. Ein solcher Fall ist einem nachfolgenden Sidestep beschrieben.

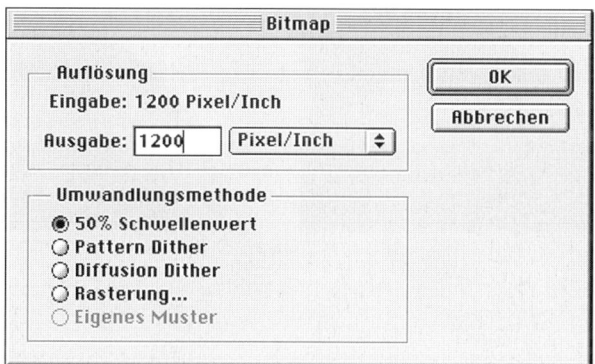

Es stehen verschiedene
Methoden zur Wahl.
In diesem Fall ist
50% Schwellwert die
richtige Option.

Das beschriebene Verfahren bietet besondere Vorteile bei Scannern, die im Strichmodus keine Scharfzeichnung erlauben, wie etwa die Umax-Produkte. Bei anderen Scannern, greifen wir mal Agfa heraus, sind die Qualitätsunterschiede nicht ganz so gravierend. Es gibt aber noch weitere Vorteile des Graustufenmodus.

Interpolation in Graustufen

Die Auflösungsanforderungen sind bei Strichbildern extrem hoch. Nehmen wir 1200 ppi Dateiauflösung für einen guten Offsetdruck und einen Scanner, der physikalisch 600 dpi erreicht. Schon bei dieser Konstellation ist man nicht mehr in der Lage, die Vorlage 1:1 ohne Interpolation einzuscannen. Man erreicht nur einen Vergrößerungsmaßstab von 50 Prozent.

Im Bereich der Strichdaten kommt man also öfter in die Verlegenheit, Bilddaten zu interpolieren. Macht man das auf einer 1-Bit-Basis, so steht de facto nur die Pixelwiederholung zur Verfügung. Alle anderen Berechnungsmethoden versuchen Zwischenwerte aus den bestehenden Pixeln zu erfinden. Wenn es aber nur Schwarz und Weiß gibt, können diese Zwischenstufen weder berechnet noch dargestellt werden. Dies resultiert in Treppenstufen bei der Interpolation von Strichdaten. Bessere Ergebnisse erzielt man, wenn man Graustufendaten einscannt und diese hochrechnet. Jetzt kann man die bikubische Variante wählen. Dadurch entstehen natürlich unscharfe Kanten. In diesem Fall ist das gewollt, denn die Unschärfe kann man mit einem Scharfzeichnungsfilter wieder reduzieren. Letztendlich führt dieser Weg zu einer deutlich besseren Bildqualität.

Dieser kleine Punkt wurde einmal in Graustufen und einmal als Strich eingescannt und dann um ein Vielfaches vergrößert. Die Graustufenversion (rechts) wurde danach scharfgezeichnet und in den Bitmapmodus umgewandelt. Der Strichscan (links) blieb bis auf die Interpolation unberührt.

Raster als Strich einscannen

Hat man schon gedruckte Vorlagen, so muss man sie beim Einscannen entrastern, da sich sonst Moirés bilden. Die Resultate sind natürlich bedeutend unschärfer als das Original. Je geringer die Rasterweite ist, desto schwieriger ist die Umsetzung.

Alternativ dazu kann man sich auch überlegen, die einzelnen Rasterpunkte direkt als Strich einzuscannen. Das ist insbesondere dann von Bedeutung, wenn man Computer to Plate (CtP) macht und die digitalen Daten direkt auf die Druckplatte belichten will. Möchte man diese Technik, etwa in der Zeitschriftenproduktion, einsetzen, so steht man vor dem Problem, dass weiterhin viele Anzeigen als Filme geliefert werden. Um auch diese Vorlagen in den Produktionsprozess einzubinden, müssen sie digitalisiert werden.

Die großen Scannerhersteller liefern jeweils Zusatzmodule für ihre Produkte aus, wie etwa den Topaz Copix von Heidelberg. In den meisten Fällen werden dabei die Druckfilme als Strichdaten eingescannt und können dann 1:1 auf die Druckplatte belichtet werden. Es gibt aber auch Lösungen, die die Filmsätze zuerst entrastern und dann erneut zusammenfügen.

Gerasterte Vorlagen als Strich einzuscannen kann aber auch in ganz einfachen DTP-Zusammenhängen sinnvoll sein, sofern man es mit Schwarz/Weiß-Vorlagen zu tun hat. Bei sehr groben Rasterweiten, wie sie etwa im Zeitungsdruck Anwendung finden, führt die Entrasterung oft zu unbefriedigenden Ergebnissen. Hier kann man versuchen die Vorlage als Strich einzuscannen und so die Rasterpunkte in ein Bitmap zu verwandeln. Ob diese Versuche von Erfolg gekrönt sind, hängt einzig und allein von dem verwendeten Scanner ab. Einen fünfprozentigen Rasterpunkt zu erfassen und exakt abzubilden stellt relativ hohe Anforderungen an Schärfe und Auflösungsvermögen des Scanners.

Einen Versuch ist es aber allemal wert. Wenn Sie öfter gerasterte Vorlagen digitalisieren müssen, kann eine kleine Testreihe mit Strichdaten und entrasterten Bildern den Aufwand lohnen.

Digitalisiert man ein Raster als Strich, so führt jede Größenänderung zu einer Veränderung der Rasterweite. Links das Ausgangsbild, rechts die vergrößerte Version.

Die große Einschränkung ist dabei, dass die Rasterweite und der Vergröße-rungsmaßstab miteinander gekoppelt sind. Wenn die Vorlage im 40er Raster war, dann wird die Ausgabe auch im 40er Raster erfolgen. Jede Größenänderung des eingescannten Bildes führt auch zu einer Veränderung der Rasterweite. Ska-lieren Sie das Bild etwa um 200%, so wird auch jeder einzelne Rasterpunkt ver-größert, und sie erhalten statt einem 40er ein 20er Raster.

Strichbilder

- Die Bildpunkte sollen bei Strichbildern ihre direkte Entsprechung in Druckpunkten haben, daher gilt: Bildauflösung gleich Druckauflösung.

- Aus Gründen des gesunden Menschenverstands beschränkt man die Auflösung in der Medienproduktion meist auf 1200 ppi.

- Scanner lesen oft Farbdaten ein und trennen die Grundfarben mit Hilfe von Filtern. Welcher Filter bei Graustufen und Strichdaten zum Einsatz kommt, bestimmt der Abtastkanal. Das ist wichtig, wenn Sie farbige Vorlagen digitalisieren.

- Scanner lesen immer Graustufen ein. Der Schwellwert definiert, ab wann die Grauwerte auf Weiß respektive Schwarz gesetzt werden.

- Wenn der Scanner die Aufgabe gut erledigt, gibt es keinen Grund sich weitere Gedanken zu machen.

- Wenn der Scanner nur verbesserungswürdige Resultate erzielt, dann sollten Sie sich überlegen in Graustufen einzuscannen.

- Der Nachteil, wenn man Strich als Graustufen einscannt, sind die riesigen Datenmengen.

- Von Vorteil sind die Möglichkeiten, das Bild scharfzuzeichnen, zu interpolieren und natürlich die visuelle Kontrolle bei der Schwellwerteinstellung.

- Grob aufgerasterte Schwarz/Weiß-Vorlagen kann man auch als Strich einscannen. Die Rasterweite wird dann von der Vorlage übernommen. Jede Größenänderung modifiziert auch die Rasterweite.

Sidestep 3: Bitmap-Schatten

Schatten auf einen farbigen Hintergrund in einem Layoutprogramm zu produzieren, stellt die Programme vor besondere Aufgaben. Beschneidungspfade helfen nicht weiter, da sie immer harte Konturen erstellen.

Halbtransparente Pixeldaten können dagegen nicht von den Layoutprogrammen gelesen werden. Immer wenn man ein solches Bild als Tif oder EPS sichert, sind die transparenten Bereiche verschwunden und werden durch Weiß ersetzt.

Also muss die gewünschte Hintergrundfarbe schon in Photoshop miteinberechnet werden.

Wem das zuviel Aufwand ist oder wer noch nicht weiß, welche Farbe zum Einsatz kommt, der kann sich mit Bitmapdaten weiterhelfen. In diesem Fall soll ein Freehand-Logo mit einem weichen Schatten versehen werden.

EPSe kann man in Photoshop öffnen, sofern das PlugIn EPS-PARSER nicht aus dem Zusatzmodulordner entfernt wurde.

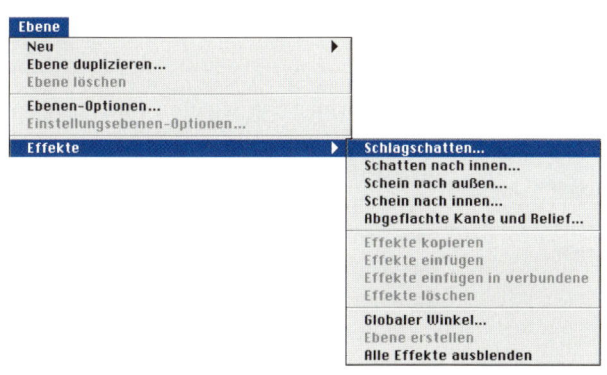

Die Erstellung eines Schattens ist seit Photoshop 5.0 denkbar einfach. Man wählt einfach in dem Menü EBENE den entsprechenden Effekt an. Ein „f" in der Palette zeigt an, dass es sich um eine Effektebene handelt. Man kann die Einstellung durch einen Doppelklick auf dieses Symbol jederzeit wieder ändern.

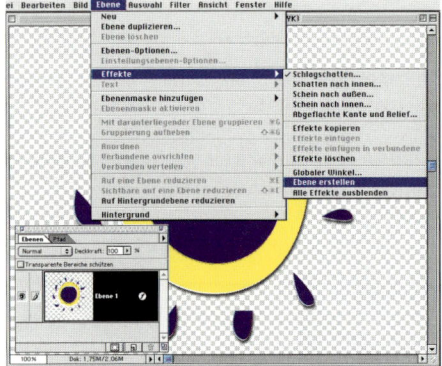

Will man den Schatten von der Bildebene trennen, so muss man den Effekt in eine eigene Ebene überführen. Ebendies bewirkt der Befehl EBENEN ERSTELLEN.

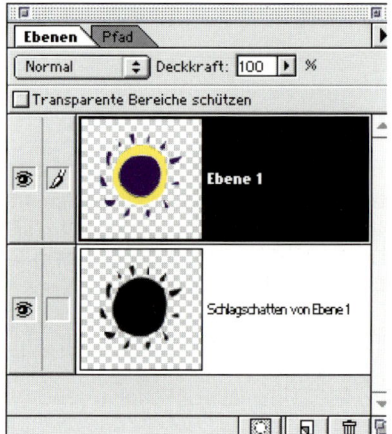

Es entstehen akkurat benannte Ebenen. Man kann den Schatten jetzt individuell bearbeiten, während in der anderen Ebene das Originalmotiv liegt.

Die Ebene des Originals kann man löschen und später durch das EPS ersetzen.

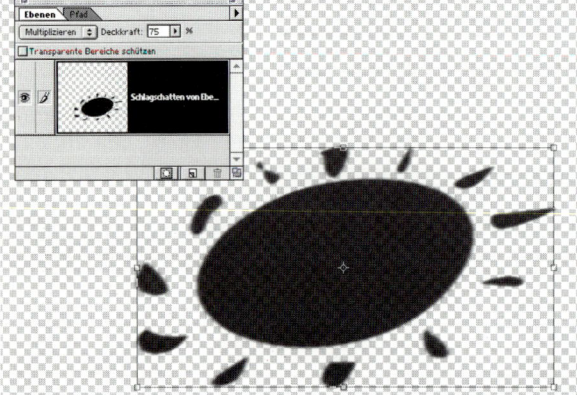

Jetzt kann man den Schatten etwa perspektivisch verzerren. Das alles bringt uns aber dem wirklichen Problem, diese Datei in ein Layoutprogramm zu importieren, noch keinen Schritt näher, denn würde man die Datei in einem Ausgabeformat sichern, wäre der Hintergrund wieder weiß.

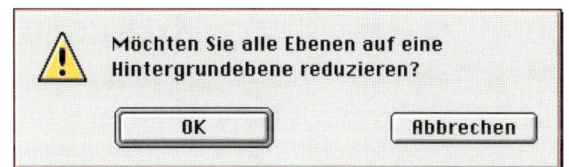

Möchten Sie alle Ebenen auf eine
Hintergrundebene reduzieren?

| OK | Abbrechen |

Die Lösung ist, das Bild in den Bitmapmodus umzuwandeln. Wir werden dann gefragt, ob wir die Datei auf die Hintergrundebene reduzieren wollen, und müssen die Frage wohl oder übel mit "OK" beantworten, da im Bitmap-Modus keine Ebenen unterstützt werden.

Als nächstes Menü erscheint die Frage, auf welche Art die Tonwerte als Strich umgesetzt werden sollen. Bei der Erstellung von Strichscans über den Graustufenumweg war die adäquate Antwort: 50% Schwellwert.

Will man dagegen den Eindruck eines Graustufenbildes erhalten, stehen die anderen Optionen zur Wahl. PATTERN DITHER erzeugt ein Muster und ist für unsere Anforderungen ungeeignet. Mit der Option RASTERUNG kann man Rasterpunkte in beliebiger Form und Frequenz erstellen.

Eine weitere Option steht mit DIFFUSION DITHER zur Verfügung. Während bei der Rasterung unterschiedlich große Punkte in immer gleichen Abständen gesetzt werden, kommt hier ein Verfahren zum Einsatz, dass gleich große Punkte in unterschiedlichen Abständen setzt. Beide Methoden eignen sich, um den Eindruck von Graustufen zu simulieren. Das Dithering kommt insbesondere bei Inkjetdruckern zum Einsatz, aber auch die frequenzmodulierte Rasterung beruht auf diesem Prinzip.

Links die Umsetzung mit Diffusion Dither, rechts die Umwandlung mit einem Punktraster.

In dem Layoutprogramm kann man der Bitmapdatei eine beliebige Farbe zuordnen. Dort wo die Bilddatei weiß ist, wird der Hintergrund durchscheinen.

Legt man eine solche Datei über eine Rasterfläche, besteht allerdings die Gefahr, dass in den Druckfilmen Moirés zu erkennen sind. Man sollte unter diesem Aspekt das Ergebnis genau überprüfen.

2.3 Graustufen

Auch wenn Sie eigentlich nur mit Farbbildern arbeiten und hier Ihre Interessen liegen, sollten Sie dieses Kapitel keineswegs überspringen. Die Werkzeuge, die für die Bearbeitung von Graustufenbildern genutzt werden, sind die gleichen, die man bei Farbbildern braucht. Graustufenbilder sind dabei sehr viel empfindlicher. Sie verzeihen nichts. Bei Farbbildern können die satten Blautöne, das strahlende Rot und überhaupt das ganze bunte Durcheinander oftmals noch vergessen machen, dass Zeichnung fehlt oder Abrisse entstanden sind. Bei S/W-Bildern dagegen sieht man jeden Fehler sofort, und die grundlegenden Schritte der Farbkorrektur findet man auch hier wieder.

Der erste Schritt muss immer sein, den Weiß- und Schwarzpunkt des Bildes einzustellen. Dies bedeutet nichts anderes, als dass der hellste Punkt des Bildes ganz weiß, der dunkelste Punkt dagegen ganz schwarz eingestellt wird. Diese Festlegung stellt naturgemäß die größte aller Korrekturen dar. Damit definiert man den Bereich, zwischen dem sich alle späteren Modifikationen abspielen werden.

Auf den ersten Blick erscheint es absurd, jedes Bild auf ganz weiß und ganz schwarz zu trimmen. Der schummrige Nachtclub und die weiße Segelyacht in gleißendem Sonnenschein – beide sollen den gleichen Kriterien bei der Tonwertkorrektur unterworfen sein? Ja, so ist es. Stellen Sie sich einfach vor, sie ständen just in diesem Moment vor der weißen Segelyacht und würden direkt von da aus den abgedunkelten Nachtclub betreten. Zuerst würden Sie gar nichts erkennen können, und erst nach einigen Minuten hätten sich Ihre Augen an das Dämmerlicht gewöhnt. Auf dem Rückweg zur Yacht müssten Sie dann die Augen gegen die grellen Sonnenstrahlen schützen und blinzelnd den Weg suchen. Das menschliche Auge passt sich also dem jeweiligen Umgebungslicht an und hat sozusagen eine eingebaute Weiß/Schwarzpunkteinstellung. Will man beide Bilder für einen Reiseprospekt auf einer Seite drucken, kann man sich nicht mehr auf diese individuellen Lösungen verlassen. Das Umgebungslicht wird für die gedruckte Seite immer das gleiche sein, und wir müssen dafür Sorge tragen, dass beide Bilder eine realistische Umsetzung im Druck erfahren.

Eine weitere Begründung findet sich in der unterschiedlichen Dynamik von Realität und Druck. Man muss dafür gar nicht mit Begriffen wie Dichteumfang oder Blendenstufen operieren. Stattdessen will ich lieber eine vielleicht unwissenschaftliche – dafür aber einsichtige Erklärung liefern.

Stellen Sie sich einfach ein Histogramm der Realität vor, so wie ihre Augen es gerade sehen. Die Bildinformationen werden immer nur einen kleinen Teil des gesamten Bereiches abdecken. Ansonsten müsste man ja in der Tür des Nachtclubs stehen können und sowohl nach draußen als auch nach drinnen gleich gut sehen können.

Hätte die Szene, die wir betrachten, ein Histogramm, dann könnte es etwa so aussehen:

Das Histogramm bildet hier die Töne von Weiß bis Schwarz ab. Aber natürlich bezieht sich die schematische Darstellung auch auf die Farbigkeit des Bildes.

Nun fotografieren wir diese Szene auf gutem Diafilm. Selbst das beste Filmmaterial wird nicht so strahlend sein wie die Welt.

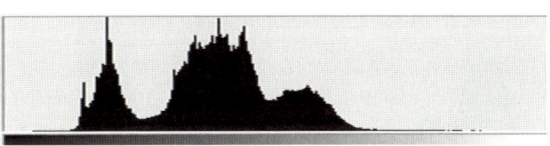

Von diesem Dia lassen wir einen professionellen Papierabzug machen und wiederum verringert sich die Dynamik. Jeder kennt die Enttäuschung, wenn man die starken Farben des Originaldias mit dem Papierabzug vergleicht.

Und schlussendlich scannen wir diesen Papierabzug ein und lassen ihn in einem Druckverfahren ausgeben. Ein mickriger, eng zusammengedrückter Haufen von Pixeln bleibt übrig, und das Resultat wird entsprechend flau aussehen.

Die Lösung ist es dann, zumindest den kleinen Bereich, den man zur Verfügung hat, zur Gänze auszunutzen.

Zwar entstehen so Lücken im Histogramm und wir erreichen auch nicht die Dynamik, die Breite des Original-Histogramms, aber zumindest haben wir den Bereich, der uns zur Verfügung steht, ausgenutzt.

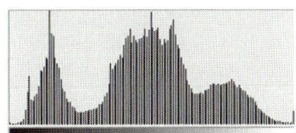

Tonwertkorrektur

Das Werkzeug der Wahl kann dabei die Tonwertkorrektur sein. Zwar ist es auch möglich, diese Einstellungen mit Hilfe der Gradationskurven vorzunehmen, dann bringt man sich aber um den Vorteil, eine grafische Darstellung der Tonwertverteilung des Bildes zu sehen. Gerade diese Darstellung ist oftmals sehr aussagekräftig.

Die Tonwertkorrektur findet sich an erster Stelle der Einstellungsmenüs unter: BILD ····> EINSTELLEN.

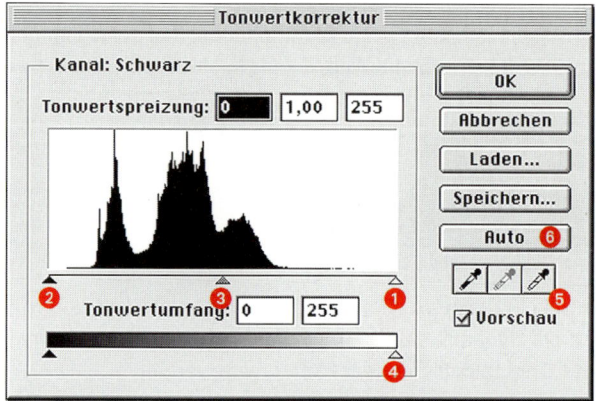

Der Tonwert oberhalb des Dreiecks und alle Pixel, die außerhalb dieses Bereichs liegen, werden auf weiß ❶ respektive Schwarz ❷ gesetzt. Der Mittenregler ❸ sorgt für eine allgemeine Helligkeitskorrektur, genannt Gamma. Es macht nur selten Sinn diesen Regler zu nutzen, da die Gradationskurven, von denen später die Rede sein wird, weitaus exaktere Einflussmöglichkeiten bieten.

Hier ❹ begrenzen Sie den Tonwertumfang. So ändern Sie z.B. das Papierweiß in Hellgrau. Das ist von Bedeutung, wenn Sie die Daten für den Druck aufbereiten wollen.

Mit diesen Pipetten ❺ können Sie Weiß- und Schwarzpunkt im Bild bestimmen. Allerdings ist es nicht immer einfach, den richtigen Punkt zu finden. Den Zielwert definieren Sie durch einen Doppelklick auf das Symbol. Es erscheint dann der Farbwähler. Die mittlere Pipette ist bei Graustufenbildern nicht aktiv. Sie kann man nur bei Farbbildern benutzen.

Mit der Automatikfunktion ❻ lassen Sie Photoshop die Arbeit machen. Entsprechend der Werte, die in den Pipetten definiert sind, wird das Programm selbständig Weiß- und Schwarzpunkt festlegen. Dabei zeigt sich Photoshop tolerant und ignoriert in der Standardeinstellung jeweils 0,5% der hellsten und dunkelsten Pixel. Durch Klicken mit der Alt-Taste auf den Auto-Button können Sie diese Werte verändern. Die Toleranz ist deshalb wichtig, weil nicht jeder Pixel Teil der Bildinformation sein muss. In jeder Datei kann es versprengte, einzelne Bildpunkte geben, die nicht das Motiv beschreiben, sondern auf das Rauschen der Digitalkamera/des Scanners zurückzuführen sind. Erkennbar sind sie an den schwarzen Linien und Punkten jenseits der „Berghänge". Diese Pixel können nun Teil des Bildes sein oder irrelevante Störungen. Die Kunst ist es, jeweils die richtige Entscheidung zu treffen.

Lassen Sie uns konkret werden: Bei einem Histogramm, wie es hier abgebildet ist, erkennt man sofort, dass das Bild zu flau ist.

Der hohe Balken rechts im Histogramm beschreibt in erster Linie den Himmel; der lang gestreckte Höhenzug wird gebraucht, um die Land-schaft zu definieren.

Um eine Korrektur durchzuführen, schiebt man nun einfach das weiße Dreieck zu der Position, an der die Berge beginnen, und verfährt genauso mit dem schwarzen Dreieck. In diesem Fall bin ich davon ausgegangen, dass es sich bei den einzelnen Pixeln, die man als schwarze Linie jenseits des weißen Reglers erkennen kann, um Rauschen und nicht um Bildinformation handelt.

Die Korrektur erfolgt, indem man die Regler heranschiebt. Dadurch entstehen – man kann es nicht oft genug betonen – Lücken im Histogramm. Die roten Ovale weisen auf mögliche Verluste im Druck hin.

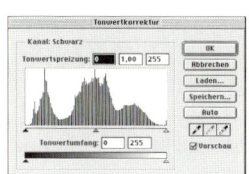

Tonwertbegrenzung

Eine solche Vorgehensweise kann dazu führen, dass im Druck unfreiwillige Freisteller entstehen. Durch Verluste bei der Plattenkopie und seltener bei der
Filmherstellung gehen die kleinsten Rasterpunkte, also jene mit der geringsten
Flächendeckung, oftmals verloren. Je nach Druckprozess kann man damit rechnen, dass der erste druckbare Rasterpunkt 3 – 10% Flächendeckung haben
muss. Als Faustregel kann man davon ausgehen, dass der Lichterpunkt umso
höher sein muss, je schlechter der Druckprozess ist.

In den dunklen Elementen des Bildes haben wir mit ähnlichen Problemen zu
kämpfen. Aufgrund des Tonwertzuwachses steigt die Flächendeckung im Druck
gegenüber den Werten, die wir in der Datei messen. Unter Umständen wird
schon ein 90%iger Punkt in der Datei als geschlossene Farbfläche im Druck
erscheinen. Auch diesem Effekt muss man entgegenwirken, und so begrenzt
man auch in den Tiefen den Tonwertumfang.

Der klassische Schulbuchwert liegt bei 5 – 95%. Dagegen ist nichts einzuwenden. Allerdings kann man bei einem sehr guten Druckverfahren auf gestrichenes
Papier und einer ordentlichen Plattenkopie auch durchaus Werte von 3 – 98%
gelten lassen. Beim Zeitungsdruck dagegen muss man den Tonwertumfang
weitaus stärker begrenzen. Sagen wir als „Hausnummer" vielleicht 8 – 90%.
Schlussendlich können das aber nur Richtwerte sein. Die exakten Zahlen hängen vom jeweiligen Druckprozess ab. Filmbelichtung, Plattenkopie, Druckmaschine, Druckfarbe und Bedruckstoff – alle Faktoren sind daran beteiligt.

Die Tonwertkorrektur basiert leider auf dem binären Zahlensystem der 8-Bit-
Daten und den damit verbundenen 256 Tonwerten. 0% Flächendeckung entspricht dem Wert 255, und 100% Flächendeckung entsprechend dem Wert 0.

Wir haben keine Möglichkeit, in diesem Menü irgendwo unsere Prozentwerte
unterzubringen, und so bleibt nichts anderes übrig, als zum Taschenrechner zu
greifen. 5% entsprechen in etwa 243; ein 95%iger Punkt liegt bei etwa 12.
Diese Werte kann man in der Tonwertkorrektur anwählen.

Die Begrenzung des
Tonwertumfangs sorgt
dafür, dass im Druck
keine unfreiwilligen Freisteller entstehen und eine
klare Begrenzung zwi-
schen Bild und Seite
erhalten bleibt.

So bleibt das Bild eigenständig, und wir haben nicht die Sorge, dass die Seite „in das Bild hineinläuft". Auf der anderen Seite bleiben die Tonwertunterschiede, trotz des Punktzuwachses, auch in den Tiefen gewahrt.

Mit einer solchen Vorgehensweise bleiben wir immer auf der sicheren Seite. Keiner kann uns dann vorwerfen, wir hätten die grundlegenden Parameter des Druckprozesses ignoriert. Allerdings gibt es einige Fälle, bei denen man, indem man gegen diese Regel verstößt, zu noch besseren Ergebnissen kommen kann. Daher ist es jetzt notwendig, den Begriff Spitzlicht einzuführen.

Spitzlicht

Spitzlicht bezeichnet die hellsten Elemente des Bildes, die keine Zeichnung und keine Bildinformation haben. An diesen Stellen besteht überhaupt keine Notwendigkeit, einen 5%igen Ton stehen zu lassen. Man stelle sich ein Konzert vor. Der Künstler hat ein weißes Hemd an, hinter ihm strahlt ein Scheinwerfer ins Bild. Es macht keinen Sinn, den Weißpunkt des Bildes auf den Lichtkegel des Scheinwerfers auszurichten. Da ist nix und da soll auch nix sein. Schlimmer noch: Dadurch, dass man den Weißpunkt auf den Scheinwerfer setzt, wird das Hemd des Künstlers ohne Not abgedunkelt, und statt eines weißen Hemdes hat er dann ein ungewaschenes Etwas an.

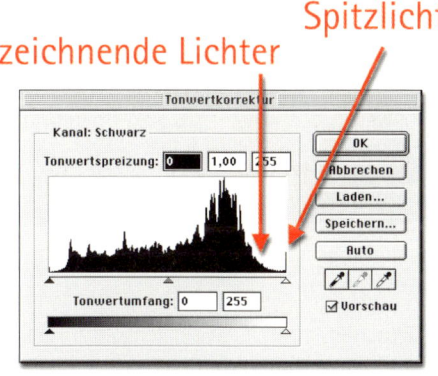

Das Spitzlicht ist der kleine dünne Strich am Rand des Histogramms. Die Zeichnung, die Bildinformation, wird erst weiter links beschrieben.

Sehr oft findet man diesen Effekt auch bei Spiegelungen und Reflexionen. Wir müssen also bei Tonwertkorrektur unterscheiden, was wichtige Bildinformationen sind und welche Aspekte des Bildes wir getrost ignorieren können. Gerne verwendet man dafür auch den Begriff „zeichnende Lichter" und „zeichnende Tiefen".

Eine klassische Korrektur: Der hellste Pixel wird unabhängig von seinem Informationswert auf 5% begrenzt. Beachten Sie den dünnen Strich im Histogramm.

In dieser Version bleibt das Spitzlicht am Rand, bei 0%, und die „zeichnenden Lichter" beginnen bei ungefähr 5%.

Man erreicht eine höhere Dynamik, einen stärkeren Kontrast, wenn man sich dieses Prinzip zu eigen macht.

Sehr gute Dienste kann bei der täglichen Arbeit auch ein schlichter Haarlinienrahmen leisten. Hat man Bilder mit hellem Hintergrund, muss man dafür Sorge tragen, dass gerade hier ein Punkt stehen bleibt. Im nachfolgenden Beispiel sieht das Histogramm ganz wunderbar aus. Das gesamte Spektrum wurde ausgenutzt. Man kann einen hohen Balken im rechten, hellen Bereich erkennen. Das ist der Hintergrund. Dieser trägt zwar nicht zur Bildinformation bei, aber auf ihn verzichten will man im Regelfall auch nicht. Dies würde dazu führen, dass die Seite „in das Bild hineinläuft". Man darf diesen Hintergrund also nicht als Spitzlicht behandeln. Das ist eigentlich schade, denn die zeichnenden Lichter beginnen erst sehr viel später. Der hellste Punkt im Motiv ist eigentlich der T-Shirt-Kragen. Dieser ist nun nicht mehr weiß, sondern eher grau.

Bild: PhotoDisc

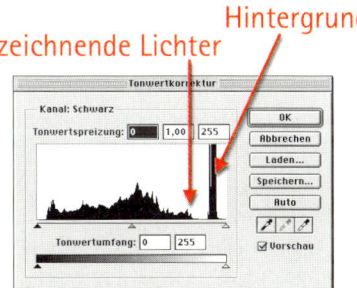

zeichnende Lichter   Hintergrund

Ein Bild mit seinem dazu-gehörigen Histogramm: Der hohe Balken ist die grafische Darstellung des Hintergrunds. Das Bild selber beginnt erst später.

In diesem Fall sollte man sich durchaus überlegen, ob man nicht doch den Hin-tergrund komplett auf Weiß setzt. Den entstandenen Freisteller kann man im Layoutprogramm verhindern, indem man einen Haarlinienrahmen um das Bild definiert und so dem Bild wieder eine klare Begrenzung verschafft.

Diese Vorgehensweise mag vielleicht der ein oder anderen Aussage in Schul-büchern widersprechen – nichtsdestotrotz führt sie zu brillanteren Ergebnis-sen.

Behandelt man den Hintergrund als Spitzlicht, steht das Bild frei auf der Seite. Ein Haarlinienrah-men gibt dem Bild wieder Halt.
Unser 5%iger Lichterton befindet sich nun im T-Shirt-Kragen.

Pipetten

In dem Tonwertkorrektur-Dialog gibt es neben dieser rein manuellen Herange-hensweise auch die Möglichkeit, mit Hilfe der weißen und schwarzen Pipette die Lichter und Tiefen im Bild festzulegen. Dabei sollten Sie sich zuerst verge-wissern, welche Zielwerte in den Einstellungen gewählt sind. Dazu macht man einen Doppelklick auf die jeweilige Pipette und kann hier schon den Tonwert-umfang begrenzen, indem man eben nicht ganz Weiß, sondern ein helles Grau wählt. Leider fehlt auch in diesem Menü die Möglichkeit, Prozentwerte für Graustufenbilder anzugeben. Wie bei der manuellen Tonwertbegrenzung muss man also die Umrechnung in Binärwerte vornehmen und dann drei identische Angaben für Rot, Grün und Blau eingeben.

Mit einem Doppelklick auf die Pipetten können Sie die Zielfarbe definieren. Die graue Pipette ist nur bei Farbbildern aktiv.

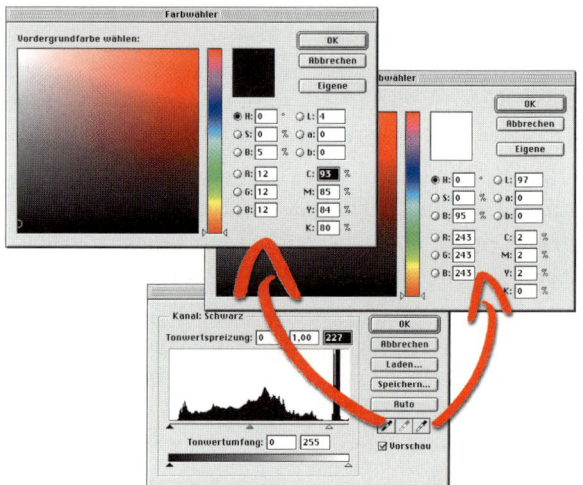

Bei gewählter Pipette kann man dann in das Bild klicken, und der getroffene Ton wird entsprechend verändert.

Die Funktionsfähigkeit und Praxisrelevanz der Pipetten will ich ein wenig ein-schränken. Es ist nicht einfach, damit wirklich den hellsten respektive dunkel-sten Punkt des Bildes zu treffen. Mir gelingt es eigentlich nie. Man läuft dann Gefahr, Zeichnung in Bildteilen zu verlieren, denen gerade nicht das Hauptau-genmerk gilt. Ich kann nur empfehlen, das Histogramm im Auge zu behalten und unter Umständen das Resultat manuell zu korrigieren.

Auto-Button

Die Pipetten haben noch einen weiteren Einfluss: Klickt man auf den Auto-But-ton in der Tonwertkorrektur, so sucht Photoshop selbständig den Weiß- und Schwarzpunkt. Die Pipetteninformationen bestimmen auch hier die Zielwerte. Daneben kann man die Auto-Funktion beeinflussen, indem man mit der Alt-Taste auf den Button klickt.

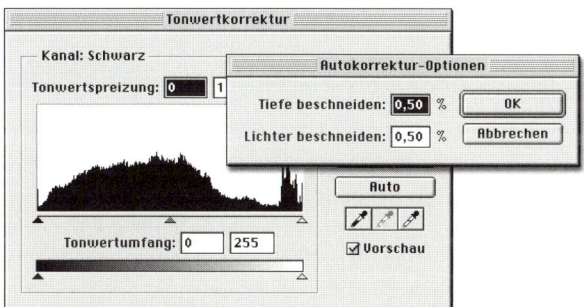

Durch einen Klick mit der Alt-Taste auf den Auto-Button kann man die Toleranz festlegen.

Man gelangt dann zu einem Menü, in dem man die Toleranz festlegen kann. Photoshop sucht nämlich keineswegs den hellsten und dunkelsten Pixel des Bildes. Es gibt immer verstreute Einzelgänger, die mit der Bildinformation nichts zu tun haben. Damit diese das Ergebnis nicht verfälschen, ignoriert Photoshop in der Grundeinstellung jeweils 0,5% der Bildpunkte. Stellt man z.B. fest, dass immer beim Gebrauch der Auto-Funktion die Bilder zu dunkel abge-bildet werden, so kann man hier die Toleranz niedriger einstellen, und bei der nächsten Auto-Tonwertkorrektur sollte das Resultat deutlich heller ausfallen.

Es gibt unendlich viele Ausnahmen von den Regeln, die hier vorgestellt wurden. Im gesamten Bereich der Kunstreproduktion gilt es dem Original nahe zu blei-ben. Mit einer kompromisslosen Weiß-Schwarzeinstellung macht man aus Käthe Kollwitz schnell Keith Haring. Genauso gibt es Bilder, die keinen echten Weißpukt aufweisen. Diese nennt man LowKey-Bilder. Umgekehrt werden Bil-der ohne Schwarzpunkt als HiKey-Bilder bezeichnet. Mehr dazu finden Sie in dem Kapitel, das sich mit der Bearbeitung von RGB-Bildern beschäftigt.

Die Auto-Tonwertkorrek-tur führt zu denselben Ergebnissen wie der Auto-Button.

Gradationskurven

Bisher haben wir allein die Eckpunkte der Korrektur festgelegt. Jetzt geht es daran, all die Tonwerte dazwischen zu bearbeiten. Die Gradationskurven sind dafür das ideale Werkzeug. Das Menü verfügt nicht über eine grafische Dar-stellung der Pixel, sondern verlangt durch die Diagrammform ein bisschen Vor-stellungsvermögen. Die Beschäftigung damit lohnt sich aber, da die Kurven, andauernd in dem grafischen Arbeitsprozess auftauchen. Im Scanmenü, bei der Druckerkalibrierung, in den Duplexeinstellungen – überall wird man mit diesem Konzept konfrontiert.

Man kann sehr wohl auch mit den Gradationskurven, Schwarz- und Weißpunkt einstellen. Dazu muss man die Eckpunkte der Kurve verschieben und dabei immer am Rand des Diagramms bleiben. Leider hat man aber hier keinen Überblick über die Verteilung der Pixel. Das ist ein wenig unkomfortabel, aber auch gefährlich, da man dann leicht Bildbereiche ignorieren kann. Wer lieber mit den Kurven diese Einstellungen vornimmt, soll es tun, aber ich will nicht explizit darauf eingehen.

Die Gradationskurven tauchen immer wieder im Arbeitsprozess auf. In nebenstehenden Fall wird das Bild aufgehellt. Ein 50%iger Eingangston wird auf 40% reduziert.

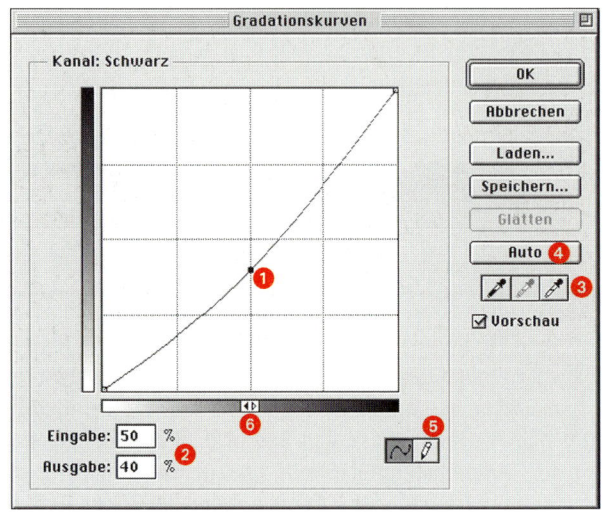

Die horizontale Achse der Gradationskurven stellt die Eingangswerte dar; die vertikale Achse die Ausgangswerte.

Man fügt einen Punkt hinzu, indem man einfach auf die Linie klickt. Zieht man diesen nach unten ❶ wird das Bild aufgehellt. Dem Eingangswert 50% wird der Ausgangswert 40% zugeordnet. Punkte löscht man, indem man sie einfach aus dem Diagramm herauszieht oder indem man die Rückschrittaste der Tastatur nutzt. In Photoshop 5.0 können Sie nicht nur die Werte für die aktiven Punkte ablesen, sondern auch direkt eingeben. ❷

Genau wie bei der Tonwertkorrektur können Sie Weiß- und Schwarzpunkt mit diesen Pipetten bestimmen ❸. Die mittlere Pipette ist wieder nur bei Farbbildern aktivierbar. Durch Anklicken der Auto-Funktion ❹ werden Weiß- und Schwarzpunkt entsprechend der Pipetteninformation eingestellt.

Neben der normalen Kurvenfunktion können Sie mit Hilfe des Stiftes ❺ auch Linien zeichnen. Dann steht auch die Funktion GLÄTTEN zur Verfügung. Dies mag für Effekte Sinn machen, wird beim Umgang mit normalen Bildern aber sicher nicht zu positiven Ergebnissen führen.

Eines der verwirrenden Details: Sie können die Darstellung des Diagramms durch Klicken auf den Doppelpfeil ❻ umkehren. Damit ändert sich auch das Zahlensystem. Statt Flächendeckung in Prozent werden dann Binärwerte von 255 – 0 angezeigt. Die dunklen Elemente, die ehemals rechts oben zu finden waren, werden dann links unten abgebildet und entsprechend auch die hellen Töne geändert.

Die verschiedenen Möglichkeiten der Gradationskurven sollen an einem Beispielbild gezeigt werden.

Bild: PhotoDisc

Dies ist das Original, welches uns auf den nächsten Seiten verfolgen wird.
(Er guckt zwar noch etwas misstrauisch, aber ich zweifele nicht daran, dass man auch ihn vom Nutzen der Gradationskurven überzeugen kann.)

Negativ

Kehrt man die Kurve um, so wird dem Wert o der Wert 100 zugeordnet und umgekehrt. Es entsteht ein Negativ.

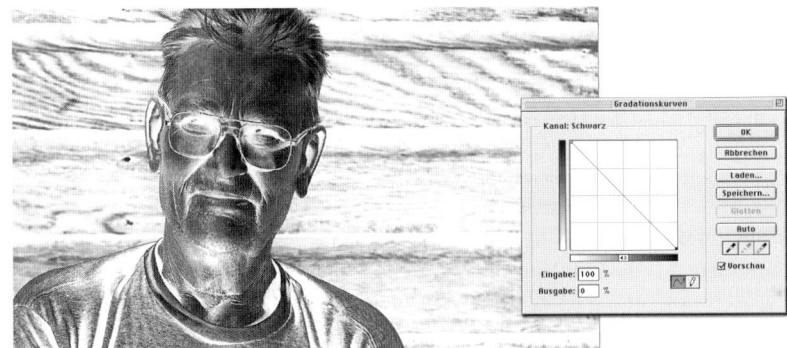

Negativ:
Lässt man die Kurve von links oben nach rechts unten laufen, wird das Bild umgekehrt.

Abriss/Zeichnungsverlust

Man sollte immer darauf achten, dass die Kurve eine Steigung aufweist, damit nicht Ergebnisse entstehen, wie in der nachfolgenden Abbildung. Alle Eingangswerte zwischen 30 und 65% werden auf nur einem Ausgangswert abgebildet. Das Ergebnis sind Zeichnungsverluste – auch oft Abriss genannt. Man kann es schön im Gesicht erkennen. Es ist alles eine Fläche geworden. Solche Effekte können schon dann entstehen, wenn die Kurve sehr flach verläuft. Man sollte sich dieser Gefahr immer bewusst sein, besonders dann, wenn man mit mehr als drei Punkten auf der Gradationskurve arbeitet.

Abriss 1:
Wenn die Kurve waagerecht verläuft und keine Steigung mehr zu erkennen ist, treten Zeichnungsverluste auf.

Dies gilt auch für die Eckpunkte, die man am Rand des Diagramms verschieben kann – nicht aber im Diagramm selber platzieren sollte. Mit diesen Eckpunkten kann man auch in den Gradationskurven Schwarz- und Weißpunkt festlegen. Will man dies tun, sollte man am Rand des Diagramms bleiben, damit nicht verschiedene Eingangswerte auf den gleichen Ausgangswert abgebildet werden. In unserem Beispiel ist dies geschehen und sorgt für eine deutlich schlechtere Darstellung von Stirn und Haaren.

Abriss 2:
Achten Sie auf die Stirn: Alle Töne bis 18% werden auf dem Ausgangswert 13% abgebildet. Das ist nicht schön.

Solarisation

Zieht man weiter munter an den Kurven herum, entstehen so genannte Solari-
sationseffekte. In der Fotografie kennt man diesen Effekt bei extrem langen
Belichtungszeiten, wodurch keine weitere Schwärzung stattfindet und stattdessen die dunklen Bereiche „umkippen" und wieder heller werden.

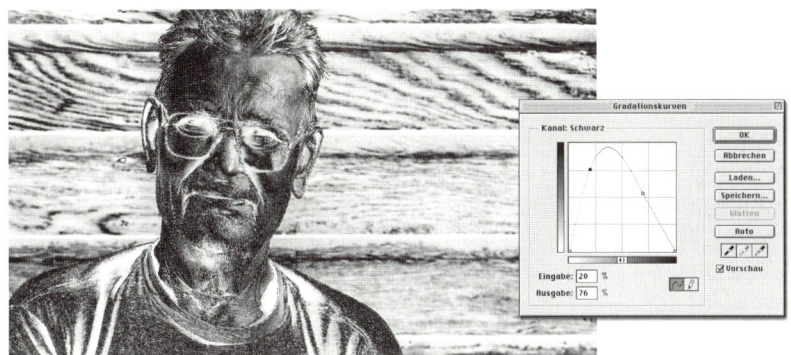

Die Gradationskurve
steigt zuerst an und fällt
dann steil ab. Die Tiefen
werden dadurch heller als
die Mitteltöne.

Bis zu 16 Ankerpunkte kann man in den Gradationskurven erzeugen. Im Regelfall sind das 11 zuviel. Durch eine große Zahl von Punkten steigt die Gefahr von
unbeabsichtigten und unbemerkten Abrissen.

Bei 90% aller Bilder genügen neben den Eckpunkten zwei, maximal drei Ankerpunkte für Lichter, Mitteltöne und Tiefen. Diese müssen keineswegs genau auf
den vertikalen Linien des Diagramms liegen, sondern werden dem jeweiligen
Bild angepasst.

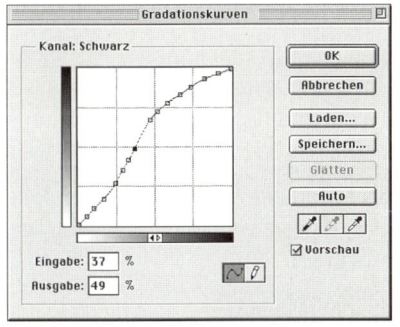
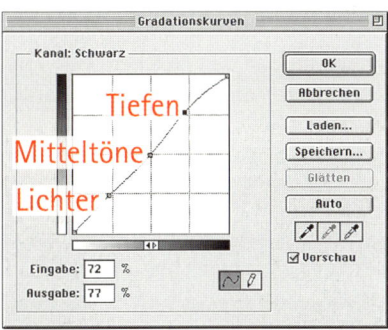

Mit bis zu 16 Punkten
kann man arbeiten. Aller-
dings tut das den Bildern
selten gut. Zwei bis drei
genügen meist völlig.

Wenn man die Maus aus dem Gradationskurvenmenü ins Bild bewegt, erscheint eine Pipette. Klickt man nun, erscheint auf der Gradationskurve ein
Kreis. Dieser teilt uns mit, wo der Tonwert auf der Kurve abgebildet wird. Klickt
man mit der Befehlstaste, entsteht automatisch ein Punkt auf der Kurve.
Arbeitet man mit Photoshop 5 oder höher, kann man darüber hinaus, während
man im Gradationsmenü ist, mit der Shift-Taste ins Bild klicken, um eine Probe
zu setzen.

Klassische Kurven

Es gibt klassische Kurven, die man immer wieder antreffen und nutzen wird.

Kontrast verstärken:

Kontrast bedeutet nichts anderes, als dass die hellen Elemente noch ein bisschen heller, die dunklen dagegen noch dunkler werden. In den Kurven ist das mit zwei Punkten erledigt.

Hoher Kontrast:
Der eine Punkt hellt die
Vierteltöne auf,
der andere dunkelt die
Dreivierteltöne ab.

Es gibt ein eigenes Menü mit dem Namen HELLIGKEIT/KONTRAST. Im Kapitel *Histogramme* habe ich schon darauf hingewiesen, dass diese Option nur zu unzureichenden Ergebnissen führt. Dreht man in diesem Menü an den Reglern, kann es passieren, dass Pixel aus dem Bild „herausfallen" und komplett auf Weiß oder Schwarz gesetzt werden. Bei den Gradationskurven kann dies nicht geschehen. Solange die Eckpunkte unberührt bleiben, können wir sicher sein, das gesamte Spektrum unseres Bildes zu erhalten. Und einen weiteren Vorteil bieten die Kurven: Mit Helligkeit/Kontrast können wir Lichter, wie Tiefen, immer nur um den gleichen Wert verstärken, bei den Gradationskurven haben wir dagegen die Freiheit, diese Bereiche individuell einzustellen.

Kontrast abschwächen:

Die Zeichnung soll in den Lichtern und Tiefen verstärkt werden. Die hellen Teile des Bildes werden angehoben, die dunklen dagegen werden aufgehellt. Das wird insgesamt weicher und weniger kontrastreich.

Kontrast verringern:
Die Anhebung der Lichter
und Absenkung der Tiefen
führt zu einem weicheren
Gesamteindruck.

Lichter verstärken:

Oftmals will man allein in den Tiefen mehr Zeichnung erzielen oder, wie hier, nur in den Lichtern die Tonwertunterschiede verstärken. Dann wird dieser Bereich angehoben; die Mitteltöne und Tiefen aber durch einen Punkt auf (oder nahe) der Diagonalen fixiert.

Lichter verstärken: Die Lichter werden abgedunkelt, Mitten und Tiefen fixiert.

Mitteltöne aufhellen:

Will man nur die Mitteltöne aufhellen, damit z.B. der rechte Teil des Gesichts etwas freundlicher wird, zieht man die Kurve in der Mitte ein wenig herunter. Damit nun Lichter und Tiefen von dieser Korrektur nicht betroffen werden, fixiert man diese Bereiche mit zwei weiteren Punkten. Obwohl drei Punkte ja nun wirklich nicht viel sind, steigt schon jetzt die Gefahr, dass Abrisse entstehen.

Mitteltöne aufhellen: Besondere Aufgaben erfordern besondere Lösungen. Immerhin drei Punkte muss man setzen, um zum Ziel zu kommen.

Die Korrekturen an den Kurven sind übrigens meist so gering, wie Sie es auf den abgedruckten Screenshots sehen können.

Das wars. Mehr kann man zu Graustufenkorrekturen beim besten Willen nicht sagen, ohne falsche oder gefährliche Fährten zu legen. Ob wir ein gutes oder ein schlechtes Graustufenbild reproduzieren, ist natürlich von der Qualität des Ausgangsbildes abhängig. Weiter ist die Festlegung von Weiß- und Schwarzpunkt von großer Bedeutung. Die Gradationskurven entscheiden aber darüber, ob das Bild „so lala" wird oder ob wir ein richtig tolles, ausgewogenes Resultat erzielen.

Es gibt hier keine geheimen Tipps und Tricks und keine Zaubermittel zu entdecken. Scanneroperator, die hochklassige Schwarz/Weiß-Kunstbücher erstellen, haben dieses Werkzeug ebenso zur Verfügung wie jemand, der eben erst
mit der Bildbearbeitung anfängt.

Irgendein großer Komponist – ich glaube Weber – hat sinngemäß gesagt, in der
größtmöglichen Selbstbeschränkung liege die größtmögliche Freiheit. Ich
muss vermuten, dass er dabei an die Gradationskurven dachte.

Eine Linie, drei Punkte – das ist das Kernstück der Bildbearbeitung. Ich kann
Ihnen nur empfehlen, die Herausforderung der Selbstbeschränkung anzuneh-
men und damit Ihre eigenen Erfahrungen zu machen.

Ein kleiner Tipp ist noch in den Sidesteps erklärt.

Checkliste

Graustufen

- Es ist meist sinnvoll, die gesamte Dynamik auszunutzen und den hellsten Punkt des Bildes auf ganz Weiß, den dunkelsten auf ganz Schwarz zu setzen.

- Diese Festlegung kann man mit Hilfe der Tonwertkorrektur oder den Gradationskurven durchführen. Qualitativ sind beide Wege gleichwertig, aber die Tonwertkorrektur ist einfacher zu bedienen.

- Arbeitet man für die Druckausgabe, beschränkt man den Tonwertumfang, damit Lichter nicht ausreißen und Tiefen nicht „zusuppen".

- Wie stark man den Tonwertumfang einschränkt, hängt vom Druckprozess ab. 5 – 95% können ein erster Richtwert sein.

- Man unterscheidet zwischen zeichnenden Lichtern und Spitzlichtern. Erstere sollen bei 5% beginnen, letztere können ganz weiß (0%) sein, da sie keine relevanten Bildinformationen beinhalten.

- Es gibt viele Ausnahmen von dieser Regel: Kunstreproduktionen, HiKey- und LowKey-Bilder. Mehr dazu im nächsten Kapitel.

- Erst nachdem man die Eckpunkte der Korrektur festgelegt hat, sollte man daran gehen, die Werte dazwischen zu verändern. Die Gradationskurven sind dafür das ideale Werkzeug.

- Die Gradationskurve muss immer eine Steigung aufweisen, ansonsten verliert man Zeichnung.

- In den allermeisten Fällen genügen zwei bis drei Punkte. Mehr Anfasser führen nicht zu besseren Ergebnissen, sondern bergen die Gefahr von Abrissen in sich.

Sidestep 4: Farbe in Graustufen

Ist das Original ein Farbbild und wollen wir es als Graustufen einscannen, wird entweder das Scanprogramm oder Photoshop darüber entscheiden müssen, wie die Farben in Graustufen umgesetzt werden. Dies kann entweder über den Abtastkanal geschehen, der bei den Strichdaten schon einen Einfluss hatte, oder die Umsetzung wird von der Software berechnet. Die Programmierer haben sich durchaus Mühe gegeben, und in der überwiegenden Anzahl aller Fälle erzielen wir mit diesen automatischen Lösungen sehr gute Ergebnisse.

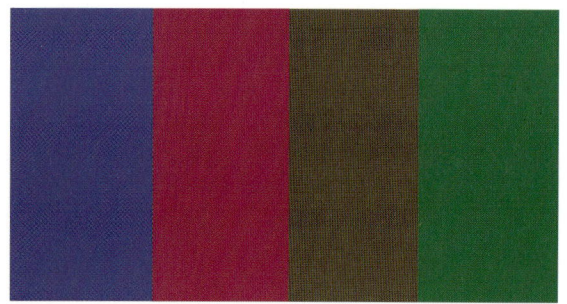

Aber wo es eine „überwiegende Anzahl" gibt, dort findet man auch immer eine ernst zu nehmende Minderheit an Fällen, wo diese Vorgehensweise nicht zu dem gewünschten Ergebnis führt. Dann muss man das Original in Farbe einscannen und manuell die Umwandlung durchführen.

Ganz unterschiedliche Farben in unserer Ausgangsdatei werden bei einer Umwandlung in Graustufen in nahezu identische Tonwerte umgesetzt.

Das Werkzeug der Wahl, um dies zu vermeiden, kann dabei der Kanalmixer sein, den man seit Photoshop 5.0 in den Einstellungsmenüs findet.

Ruft man das Menü auf, sieht man einen Ausgabekanal. Der Rotkanal besteht zur Zeit aus – wen wundertss – 100% Rot. Man könnte nun die Kanäle untereinander ganz oder teilweise tauschen und verrechnen lassen. Also z.B. den Rotkanal zu jeweils 50% mit den Informationen des Grün- und Blaukanals füllen lassen. Die Konstante sorgt für eine allgemeine Helligkeitsänderung der Kanalinformationen.

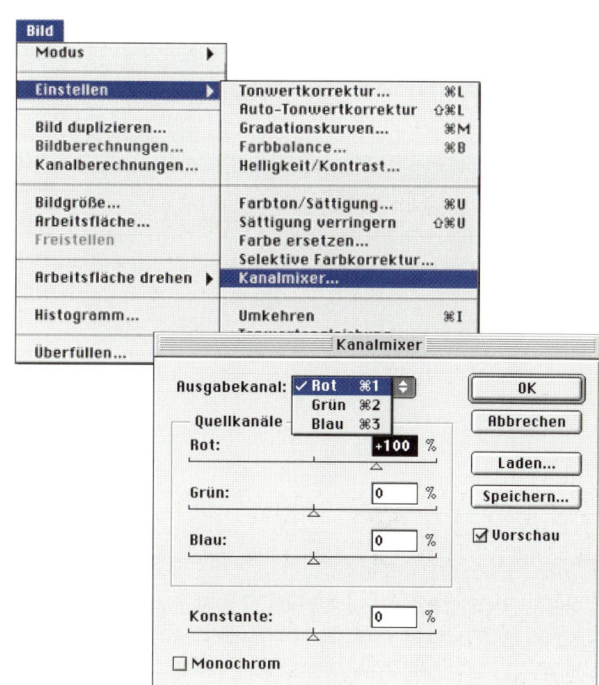

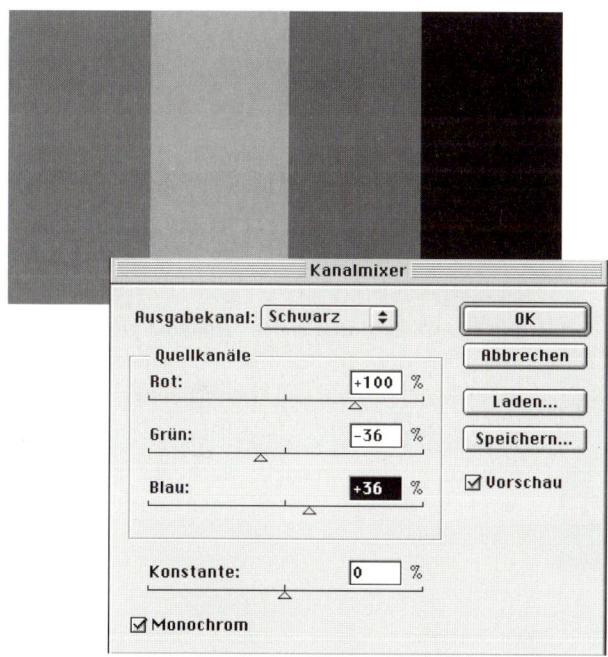

Sobald man auf MONOCHROM klickt, springt das Feld AUSGABEKANAL auf Schwarz um, die Vorschau verändert das Bild sofort in Graustufen. Man kann jetzt so lange an den Reglern ziehen, bis man das gewünschte Resultat erreicht hat.

In diesem Fall besteht das spätere Graustufenbild aus 100% Rot und 36% Blau. Mit dem grünen Kanal geht es sogar in den Minusbereich. Das heißt, dass diese Informationen abgezogen werden. Als Richtwert kann man davon ausgehen, dass in der Addition wieder ungefähr 100% entstehen sollten.

Von der Konstante sollte man lieber die Finger lassen, da es sich hierbei um eine lineare Korrektur handelt. Mit den Gradationskurven kann man in jedem Fall bessere und professionellere Ergebnisse erzielen.

Das Ganze soll noch einmal an realen Bilddaten gezeigt werden. Diese Datei wurde über BILD ⋯⟩ MODUS ⋯⟩ GRAUSTUFEN umgewandelt. Der hellste Punkt des Bildes liegt bei 5%, der dunkelste bei 95%. Die Eckpunkte der Korrektur sind also in Ordnung, aber das Bild ist ingesamt zu dunkel und die Unterschiede im Motiv zu gering.

Definitiv bessere Ergebnisse erzielt man, wenn man ausgehend von dem Farbbild den Kanalmixer nutzt. In diesem Fall habe ich darauf geachtet, dass im Himmel etwas mehr Zeichnung zu finden ist und Felsen und Sand im Vordergrund sich besser trennen.

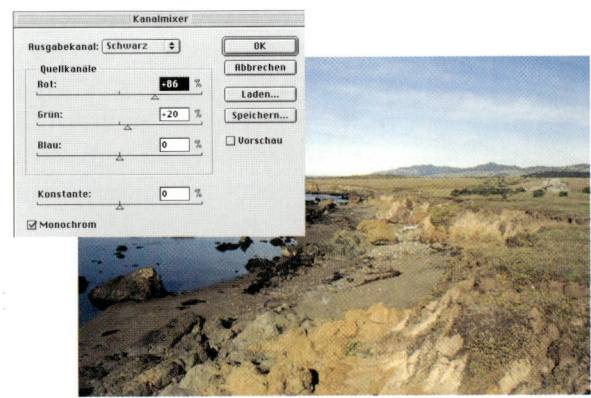

Das bearbeitete Bild weist genau die gleiche Dynamik auf (von 5 – 95%). Die Unterschiede im Motiv treten aber hier sehr viel klarer zu Tage.

Die Daten werden vom Kanalmixer nicht direkt in Graustufen umgewandelt. Nach der Bearbeitung muss man das Bild manuell in den Graustufenmodus umwandeln.

2.4 Korrekturen im RGB-Modus

Globale RGB-Korrekturen

Basis für Korrekturen an allen Farbbildern ist RGB. Jede Digitalkamera, jeder Scanner liest RGB-Daten ein. Selbst wenn man Screenshots vom Monitor macht, arbeitet man in diesem Farbraum, da der Bildschirm ja nur die Lichtfarben abstrahlen kann. Wohl gibt es Scanner, die direkt CMYK-Daten liefern, doch auch diese lesen zuerst RGB ein, wandeln es aber direkt in die Druckfarben um.

Ich weiß wohl, dass gerade in der Druckvorstufe RGB-Korrekturen einigermaßen unbeliebt sind. Nichts funktioniert so, wie man es erwartet: Erhöht man die Werte, wird das Bild heller, während höhere CMYK-Werte doch immer dunklere Farben bedeuten. Trotzdem kommt man an Änderungen im RGB-Farbraum meist nicht vorbei. Man muss sich dafür nur die Generierung des Schwarzauszugs vor Augen halten. Er wird aus den RGB-Daten berechnet, um Unzulänglichkeiten der anderen Druckfarben auszugleichen. Ist nun in der RGB-Datei kein richtiges Schwarz vorhanden, dann kann naturgemäß auch kein ordentlicher Schwarzauszug berechnet werden. Im Kapitel 2.6 sind dazu Beispiele abgedruckt. Die grundlegenden Korrekturen müssen daher an den Lichtfarben durchgeführt werden. Bei Scannern, die direkt CMYK-Daten liefern, muss dies in der Scansoftware geschehen.

Tonwertkorrektur

Denken wir noch einmal an die Yacht und den Nachtclub. Nur dass wir diesmal einen Farbfilm in die Kamera einlegen werden. Die Regeln, die bei Graustufenbildern gelten, finden auch hier Anwendung. Es gilt zuerst die Extremwerteinstellung vorzunehmen, also den Weiß- und Schwarzpunkt einzustellen.

Unser Ausgangsbild ist offensichtlich farbstichig.

Wieder starten wir mit der Tonwertkorrektur. Allerdings kommt diesmal dem Menü eine weitere Aufgabe zu: Es geht, anders als bei Graustufenbildern, nicht nur darum, die Dynamik auszunutzen, sondern es sollen auch Farbstiche eliminiert werden. Der hellste Punkt des Bildes soll weiß und eben nicht rosa oder bleu werden. Um dies zu erreichen, muss man Weiß- und Schwarzpunkt für

Durch ein einfaches
Heranführen der Regler
an die „Berghänge" wird
das Bild kontrastreicher
und der Farbstich
verringert.

jeden Farbkanal einzeln einstellen. Dazu wählt man in der Tonwertkorrektur statt RGB die einzelnen Farben an.

Oft genügt diese Vorgehensweise schon, um Bilddaten einerseits neutral, andererseits aber auch kontrastreich zu reproduzieren. Bei diesem Bild hat die Korrektur zwar schon gute Resultate gebracht, es ist aber noch verbesserungswürdig. Das Bild wird auf den nächsten Seiten noch einmal auftauchen. Die Frage ist bei diesem Bild, wie und ob man überhaupt den Tonwertumfang begrenzen muss. Nach der Korrektur reicht das Histogramm für das Gesamtbild bis an die Ränder heran.

Das Histogramm für den
RGB-Kanal nach der
Korrektur. Die roten
Balken markieren
mögliche Verluste im
Druck.

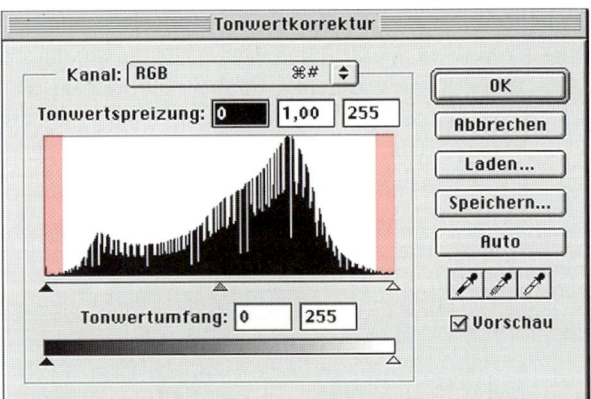

Arbeitet man für den Druck, bedeutet dies, dass nicht alle Pixel den weiten Weg bis aufs Papier schaffen werden. Die roten Balken markieren den Bereich, der aufgrund technischer Beschränkungen nicht druckbar ist. Wer also auf der ganz sicheren Seite bleiben will, müsste den Tonwertumfang beschränken. Das Bild wird dann natürlich flauer, da alle Pixel auf einer kleineren Breite zusammengestaucht werden. Es lohnt hier, sich noch einmal die „zeichnenden Lichter" ins Gedächtnis zu rufen. Gibt es hier wirklich bildwichtige Elemente in den ganz hellen und ganz dunklen Bereichen? Ein Glück, dass ich das nicht entscheiden muss – ich drucke die beiden Alternativen ab und überlasse die Entscheidung einfach Ihnen.

Das linke Bild blieb unberührt, im rechten wurde der Tonwertumfang auf 12 – 243 begrenzt.

Entscheidungen dieser Art sind nicht leicht zu treffen und hängen in starken Maße von dem Druckprozess ab. Ich tendiere zu der Version bei der der Tonwertumfang nicht begrenzt wurde.

Machen wir das gleiche noch einmal mit einem anderen Bild.

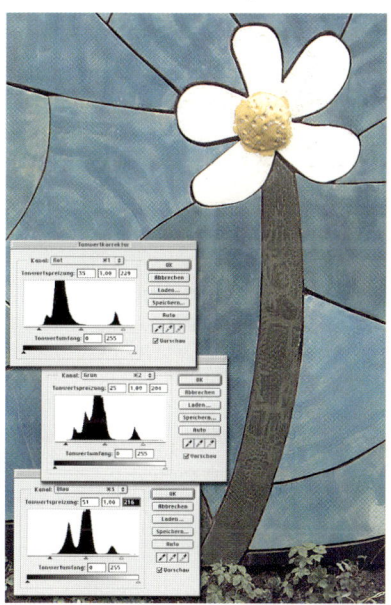

Oben das Original. Die Korrektur wirkt sich sehr positiv aus, allerdings kann es geschehen, dass in der weißen Blüte Zeichnungsverluste auftreten.

Das Histogramm bei diesem Bild ist wirklich außergewöhnlich. Der kleine Hügel rechts markiert die weiße Blüte, dann kommt lange nichts und erst später folgt der Rest des Bildes. Führt man nun eine einfache Tonwertkorrektur durch, ohne den Tonwertumfang zu begrenzen, läuft man Gefahr, dass die Blüte im Druck als eine weiße Fläche erscheinen wird. In diesem Fall ist es sicherlich empfehlenswert, den Umfang zu beschränken, denn hier haben wir eben bildwichtige Elemente in den hellsten Stellen des Bildes.

Neben dieser manuellen Herangehensweise stehen, wie bei Graustufenbildern, die Pipetten und die Automatikfunktion zur Verfügung.

Sollte Ihnen die ganze Herangehensweise ein wenig zu simpel erscheinen, dann muss ich Ihnen teilweise Recht geben, teils aber auch widersprechen. Es ist wirklich so einfach. Auch an dem tollsten Trommelscanner wird zuerst Weiß- und Schwarzpunkt bestimmt. Diese Festlegung hat den stärksten Einfluss auf die Bilddaten, da sie nicht nur die Eckpunkte des Bildes ändert, sondern auch alle Daten dazwischen verschiebt und so auch die Blau-, wie die Brauntöne korrigiert. Allerdings stimmt es, dass es ungeheuer viele Ausnahmen gibt. In erster Linie sind hier HiKey- und LowKey-Bilder zu nennen, die nicht über einen richtigen Weiß- bzw. Schwarzpunkt verfügen.

LowKey-Bilder

Das schönste und offensichtlichste Beispiel für LowKey-Bilder sind Sonnenuntergänge. Macht man hier eine Extremwerteinstellung, wie wir es gerade bei den anderen Bilder gemacht haben, dann kann man das Bild kaum wiedererkennen.

Das Ausgangsbild.

Grün- und Blaukanal werden nur zu einem kleinen Teil von den Tonwerten genutzt. Dadurch entsteht der heftige Farbstich.

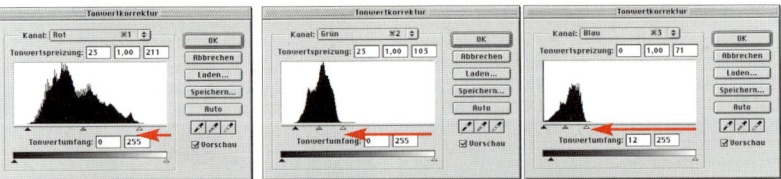

Führt man eine kompromisslose Tonwertkorrektur durch, entstehen völlig neue Farben.

Aber es muss nicht immer ein Sonnenuntergang sein. Auch bei anderen Motiven kann man ähnliche Effekte beobachten.

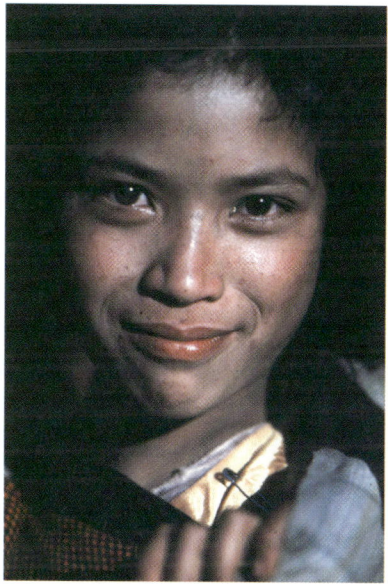

Original links und bearbeitete Version rechts: Beachten Sie den weiten Weg, den man im Grün- und Blaukanal zurücklegen muss.

Bild: Pedro Citoler

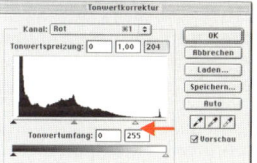
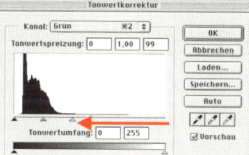
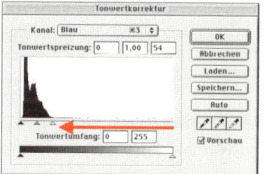

Das Bild wurde in einer Abend-Sonnenuntergangsstimmung fotografiert, und der Scan ist zu dunkel geraten. Macht man eine kompromisslose Extremwerteinstellung, kippt das Bild völlig um. Der hellste Punkt des Bildes ist die Nasenspitze. Sie ist nach der Korrektur weiß. Das ist eine Vorgehensweise, die man keinem Portrait antun sollte. Durch die harte Korrektur im Blau-Kanal handeln wir uns darüber hinaus einen Farbstich ein.

Dies sind die Fälle, in denen die Auto-Tonwertkorrektur von Photoshop völlig versagt. Diese Funktion sucht völlig ungerührt und mechanistisch nach den ersten Ansammlungen von Pixeln. Wir können und müssen das natürlich besser machen. Hat man es mit LowKey-Bildern zu tun, so legt man den Weißpunkt nicht fest oder korrigiert sehr viel geringer als bei normalen Bildern. Den Schwarzpunkt sollte man aber meistens ändern, um Farbstiche zu minimieren.

In diesem Fall habe ich alle weißen Regler unberührt gelassen und allein den Schwarzpunkt für Rot um einen Hauch verschoben. In einem zweiten Schritt wurde dann das Bild mit Hilfe der Gradationskurven allgemein aufgehellt.

Die weißen Regler
bleiben an ihrer Position,
den Schwarzpunkt sollte
man ggf. anpassen. Die
Gradationskurven sorgen
hier für die Helligkeits-
änderung.

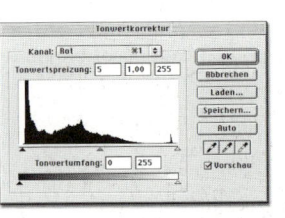

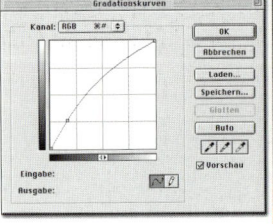

Es gibt auch Ausnahmen von Ausnahmen. Es fällt mir daher schwer zu sagen, man solle bei allen LowKey-Motiven den Weißpunkt des Bildes nicht verändern. Es wird in seltenen Fällen auch notwendig sein, in die einzelnen Farbkanäle ein-zugreifen, aber in der Mehrzahl der Fälle wird es ausreichen, den Weißpunkt einfach zu ignorieren.

Das Gleiche gilt für HiKey-Bilder, die entsprechend über keinen echten Schwarz-punkt verfügen. In diesen Fällen ändert man allein den Weiß-, nicht aber den Schwarzpunkt.

Spitzlicht

Es gibt noch mehr Fälle, bei denen das hellste Element des Bildes nicht unbe-dingt weiß sein muss. Womit wir wieder beim Spitzlicht wären.

Im nachfolgenden Scan ist der Blitzreflex auf der Schultafel der hellste Bildteil. Das Histogramm zu diesem Bild sieht wunderbar aus. Man kann den Reflex als kleinen Hügel am rechten Rand erkennen.

Ein Blitzreflex sorgt in diesem Fall für ein Spitzlicht.

Bild: PhotoDisc

In der Mitte des Bildes steht ein Mädchen mit einem – vermutlich – weißen T-Shirt. Es ist nun eine gute Idee, den Reflex auf der Schultafel zu ignorieren und den Weißpunkt auf das T-Shirt des Mädchens zu setzen. Am einfachsten ist es, die weiße Pipette zu aktivieren und damit auf die gewünschte Stelle zu klicken. Sie sollten aber auf jeden Fall dabei das Histogramm im Auge behalten, denn mit ziemlicher Sicherheit finden Sie mit der Pipette nicht wirklich den hellsten Punkt im Bild. In diesem Fall sieht man die weißen Dreiecke ein Stückchen innerhalb der Berge. Es wäre aber erstrebenswert, die gesamte Zeichnung zu erhalten. Dies muss man dann manuell erneut verändern.

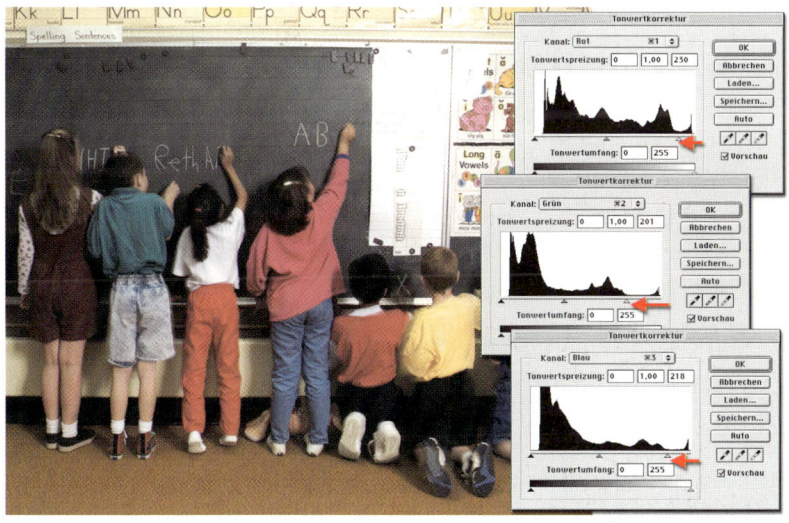

Indem man das T-Shirt auf Weiß setzt, reduziert man den Farbstich und kommt zu einem ausgewogenen Resultat.

Graubalance

Mit der Tonwertkorrektur haben wir dafür gesorgt, dass Weiß wirklich Weiß und Schwarz wirklich Schwarz ist. Allerdings genügt das manchmal nicht, und dann muss man sicherstellen, dass auch Grau wirklich Grau ist. Dieser Frage kommt eine besondere Rolle zu, weil Grau nur entsteht, wenn alle Grundfarben gleichmäßig beteiligt sind. Stimmt also die Zusammensetzung in diesem Ton, müssten auch alle anderen Farben im Bild korrekt wiedergegeben werden.

Die Graubalance ist aber nicht nur nützlich, um einen Farbstich zu beseitigen, sondern es ist das zentrale Konzept, um Farben und Korrekturmöglichkeiten einschätzen zu können. Deswegen finde ich dieses Thema besonders wichtig. Wenn es eine zentrale Aussage in diesem Buch gibt, dann diejenige, sich eingehend mit der Graubalance zu befassen, weil man nur so – wie auf dem Titel versprochen – zu einem souveränen Umgang mit Farbe kommt.

Betrachtet man ein Bild am Monitor, mag es begeistern oder missfallen. In ganz vielen Fällen wird das Ergebnis aber „irgendwie so lala" sein. Basierend auf der Annahme, dass Sie Weiß- und Schwarzpunkt erfolgreich eingestellt haben, stehen Sie jetzt vor der Frage, ob die Farben nicht etwas reiner, das Rot nicht etwas strahlender sein könnte. Bevor man nun anfängt, alle Regler, die Photoshop bereithält, hin und her zu schieben, sollte man einfach die Farben ignorieren und sich ihrem Zusammenspiel widmen. Das Schöne ist, dass die Bildschirmkalibrierung dabei nur eine untergeordnete Rolle spielt. Im Extremfall würde diese Vorgehensweise sogar an einem Graustufenmonitor funktionieren.

Dreimal Rot. Ist das linke Rot zu Gelb, das rechte zu magentalastig? Das mittlere Rot wirklich vielleicht am besten – aber könnte es nicht durch ein wenig mehr Magenta noch besser wirken? Selbst wenn Sie eine Antwort auf diese Fragen wissen – was sagt das dann über Blau-, Grün- oder Gelbtöne des Bildes aus? So absurd es klingt: Farben anhand von Farben zu beurteilen ist eine undankbare Aufgabe.

Auf der Suche nach dem perfekten Rot sollte man sich nicht mit der Farbe beschäftigen ...

Dreimal Grau. Das ist einfach: Grau-1 hat einen leichten Stich ins Braune, Grau-2 ist neutral und Grau-3 wirkt grünlich. Eine Abweichung vom Zielwert ist hier leicht zu erkennen. Wir wissen nicht nur, dass etwas falsch ist, sondern haben die Lösung auch sofort zur Hand.

... sondern sich lieber dem Grau widmen.

Dass Grau nur aus exakt gleichen Anteilen der RGB-Farben entsteht, ist nicht nur eine theoretische Überlegung, sondern es findet sich auch ganz praktisch in der Informationspalette von Photoshop wieder. Wenn wir drei identische RGB-Werte finden, wissen wir, dass es sich um Grau handelt. Im CMYK-Modell ist es ungleich schwieriger, denn hier muss man das unterschiedliche Verhalten der Druckfarben einberechnen. Ein perfektes Grau könnte hier aus den Werten 55 Cyan, 45 Magenta und 45 Yellow bestehen.

Das geeignete Werkzeug, um die Balance des Bildes zu verändern, sind die Gradationskurven. Wie bei der Tonwertkorrektur kann man alle Kanäle gemeinsam oder jeweils einzeln modifizieren.

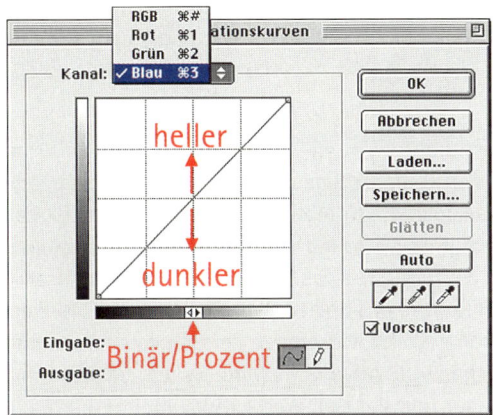

Gradationskorrekturen im RGB-Modus arbeiten entgegengesetzt zu CMYK und Graustufen.

Man muss aber beachten, dass es im RGB-Modus beachtliche Unterschiede zu Graustufen- und CMYK-Korrekturen gibt. Wir arbeiten hier mit Lichtfarben. Erhöht man die Werte, gibt man mehr Licht, wird das Bild heller. Bei den Druckfarben führt die gleiche Vorgehensweise zu entgegengesetzten Resultaten. Bringt man mehr Farbe auf das Papier, wird das Bild naturgemäß dunkler. In CMYK misst man die Farben nach ihrer prozentualen Flächendeckung im Druck. Bei RGB dagegen nutzt man die originalen Binärwerte, mit denen die Datei beschrieben ist. Sie stammen im Regelfall aus der 8-Bit Datentiefe, und so hat man es mit den Werten von 0 – 255 zu tun. Mit Hilfe des kleinen Doppelpfeils kann man zwischen Binär- und Prozentwerten umschalten. Die Kurve springt dann ebenfalls um. Die nachstehend beschriebenen Techniken funktionieren aber nur, wenn man mit den Binärwerten arbeitet.

Neutral filtern

An diesem Bild wurde schon der Weiß- und Schwarzpunkt festgesetzt. Trotzdem bleibt es ohne Zweifel farbstichig. Um die Graubalance einzustellen, sucht man sich im Bild einen Punkt, von dem man erwartet, dass er Grau sein könnte. Diesen Punkt zu finden, ist die eigentliche Kunst. Bei diesem Motiv ist es einfach. Bei einem schwarzen Kameragehäuse kann man guten Gewissens davon ausgehen, dass es neutral reproduziert werden soll.

Will man einen Farbstich
reduzieren, muss man
zuerst einen Referenzwert
finden, der Grau
werden soll.

Die gemessenen RGB-Werte sind aber offensichtlich unterschiedlich. Um sie anzugleichen, ruft man die Gradationskurven auf. Dabei ist es für die Balance unerheblich, ob man einen hohen oder niedrigen gemeinsamen Zielwert wählt. Wohl aber wird die Helligkeit des Bildes hierdurch geändert. Je niedriger der Wert, desto dunkler wird das Ergebnis – je höher, desto heller. Ich habe hier den mittleren Wert 109 gewählt, weswegen der Blaukanal unberührt bleiben kann. Wer mit Photoshop 5.0 arbeitet, ist im Vorteil. Man kann hier direkt die Ist-Werte (Eingabe) und die Soll-Werte (Ausgabe) eintragen. In den früheren Versionen von Photoshop und vielen Scanprogrammen muss man dagegen so lange an den Kurven herumziehen, bis man die gewünschten Werte in der Informationspalette ablesen kann.

Mit den Gradationskurven
kann man die RGB-Werte
angleichen.

Das war jetzt natürlich ein besonders einfaches Beispiel. Im wirklichen Leben ist die Herangehensweise aber nur ein wenig komplexer. Anstatt lediglich einen Referenzpunkt zu nehmen, wird man mehrere Stellen anmessen und überprüfen. Die folgende Aufnahme wurde mit Kunstlicht fotografiert, wodurch der Farbstich ins Bild kam. Auch nach einer Tonwertkorrektur war er nicht verschwunden.

Zu viel Gelb? Nein, zu wenig Blau, sagt die Informationspalette (was übrigens auf das Gleiche hinausläuft).

Deswegen wurden hier vier Proben gesetzt. (In Photoshop 5 ist das die maximale Zahl.) Wenn Sie mit anderen Programmen oder früheren Versionen arbeiten, sollten Sie aber zumindest drei Bildteile – Lichter, Mitten und Tiefen – anmessen. Man kann anhand der Informationen einen zu geringen Blauanteil konstatieren sowie einen leichten Überhang im Rot. In den Gradationskurven geht es dann nicht darum, ganz exakt für jeden gemessenen Wert einen perfekten Grauton einzustellen. Es wäre fatal, wenn man für jede Probe einen Punkt auf der Gradationskurve setzen würde, da – man erinnere sich an die Graustufenbilder – auch hier Abrisse drohen. Es gilt vielmehr aus den Werten eine Tendenz für die Korrektur zu entnehmen. Übrigens meinte der Fotograf nach der Korrektur, er fände das Ergebnis zwar schöner, aber insgesamt doch ein wenig kalt. Das ist aber kein Problem, denn will man einen kleinen Farbstich erhalten, so muss man die Korrektur einfach geringer durchführen.

Bild: Pedro Citoler

„Punktlandungen", also exakt gleiche Werte für alle Proben, sind meist gar nicht realisierbar. Es geht vielmehr um einen allgemeinen Trend der Korrektur.

Ich will Ihnen empfehlen, nicht nur bei offensichtlich farbstichigen Bildern die Graubalance zu kontrollieren, sondern die Überprüfung der Werte, unabhängig von der Qualität der Dateien, zur Regel zu machen. Ganz oft wird man Verbesserungsmöglichkeiten oder einfach Alternativen entdecken. Umgekehrt wird es viele Fälle geben, bei denen es schwierig ist, den richtigen Punkt zu treffen. Die korrigierten Daten sehen dann schlechter aus als das Ausgangsbild. Aber egal, ob die Korrektur erfolgreich ist oder nicht, immer wird man erfahren, in welche Richtung man korrigieren könnte, und man kann sich sicher sein, keine Chancen verpasst zu haben.

Betrachtet man noch einmal das Bild mit den Fischern unter dem Gesichtspunkt der Graubalance, dann erkennt man in vielen Bildelementen einen leicht erhöhten Rotanteil, während das Blau ein wenig schwächelt. Das geht im Zusammenspiel in Richtung Braun. Es kann nun sein, dass genau dieses Braun erwünscht ist. Es ist aber auch durchaus möglich, dass ein neutralerer Eindruck besser wirkt. Die Entscheidung darüber liegt bei Ihnen und muss für jedes Bild individuell getroffen werden.

Dieses Bild diente schon als Beispiel zur Tonwertkorrektur. Prüft man mögliche Grautöne, erkennt man in vielen Werten einen leichten Überhang im Rot.

#1	R :	159	#2	R :	146
	G :	42		G :	137
	B :	55		B :	136
#3	R :	187	#4	R :	96
	G :	38		G :	101
	B :	55		B :	103

Einen Versuch ist es allemal wert. Kann das Resultat nicht überzeugen, dann wendet man die Korrektur eben nicht an.

Um sich alle Möglichkeiten offen zu halten, kann man eine Einstellungsebene erstellen. Dazu ruft man im Pull-down-Menü EBENE den Befehl NEUE EINSTELLUNGSEBENE auf. Dann wählt man die Gradationskurven aus und kann wie gewohnt seine Korrekturen vornehmen und den Farbstich neutralisieren. In der Ebenenpalette entsteht dadurch eine neue Ebene. Anschließend verschiebt man den Deckkraftregler für die neue Einstellungsebene, bis das gewünschte Ergebnis erreicht ist. Diese Vorgehensweise ist insbesondere dann sinnvoll, wenn man weder mit dem farbstichigen noch mit dem neutralisierten Ergebnis völlig zufrieden ist. Mit Hilfe des Deckkraftreglers findet man sehr bequem das beste Resultat.

Eine Gradationskurven-Einstellungsebene liegt über dem Bild und neutralisiert es. Will man den Farbstich nicht völlig eliminieren, sondern eine vorhandene Stimmung erhalten, kann man einfach den Deckkraftregler in der Ebenenpalette reduzieren. Auf der nächsten Seite sehen Sie Beispiele hierfür.

Durch die Reduzierung der Deckkraft kann man sich den gewünschten Ton aussuchen.

Kein Grau im Bild?

Es gibt nicht selten Motive, in denen man beim besten Willen kein Element finden kann, das auch nur annähernd grau ist. Ich weiß, es klingt gewagt, aber wir sollten uns von solchen Widrigkeiten nicht irritieren lassen. Das Portrait der Tonwertkorrektur ist dafür ein schönes Beispiel. Hier ist nichts grau und hier soll auch nichts grau werden. Das würde das Bild völlig zerstören. Trotzdem kann man die Werte überprüfen. Lichtreflexe, Schatten, sogar Objekte, die keine allzu starke Eigenfarbe haben, eignen sich dafür.

Die gemessenen Stellen im Bild sollen keineswegs auf Grau gesetzt werden. Es geht vielmehr um mögliche Richtungen der Korrektur.

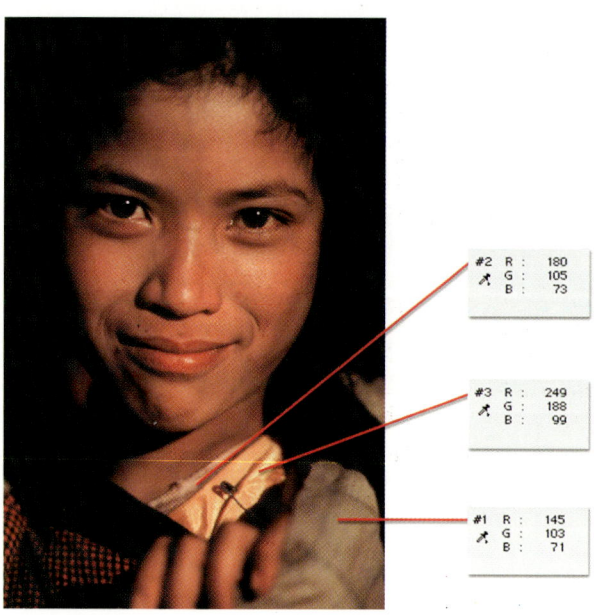

Der heftige Rotanteil, der Mangel an Blau kann nicht überraschen. Das Bild ist farbstichig und das soll es auch bleiben. Aber die Werte geben uns den Trend einer möglichen Korrektur vor. Wollte man das Bild verändern, dann müsste man Rot absenken, den Grün- und mehr noch den Blauanteil erhöhen.

Erneut geht es hier nicht um die Frage, was in diesem speziellen Fall schöner ist. Über Geschmack lässt sich bekanntlich streiten. Thema ist vielmehr, wie man verschiedene sinnvolle Varianten für ein Bild erstellen kann.

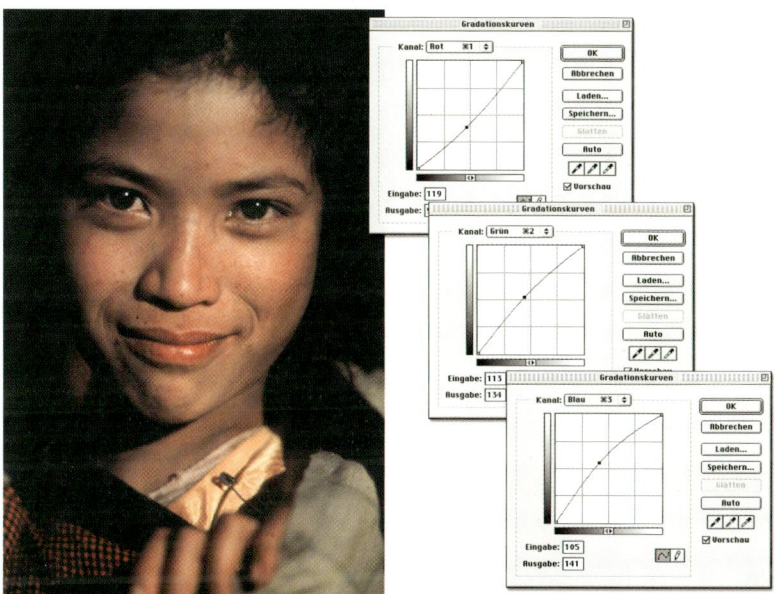

Rot raus, Blau und Grün rein. Eine Korrektur gegen die dominanten Farben verschafft auch Bildern, die kein Weiß und kein Grau enthalten ein neutraleres Aussehen.

Normalerweise ist ein Farbstich über den gesamten Tonwertbereich gleich stark vertreten. In seltenen Fällen kann es aber vorkommen, dass man z.B. in den Tiefen einen Rotstich hat – in den Lichtern dagegen Gelb dominiert. Hier kann es notwendig sein, die Graubalance für Lichter, Mitteltöne und Tiefen getrennt einzustellen. Soll heißen: Man setzt zwei bis drei Punkte auf die Gradationskurven und pegelt die Werte individuell für die einzelnen Bereiche.

Es kann ja nun auch vorkommen, dass man eine vorhandene Stimmung verstärken will. In diesem Fall geht man genauso vor, allerdings reduziert man diesmal nicht die dominanten Farben, sondern verstärkt sie sogar noch. Stellen Sie sich vor, das korrigierte Portrait wäre unser Ausgangsbild und es wäre zu kühl und zu neutral. Nach Prüfung der Tonwerte würden wir Rot verstärken, Blau dagegen reduzieren, und so gelangen wir sehr schnell wieder zu der früheren Sonnenuntergangs-Version.

Es mag verwunderlich erscheinen, aber die eigentlichen Farben sind zu diesem Zeitpunkt der Korrektur nicht von entscheidender Bedeutung. Man darf Sie jedoch nicht völlig vernachlässigen. Sollte das Himmelblau plötzlich ins Gelbliche umkippen, dann muss man natürlich innehalten und sich überlegen, ob es sich vielleicht um ein LowKey-Bild handelt, oder ob man den Referenzwert korrekt gesetzt hat. Aber die Erfolgsaussichten für die Farbkorrektur sind erfahrungsgemäß gering, wenn man sich schon am Anfang zu sehr mit den Buntfarben beschäftigt. Eine Ausnahme stellen Portraits dar, deren Hauttöne nach ganz eigenen Regeln verlangen.

Mittlere Pipette

Nachdem ich nun so lange die Einstellung der Graubalance beschrieben habe, kann ich Ihnen mitteilen, dass es auch viel einfacher geht. Sowohl in der Tonwertkorrektur wie in den Gradationskurven gibt es neben der weißen und schwarzen Pipette auch eine mittlere Pipette. Durch einen Doppelklick auf deren Symbol kann man einen Zielwert definieren, und sobald man damit ins Bild klickt, wird das Bild entsprechend dieser Vorgabe geändert.

Durch einen Doppelklick auf die mittlere Pipette können Sie einen Zielwert definieren.

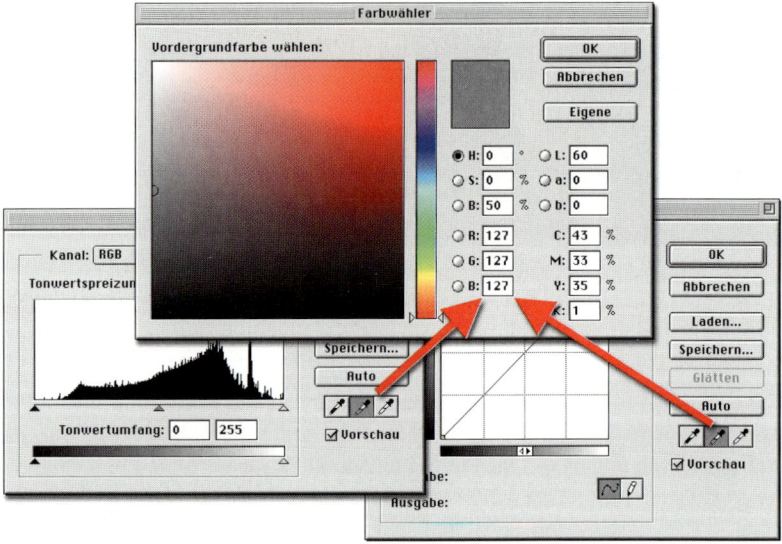

Hat man als Zielwert Grau definiert, so kann man sich die manuelle Einflussnahme auf die Gradationskurven sparen. Dabei ist nicht entscheidend, ob man in einen hellen oder dunklen Pixel klickt. Die Helligkeit des Bildes wird erhalten und allein die Farbbalance geändert.

Das ist unser Ausgangsbild.

Man kann die mittlere Pipette nutzen, um Töne des Bildes auf Grau zu setzen. In diesem Fall habe ich eine graue Schirmkappe ausgewählt. Automatisch werden die einzelnen Kanäle verändert.

Einen entscheidenden Nachteil hat aber diese Herangehensweise: Bei den hier abgedruckten Dateien hätte es nur mit dem ersten Bild (Kamera und Ventilator) funktioniert. Bei allen anderen Bildern ist es unbedingt erforderlich, das Konzept der Graubalance zu verstehen und anwenden zu können. Einfach auf einen Punkt im Bild zu klicken und ihn damit zu neutralisieren, genügt eben bei der Vielzahl unterschiedlicher Aufgaben und Motive nicht.

Erstrebenswerter finde ich es, verschiedene Werte zu überprüfen. Man erkennt dann an vielen Stellen einen Überhang im Blau. Korrigiert man das, kommt man dem Original sehr viel näher.

Es ist nicht das Ziel der Graubalance, kompromisslos und ohne Ansehen des Bildes zu neutralen Resultaten zu gelangen. Eine viel klügere Herangehensweise ist es, wenn man es als Informationsmöglichkeit begreift, um Alternativen zu erhalten. Aber natürlich kann man die die Nutzung der mittleren Pipette als Ausgangspunkt für eigene manuelle Korrekturen benutzen.

Farbbalance

Es gibt ein eigenes Einstellungsmenü mit dem Namen FARBBALANCE. Um es gleich vorweg zu sagen: Ich mag es nicht. Wer damit ordentliche Ergebnisse erzielen kann, der soll es nutzen. Einfach ist es nicht.

Wir finden hier unsere sechs Grundfarben. Jeweils die Komplementärfarben – eine Licht- und eine Druckfarbe – sind einander zugeordnet. Man kann sich nun zwischen diesen beiden Polen hin und her bewegen. Das Problem dabei ist, dass wir wissen müssen, in welche Richtung die Korrektur gehen soll. Mangelt es an Cyan oder gibt es einen Überhang von Magenta und Gelb? Mehr Rot in den Lichtern? Weniger Blau in den Tiefen? Ganz schnell kommt man dann auch wieder zu der Frage, ob die Monitordarstellung verbindlich ist.

Positiv könnte man formulieren, die Farbbalance wäre intuitiv zu bedienen. Aber ehrlich gesagt: sie ist unexakt und kompliziert.

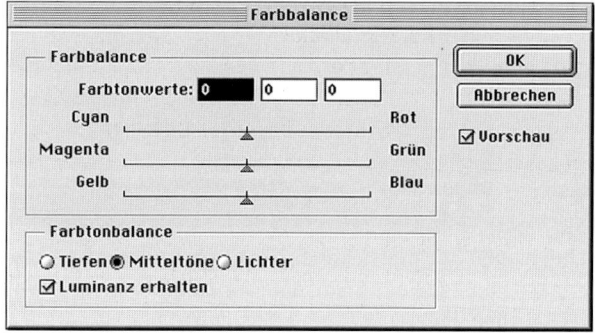

Arbeitet man mit den Gradationskurven, muss man nicht wissen, was an dem Bild verbesserungswürdig ist. Man prüft die Werte und führt entsprechend seine Korrekturen durch. Der Bildschirm ist nur ein nachgeordnetes Kontrollinstrument. Ganz anders bei der Farbbalance. Hier ist der Monitor das entscheidende Instrument der Farbkorrektur. Das ist erfahrungsgemäß gefährlich. Natürlich kann man sich auch hier die Werte anzeigen lassen, aber wenn man schon nach Werten arbeitet, dann kann man auch gleich die Gradationskurven nutzen. Das ist sicherlich das Werkzeug mit dem größeren Entwicklungspotenzial.

In der Farbbalance kann man die LUMINANZ ERHALTEN. Luminanz bedeutet nichts anderes als Helligkeit. Bewegen wir uns mit den Reglern in Richtung der Lichtfarben, wird das Bild heller, entsprechend in Richtung der Druckfarben dunkler. Hat man das Kästchen dagegen aktiviert, wird nur die Farbzusammensetzung geändert die Helligkeit dagegen erhalten.

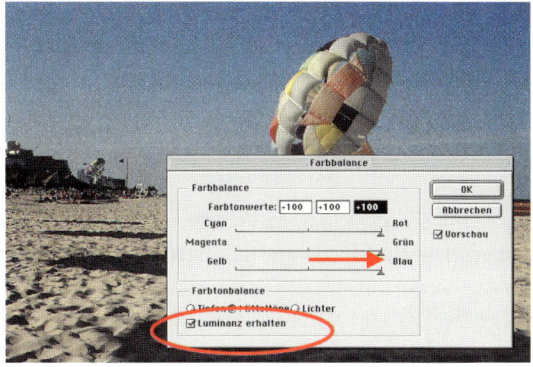 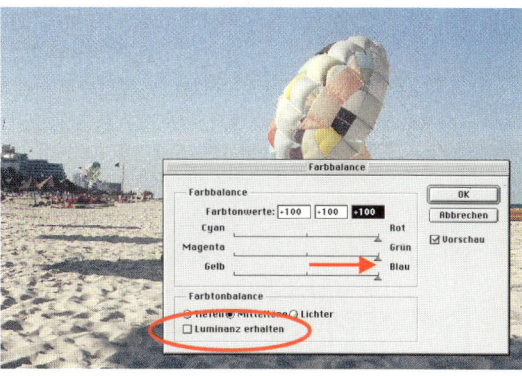

Helligkeits- und Kontraständerungen

Bei dem Menü HELLIGKEIT/KONTRAST besteht die Gefahr der Zeichnungsverluste. Die Tonwertkorrektur bietet uns nur einen Regler für die Mitteltöne des Bildes. So sind wir für allgemeine Helligkeits- und Kontraständerungen wieder auf die Gradationskurven angewiesen. Ich finde es wichtig, zuerst die Graubalance einzustellen und erst dann weitere Änderungen vorzunehmen. Zum einen kommt man mit den Werten durcheinander, wenn man zuerst die Helligkeit ändert und dann versucht die Graubalance einzustellen. Die Informationspalette zeigt ja dann schon die veränderten Farben an. Zum anderen ist es viel einfacher und übersichtlicher, ein Bild, dessen Farbzusammensetzung korrekt ist, zu modifizieren. Man muss dann auch nur einmal die Gradationskurven aufrufen. Im ersten Schritt stellt man in den einzelnen Kanälen die Balance ein, danach ändert man im RGB-Kanal die Helligkeit.

Was im Kapitel über Graustufen zu den Gradationskurven steht, gilt auch hier uneingeschränkt. Sehr gewöhnungsbedürftig ist dabei, dass die dunklen Elemente bei RGB-Bildern links unten im Diagramm abgebildet sind. Dies ist genau entgegengesetzt zu der Arbeitsweise mit CMYK- und Graustufenbildern.

Man kann die Luminanz, die Helligkeit des Bildes, erhalten.

Je nachdem, in welcher Richtung unsere Eingangswerte abgebildet werden, führt eine Erhöhung der Kurve zu hellen oder dunklen Resultaten.

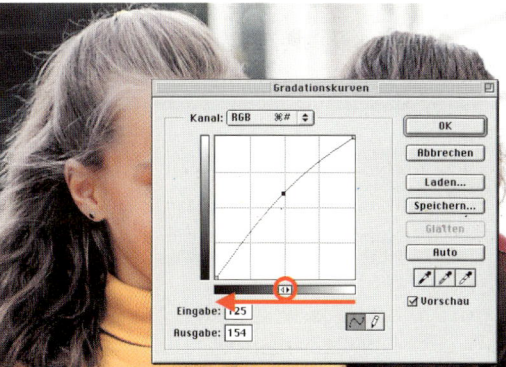 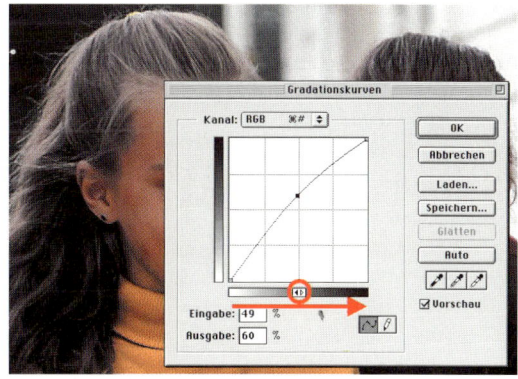

Durch Klicken auf den Doppelpfeil kann man die Richtung der Kurve ändern. Bei Farbbildern muss man sich darüber im Klaren sein, dass jede Modifikation an der Gradationskurve auch zu Farbveränderungen führt. Bei Lab-Korrekturen kann man allein die Helligkeitswerte ändern. Die Beschreibung der Farben bleibt dabei unangetastet. Bei RGB-Bildern ist dies nicht möglich. Nahezu jeder Ton in einem fotografischen Motiv besteht aus unterschiedlich starken Anteilen aller drei Grundfarben. Verstärkt man z.B. den Kontrast, reduziert man damit die ohnehin schon schwachen Farben weiter, während die starken Farben noch erhöht werden. Das Motiv wird dadurch nicht nur kontrastreicher, sondern auch die Farben ändern sich damit.

Dieses Phänomen sollte man ganz bewusst einsetzen. Will man satte, starke Farben, kann man eine Gradationskurve einsetzen, die die Tiefen abdunkelt und die Lichter aufhellt.

Hier die unbearbeitete Version.

Eine weiche Gradationskurve reduziert nicht nur den Kontrast, sondern verringert auch die Farbsättigung.

Im Gegenzug dazu lädt eine Kontrastverstärkung zu einem sonnigen Herbstspaziergang ein.

Bunte Farben sind nicht immer erstrebenswert, wie das Portrait beweisen soll.

Bild: PhotoDisc

Man neigt bei der Reproduktion von Hauttönen zu einer vorsichtigen Herangehensweise ...

... um ein „brandiges", zu kontrastreiches Ergebnis zu vermeiden.

Hat man Sorgen das Motiv könne zu bunt werden und ausreißen, dann muss man den umgekehrten Weg gehen. Klassisches Beispiel dafür sind Landschaftsaufnahmen und Portraits. In den folgenden Beispielen läuft die Kurve von Weiß nach Schwarz, analog zu den Korrekturen bei Graustufen- und CMYK-Bildern.

Kontrast, Helligkeit und Farbe stehen hier also in einem engen Zusammenhang. Übrigens ist es im RGB-Modus einfacher als in CMYK, Korrekturen dieser Art durchzuführen. RGB-Farben sind gleichberechtigt – CMYK-Farben dagegen nicht. Es muss immer etwas mehr Cyan als Magenta und Gelb gedruckt werden, um einen Grauton zu erhalten. Der Einfluss einer gemeinsamen Korrektur aller Kanäle auf diese Graubalance ist zwar minimal, aber man sollte sich dessen bewusst sein. Eine besondere Rolle spielt dann auch der Schwarzauszug, der ja nur hinzugefügt wurde, um Unzulänglichkeiten der anderen Druckfarben auszubügeln. Auch wenn Sie die Daten also später in CMYK umwandeln, würde ich Ihnen empfehlen allgemeine Helligkeits- und Kontraständerungen schon in RGB durchzuführen.

CMYK denken, RGB korrigieren

Ich kenne viele Leute, gerade aus dem Printbereich, die ein gutes Vorstellungsvermögen für CMYK-Werte haben. Wenn man ihnen sagt, der Himmel habe heute 80% Cyan und 20% Magenta, dann wissen sie, dass draußen strahlendes Sommerwetter herrscht. (Bei 80% Cyan, 20% Magenta und 40% Schwarz ist auch schönes Wetter. Man hat aber vergessen die Sonnenbrille abzunehmen.) Beschreibt man den Himmel dagegen mit den Werten Rot 60, Grün 80, Blau 180, erntet man nur fragende Blicke. Wer ein Vorstellungsvermögen für RGB-Werte besitzt, ist natürlich bei Korrekturen in diesem Modus im Vorteil. Ich muss zugeben, ich weiß damit nichts anzufangen und habe bei RGB-Werten keine Farbe vor Augen. Der Wert entstammt dem Photoshop-Farbwähler. Er entspricht in etwa dem genannten CMYK-Farbton, wobei das von den gewählten Farbeinstellungen abhängig ist.

Wer also als eigenen „Referenz-Farbraum" CMYK nutzt, der steht bei RGB-Bildern vor ernsthaften Problemen. Nehmen wir als Beispiel die Landschaftsaufnahme. Hier soll der Cyananteil reduziert werden. Es mangelt aber an der direkten Einflussmöglichkeit, denn es stehen ja nur Rot, Grün und Blau zur Verfügung. Ein fataler Fehler wäre es zu sagen: „Na, haben wir kein Cyan, dann nehmen wir eben Blau. Das ist ja ganz ähnlich." Dieser Vorgehensweise wird nicht viel Erfolg beschieden sein.

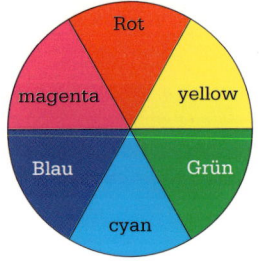

Der Farbkreis kommt wieder einmal zu Ehren.

Führen wir uns noch einmal den Farbkreis vor Augen. Wir können z.B. Rot in den Druckfarben beschreiben, indem wir sagen es besteht aus Magenta und Gelb. Wir können es uns aber auch einfacher machen und Rot durch das Fehlen der Komplementärfarbe Cyan definieren. Das hört sich jetzt zugegebenermaßen etwas theoretisch an, aber man kann diese Erkenntnis direkt in die praktische Anwendung überführen. Wollen wir Cyan ändern, müssen wir entweder die Nebenfarben Grün und Blau modifizieren oder wir orientieren uns an der Komplementärfarbe Rot. Leider darf man nicht erwarten, dass jede Änderung in den Lichtfarben sich direkt und ohne Einwirkung auf die Nebenfarben in CMYK auswirkt. Das Reflexionsverhalten der Druckfarben ist ja bekanntermaßen nicht ideal.

Versuchen wir eine Cyan-Korrektur zuerst über Grün und Blau.

Will man den Cyan-Anteil eines RGB-Bildes verändern, kann man die Nebenfarben Grün und Blau modifizieren.

Achten Sie auf die CMYK-Werte in der rechten Hälfte der Info-Palette. Wir haben zwar Blau und Grün geändert, die Cyanwerte hat das aber fast gar nicht betroffen. Vier Prozent sind angesichts der Korrekturen nicht besonders viel. Ganz anders verhalten sich dagegen die Magenta- und Gelbwerte. Sie haben sich jeweils um rund 10% geändert.

Ganz offensichtlich wirken die Korrekturen auf die jeweilige Komplementärfarbe weitaus stärker als auf die eigentlich gewünschte Nebenfarbe. Dann liegt es natürlich nahe, genau diesen Effekt zu nutzen. Machen wir eine Cyan-Korrektur mit Hilfe des Rot-Kanals.

Es ist erfolgversprechender, sich mit der Komplementärfarbe Rot zu beschäftigen.

Ändert man den Rotanteil eines RGB-Bildes, so resultiert daraus eine starke Differenz im Cyan (11%), während Magenta und Gelb kaum betroffen sind (2 – 4%). Mit der Korrektur der Komplementärfarbe kommt man also sehr viel schneller und effektiver zum Ziel. In diesem konkreten Fall würde es dem Motiv allerdings gut tun, wenn es jetzt noch ein wenig abdunkelt.

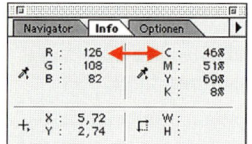

In der Informationspalette von Photoshop können wir uns die RGB- und CMYK-Werte anzeigen lassen. Die Komplementärfarben stehen sich jeweils gegenüber. Wenn Sie eine Druckfarbe ändern wollen, bleiben Sie einfach auf der gleichen Höhe und finden dort die komplementäre Lichtfarbe.

Übrigens: Hätte ich nicht vergessen die Graubalance des Bildes zu überprüfen, dann wäre dieses manuelle Eingreifen im Cyan gar nicht notwendig gewesen.

Mit dieser Methode ist man durchaus in der Lage, klar definierte CMYK-Werte schon im RGB-Modus zu erreichen. Es erfordert zwar, dass man zwischen den Kanälen hin und her springt, da ja auch die anderen Farbwerte sich leicht verändern. Aber mit einiger Übung kommt man doch ans Ziel. Damit diese Werte schlussendlich auch erreicht werden, ist natürlich Voraussetzung, dass die CMYK-Einstellungen nicht mehr geändert werden. Andere Druckfarben, ein anderer Schwarzaufbau würde zwingenderweise zu differierenden CMYK-Werten führen (vgl. Kapitel 2.5).

Farbkorrekturen in RGB

Der Schlüssel zum Erfolg bei der Farbkorrektur liegt bei den globalen Korrekturen. Hier fällt die Entscheidung, ob wir bei der Farbbearbeitung zu guten oder schlechten Ergebnissen kommen.

Haben wir aber ein schönes Bild, dann wollen wir es natürlich – genug kann nie genügen – noch schöner machen. Es ist keinesfalls immer notwendig, aber bei manchen Bildern wird die Einflussnahme auf die einzelnen Farben darüber entscheiden, ob wir nur ein gutes oder gar ein brillantes Resultat erzielen.

Farbton/Sättigung – der Farbkreis

An erster Stelle dieser Korrekturen steht das Menü FARBTON/SÄTTIGUNG. Alle Einflussmöglichkeiten beruhen hier vollständig auf dem Farbkreis.

Der Farbkreis und das Menü FARBTON/SÄTTIGUNG stehen in ganz enger Beziehung zueinander.

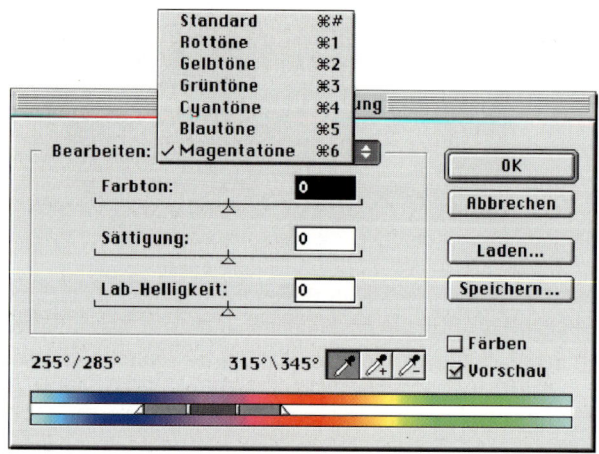

Dabei kann man mit einer Korrektur das gesamte Bild zu verändern. In Photoshop 5 heißt dies aus unerfindlichen Gründen STANDARD. In früheren Versionen wurde der verständlichere Ausdruck GESAMT benutzt. Daneben stehen Regler für die sechs Grundfarben zur Verfügung.

Es bietet sich jetzt natürlich an, richtig bunte Motive zu nutzen, um die Funktionsweise dieser Einstellung zu erklären. Unser Ausgangsbild erfüllt zweifelsohne diese Voraussetzung.

Das Ausgangsbild

Bewegt man den Farbton-Regler, kann man alle Farben des Bildes in einen bestimmten Winkel um den Farbkreis bewegen. Sowohl bei +180°, wie bei –180° haben wir eine halbe Umdrehung geschafft. Dann werden alle Farben in ihre Komplementärfarbe umgewandelt.

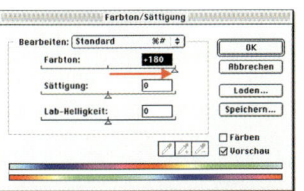

Den Farbkreis umrunden: Bei +/–180° wird jede Farbe in ihre Komplementärfarbe verwandelt.

Was ehemals Gelb war wird Blau, und umgekehrt wird Blau zu Gelb. Im Gegensatz zu einem Negativ werden hier aber die Helligkeitswerte erhalten. Es werden wirklich nur die Farben geändert.

Entsprechend kann man auch kürzere Strecken im Farbraum zurücklegen. Bei einer Änderung um 30° wird Gelb zu Rot, Rot zu Magenta, Magenta zu ... na Sie wissen schon. Adobe und ich sind übrigens unterschiedlicher Meinung darüber, ob der Farbkreis rechts- oder linksdrehend ist. Deswegen weist der Pfeil im Menü nach links, während er im Farbkreis nach rechts zeigt. Der Sache tut das aber keinen Abbruch.

Mit kleineren Bewegun-
gen kann man die Neben-
farben erreichen.

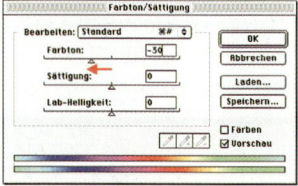

Der Sättigungsregler bestimmt darüber, ob die Farben nach außen oder innen verschoben werden. Je weiter sie nach innen kommen, umso mehr Anteile der Komplementärfarbe kommen hinzu. In der Mitte sind alle Grundfarben zu gleichen Anteilen vertreten. Das Bild wird Grau.

Sättigung verringern: Im
Extremfall wird das Bild
grau.

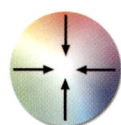

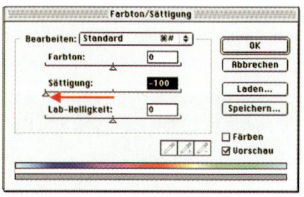

Entsprechend werden die Farben nach außen verschoben, wenn man die Sättigung erhöht. Wählt man hier eine sehr hohe Einstellung, werden nahezu alle Töne an den Rand des Farbkreises verschoben. Das bedeutet zum einen, dass eigentlich neutrale Töne eine sehr starke Eigenfarbe bekommen. Die Tischplatte leuchtet jetzt zum Beispiel in einem strahlenden Orange.

Sättigung erhöhen: Dreht
man den Regler zu stark
auf, drohen Zeichnungs-
verluste.

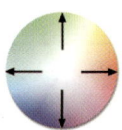

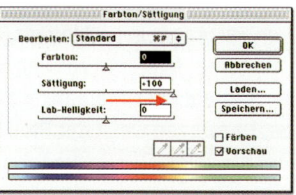

Zum anderen werden die Unterschiede zwischen den Farbtönen verringert. Das kann dazu führen, dass Zeichnungsverluste drohen. Man muss auch hier einen Ausgleich finden zwischen dem Wunsch nach strahlenden Farben und einer Verfälschung des Motives.

Als weiterer Menüpunkt kann man die Helligkeit ändern. Für Gesamtbilder macht das überhaupt keinen Sinn. Der Regler ähnelt der Einstellung HELLIG-KEIT/KONTRAST. Man kann weitaus bessere Korrekturen mit den Gradations-kurven bewerkstelligen. Wenn man Einzelfarben ändert, kann man es dagegen durchaus benutzen. Man sollte das Ergebnis aber genau überprüfen.

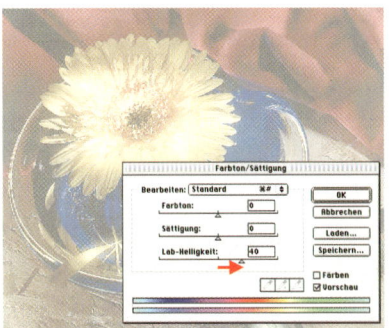 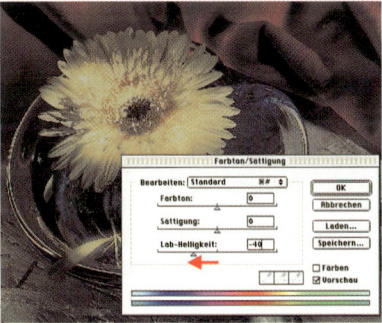

Die Helligkeitsregler sollte man nicht für das Gesamtbild benutzen und bei einzelnen Farben gebührende Vorsicht walten lassen.

Nur selten wird man alle Farben des Bildes gleichmäßig ändern wollen. Oftmals ist es das Ziel, einzelne Farben des Bildes zu modifizieren. Dazu kann man die sechs Grundfarben anwählen. Man kann es sich wie ein Tortenstück vorstellen, das man beliebig auf der Kuchenplatte kreisen lassen kann. Im Beispielbild wird das Blau in Cyan verwandelt. Nur die Vase ändert ihre Farbe. Alle anderen Elemente des Bildes behalten ihre Farbe bei.

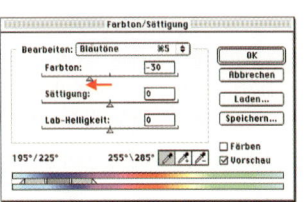

Nur das „Tortenstück" Blau wird in Richtung Cyan verschoben. Alle anderen Farben bleiben unberührt.

Leider ist es aber so, dass Photoshop und der Anwender unter Umständen Mei-nungsverschiedenheiten auszutragen haben bei der Frage, um welche Farbe es sich handelt. Den roten Stoff im Hintergrund umzufärben, sollte ja eigentlich kein Problem darstellen. Leider ist Photoshop der Meinung, auch Teile der Blume wären Rot und verändert hier den Farbton ebenfalls.

Blau ist wieder an der Ausgangsposition. Der rote Stoff sollte grün werden und dafür wird das entsprechende Tortenstück im Farbkreis verschoben. Teile der Blume ändern sich dadurch.

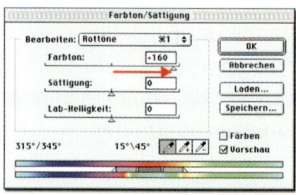

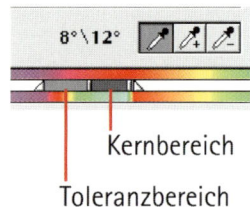

Kernbereich

Toleranzbereich

Als Lösung kann man eine Einstellung nutzen, die nur ab Photoshop 5 verfügbar ist. Wir sehen im Menü zwei farbige Balken. Der obere zeigt den ausgewählten Bereich im Originalbild. Der untere Streifen zeigt, welche Farben nach der Korrektur entstehen. Es gibt einen Kern- und einen Toleranzbereich der Korrektur. Die Toleranz ist notwendig, damit keine Abrisse, keine plötzlichen Farbänderungen entstehen. Wir können nun zum einen mit der Pipette in den gewünschten Farbton klicken und beide Bereiche werden entsprechend verschoben. Darüber hinaus können wir die gelben Töne vor der Korrektur schützen, indem wir Kern- und Toleranzbereich einschränken.

Der Toleranzbereich wurde verkleinert und dadurch eine Farbänderung der Blume vermieden.

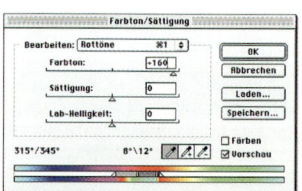

Ganz ohne Nebenwirkungen ist aber auch diese Vorgehensweise nicht. Links oben im Bild werden Sie eine harte Kante zwischen unkorrigiertem Rot und neuem Grün genauso entdecken können wie im rechten Teil der Tischplatte. Den Toleranzbereich, wie in diesem Beispiel, nahezu auf Null zu setzen, ist also mit Gefahren verbunden.

Eine letzte Aufgabenstellung soll noch an dem Bild demonstriert werden: Das rote Tuch im Hintergrund soll wärmer, gelblicher werden, die Schale in Richtung Cyan gehen und das gesamte Bild soll so bunt, so gesättigt, wie eben möglich, erscheinen, ohne dass dabei Zeichnungsverluste auftreten.

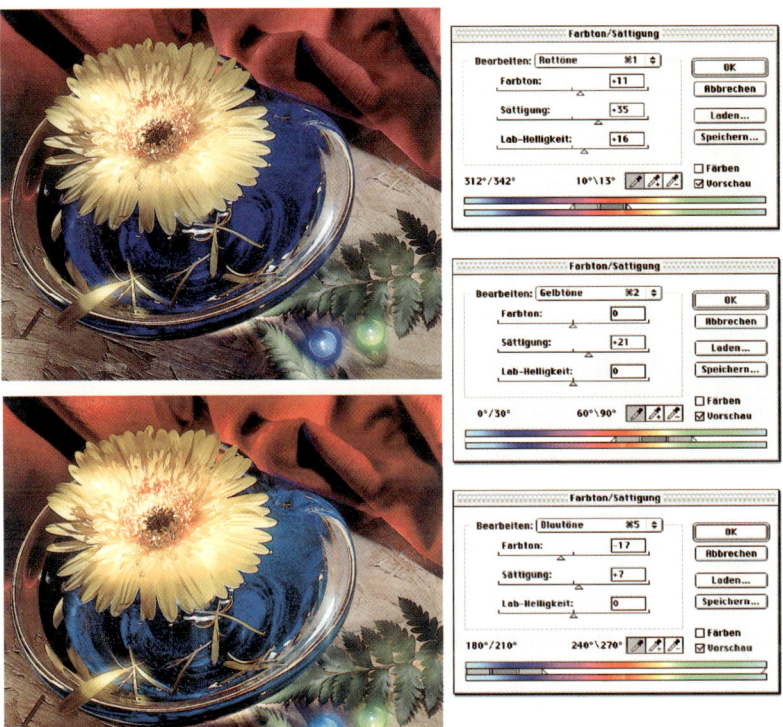

Die Zielvorstellung beschreibt gleichzeitig den Lösungsweg. Im Rotanteil habe ich zusätzlich die Helligkeitswerte erhöht. Das ist gefährlich, da es zu abrupten Übergängen zwischen aufgehellten Rottönen und unberührten Schatten führen kann.

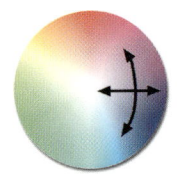

Der Sättigungsregler blieb bei allen Streifen auf 25 stehen. Nur der Farbton wurde geändert.

Kolorierungen

Im Farbton/Sättigungs-Menü können wird das gesamte Bild färben, bzw. kolorieren. Das bedeutet, dass alle Farben auf eine Position im Farbkreis verschoben werden. Der Farbton bestimmt die Winkelposition, der Sättigungsregler, wie weit innen oder außen der Farbton liegt. Vom Helligkeitsregler sollte man auch hier die Finger lassen. Die Positionen 0° und 360° sind – wie könnte es in einem Kreis anders sein – identisch.

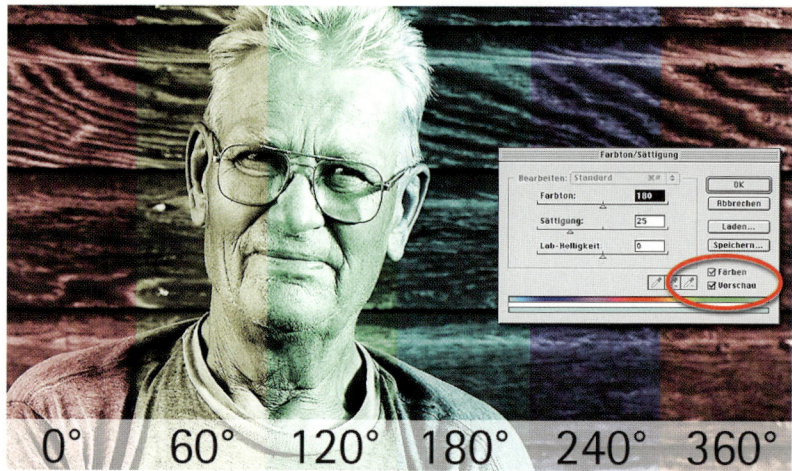

Bild: PhotoDisc

In Kapitel 3.1 empfehle ich Ihnen diese Funktion als schnelle und sichere Alternative zu Duplexbildern, wenn man sowieso vierfarbig druckt.

Weitere RGB-Korrekturen

Das Menü FARBTON/SÄTTIGUNG ist meiner Meinung nach das zentrale Werkzeug, um im RGB-Modus auf die einzelnen Farben einzuwirken. Die anderen Einstellungsmenüs sind schnell erklärt. Einzig die selektive Farbkorrektur ist noch von entscheidender Bedeutung. Man kann diese Funktion ganz wunderbar im RGB-Modus benutzen, aber ich will dieses Thema lieber im CMYK-Kapitel abhandeln, da die selektive Korrektur völlig auf den Druckfarben basiert. Was der Farbkreis für Farbton/Sättigung ist, das ist der Tonwertatlas für die selektive Farbkorrektur.

Sättigung verringern

Dieser Menüpunkt setzt die Grundfarben auf identische Werte. Manuell könnten Sie dies auch im Farbton/Sättigungs-Menü erreichen, wenn Sie die Sättigung maximal reduzieren. In RGB entsprechen drei gleiche Werte dem Farbeindruck Grau. Bei CMYK ist dies nicht so. Hier wird ja ein leichter Cyan-Überhang benötigt, und daher führt diese Funktion in Kombination mit vierfarbigen Bildern nicht zu dem gewünschten Resultat. Das Bild wird Braun statt Grau.

Identische RGB-Werte
ergeben Grau.

Identische CMYK-Werte
ergeben dagegen Braun.

Farbe ersetzen

Diese Funktion stellt eine Kombination aus FARBBEREICH AUSWÄHLEN und FARBTON/SÄTTIGUNG dar.

Man wählt eine Farbe aus, indem man ins Bild klickt. Die Toleranz bestimmt, wie viele ähnliche Farben mitgeändert werden. Im Vorschaufenster wird dieser Bereich weiß dargestellt, aber man kann sich auch das Bild einblenden lassen. In der unteren Hälfte des Menüs stehen dann die bekannten, aus dem Farbkreis abgeleiteten Regler zur Verfügung.

Mit FARBE ERSETZEN steht
eine Korrekturmöglichkeit
zur Verfügung ...

Bild: Peter Obenaus

Allerdings sollte man sich nicht zu viel von dieser Funktion versprechen. Bei komplexen Motiven wird man fast nie eine exakte Auswahl erstellen können. Das ist immer das Problem, wenn man zwei Funktionen zusammenfügt – in diesem Fall: Auswahlerstellung und Farbsättigung. In den meisten Fällen wird man doch zuerst eine Auswahl erstellen müssen und dann das klassische Farbton/Sättigungs-Menü aufrufen.

... die bei einfachen
Motiven schnelle
Veränderungen erlaubt.

Kanalmixer

Ich hatte den Kanalmixer schon in der Abteilung Graustufen erwähnt. Es ist ein hervorragendes Werkzeug, wenn man problematische Farbbilder in Graustufen umwandeln will.

Der Kanal Rot besteht zu
100% aus den Tonwert-
informationen des roten
Kanals. Wir können ihn
aber auch mit grünen
oder blauen Informa-
tionen füllen.

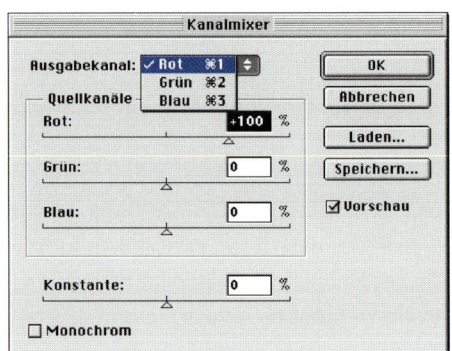

Ruft man ihn auf, dann sieht man, dass die einzelnen Farbkänale aus 100% ihrer eigenen Farbe bestehen. Man kann nun beispielsweise definieren, dass Rot nicht aus Rot, sondern zu jeweils 50% aus den Tonwertinformationen von Grün und Blau gestaltet werden soll.

Es gibt im Amerikanischen den schönen Begriff SSP – "solutions in search of a problem". Das trifft in etwa meine Einstellung zum Kanalmixer. Ich vermute, dass er brillante Lösungen bereithält – nur leider kenne ich nicht die dazu-gehörigen Probleme. Damit will ich aber keineswegs die mögliche Existenz sol-cher Probleme leugnen. Ganz nützlich kann diese Funktion vielleicht sein, wenn man eingescannte Logos bearbeitet und schnell mal die Farben tauschen will. Vorsichtig sollte man aber bei der Bearbeitung von fotografischen Motiven sein. In amerikanischen Fachbüchern werden Techniken beschrieben, bei denen man Hauttöne ändert, indem man den Cyankanal mit Hilfe des Gelbka-nals abschwächt. Das erscheint mir sehr verwegen, da diese Korrekturen natür-lich auch den Himmel, die Graubalance und alle anderen Elemente des Bildes betreffen.

Umkehren

Diese Funktion erstellt ein Negativ. Anders als beim Farbkreis sind diesmal sowohl die Farben als auch die Helligkeit betroffen. Bei RGB- und Lab-Bildern kann man das auch schön erkennen. Im CMYK-Modus sieht man dagegen meist nur eine schwarze Fläche. Grund dafür ist der Schwarzauszug, der ja zu einem großen Teil weiß ist und nach der Umkehrung dafür sorgt, dass fast das gesam-te Bild komplett schwarz wird.

Original, CMYK-Negativ und RGB-Negativ

Schlicht den Scan eines Negativfilms umzukehren macht übrigens wenig Sinn. Durch die orange Maskierung des Negativmaterials kommt man zu keinen brauchbaren Resultaten. Die Umrechnung des Negatives muss schon im Scan-ner geschehen. Dies kann über ein Profil gemacht werden, zumeist aber stecken spezielle Entwicklungen der Scannerhersteller dahinter, wie das Total-FilmScanning (TFS) von Agfa.

Tonwertangleichung

Das Adobe-Handbuch empfiehlt die Tonwertangleichung, um dunkle Bilder aufzuhellen. Das ist Unsinn. Die Tonwertangleichung wurde von Mathematikern für Mathematiker entwickelt. Mit ernsthafter Bildbearbeitung hat das nichts zu tun. Grob gesagt versucht dieser Befehl das gesamte Histogramm zu nivellieren. Es mag wissenschaftliche Anwendungen geben, wo dies von Vorteil ist. In der Bildbearbeitung müssen wir eine solch brutale Umgehensweise mit Bilddaten weit von uns weisen. Achten Sie auf den Übergang zwischen See und Berg im Hintergrund.

Die Tonwertangleichung hat im engeren Sinne nichts mit Bildbearbeitung zu tun, sondern verteilt die Pixel nach mathematischen Gesichtspunkten.

Original — Nach Tonwertangleichung

Schwellwert und Tontrennung

Der Schwellwert ist von Bedeutung, wenn Graustufenbilder in Strichdaten umgewandelt werden sollen. Vergleichen Sie dazu Kapitel 2.2. Die Tontrennung ist ein ganz hübscher grafischer Effekt. Wie auch die Effektfilter, ist diese Funktion für die Bildoptimierung nicht von Bedeutung. Statt 256 Tonwerten können wir damit das Bild auf z.B. nur 4 Tonwerte pro Kanal reduzieren. Das steht diametral dem eigentlichen Ziel, möglichst viele Tonwertunterschiede zu erhalten, entgegen.

Die Tontrennung erstellt hübsche grafische Effekte, indem es die Tonwerte drastisch reduziert. Hier sind es noch 4 Tonwerte pro Kanal.

Variationen

Die VARIATIONEN sind ein Zusatzmodul, das mit Photoshop ausgeliefert wird. Damit es zur Verfügung steht, muss es im Ordner ZUSATZMODULE liegen. Es ist wahrscheinlich das Menü, welches den Einstieg in die Bildbearbeitung am Bequemsten gestaltet. Wir sehen das Original in der Mitte und außen den Farbkreis. Durch Klicken auf die gewünschte Version ändert sich das Ausgangsbild. In der rechten Spalte kann man das Bild heller oder dunkler machen. Wie bei HELLIGKEIT/KONTRAST sind auch dies wieder lineare Korrekturen mit dem damit verbundenen Nachteil, dass Zeichnung verloren gehen kann. Immerhin wird man auf dieses Problem hingewiesen. Sofern der Menüpunkt BESCHNEIDUNG ZEIGEN aktiviert ist, werden jene Pixel, die aus dem Histogramm herausfallen, farbig markiert.

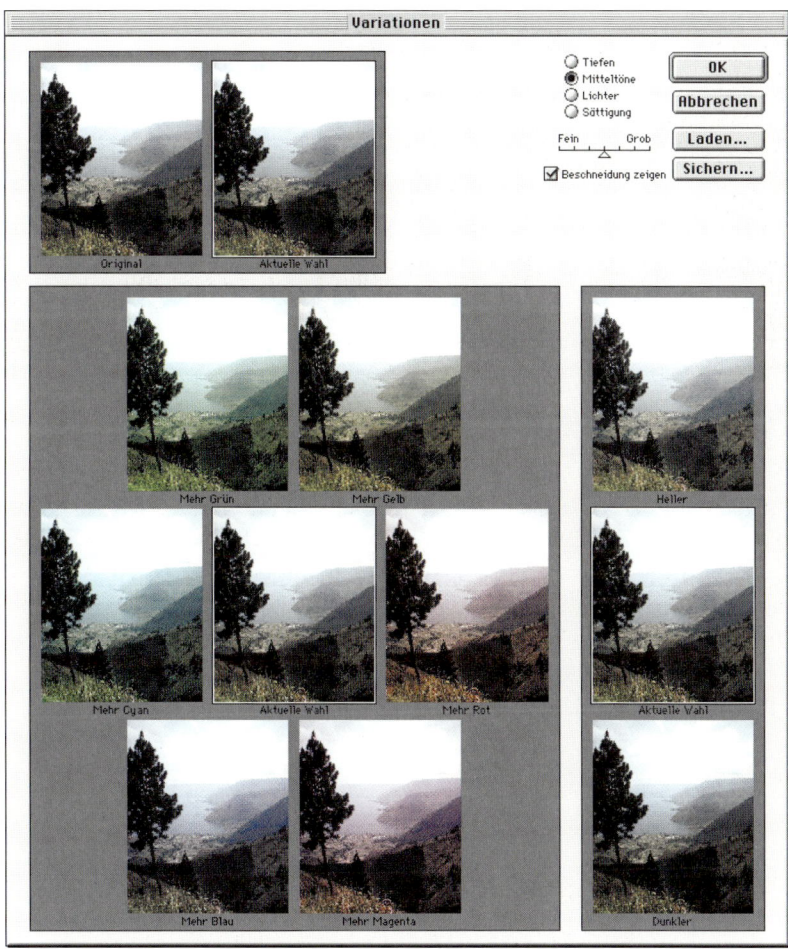

Das VARIATIONEN-Menü kann gehobenen Ansprüchen nicht genügen. Man könnte es auch den "BigMac" unter den Einstellungsmenüs nennen: groß, aber nicht wirklich nahrhaft ...

RGB-Scanmenüs

Hier sollen wieder die Unterschiede und Parallelen zwischen den verschiedenen Scanprogrammen gesucht werden. LinoColor fehlt in diesem Fall, da es keine Werkzeuge zur RGB-Korrektur anbietet.

Agfa FotoLook 3.0

Bei Agfa unterscheidet man zwischen einem Produktions-Modus und einer interaktiven Option. Der prinzipielle Unterschied ist, dass in dem einen Fall Overview und Feinscan genügen, während bei der interaktiven Variante zusätzlich ein Prescan gemacht wird, an dem man manuelle Farbkorrekturen vornehmen kann. Das ist für uns natürlich interessanter.

Agfa FotoLook 3.0
inklusive der
schwebenden Paletten.
Die angesprochenen
Themen der Farbkorrektur
finden sich hier wieder.

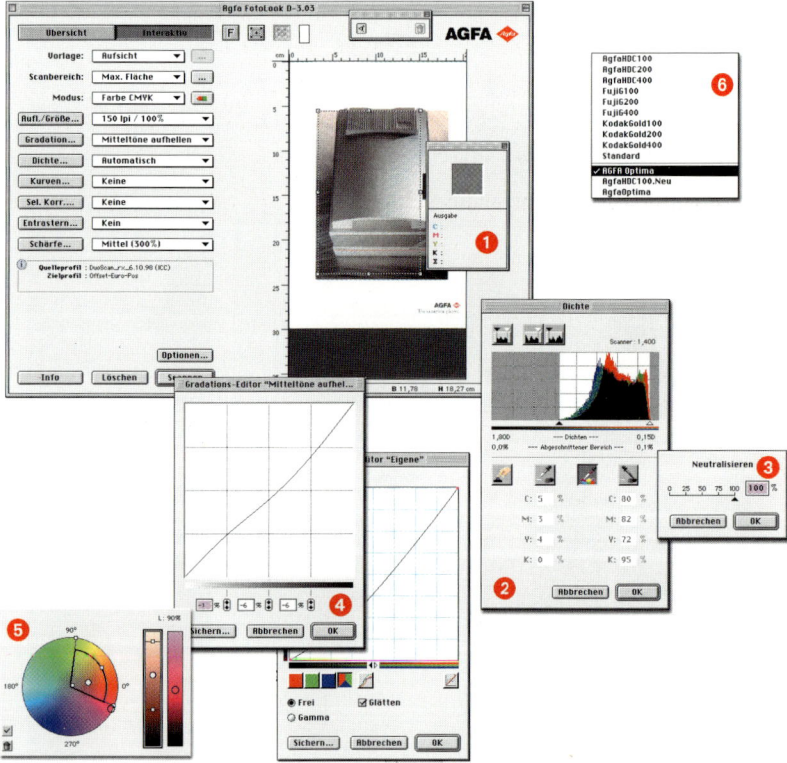

Das Hauptmenü mit einer Informationspalette, die je nach gewähltem Scanmodus die Farbwerte oder auch die maximale Flächendeckung anzeigt ❶. In der linken Spalte kann man seine Optionen anwählen. Klickt man auf DICHTE erscheint ein Histogramm ❷. Man kann Automatikfunktionen nutzen oder die Regler heranführen. Wie in Photoshop steht eine weiße, schwarze und mittlere Pipette zur Verfügung. Besonders gut gefällt mir die Möglichkeit, die Stärke, mit der die Graubalance eingestellt werden soll, bestimmen zu können ❸. Das bezieht sich genau auf das Problem, das ich versuchte darzustellen. Eine kompromisslose Neutralisation kann, ebenso wie ein Farbstich, ein Bild zerstören. Verringert man die Stärke für die mittlere Pipette, wird der gewählte Ton nur in Richtung Grau korrigiert.

Wählt man im Hauptmenü die Gradationskurven, erhält man genau drei Einflussmöglichkeiten für Lichter, Mitteltöne und Tiefen ❹. Es ist wirklich dankbar die Agfa-Software zu beschreiben, denn ich finde auch, dass dies völlig ausreicht. Es ist aber auch möglich über die dahinter liegenden EIGENEN GRADATIONSKURVEN komplexere Einstellungen vorzunehmen.

Der Farbkreis darf bei natürlich auch nicht fehlen ❺. Man sieht hier wieder die Tortenstücke und kann die zu verändernde Farbe bei FotoLook auch auf der Helligkeitsachse definieren und in ihrer Größe verändern.

Rechts oben sind die Voreinstellungen für diverse Negativfilmtypen zu sehen ❻.

SilverFast

Meistens wird die Software ja mit dem Scanner geliefert. Alle Hersteller haben also ihre eigenen Lösungen entwickelt. Das war nicht immer ganz erfolgreich, um es vorsichtig zu formulieren. SilverFast ist herstellerunabhängig und kann in Kombination mit vielen Scannern betrieben werden. Es hat sich seinen Ruf als sehr gute und ernsthafte Scansoftware redlich verdient.

SilverFast gibt es als Ansteuerung für viele Scanner und auch in einer HDR-Version zur Bearbeitung von 16-Bit-Dateien.

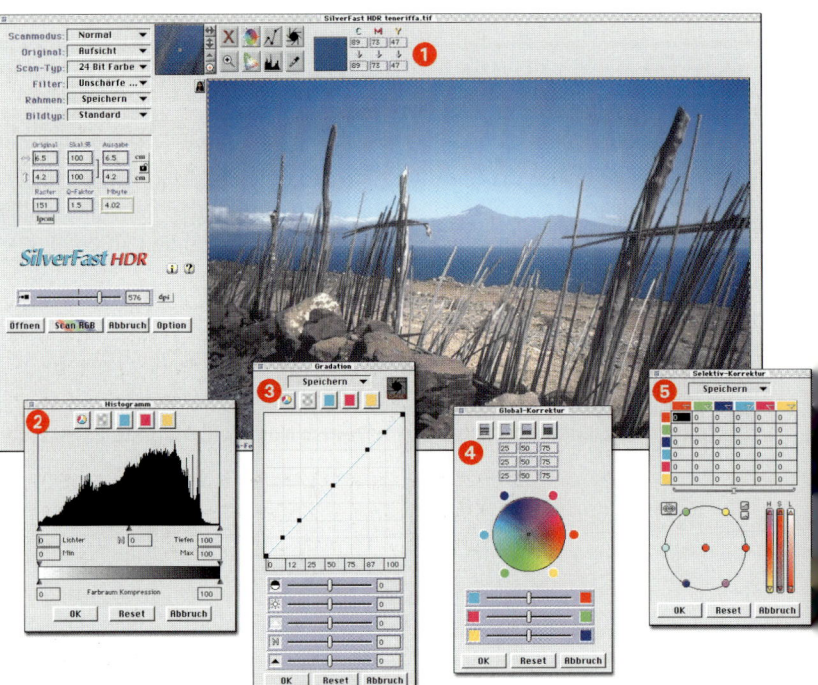

Im Hauptmenü ❶ finden wir die Informationen und die Buttons, die uns zu den Farbeinstellungen bringen. Histogramm ❷ und Gradationskurve ❸ stehen an erster Stelle. Das nächste Menü sieht zwar aus wie ein Farbkreis ❹; in diesem Fall handelt es sich aber um eine Korrekturmöglichkeit, die der Farbbalance ähnelt und alle Farben des Bildes ändert. Einzelne Farbtöne kann man mit einer Kombination aus Farbkreis und selektiver Korrektur verändern ❺.

Umax Magic Scan

Die hauseigene Software der Umax-Scanner hat im Gegensatz zu Agfa und SilverFast nicht den gleichen Bekanntheitsgrad, aber trotzdem finden wir hier alle erwähnten Themen wieder. In der Werkzeugleiste stehen eine weiße und schwarze Pipette zur Verfügung ❶. Hier gelangt man auch zu den Einstellungsmenüs. In aller Kürze: Neben der Tonwertkorrektur ❷ kann man die Gradationskurven ❸, die Farbbalance ❹ und den Farbkreis ❺ anwählen.

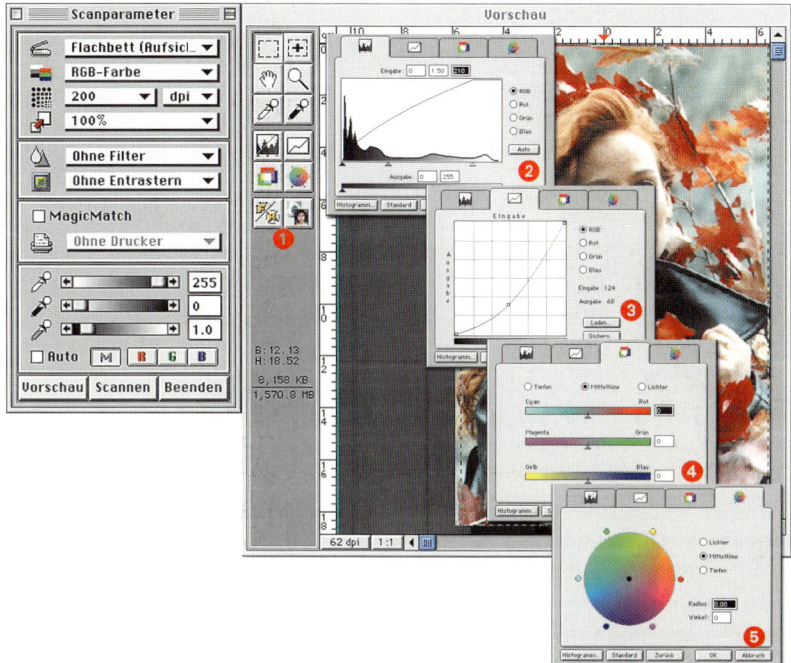

Magic Scan wird mit den Umax-Produkten mitgeliefert.

Ein 12-Bit-Scanner arbeitet mit den Werten 0 – 4095, wie man den Gradationskurven in der Microtek-Software entnehmen kann.

Microtek

Die Microtek-Software ähnelt in der Benutzerführung sehr stark dem Umax-Produkt. Ich habe daher darauf verzichtet auch diese abzubilden. Einzig die Gradationskurven möchte ich hier erwähnen. Sie arbeiten nicht, wie gewohnt, mit den Werten 0 – 255, sondern von 0 – 4095. Grund dafür ist die interne 12-Bit Datentiefe. Daraus resultieren 4096 editierbare Tonwerte, die in diesem Programm angezeigt werden.

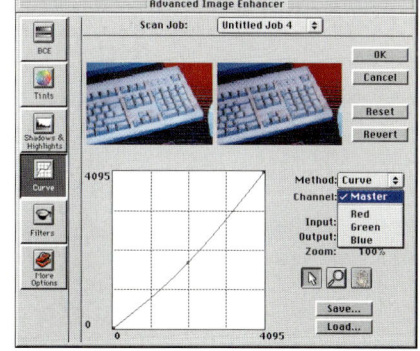

Intellihance Pro 4.0

Hierbei handelt es sich nicht um eine Scanneransteuerung, sondern um ein Programm zur automatischen Korrektur von Bilddaten. Man installiert es als Zusatzmodul für Photoshop und bearbeitet schon vorliegende Bilder damit. Leider werden 16-Bit-Dateien nicht unterstützt.

Kein Scanprogramm, aber eine Lösung zur automatischen Bild- korrektur bietet Intellihance.

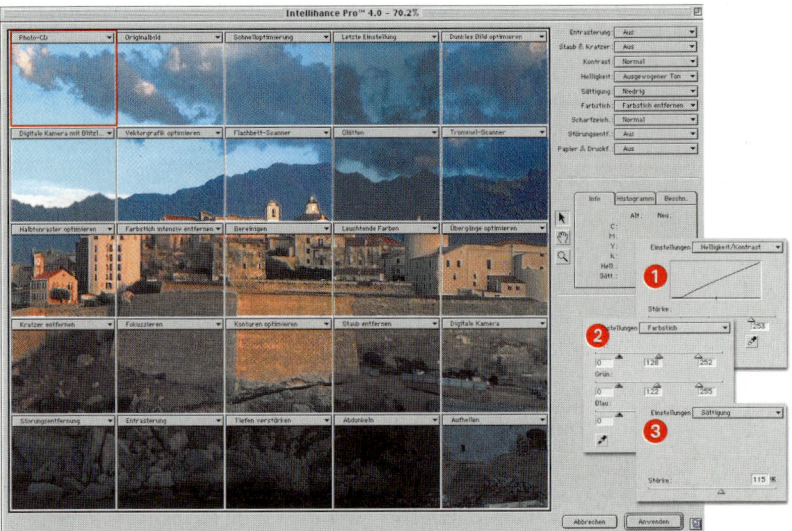

Schön an Intellihance ist die Möglichkeit sich bis zu 25 verschiedene Bearbei- tungen eines Bildes anzeigen zu lassen und dann aus diesen Alternativen seine Wahl zu treffen. Dabei werden nicht nur die Tonwerte eines Bildes geändert, sondern auch die Bilder geschärft, entrastert und Staub und Kratzer entfernt. Soweit es die Tonwert- und Farbkorrektur betrifft, setzt auch dieses Programm auf die bekannten Konzepte. Tonwertkorrektur ❶, Graubalance ❷ und Farb- sättigung ❸ sind zu finden, wenn man in den so genannten Feinabstimmungs- Modus wechselt. Die Einstellungsmenüs sind sehr schlicht gehalten und laden nicht unbedingt ein, damit zu arbeiten. Aber für manuelle Korrekturen ist das Programm ja auch nicht konzipiert worden, sondern um schnell aus einer Reihe von automatisch erstellten Alternativen seine Wahl zu treffen.

Carnival Shooting Gallery

Als Beispiel für die Ansteuerung von Digitalkameras soll hier noch die Software Shooting Gallery von dem dänischen Hersteller Carnival genannt werden. Einen ganz ähnlichen Look hat auch die Ansteuerung für Rollei-Kameras. Hier sind Histogramm und Gradationskurven in einem Menü vereinigt. Über die Eckpunkte der Kurve regelt man Weiß- und Schwarzpunkt und mit dem mittleren Punkt nimmt man Helligkeitsänderungen vor. Eine mittlere Pipette für die Graubalance darf natürlich auch hier nicht fehlen. Ein Histogramm, wie es hier abgedruckt ist, weist übrigens auf ein völlig überbelichtetes Bild hin.

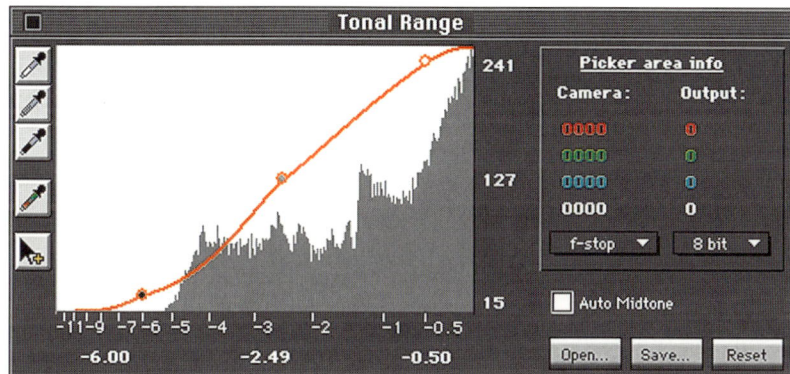

Die Kombination aus Histogramm und Gradationskurve ist bei professionellen Digitalkameras öfter anzutreffen.

RGB-Korrekturen

- Neben den Regeln, die für Graustufenbilder gelten, ist es die Aufgabe des Weiß- und Schwarzpunktes, Farbstiche zu eliminieren. Weiß soll wirklich Weiß und nicht Rosa oder Bleu sein.

- Für den Druck muss man ggf. den Tonwertumfang begrenzen.

- Eine kompromisslose Einstellung von Weiß- und Schwarzpunkt zerstört HiKey- und LowKey-Bilder.

- Nach den den Extremwerten sollte man sich der Graubalance widmen. Damit kann man Farbstiche entfernen. Wichtiger noch: Es ist das zentrale Konzept, um Verbesserungsmöglichkeiten für Bilder aufzuspüren.

- Prüfen Sie mehrere Punkte im Bild und suchen Sie nach Gemeinsamkeiten. Diese Werte geben Ihnen die Tendenz einer möglichen Korrektur vor.

- Diese Vorgehensweise kann man auch mit Bildern nutzen, deren Farbstich nur verringert oder gar verstärkt werden soll.

- Korrekturen gegen die dominanten Farben neutralisieren das Bild. Verstärkt man dagegen die vorgefundene Tendenz, erhöht man den Farbstich.

- Helligkeits- und Kontraständerungen haben im RGB-Modus starken Einfluss auf die Farben. Kontrastverstärkungen führen zu einer höheren Farbsättigung.

- Wer schon im RGB-Modus auf konkrete CMYK-Werte hinarbeiten will, sollte sich mit der jeweiligen Komplementärfarbe beschäftigen.

- Die globalen Korrekturen bestimmen über den Erfolg der Bildbearbeitung, und der RGB-Farbraum stellt die Basis für alle Separationen dar (sofern Sie nicht mit Lab-basierten Programmen arbeiten).

- Das wohl wichtigste Farbkorrektur-Werkzeug heißt Farbton/Sättigung und beruht vollständig auf dem Farbkreis.

- Die Kolorieren-Funktion stellt eine sinnvolle Alternative zu Duplexbildern dar.

- Die Variationen können den Einstieg in die Farbkorrektur erleichtern. Zu wirklich guten Ergebnissen kommt man damit aber nicht.

- Die grundlegenden Werkzeuge der Farbkorrektur findet man fast immer in den Scanprogrammen wieder.

Sidestep 5: Weiches Licht

Weiß, Schwarz und Grau. Die zentralen Fragen der Farbkorrektur können den Wunsch nach eindrucksvollen Effekten keineswegs erfüllen. Daher sollen an dieser Stelle auch einmal die bunteren Seiten der Bildbearbeitung Thema sein. Hierfür kann ein Phänomen aus der Werbe- und Verlagsbranche dienen, die ja für Kreativität und Einfallsreichtum bekannt ist. Besonders eindrucksvoll stellt sie dies in den Kiosken und Tankstellen unter Beweis. Oft ist ein ganzes Regalbrett für Fernsehzeitschriften reserviert, die allesamt gleich aussehen. Viel Haut, mit diesem speziellen, weichgezeichneten Look, auf blauem Fond scheint den ultimativen Kaufreiz beim potentiellen Leser auszulösen.

An dieser Stelle soll die Frage lauten, wie die Hauttöne zustande kommen. Es mag sein, dass sie schon bei der Fotografie berücksichtigt wurden oder dass der spezielle Look erst in der digitalen Nachbearbeitung hinzugefügt wurde.

Auf jeden Fall gibt es einen einfachen Weg in jedes beliebige Foto diesen Effekt hineinzuzaubern.

Als erstes sollte man die Bildebene duplizieren, indem man im Menü EBENE den entsprechenden Befehl wählt oder die Hintergrundebene in der Palette auf das Symbol für NEUE EBENE zieht.

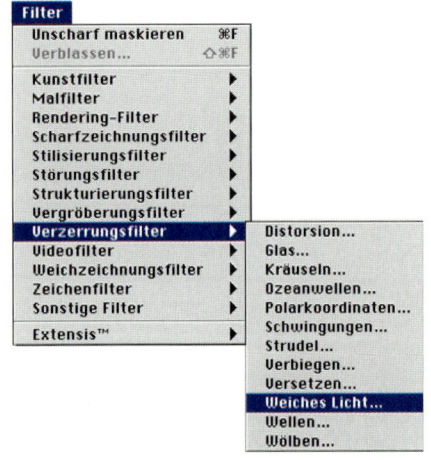

Man benötigt des Weiteren den Filter WEICHES LICHT, der seit der Version 5.0 zum Lieferumfang von Photoshop gehört. Man findet ihn unter den Verzerrungsfiltern.

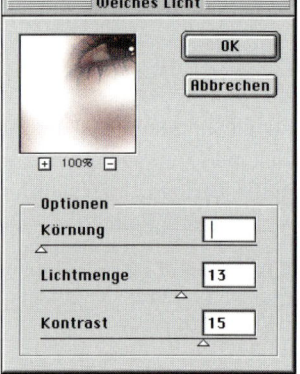

Dieser Filter sorgt für eine Überstrahlung basierend auf der Hintergrundfarbe, die in der Werkzeugleiste angewählt ist. Für den Anfang sollte man als Hintergrundfarbe Weiß definiert haben.

Hier das Resultat nach Verwendung des Filters. Die Farbe Weiß hat das Gesicht überstrahlt. Die Körnung war dabei sehr gering gehalten und die Lichtmenge relativ hoch gewählt, um diese ganz weichen Übergänge zu realisieren. Eine hohe Kontrasteinstellung von „15" sorgt dafür, dass der Filter die Zeichnung in den Hauttönen stärker verändert, auf der anderen Seite dunkelt es die Haare sehr stark ab.

Im Moment schaut das Ergebnis zugegebenermaßen noch nicht besonders überzeugend aus.

Hier kann die Ebenenpalette weiterhelfen. Im oberen Bereich der Palette bestimmt man, wie die Pixel der aktuellen Ebene mit der darunter liegenden Ebene verrechnet werden sollen. Mein persönlicher Favorit in der Kombination mit dem Filter WEICHES LICHT ist die Option HARTES LICHT. Reduziert man zusätzlich die Deckkraft der Ebenen – hier auf 60% – erreicht man genau den gewünschten Plastik-Effekt.

In der Ebenenpalette sehen Sie darüber hinaus eine Ebenenmaske, die einen Teil der gefilterten Ebene verdeckt und so den blauen Hintergrund vor einer Veränderung schützt.

Hier das Resultat mit den geänderten Einstellungen der Ebenenpalette. Ich finde die Herangehensweise, Filter in einer kopierten Ebene anzuwenden, übrigens in vielen Fällen hilfreich. Man kann, indem man das Auge in Palette wegklickt, schnell den Unterschied zwischen vorher und nachher sehen. Die Deckkraft lässt sich definieren und die Ebenenoptionen halten neben viel überflüssigem Kram auch die ein oder andere nette Überraschung bereit.

Damit kann man sich direkt als so eine „Art Direktor" bei den einschlägigen Verlagen bewerben.

2.5 Separationen

Photoshop-Separationen

Nachdem der Prozess der RGB-Farbkorrektur abgeschlossen ist, kann man darangehen die Daten für die Ausgabe umzuwandeln – sie nach CMYK zu separieren. Damit Photoshop das richtig machen kann, muss man dem Programm einiges über den Druckprozess mitteilen. Auch wenn mit der Version 6 der Adobe-Software die ICC-Profile immer mehr in den Vordergrund rücken, kann man doch an den Photoshop-Einstellungen sehr schön verdeutlichen, welche Parameter für die Erstellung von CMYK-Daten wichtig sind.

Druckfarben und Tonwertzuwachs

Zuallererst muss man die Druckfarben benennen, die verwendet werden. Beim ersten Starten von Photoshop wird immer SWOP GESTRICHEN angewählt sein. SWOP steht für Standard Web Offset Paper und definiert den amerikanischen Standard, der geringfügig von der Euroskala abweicht. Sie können hier auch andere Druckfarben anwählen. Darunter auch Ausgabeverfahren, die mit dem Offsetdruck nichts zu tun haben, wie etwa Canon Kopierer und Tektronix Thermosublimationsdrucker. Im deutschsprachigen Raum wird sicherlich Euroskala die sinnvollste Wahl sein.

Mit Hilfe der CMYK-Einstellungen teilen wir Photoshop mit, welchen Druckprozess wir verwenden werden.

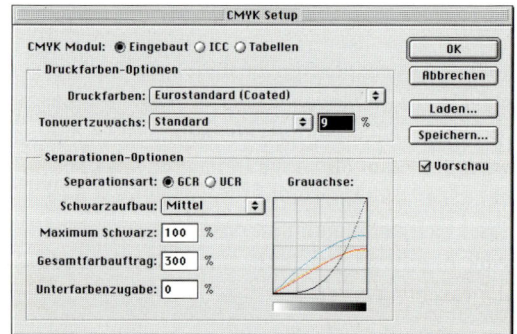

Direkt darunter gilt es den zu erwartenden Tonwertzuwachs zu definieren. Dies bezieht sich auf das Phänomen, dass in der fertigen Drucksache die Rasterpunkte eine größere Flächendeckung aufweisen als im belichteten Film. Die Begründung hierfür findet sich im Begriff „Druck". Die Farbe wird auf das Papier gedrückt, und jeder kann sich vorstellen, was dann passiert: Die kleinen Farbtropfen dehnen sich auf dem Papier aus. Je schlechter das Papier ist, desto stärker ist dieser Zuwachs. Ähnlich einem Löschpapier oder einer Küchenrolle zieht auch das Papier Farbe. Gut, es wird relativ selten auf Küchenrollen gedruckt, aber manche Zeitungspapiersorten sind nicht weit davon entfernt. Die Voreinstellungen von Photoshop tragen dem Rechnung. Haben wir bei EURO-SKALA GESTRICHEN einen vordefinierten Wert von 9% Zuwachs, so springt dieser auf 30% bei EUROSKALA ZEITUNG. Dies resultiert dann in deutlich geringeren

Werten für die CMYK-Werte bei der Zeitungsumwandlung, da der zu erwartende Tonwertzuwachs eingerechnet wurde. Die Datei wird bei der Separation aufgehellt, damit im späteren Druck und dem damit verbundenen Tonwertzuwachs
wieder das gewünschtes Ergebnis entsteht.

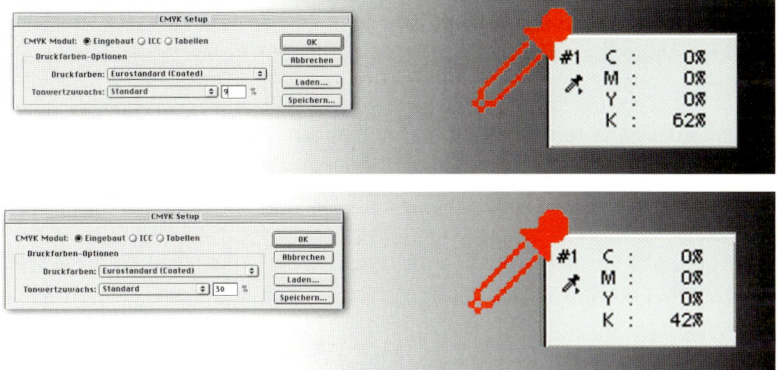

Ein geringer Tonwert-
zuwachs von hier 9%
führt zu deutlich höheren
Werten bei der Umwand-
lung nach CMYK.

Um einen hohen erwarte-
ten Tonwertzuwachs von
30% auszugleichen,
werden die CMYK-Werte
bei der Umwandlung
deutlich abgesenkt.

Die Einstellungen für den Tonwertzuwachs wirken also bei der Umwandlung
von RGB oder Lab nach CMYK. Sie haben aber eine weitere Bedeutung, die oftmals vergessen wird. Unser Monitor kann nur RGB darstellen. Prüfen wir also
eine CMYK-Datei am Bildschirm, wird Photoshop das Bild intern von CMYK nach
RGB umrechnen. Dabei fragt es in den CMYK-Einstellungen nach, mit welchen
Druckfarben und welchem Tonwertzuwachs zu rechnen ist, um eine möglichst
exakte Darstellung zu zeigen. Haben wir hier einen hohen Wert für den Tonwertzuwachs eingetragen, so wird das Bild am Monitor deutlich dunkler dargestellt. Bei einem nur geringen Tonwertzuwachs dagegen heller.

Die Bildschirmdarstellung
eines CMYK-Bildes mit
identischen Werten. Links
mit 0% Tonwertzuwachs;
rechts mit 30%. Photo-
shop versucht das zu
erwartende Druck-
ergebnis darzustellen
und kommt so zu unter-
schiedlichen Resultaten.

Es gibt also zwei Situationen, bei denen die Einträge für Druckfarben und Tonwertzuwachs von Bedeutung sind: bei der Umwandlung nach CMYK und bei der
Darstellung von CMYK-Bildern.

Bisher war die Rede von vordefinierten Zuwächsen. Neun Prozent bei gestrichenen Papieren, dreißig Prozent beim Zeitungsdruck. In der Realität wird man oft mit diesen Begriffen operieren. Die Druckbetriebe können hier oftmals ganz exakte Werte nennen, mit denen Sie die Bilder separieren sollten, um zu dem gewünschten Ergebnis zu kommen. Um ein Beispiel zu nennen: Wenn Sie eine Anzeige im Kölner Stadt-Anzeiger, meiner örtlichen Tageszeitung, abdrucken wollen, sollten Sie EUROSKALA ZEITUNG mit einem Tonwertzuwachs von 26% wählen.

Wenn Sie es ganz genau wissen wollen, können Sie auch die Funktion GRADATIONSKURVEN wählen. Dazu müssen Sie einen Graukeil mit den Werten von 2 – 90 % ausdrucken und diesen Druck mit einem Densitometer vermessen. Es ist dabei wichtig, dass Papier, Farbe und natürlich die Druckmaschine dem entsprechen, was Sie im Fortdruck nutzen wollen. Sie wollen ja exakt diese Werte vermessen, und eine andere Papiersorte würde schon zu ganz anderen Werten führen. Die gemessenen Werte werden dann in die Tabelle eingetragen und bei der Umwandlung berücksichtigt. Sinn macht dies insbesondere, wenn man im Druck mit Farbstichen zu kämpfen hat. Bei der individuellen Erstellung von Gradationskurven kann man den Tonwertzuwachs für jede Farbe einzeln definieren und so die Eigenheiten des Druckprozesses berücksichtigen.

Man kann auch einen Graukeil ausdrucken und diesen mit einem Densitometer ausmessen. Die erhaltenen Werte kann man in den Gradationskurven eintragen.

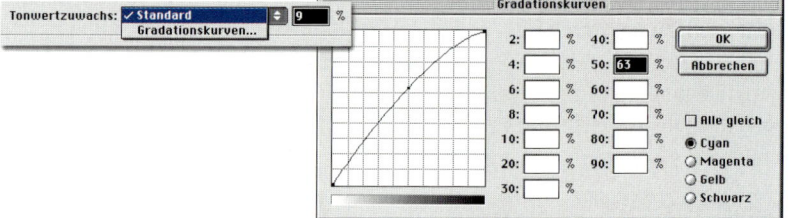

GCR und UCR

Die Druckfarben Cyan, Magenta und Yellow sollten ja in der Theorie Schwarz ergeben. In der Realität versagt diese schöne Theorie und stattdessen entsteht ein dunkles Braun ohne richtige Tiefe. So nutzt man die Druckfarbe Schwarz, um hier Abhilfe zu schaffen, und gibt sie in den dunklen Elementen des Bildes hinzu. Es gibt unterschiedliche Möglichkeiten, wie man dieses Schwarz erzeugen kann, und nahezu jeder Hersteller hat eigene Begriffe entwickelt, für die Art des Schwarzaufbaus. Prinzipiell haben wir zwei Möglichkeiten: einen Buntaufbau (UCR) und einen Unbuntaufbau (GCR).

GCR :   (Grey Color Replacement) oder Unbuntaufbau.

Hier werden die Tertiärfarben, also die Farben, die aus den drei subtraktiven Buntfarben bestehen, durch Schwarz ersetzt. Ein Grauton, der im RGB-Modus aus 127R, 127G und 127B besteht, würde so im Extremfall rechnerisch in 50% Schwarz umgerechnet werden.

UCR: (Under Color Removal) oder Skelettschwarz.

Hierbei handelt es sich um einen Buntaufbau. Nur in den Tiefen wird Schwarz hinzugegeben, um eine stärkere Sättigung zu erreichen. Der erwähnte Grauton könnte in diesem Fall etwa die Werte 58C, 45M, 45Y ergeben.

Die Stärke des Schwarzaufbaus lässt sich nur im GCR-Modus bestimmen und entscheidet darüber, wie stark die Farben durch Schwarz ersetzt werden. Mit KEIN SCHWARZAUFBAU lassen sich für spezielle Anwendungen auch Separationen ohne schwarzen Auszug erstellen.

Eine Tertiärfarbe kann man aus den drei Buntfarben aufbauen. Man kann aber auch den kleinsten gemeinsamen Nenner durch Schwarz ersetzen und erhält dann einen Unbuntaufbau.

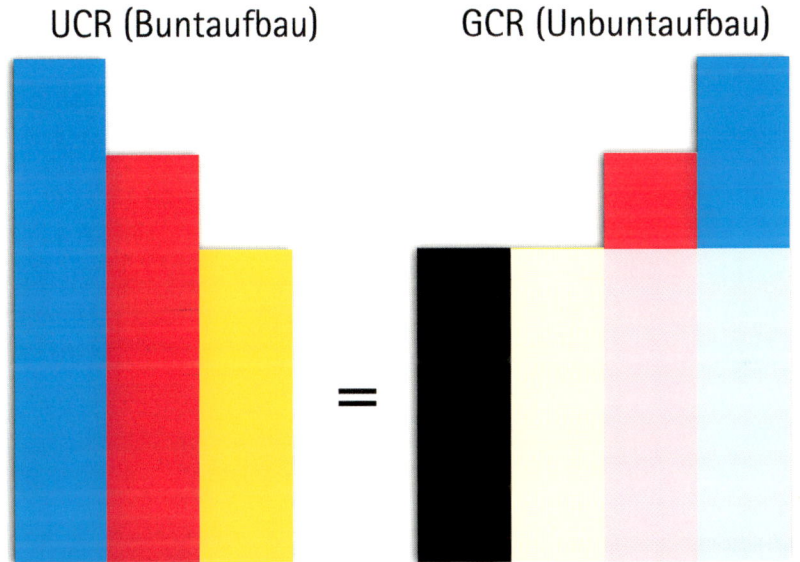

UCR (Buntaufbau)   GCR (Unbuntaufbau)

=

Das unterschiedliche Reflexionsverhalten der Druckfarben bleibt bei dieser schematischen Darstellung unberücksichtigt.

Vorteil des Unbuntaufbaus ist es, dass Farbschwankungen im Druck weitaus geringer auftreten können. Die Tertiärfarben sind ja teilweise durch Schwarz ersetzt, und dies bietet eine Basis, die keinen Farbstich annehmen kann. Darüber hinaus wird insgesamt weniger Farbe verbraucht, was sich bei hohen Auflagen durchaus in Mark und Pfennig rechnet.

Fragt man aber die Beteiligten, welcher Schwarzaufbau eingesetzt wird, so hört man ganz häufig UCR. Trotz der Vorteile, die ein Unbuntaufbau bietet, wird er relativ selten eingesetzt. Ein oft genanntes Argument für den Buntaufbau ist die stärkere Tiefe, die man in ganz dunklen Elementen erzielen kann. Ein weiterer Vorteil liegt in der Möglichkeit, später noch Änderungen am Bild vorzunehmen. Separiert man das Bild mit einem starken Schwarzaufbau, so kann man später die Graubalance des Bildes kaum noch ändern. Sie ist ja zu einem großen Teil schon unverrückbar festgelegt. Dies bedeutet für den Druckvorstufenoperator, der im CMYK-Modus Korrekturen durchführen möchte, wie für den Drucker, dass beide keine grundlegenden Einflussmöglichkeiten mehr auf das Bild haben.

Ein maximaler Schwarzaufbau führt zu einer sehr geringen Dichte und zu Abrissen in den Farbauszügen. Die Einstellung lässt sich aber sinnvoll einsetzen, wenn man Graustufenbilder einfärben will. Dann werden die Daten nur in den Schwarz-Kanal übertragen. Alle anderen Kanäle bleiben frei und können bearbeitet werden.

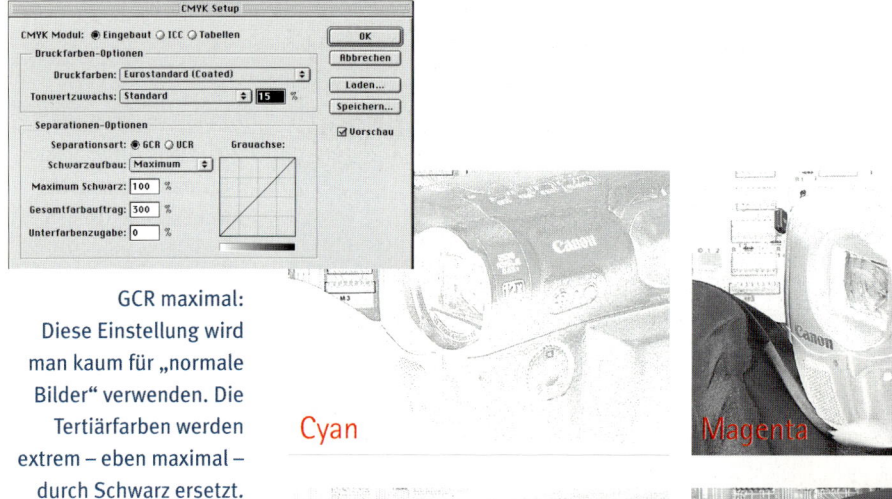

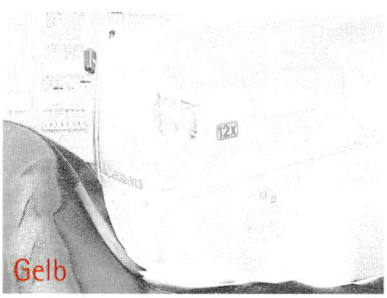

GCR maximal:
Diese Einstellung wird man kaum für „normale Bilder" verwenden. Die Tertiärfarben werden extrem – eben maximal – durch Schwarz ersetzt.

Cyan

Magenta

Gelb

Schwarz

Ein tiefes RGB-Schwarz aus oR, oG und oB, welches mit einem Buntaufbau umgewandelt wird, ergibt dagegen ungefähr die CMYK-Werte 98C, 93M, 85Y, und 85 K. Die genauen Werte sind von den Einstellungen im Dialogfeld CMYK abhängig.

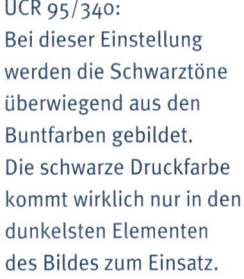

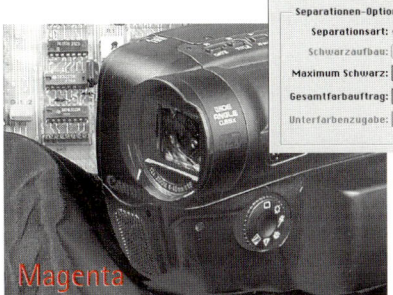

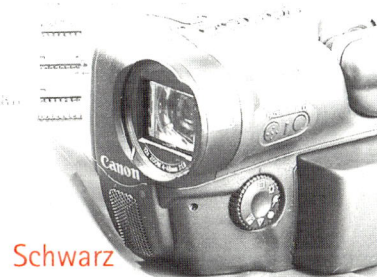

UCR 95/340:
Bei dieser Einstellung werden die Schwarztöne überwiegend aus den Buntfarben gebildet. Die schwarze Druckfarbe kommt wirklich nur in den dunkelsten Elementen des Bildes zum Einsatz.

Der Gesamtfarbauftrag liegt nun wirklich bei 340% und ist damit für einige Druckverfahren und Bedruckstoffe nicht mehr zu empfehlen.

Gesamtfarbauftrag

Der Gesamtfarbauftrag ist die Addition der Prozentwerte aller 4 Farbauszüge im dunkelsten Punkt des Bildes. Je nach Druckverfahren und Bedruckstoff müssen hier unterschiedlich niedrige Werte erreicht werden. Realistische Werte für Bogenoffset auf Kunstdruckpapier liegen bei rund 340%. Beim Zeitungsdruck liegt dieser Wert deutlich niedriger. Je nach Druckverfahren sollte nicht mehr als 240% Flächendeckung erreicht werden.

Mit Hilfe der Unterfarbenzugabe ist man in der Lage, die Farben, die durch die GCR-Einstellung entfernt wurden, teilweise wieder zurückzuführen um in den dunklen Bereichen eine stärkere Tiefe zu erzielen. Ich kenne das bisher nur vom Zeitungsdruck, wo der Gesamtfarbauftrag extrem reduziert wird und dann in den Tiefen Probleme auftreten.

Im Photoshop-Informationsfenster kann man sich den Wert für den Gesamtfarbauftrag anzeigen lassen.

Anhand des Grauachsen-Diagramms erhält man eine visuelle Vorstellung von der gewählten Farbumsetzung.

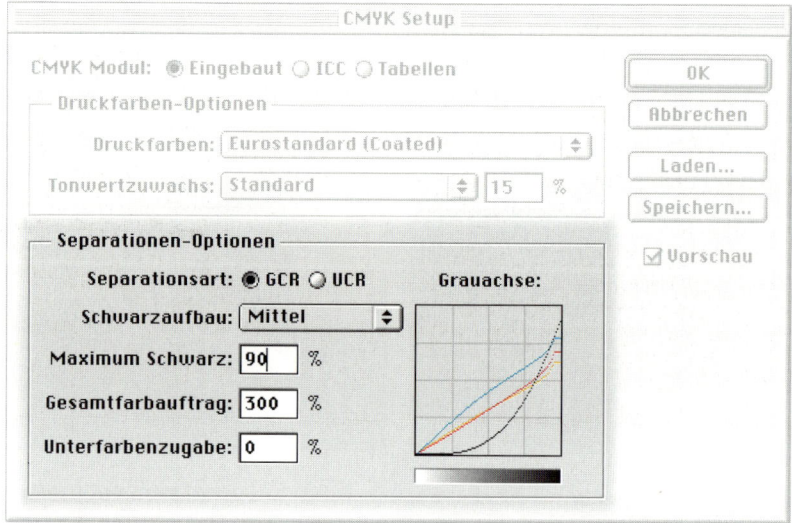

Maximum Schwarz

In dem Kapitel über Graustufen war davon die Rede, dass man den Tonwertumfang für den Offsetdruck sowohl in den Tiefen wie in den Lichtern begrenzen muss, zum Beispiel auf 5 – 95% Flächendeckung. Arbeitet man mit vierfarbigen Bildern gilt diese Regel natürlich genauso. Man sollte daher das maximale Schwarz nicht auf 100% einstellen. Gerade wenn man mit einem starken Unbuntaufbau arbeitet, kann es geschehen, dass sonst in den Tiefen Zeichnungsverluste auftreten.

Bei CMYK-Bildern geht man sogar oftmals mit dem Schwarzwert noch weiter zurück. Die dunklen Elemente des Bildes werden ja nicht nur aus Schwarz, sondern auch aus den Buntfarben aufgebaut. Daher kann man sich eine Reduktion erlauben. Realistische Werte dürften zwischen 85% und 95% für Schwarz liegen.

Es sollen an dieser Stelle vier unterschiedliche Separationen abgedruckt werden. Bei einer Flächendeckung von 340 Prozent verwundert es nicht, dass das Bild mit dieser Einstellung die stärkste Tiefe erreicht. Der maximale GCR-Aufbau neutralisiert sich selber, und der korrekte Blaustich der Videokamera verschwindet. Die beiden GCR-Mittel-Varianten unterscheiden sich in erster Linie in der Gesamtflächendeckung. Man sieht, z.B. an der Objektivumrandung, dass 240 Prozent maximale Flächendeckung in diesem Druckverfahren nicht ausreichen, um eine ordentliche Tiefe zu erzielen. Das soll auch so sein, denn es handelt sich hierbei um eine klassische Zeitungsseparation.

Ein identisches RGB-Bild wurde viermal mit unterschiedlichem Schwarzaufbau separiert. Die Einstellungen für Druckfarben und Tonwertzuwachs waren dabei identisch (Euroskala, 15%). Nur die Art des Schwarzaufbaus und die maximale Flächendeckung unterscheiden sich.

GCR maximal 100/300

GCR mittel 100/300

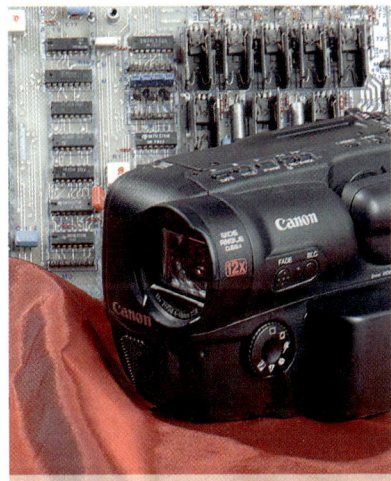

GCR mittel 85/240, UCA 40%

UCR 95/340

Eigene Druckfarben

Nicht immer kommen Farben nach dem Euroskala- oder SWOP-Standard zum Einsatz. Im Zeitungsdruck werden oftmals, im Tiefdruck sogar meistens eigene Farben eingesetzt. Der Wert 100% Magenta ist dann vielleicht gar nicht magentafarben, sondern eher Rot. Ein anderes Einsatzgebiet für eigene Druckfarben ist sicherlich der Siebdruck. Druckt man CMYK-Dateien, die mit der Euroskala-Einstellung separiert wurden, in solchen Zusammenhängen, entstehen naturgemäß andere Farben.

Um dies zu umgehen, kann man Vollflächen der jeweiligen Druckfarbe ausgeben und mit einem Spektralphotometer vermessen. Die erhaltenen Werte kann man in den Separationseinstellungen in das Menü EIGENE DRUCKFARBEN eintragen.

Statt voreingestellter Druckfarben, wie EURO-SKALA, kann man auch seine EIGENEN DRUCK-FARBEN definieren.

Eigene Druckfarben			
	L*	a*	b*
C:	55,9	-21,9	-47,9
M:	48,4	67,0	-5,4
Y:	88,6	-11,8	89,6
MY:	46,9	59,3	40,7
CY:	47,5	-64,5	32,3
CM:	24,6	25,7	-40,8
CMY:	20,7	-1,5	6,5
W:	94,4	0,3	-2,4
K:	14,1	-0,6	-1,6

OK
Abbrechen

☑ L*a*b* Koordinaten
☐ Überdrucken schätzen

Seit Photoshop 5.0 kann man hier direkt die Lab-Werte eintragen. Betreibt man den Aufwand, eigene Testdrucke zu erstellen, so sollte man auch gleich den Zusammendruck der Grundfarben vermessen. Ist dies nicht möglich, etwa weil man vom Hersteller nur die Lab-Werte der Farben erfahren hat, so kann man Photoshop schätzen lassen, welche Ergebnisse beim Überdrucken zu erwarten sind.

Logos, Schriften, Screenshots

Man sollte bei der Umwandlung von Dateien unterscheiden zwischen fotografischen Bildern und technischen, illustrativen Motiven. Während im ersten Fall weiche Übergänge das gesamte Bild bestimmen, so stehen bei den technischen Motiven harte Konturen und klar abgegrenzte schwarze Linien im Vordergrund. Klassisches Beispiel hierfür sind die Screenshots dieses Buches.

Wandelt man solche Daten mit einem Buntaufbau um, so werden die schwarzen Linien aus allen vier Farben aufgebaut. Wenn dann im Druck Passer-Ungenauigkeiten auftreten, wird dieser farbige Aufbau deutlich sichtbar. Man kann nicht unbedingt dem Drucker dafür die Schuld in die Schuhe schieben. Leichte Differenzen sind auf Grund von Temperatur- und Feuchtigkeitsunterschieden kaum zu vermeiden. Bei fotografischen Motiven fällt das kaum ins Gewicht. Bei hart konturierten technischen Bildern sind diese Ungenauigkeiten dagegen gut zu erkennen. Die Bilder wirken dann ein wenig unscharf.

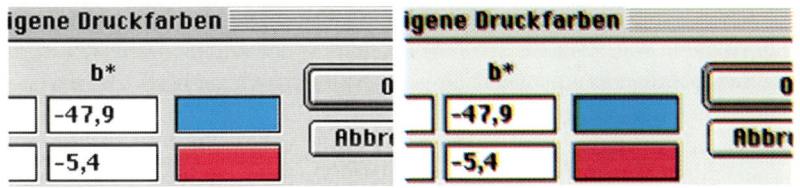

Für beide Bilder wurden die Farbauszüge um den gleichen Wert verschoben.
Links ein maximaler Unbuntaufbau (GCR); rechts dagegen ein Buntaufbau (UCR).

Die Lösung ist es, das Bild mit einem Unbuntaufbau bei maximalem Schwarzaufbau umzuwandeln. Im Gegensatz zu fotografischen Motiven ist jetzt ein maximales Schwarz von 100% nicht nur erlaubt, sondern sogar erwünscht. Sollten im Druck Passerprobleme auftreten, so mag der ein oder andere Blitzer entstehen, aber das ist sicherlich weniger auffällig als das Auftreten der farbigen Outlines beim Buntaufbau.

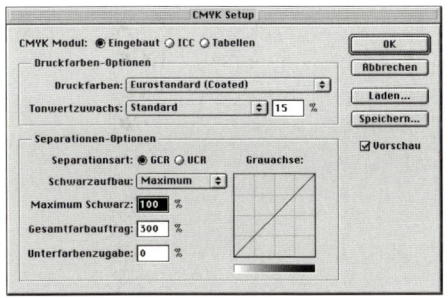

Ein maximaler Schwarzaufbau hilft gegen Passerprobleme.

Im Kapitel über RGB-Korrekturen habe ich teilweise darauf verzichtet, die Screenshots mit einem maximalen Schwarz umzuwandeln. Mit etwas Glück (!?) werden Sie in diesem Kapitel also die leichte Unschärfe, die bei einem Buntaufbau in Kombination mit Screenshots ensteht, entdecken können.

Graustufen in CMYK

Unter Umständen will man Graustufenbilder vierfarbig drucken lassen. Dadurch kann man eine stärkere Tiefe erreichen. Dazu stehen zwei Möglichkeiten zur Verfügung: Man kann das Bild in ein Quadruplex umwandeln oder es einfach in CMYK separieren. Das Letztere ist nicht nur einfacher, es bietet auch eine weitaus höhere Produktionssicherheit. All die genannten Informationen über Tonwertzuwachs und verwendete Druckfarben finden dann nämlich Anwendung. Bei Quadruplex-Bildern basiert dagegen alles auf zu definierenden Druckkennlinien (mehr dazu in Kapitel 3.1).

Allerdings sollte man sich auch hier überlegen, ob man einen starken Buntaufbau riskieren will. Kleinste Schwankungen im Druckprozess können dann zu
deutlich sichtbaren Farbstichen führen. Hier sind wir wieder beim Thema Graubalance und der geringen Toleranz des menschlichen Auges gegen Abweichun-
gen in diesem Bereich. Empfehlenswert ist es daher, Graustufenbilder mit
einem Unbuntaufbau zu separieren. Allerdings nicht mit einem maximalen
Aufbau, denn dann würde die Graustufeninformation nur den Schwarzkanal
übertragen und man wäre keinen Schritt weiter. Aber ein mittleres oder starkes
GCR ist doch zu empfehlen.

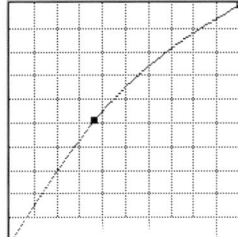

Simuliert man mit Hilfe
der Gradationskurven
Farbschwankungen im
Fortdruck, so erkennt
man, dass diese sich bei
einem Buntaufbau
(rechts) viel stärker
auswirken als bei einer
GCR-Einstellung.

GCR stark

UCR

Separation mit ICC-Profilen

In Photoshop 6 stehen die ICC-Profile im Vordergrund. In der Version 5.x muss man in der Titelleiste der CMYK-Einstellungen den Button ICC anklicken. Die Erstellung von Separationen mit Hilfe von ICC-Profilen ist insofern einfach, da die meisten Informationen schon in dem ICC-Profil stecken und wir keinen Einfluss mehr darauf haben.

Die Informationen über den Tonwertzuwachs hat das Spektralphotometer bei der Vermessung der Farbfelder eingelesen. Schwarzaufbau, maximale Flächendeckung und maximales Schwarz wurden bei der Profilerstellung festgelegt. In der Profilierungssoftware werden all diese Parameter angegeben. Mit ein bisschen Glück enthält man zu dem Profil wenigstens die grundlegenden Informationen oder kann anhand des Namens Vermutungen anstellen.

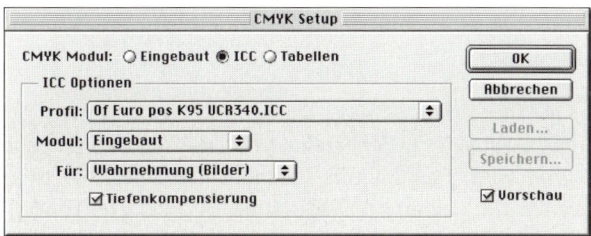

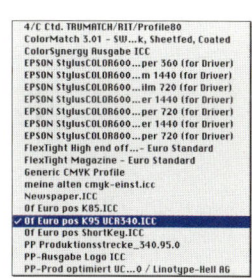

Die fehlenden Einflussmöglichkeiten führen zu einem ganz interessanten Problem, denn will man verschiedene Separationseinstellungen für unterschiedliche Bilder verwenden, so kommt man mit den Profilen nicht weit. Den Schwarzaufbau extra für einen Screenshot oder ein Graustufenbild zu verändern ist nicht möglich. Die einzige Alternative, die man hat, ist mit der eingebauten Option von Photoshop zu möglichst ähnlichen Ergebnissen zu kommen. In diesem Buch beispielsweise wurden alle Fotografien mit einem ICC-Profil separiert. Die Screenshots dagegen wurden mit der eingebauten Option, GCR maximal und 20% Tonwertzuwachs umgewandelt. Die Einstellung von 20% ergab die beste Übereinstimmung mit dem ICC-Profil.

Die Profile, die auf Systemebene installiert sind, kann man ab Photoshop 5 anwählen.

Hier sei noch einmal kurz auf die Vorschaufunktion in Photoshop hingewiesen. Damit kann man bei RGB- und Lab-Bildern nicht nur eine Voransicht des zu erwartenden CMYK-Ergebnisses sehen, sondern in der Info-Palette auch gleich die Werte ablesen. Gerade bei ICC-Profilen kann das hilfreich sein. Man erstellt eine RGB-Datei mit den Grau-, Schwarz- und Grundfarben und lässt sich dann die Voransicht einblenden. Liest man die Werte für das schwarze Feld ab, so weiß man sofort, mit welcher maximalen Flächendeckung dieses Profil arbeitet. Entsprechend kann man etwa in einem grauen Feld einen Eindruck davon erhalten, welcher Schwarzaufbau festgelegt wurde.

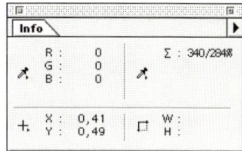

Die Info-Palette kann helfen, z.B. den Gesamtfarbauftrag unbekannter Profile zu erfahren.

Bei der Arbeit mit ICC-Profilen empfiehlt es sich, die CMYK-VORSCHAU zu nutzen. Wer Photoshop 6 besitzt, kann im Menü PROOF EINRICHTEN sogar den Rendering Intent prüfen.

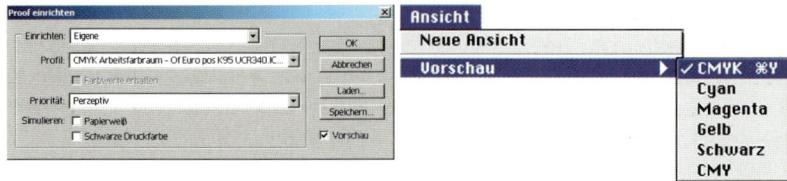

Einige Optionen der ICC-Separationen waren schon Thema im Kapitel zum Farbmanagement, so etwa die Color Matching Methods (CMMs), die in Photoshop als Modul bezeichnet werden. Welche CMM Sie wählen, ist von geringerer Bedeutung. Sie sollten dann aber dabei bleiben, da die unterschiedlichen Module zu leicht unterschiedlichen Resultaten führen.

Rendering Intents / Priorität

Die Rendering Intents entscheiden darüber, wie die nicht-druckbaren Farben behandelt werden.

Der Rendering Intent heißt in der Version 5 FÜR, während er in Photoshop 6 PRIORITÄT genannt wird. Das Begriffs-Durcheinander geht bei den einzelnen Optionen weiter. Die Option WAHRNEHMUNG (BILDER) aus Version 5 wird in Photoshop 6 zu PERZEPTIV.

Es lohnt sich das Prinzip noch einmal kurz vor Augen zu führen. Die Quellfarbräume bei Separationen (RGB oder Lab) sind größer als der Zielfarbraum CMYK. Die Originalfarben können (müssen aber nicht) außerhalb des mit Druckfarben darstellbaren Farbraums liegen. Der Rendering Intent bestimmt darüber, wie das Große in das Kleine überführt werden soll.

Eine der wichtigsten Regeln der Bildbearbeitung ist es, die Zeichnung des Originalbildes zu erhalten. Genau dies erledigt die fotografische WAHRNEHMUNGS/PERZEPTIV-Option. Sie komprimiert alle Originalfarben so stark, dass sie mit den Druckfarben darstellbar sind. Dies führt dazu, dass unter Umständen auch Farben geändert werden, die eigentlich im Zielfarbraum vorhanden wären. Dies nimmt man gemeinhin billigend in Kauf, weil auf der anderen Seite Farbunterschiede, die außerhalb des CMYK-Raums liegen, erhalten bleiben.

Die grüne Farbe des Wassers liegt überwiegend außerhalb des CMYK-Farbraums. Bei der Wahrnehmungs-Option bleiben die Unterschiede zwischen den Tonwerten erhalten.

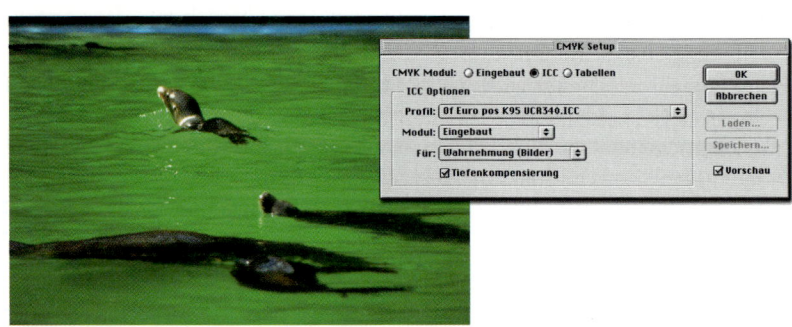

Die farbmetrischen Varianten übernehmen dagegen die Daten eins zu eins. Liegen Werte außerhalb des Zielfarbraums, so werden sie auf den nächsten reproduzierbaren Wert gesetzt. Liegen viele unterschiedliche Werte außerhalb, so kann es passieren, dass sie alle auf den gleichen Punkt im Zielfarbraum gesetzt werden. Das bedeutet nichts anderes als Zeichnungsverlust.

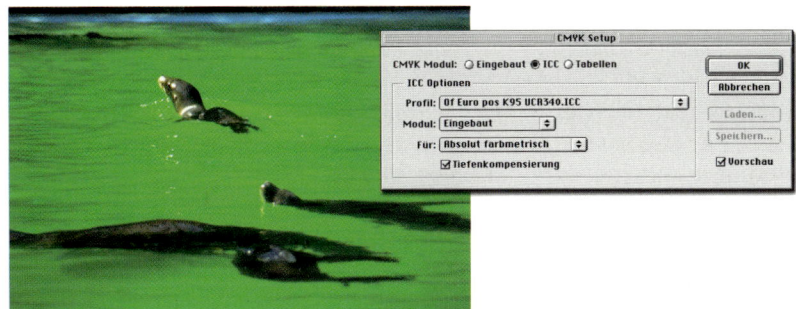

Bei den farbmetrischen Varianten treten dagegen Zeichnungsverluste auf.

Soweit es also um die Separation von Bilddaten geht, sollte man die WAHRNEHMUNGS/PERZEPTIV-Option wählen. Nur sie garantiert den Erhalt von Tonwertunterschieden auch nach der Separation. In seltenen Fällen kann aber auch die relativ farbmetrische Einstellung zu guten Ergebnissen führen. Wer mit Photoshop 6 arbeitet, kann sich im Menü PROOF EINRICHTEN eine Voransicht der verschiedenen Rendering Intents anzeigen lassen.

Monitordarstellung

Im Gegensatz zur Sättigungsmethode, die keine besonderen Vorteile bietet, sind die farbmetrischen Rendering Intents für die Monitordarstellung wichtig. Sie versuchen die Quellfarben möglichst identisch im Zielfarbraum abzubilden. Dies ist wichtig, wenn man Proofdrucke macht. Diese sollen ja möglichst exakt die Farbe wiedergeben. Gleiches gilt für die Monitordarstellung von CMYK-Daten.

Bei der Einstellung ABSOLUT FARBMETRISCH wird auch der Papierton, der im Profil niedergelegt ist, in die Darstellung eingerechnet, während bei RELATIV FARBMETRISCH dieser Aspekt unberücksichtigt bleibt.

Um dies an einem Beispiel zu verdeutlichen, habe ich ein Bild zuerst mit der Einstellung WAHRNEHMUNG/PERZEPTIV in einen sehr kleinen Zeitungsfarbraum separiert. Danach bin ich zurück in die CMYK-Einstellungen gegangen, um die Unterschiede zwischen den Optionen WAHRNEHMUNG und ABSOLUT FARBMETRISCH bei der Monitordarstellung der CMYK-Datei zu begutachten.

Monitordarstellung:
Beim Intent WAHR-
NEHMUNG werden im
Profil abgespeicherte
Informationen über das
Papierweiß ignoriert.

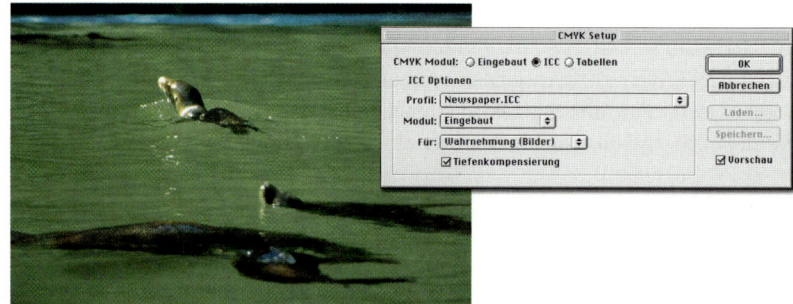

Bei der Einstellung
ABSOLUT FARBMETRISCH
wird die Information über
das Papierweiß für die
Berechnung der Darstel-
lung verwendet.

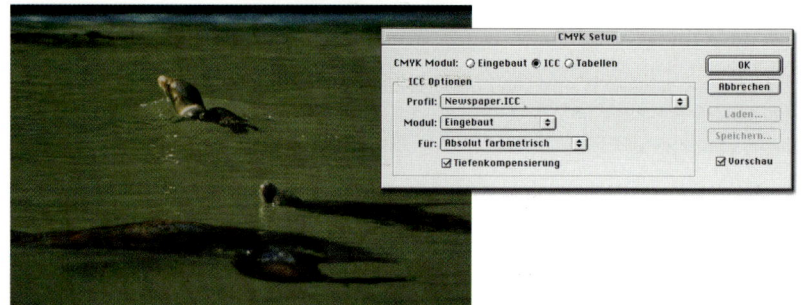

Es fällt auf, dass beide Bilder, sehr flau und dreckig wirken. Dies beruht auf dem extrem kleinen Zielfarbraum, der eben keine stärkeren Farben zu bieten hat.

Beide Bilder liegen schon in CMYK vor und besitzen identische Werte, nur die Darstellung auf dem Monitor unterscheidet sich, je nach Rendering Intent. Bei der absolut farbmetrischen Einstellung fließt auch die Information über das Papierweiß in die Berechnung der Bildschirmdarstellung ein. Beim Rendering Intent Wahrnehmung dagegen nicht, weshalb das Bild sehr viel heller und freundlicher erscheint.

Natürlich kann man immer die Farbeinstellungen aufrufen und die Rendering Intents umstellen, je nachdem, ob man ein Bild separiert oder einen Softproof auf dem Bildschirm wünscht. Allerdings ist das nicht besonders praktisch und birgt die Gefahr in sich, dass man vergisst die Farbeinstellungen wieder umzu-stellen.

Eine Lösung kann es sein, die Farbeinstellungen von Photoshop nur für die Bildschirmdarstellung zu benutzen und die eigentliche Separation von Bildda-ten über den Befehl PROFILKONVERTIERUNG auszuführen. In den Farbeinstellun-gen von Photoshop gibt man dann den Intent ABSOLUT FARBMETRISCH an, während man in der Profilkonvertierung den Intent WAHRNEHMUNG/PERZEPTIV nutzt. Das führt dazu, dass bei der Separation auch die nicht druckbaren Far-ben erhalten bleiben, während die Darstellung auf dem Monitor möglichst exakt und mit Einberechnung des Papiers geschieht.

Gerade bei der Monitordarstellung sollte man aber seinem subjektiven Eindruck durchaus vertrauen. Sehen die Bilder mit der Einstellung ABSOLUT FARB-
METRISCH ungewohnt, unschön und unpassend aus, dann sollte man eine
andere Einstellung wählen. Jeder von uns hat seinen eigenen Wahrnehmungsfilter, der die unvermeidliche Differenz zwischen den Lichtfarben des Monitors
und den subtraktiven Druckfarben verrechnet. Eine möglichst perfekte Bild-
schirmeinstellung ist natürlich erstrebenswert. Ungleich wichtiger ist es aber,
seinen Wahrnehmungsfilter zu schulen und Resultate der eigenen Arbeit kritisch zu überprüfen.

Tiefenkompensierung

Bei der Tiefenkompensierung streiten sich die Geister, und will man sich mit
diesem Thema beschäftigen, sollte man sich zuerst mit einer guten Portion Sar-
kasmus wappnen.

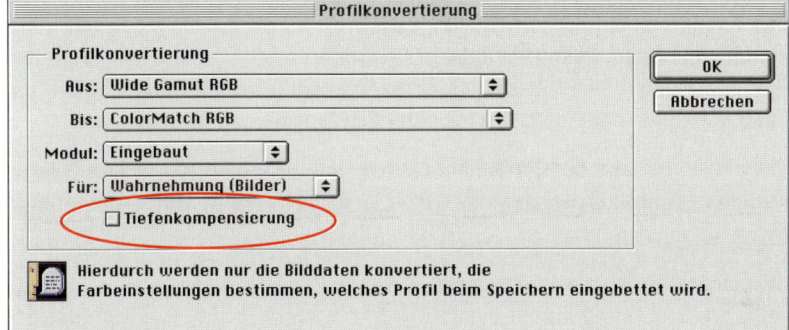

Die TIEFENKOMPENSIE-
RUNG gibt es, soviel ich
weiß, nur in Photoshop.

Die Programmierer von Adobe halten sich bedeckt und speisen den interes-
sierten Anwender in ihrem Handbuch mit folgender Formel ab: „Wählen Sie auf
Wunsch TIEFENKOMPENSIERUNG, um beim Konvertieren von Farben die dunkelste neutrale Farbe des Quellfarbraums statt mit Schwarz mit der dunkelsten
neutralen Farbe des Zielfarbraums abzustimmen". Alles klar? Ich meine, es ist
immer schön in Software-Handbüchern nach seinen Wünschen gefragt zu werden, aber man würde ja doch gerne wissen, welche Auswirkungen das nach
sich zieht.

Also habe ich recherchiert und erhielt dabei ärgerlicherweise völlig wider-
sprüchliche Informationen. Die eine Hälfte der Informationsquellen besagt,
man solle die Tiefenkompensierung deaktivieren, sie hätte nichts mit Farbmanagement zu tun, während die andere Hälfte versichert, nur diese Option
würde Zeichnungsverluste in den Tiefen verhindern.

Um meine Erkenntnisse kurz zusammenzufassen: Das perfekte Schwarz ist gekennzeichnet durch das Fehlen von Licht und hat im geräteunabhängigen CIE-Lab-Farbraum den Wert L=0. Vermutlich kein Gerät kann ein so tiefes Schwarz erreichen. Die L-Werte im Kunstdruck dürften also höher liegen. Im Zeitungsdruck müssen sie wiederum höher sein. Nehmen wir hier eine Schwärzung von L=20 an. Wandelt man nun eine RGB-Datei in das Zeitungs-CMYK um, so werden die Daten zwischen 0 und 20 verloren gehen, da für sie kein Platz im Zielfarbraum ist. Die Tiefenkompensierung sorgt dafür, dass der Quellton L=0 auf den Zielton L=20 gesetzt wird. Die umliegenden Werte werden entsprechend verschoben, und die Zeichnung bleibt erhalten.

So weit ist die Theorie ja einsichtig, und immerhin kann man sogar erkennen, dass bei Umwandlung in einen extrem kleinen Zeitungsfarbraum mit der Tiefenkompensierung etwas hellere Werte entstehen. Ich konnte aber nicht erkennen, dass es ohne Tiefenkompensierung zu bemerkenswerten Zeichnungsverlusten kam, die man ja erwarten könnte. Die Differenzen bewegten sich in Bereichen von 1 – 2%, falls überhaupt Differenzen zu erkennen waren.

Das Problem dabei scheint zu sein, dass die Tiefenkompensierung auf Informationen aufbaut, die nicht zu den ICC-Standards gehören und nicht in jedem Profil vorhanden sein müssen. Daneben pflegen auch die unterschiedlichen Color Matching Methods einen individuellen Umgang mit dieser Option.

Die zweite Aufgabe der CMYK-Einstellungen ist die Monitordarstellung. Wenn im Zeitungsfarbraum der dunkelste Wert L=10 ist, im Monitorfarbraum wir aber L=2 annehmen, dann muss man für die Monitordarstellung die Tiefenkompensierung ausschalten, weil ansonsten das Bild auf dem Monitor dunkler und strahlender wirkt, als es jemals im Druck erscheinen kann. Das funktioniert auch ganz gut. Die Bilder werden ohne Kompensierung sehr viel flauer dargestellt. Das ist zwar nicht schön, kommt aber dem zu erwartenden Druckergebnis näher.

Als Faustregel würde ich ihnen empfehlen, ohne die Tiefenkompensierung zu arbeiten. Verwendet man ein neues Profil, so kann man ein RGB-Bild mit verschiedenen Schwarzabstufungen erstellen und hier einige Proben setzen. In den CMYK-Einstellungen kann man dann zwischen den beiden Einstellungen hin und her schalten und die Werte vergleichen. Sollten Sie keine substantiellen Unterschiede mit und ohne Tiefenkompensierung entdecken können, bietet es sich an, ohne diese Option zu arbeiten.

Leider muss ich an dieser Stelle zugeben, dass ich persönlich mit Tiefenkompensierung arbeite. Bei den von mir verwendeten Profilen erkenne ich bei der Separation keinen Unterschied. Die in der Theorie bessere Monitordarstellung sehe ich zwar, aber sie gefällt mir überhaupt nicht. Ich habe mich schon an eine etwas kontrastreichere Darstellung gewöhnt, und so handele ich im wirklichen Leben gegen meine eigenen Empfehlungen.

Tabellen

Die Tabellen gibt es in Photoshop 6 nicht mehr. Bis zur Version 4 konnte man mit ihrer Hilfe die in getrennten Menüs definierten Einstellungen für Druckfarben und Separation gemeinsam abspeichern. Seit 5.0 besteht dafür kein Grund mehr, da sie jetzt in einem gemeinsamen Menü zu finden sind. Die einzig verbliebene Funktion der Tabellen liegt darin, wenn man mit einer alten Version von Photoshop arbeitet und die gewohnten Einstellungen in einer neueren Version nutzen will. Dann sichert man die Einstellungen und kann die entstandene Datei in Photoshop 5 öffnen und erneut sichern. Dadurch entsteht ein ICC-Profil, welches man dann universell einsetzen kann.

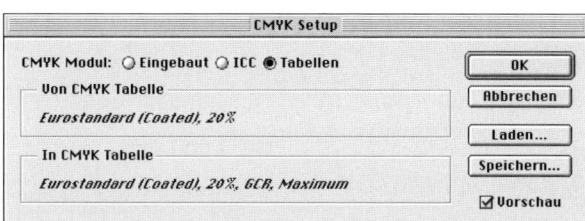

Die Tabellen sind nur bis zur Version 5 nutzbar.

Checkliste

Separationen

- Die CMYK-Einstellungen haben zwei Auswirkungen: Sie bestimmen die Umwandlungen nach CMYK und sie sind verantwortlich für die Darstellung von CMYK-Dateien auf dem Monitor.

- Damit Photoshop diesen Job gut erledigen kann, muss es Näheres über die verwendeten Druckfarben und den zu erwartenden Tonwertzuwachs erfahren.

- Weiter sind die maximalen Werte für Schwarz und die Gesamtflächendeckung von entscheidender Bedeutung.

- Bei einem Unbuntaufbau (GCR) werden die Töne, an denen Cyan, Magenta und Gelb gemeinsam beteiligt sind, teilweise durch Schwarz ersetzt. Bei einem Buntaufbau (UCR) wird dagegen die schwarze Druckfarbe nur in den Tiefen hinzugefügt.

- Der Unbuntaufbau ist stabiler gegen Farbschwankungen und verbraucht weniger Farbe. Der Buntaufbau bietet mehr Einflussmöglichkeiten im CMYK-Modus und erzielt eine stärkere Tiefe.

- Arbeitet man mit speziellen Farben, so kann man diese als eigene Druckfarben definieren, sofern man die entsprechenden Lab-Werte kennt.

- Schriften, Logos, Screenshots etc. sollten mit einem maximalen Unbuntaufbau separiert werden, um Blitzer zu vermeiden.

- In ICC-Profilen sind die Informationen über Tonwertzuwachs, Farbe, Flächendeckung und Separationsart schon festgelegt und nicht veränderbar.

- Eigene RGB-Testbilder und die Vorschaufunktion von Photoshop 5.0 können einem helfen, mehr über die Profile zu erfahren.

- Separationen sollte man mit dem Rendering Intent „Wahrnehmung" machen.

- Die absolut farbmetrische Einstellung bezieht das Papierweiß in die Monitordarstellung ein.

- Es erscheint empfehlenswert die Tiefenkompensierung zu deaktivieren, da man damit eine realistischere Bildschirmdarstellung erreicht.

- Die Tabellen kann man nutzen, um alte Separationstabellen oder Einstellungen der eingebauten Option in ein ICC-Profil zu verwandeln.

2.6 CMYK-Korrekturen

Globale und selektive Korrekturen

Es hält sich hartnäckig die Vorstellung, professionelle Farbkorrekturen sollte man in CMYK machen. Ich bin überhaupt nicht dieser Meinung. Es stimmt wohl, dass Korrekturen in diesem Modus schwieriger sind, da hier das unperfekte Verhalten der Druckfarben die Tonwerte beeinflusst. Schwieriger heißt aber nicht gleichzeitig besser. Ganz im Gegenteil, an die entscheidenden Parameter des Bildes kommt man im CMYK-Modus gar nicht mehr heran. Weiß, Schwarz und Grau müssen im RGB- oder Lab-Bild festgelegt worden sein. Über den Druckprozess und die Art, wie die Separation der Farbauszüge erstellt werden soll, hat man in den CMYK-Einstellungen entschieden. Aufgrund dieser Informationen wird die Umsetzung berechnet.

Hat man hier Fehler gemacht, kann man es in CMYK meist nicht mehr ändern. Einen fehlenden Schwarzauszug kann man nicht einfach neu erfinden. Einen zu hohen Gesamtfarbauftrag bekommt man in Photoshop nicht mehr reduziert. Die entscheidenden Fragen der Bildreproduktion sind also alle schon entschieden, bevor der Scan in den vier Prozessfarben vorliegt.

Die Rohdaten wurden direkt nach CMYK konvertiert und dort korrigiert. Der Schwarzauszug ist nahezu leer, da zum Zeitpunkt der Umwandlung kein Schwarz im Bild vorhanden war. Wo nichts ist, kann man nichts mehr verändern.

Hier wurden die RGB-Daten korrigiert und erst dann das Bild in CMYK umgewandelt. So entsteht ein ordentlicher Schwarzauszug.

Ich denke, bei diesem Gedanken sollte man kurz verweilen. Es ist wirklich so, dass CMYK-Korrekturen nur sinnvoll sind, um ein Feintuning für die Ausgabe vorzunehmen. Weiß, Schwarz und Grau, die globalen und wichtigen Bildkorrekturen sollten schon im Ausgangsfarbraum RGB (oder Lab) geschehen sein. An diese Parameter kommen wir bei vierfarbigen Bildern nicht mehr oder nur unter größten Schwierigkeiten heran. Daher lautet ironischerweise die wichtigste Aussage in diesem Kapitel: Beschäftigen Sie sich mit RGB-Korrekturen. Ob man diese in Photoshop oder im Scanprogramm durchführt, ist dabei weniger entscheidend. Das Schlimmste, was man aber machen kann, ist es, Rohdaten direkt nach CMYK umzuwandeln.

Es mag wohl Techniken geben, mit denen man auch aus mangelhaften CMYK-Bildern noch etwas herausholen kann. Doch diese Vorgehensweisen sind allesamt komplex, verwirrend und dabei selten erfolgversprechend. Ich werde daher an dieser Stelle nicht auf irgendwelche verwegenen Kanaloperationen eingehen. Es macht meiner Meinung nach keinen Sinn.

Wenn Sie mit CMYK-Bildern zu tun haben, die z.B. nur über einen unzureichenden Schwarzaufbau verfügen, will ich Ihnen stattdessen empfehlen, das Bild in RGB zu konvertieren und mit der Bearbeitung von vorn zu beginnen. Auch diese Vorgehensweise ist mit Verlusten verbunden. Bei jeder Konvertierung zwischen den Farbmodi verlieren wir Informationen, da ein Großteil der Pixel anhand weniger Stützpunkte im Farbraum interpoliert wird.

Achten Sie im abgedruckten Beispiel auf die farbigen Verläufe und den Blu- *Original, nach einer Kon-*
menstengel. Bei nur einer Konvertierung sind die Verluste noch gering, bei *vertierung CMYK zu RGB*
zehn Umwandlungen bleibt von dem Bild nicht mehr viel übrig. Aufgrund des- *zu CMYK und nach zehn*
sen sollte man auf Konvertierungen, wenn eben möglich, verzichten. Bei *Umwandlungen.*
schlechten CMYK-Ausgangsdaten erscheint es mir aber die einzige Möglichkeit
zu sein, um wieder in einen qualitativ hochwertigen und berechenbaren
Arbeitsfluss zu kommen.

GCR und UCR

Die Möglichkeiten, inwieweit wir überhaupt unser Bild noch bearbeiten können, hängen in starkem Maße von dem Schwarzaufbau ab. Viele Argumente
sprechen ja für einen Unbuntaufbau. Trotzdem wird in den meisten Fällen dem
Buntaufbau der Vorzug gegeben. Man darf durchaus spekulieren, dass dies
damit zusammenhängt, dass so separierte Bilder natürlich ungleich einfacher
zu korrigieren sind.

Links das Ausgangsbild, mit einem starken Unbuntaufbau separiert. Rechts eine Aufhellung in den Kanälen Cyan, Magenta und Gelb.

Hier der Vergleich zwischen Bilddaten, die mit einem Buntaufbau und einem maximalen GCR separiert wurden. Dann wurde die gleiche Gradationskurve auf die CMY-Kanäle der Bilder angewendet.

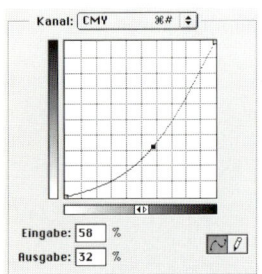

Hier ein Buntaufbau. Die gleichen Korrekturen wirken sich sehr viel stärker aus (rechts).

Die resultierenden Änderungen sind bei dem Buntaufbau naturgemäß weitaus stärker als bei jenem Bild, welches mit einem GCR separiert wurde.

Um es zu betonen: Es geht hier nicht um die Qualität der Korrektur, die ist lausig, sondern um die Einflussmöglichkeiten auf separierte Bilddaten.

RGB und CMYK

Natürlich will ich nicht ignorieren, dass in vielen Arbeitszusammenhängen Korrekturen im CMYK-Modus die wichtigste Rolle spielen. Der Scanneroperator hat mit Hilfe des Scanprogramms direkt das Bild nach CMYK konvertiert. Alle nachfolgenden Korrekturen erfolgen dann in diesem Farbmodus. Dagegen ist auch nichts einzuwenden, wenn die globalen Korrekturen schon im Scanprogramm gemacht wurden. Ideal ist dieser Workflow aber nicht. Er ist aus der Not geboren, da die DTP-Programme – besonders Photoshop – diese Aufgaben bisher nur in unzureichender Qualität erledigen konnten. Das hat sich aber inzwischen geändert. Mit den Farbmanagementfunktionen kann man in einem geräteunabhängigen RGB arbeiten und dann individuelle oder erstklassige generische

Profile (z.B. Fogra oder Lino) zur Separation nach CMYK verwenden. Das ist besonders wichtig, wenn man medienneutrale Bilddaten erstellen will. Ich weiß, der Begriff hört sich fürchterlich hochtrabend an, aber er hat seine Berechtigung. In ganz vielen Fällen sollen die Bilder ja nicht nur im Offsetdruck, sondern auch als Großformat-Prints, Diabelichtungen und Fotopapier ausgegeben werden. Mit CMYK-Daten hat man in diesem Bereich weitaus mehr Probleme und darüber hinaus den Farbumfang schon ohne Not eingeschränkt. So rechne ich damit, dass der „konventionelle" CMYK-Workflow an Bedeutung verlieren wird.

Auf der anderen Seite werden die Korrekturen in der Druckvorstufe natürlich anhand der CMYK-Werte vorgenommen. Proof oder Andruck dienen als Referenz, und dann gilt es hier 10% mehr Cyan, dort 5% weniger Gelb zu realisieren. Das ist die betriebliche Realität, und genau dieses Faktum wird von manchen Verfechtern des Farbmanagements, einfach ignoriert.

Wenden wir uns also den Feinarbeiten zu, die man im Vierfarbmodus erledigen kann. Weiß- und Schwarzpunkt, Graubalance und allgemeine Helligkeitskorrekturen stehen auch hier wieder im Vordergrund.

Tonwertkorrektur

Die Tonwertkorrektur kann man ungestraft ignorieren. Eine Bearbeitung mit diesem Werkzeug würde voraussetzen, dass das Zusammenspiel der Druckfarben einen neutralen Ton ergeben würde. Das ist nicht der Fall. Ganz im Gegenteil: Das gleichmäßige Heranführen der Regler würde uns mit ziemlicher Sicherheit einen braunen Farbstich ins Bild bringen. Darüber hinaus hat das Histogramm des Schwarzkanals keine relevante Aussage. Und schlussendlich würden wir die gewählten Separationsparameter überschreiben. Die Tonwertkorrektur eignet sich hervorragend im RGB-Modus, ist in CMYK aber kaum zu gebrauchen.

Gradationskurven

So bleiben als zentrales Mittel der Farbkorrektur die Gradationskurven übrig. Anders als bei RGB-Bildern, wird das Grau im Vierfarbmodus nicht durch identische Werte erreicht. Dies beruht auf dem unterschiedlichen Reflexionsverhalten der Druckfarben. Aus diesem Grund muss Cyan immer stärker vertreten sein als die anderen Farben. Exakte Werte kann man leider nicht vorgeben. Sie sind abhängig von den verwendeten Druckfarben, dem erwarteten Tonwertzuwachs und nicht zuletzt den Separationseinstellungen. Sehr schön kann man die unterschiedlichen Druckkennlinien in den CMYK-Einstellungen von Photoshop erkennen.

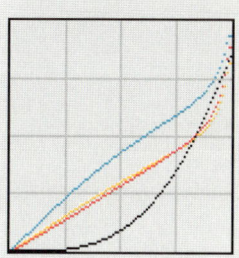

Grauachse:

Das Grauachsen-Diagramm der Separationseinstellungen zeigt den Überhang im Cyan.

Richtwerte für die Graubalance in einem Buntaufbau können sein:

- für den Lichterpunkt: 5 C, 3 M, 3 Y
- für Grau: 50 C, 40 M, 40 Y
- für den Schwarzpunkt: 88 C, 80 M, 80 Y, 95 K

○ R:	127		C:	43	%
○ G:	127		M:	33	%
○ B:	127		Y:	35	%
			K:	1	%

Am besten ist aber, Sie kontrollieren Ihre individuellen Einstellungen, indem Sie im Photoshop-Farbwähler drei identische Werte für RGB eingeben. Anhand Ihrer CMYK-Einstellungen wird Photoshop dann eine Umrechnung vornehmen und ihre individuellen Werte anzeigen. Beachtet man diese Unterschiede, kann man mit der Farbkorrektur in CMYK beginnen.

Im Farbwähler gibt man drei identische RGB-Werte ein und erhält die entsprechenden CMYK-Werte.

Schwarz-Weißpunkt, Graubalance

Mit der Pipette sollte man die hellsten und dunkelsten Töne des Bildes überprüfen. In Photoshop habe ich vier Proben gesetzt, die man im weiteren Verlauf der Bildbearbeitung im Auge behalten sollte. Im Folgenden will ich die abgelesenen Werte nicht mehr mit Namen versehen, sondern nur jeweils den ersten Buchstaben nennen.

Vier Proben für Lichter, Mitten, Tiefen und die gelbe Blume bestimmen die Richtung der Farbkorrektur.

Bild: Dirk Schlossarek

In den Lichtern (7C, 4M, 0Y) mangelt es an Gelb. Für ein neutrales Grau müssen Magenta und Gelb in etwa identische Werte haben. Ähnlich sieht es in den Mitteltönen aus (46C, 37M, 23Y): Das Verhältnis von Cyan und Magenta sieht ganz gut aus, nur das Gelb fällt wieder aus dem Rahmen.

Dagegen haben die Tiefen einen leichten Gelbüberhang (95C, 87M, 93Y, 82K). Bei der Digitalisierung bzw. der RGB-Korrektur ist offensichtlich etwas schief gegangen. Immerhin wurde hier aber der Schwarzpunkt schon in RGB definiert. Bei Rohdaten, die direkt nach CMYK konvertiert werden, fällt gerade der Schwarzwert unter Umständen geringer aus.

Für eine Korrektur in den Gradationskurven ruft man die einzelnen Farbkanäle auf. Der Weißpunkt für Gelb wird von 0% auf 4% verschoben. Bei diesem Motiv muss man dafür übrigens einen Freisteller erstellen. Das Bild ist ja eigentlich rechteckig, und man würde ansonsten einen gelben Fond um das Motiv erzeugen.

Genau wie bei RGB wird die Graubalance über eine Angleichung der Werte hergestellt. In diesem Fall habe ich den Gelbwert von 23% auf 37% erhöht und Cyan um einen Hauch abgesenkt.

Es bliebe noch der Schwarzwert anzugleichen. Auch hier kann man ja einen leichten Gelbüberhang erkennen. Das ist jetzt ein schönes Beispiel für die Schwierigkeiten globale Korrekturen in CMYK zu machen, denn reduzieren wir den Gelbanteil hier, dann wirkt es sich ja nicht nur in den Tiefen aus. Wenn wir einen gelben Eingangswert von 100% auf 95% setzen, dann bedeutet das schlicht, dass nirgendwo im Bild noch vollflächig Gelb gedruckt werden kann. Hier kommt die vierte Probe, die ich gesetzt habe, ins Spiel. Das Blütenblatt hat an dieser Stelle die Werte 22C, 54M, 98Y. Diese 98% Gelb werden dann eben auch reduziert, und die Blume wird nicht mehr ganz so strahlend wirken.

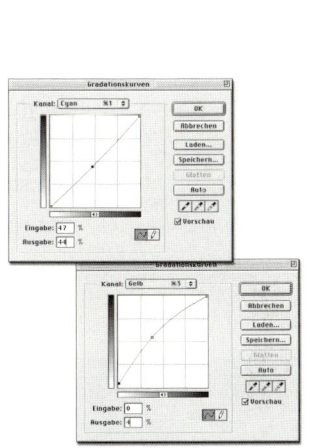

Lichter und Mittelton werden mit den Gradationskurven neutralisiert. Die Tiefen nicht, um die Sättigung der Blume nicht zu verringern.

In RGB stehen wir im Prinzip vor dem gleichen Problem, aber hier ist der Farbraum sehr viel größer, und daher sind die Probleme hier nicht so dramatisch. Wir können in RGB durchaus das Gelb reduzieren. Ist es wirklich so strahlend, dann wird es immer noch außerhalb des druckbaren Farbraums liegen und nach der Separation als maximales Gelb erscheinen.

Tonwertatlas, Proof und Druck

Die Graubalance ist auch bei CMYK-Bildern das zentrale Konzept, um die Richtungen möglicher Korrekturen aufzuspüren. Daneben stehen uns jetzt aber auch handfeste Nachschlagewerke zur Verfügung, um die Farben jenseits der Monitordarstellung einschätzen zu können. Wir können einen Tonwertatlas nutzen, um uns die CMYK-Entsprechung für einen Original-Farbton zu suchen. Wir wissen dann z.B., dass die Blume 20C, 40M und 100Y haben sollte. Genauso können wir Werte der Informationspalette ablesen und nachschlagen, wie dieser Ton im Druck aussehen wird. Dabei muss man in Betracht ziehen, dass das Umgebungslicht einen großen Einfluss auf unsere Wahrnehmung der Farben hat. Bei satten, bunten Farben ist der Einfluss geringer, aber wenn Sie mit einem dezenten Duplexdruck vom Neonlicht über das Glühbirnenlicht zum Fenster gehen, dann kann man durchaus drei unterschiedliche Farben entdecken. Wenn möglich, sollte man sich die Werte also unter Normlicht anschauen.

Ein Tonwertatlas beschreibt ein ideales Druckverfahren, und mit sehr großem Aufwand versuchen die Hersteller dieser Produkte ganz exakte und perfekte Druckergebnisse zu erzielen. Stellen wir aber zum Beispiel eine Anzeige her, die in verschiedenen Zeitschriften erscheint, dann werden wir im Fortdruck manches Mal Unterschiede zu diesen Idealwerten entdecken. Den entscheidenden Einfluss hat dabei sicherlich das Papier. Daher gibt es auch Tonwertatlanten, die sowohl auf gestrichenem (glänzenden) wie ungestrichenen Papier gedruckt sind.

Wenn man sich anhand eines Tonwertatlanten einen CMYK-Wert ausgesucht hat, sollte man zuerst versuchen die Korrektur mit Hilfe der Gradationskurven zu machen. Dahinter steckt der Gedanke, dass Farbverfälschungen zumeist das gesamte Bild betreffen. Mit Hilfe der Kurven ändert man entsprechend das gesamte Bild und wird manchmal mit positiven Resultaten überrascht, die man gar nicht erwartet hat. Im abgedruckten Beispiel hatte ich mir als Zielwert für den Himmel Cyan 100%, Magenta 70% ausgesucht.

Im Tonwertatlas haben wir uns dafür entschieden, dass das Blau aus 100% Cyan und 70% Magenta bestehen soll.

Zuerst sollte man versuchen, dies mit Hilfe der Gradationskurven zu erreichen.
Nur wenn dies nicht funktioniert, kann man selektive Korrekturen anwenden.

Die Gradationskurven wirken dabei immer auf das gesamte Bild und nicht nur auf den Ton, den man sich ausgesucht hat. Daher sollte man Korrekturen, die anhand eines Tonwertatlanten vorgenommen wurden, immer kritisch überprüfen, insbesondere die Farbbalance, aber auch die anderen Farben im Auge behalten. Im Regelfall muss man einen Ausgleich finden zwischen dieser Graubalance, die einem die Informationspalette vorgibt, und den abgelesenen Werten aus dem Tonwertatlas. Ich denke, in ganz vielen Fällen wird es gelingen, zwischen diesen beiden Polen zu bleiben und so zu ordentlichen Resultaten zu gelangen. Spätestens aber, wenn man an der einen Stelle zu viel, an einem anderen Ort aber zu wenig von der gleichen Farbe vermutet, dann haben die Gradationskurven ausgedient.

Farbton/Sättigung

Das Menü FARBTON/SÄTTIGUNG lässt sich auch im CMYK-Modus nutzen. Es ist wunderbar geeignet die Daten auf Basis des Farbkreises zu verändern. Allerdings ist es nicht immer einfach, damit klar definierte Werte zu erreichen. Farbton, Sättigung und Luminanz beeinflussen sich gegenseitig, und so muss man eine perfekte Kombination aller drei Parameter erreichen, um zu einem bestimmten Zielwert zu gelangen.

Im CMYK-Modus gerät man mit diesem Menü recht schnell an die Grenzen des Farbraums. Erhöht man etwa die Farbsättigung, dann werden alle Pixel an den Rand des Farbraums verschoben. Dies kann zu Zeichnungsverlusten führen. Wendet man die gleiche Korrektur dagegen im RGB-Modus an, hat man weniger Probleme. Man kann das ganze Spektrum der nicht-druckbaren Farben nutzen und viel offensiver mit den Reglern hantieren. Wandelt man die Datei später in CMYK um, hat man auch nicht mehr Farben zur Verfügung. Aber die Unterschiede zwischen den einzelnen Farbtönen bleiben besser erhalten.

Besondere Beachtung verdient auch die Kolorierungs-Funktion im Menü Farbton/Sättigung. Damit kann man das gesamte Bild einfärben. Es gibt allerdings auch hier Unterschiede zwischen der Bearbeitung im RGB- und CMYK-Modus, die sowohl die Farbe als auch den Schwarzaufbau betreffen.

Im RGB-Modus wird die Kolorierung mit dem Bild verrechnet, und bei der Separation in CMYK werden die korrekten Informationen über Tonwertzuwachs und Schwarzaufbau verwendet.

Dieses Bild wurde im RGB-Modus koloriert und dann separiert. Es entstehen korrekte Farbauszüge.

Koloriert man dagegen ein Bild, das schon im CMYK-Modus vorliegt, dann entstehen ganz andere Farbauszüge. Der Farbaufbau entspricht immer einem maximalem Unbuntaufbau, weshalb in unserem Beispiel der Cyan-Kanal völlig weiß bleibt. Gerade bei Motiven mit schwarzem Hintergrund kann dies zu einer zu geringen Dichte führen.

Dieses Bild wurde im CMYK-Modus koloriert. Dadurch ensteht ein ganz anderer Schwarzaufbau.

Selektive Farbkorrektur

Im CMYK-Modus ist es einfacher, die SELEKTIVE FARBKORREKTUR zu nutzen. Dieses Menü erlaubt nur kleinere Korrekturen. Anders als FARBTON/SÄTTIGUNG kann man damit die Daten nicht quer durch den Farbraum jagen. Je nachdem, wie stark die Farbe vertreten ist, sind Änderungen von etwa 20% möglich. Oben wählt man die Farbe aus, die man im Original ändern möchte. Weiter unten kann man die Druckfarbenanteile für den gewählten Ton ändern. Zwar kann man hier Prozentwerte eingeben, diese stehen aber nicht in direktem Bezug zu der Flächendeckung im Druck. Gemeint ist vielmehr eine prozentuale Erhöhung des bestehenden Anteils.

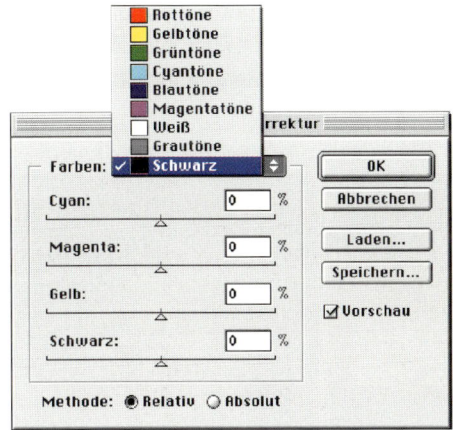

Man bestimmt, welche Grundfarbe man ändern will, und kann deren Anteilsfarben verändern.

Wir können in dem Menü auch Weiß, Grau und Schwarz anwählen. Dies ersetzt nicht die Graubalance. Um das noch einmal ins Gedächtnis zu rufen: Die Einstellung der Graubalance ändert alle Farben des Bildes. Modifizieren wir in der selektiven Korrektur das Grau, dann bleiben die anderen Farben davon weitestgehend unberührt. Das kann nur in seltenen Ausnahmefällen gewünscht sein.

Die Infopalette zeigt uns an, dass es die Rottöne des Originals sind, die wir ändern wollen.

Wir wollen, dass der Lastwagen gelber wirkt. Die Tonwerte sagen uns, dass die Farbe überwiegend aus Magenta und Gelb besteht. Man muss also das Zusammenspiel dieser Farben, nämlich Rot, in der selektiven Korrektur anwählen und hier den Magenta-Anteil reduzieren.

Diese wählen wir in der selektiven Korrektur an und reduzieren den Magenta-Anteil.

Es ist relativ wenig Cyan im Rot. Daher wirkt die absolute Einstellung weitaus stärker als die relative Korrektur.

Weiter unten im Menü stehen die beiden Optionen RELATIV und ABSOLUT zur Verfügung. Bei der ersten Option werden schwache Farbanteile nur relativ gering erhöht. Mit der absoluten Variante kann man dagegen auch diese Farben stark erhöhen.

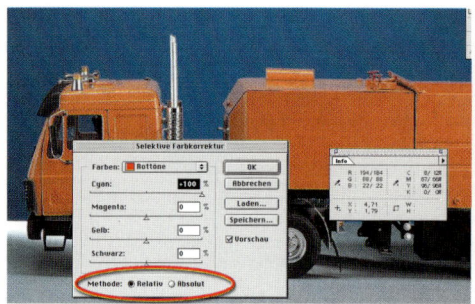 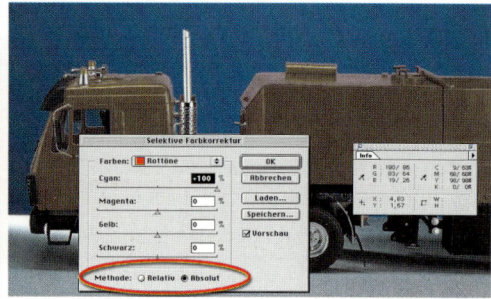

Einstellungsebenen

Seit Photoshop 4.0 steht ein Konzept zur Verfügung, das Farbkorrekturen deutlich vereinfacht. Anstatt die Änderungen direkt mit dem Bild verrechnen zu lassen, legt man sie wie eine Folie über das Bild. Man findet die Einstellungsebenen im Pull-Down-Menü EBENEN und in den Optionen der Ebenenpalette, oder man klickt mit der Befehlstaste auf das Symbol für NEUE EBENE. Es erscheint ein Fenster, in dem man die gewünschte Korrektur anwählen kann.

In Photoshop 5 musste man noch das Pull-Down-Menü EBENE nutzen. In Version 6 sind die Einstellungsebenen in der Palette zu finden (rechts).

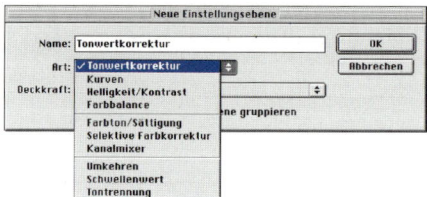 

Nachdem man seine Einstellungen vorgenommen hat, entsteht eine neue Ebene. In diesem Beispiel wurde eine Tonwertkorrektur (rot) und eine Gradationskurve (blau) über das Bild gelegt. Die Originaldaten bleiben unverändert im Hintergrund.

Damit bleiben die Farbkorrekturen editierbar. So kann man komplexe Farbkorrekturen durchzuführen, ohne dass man am Ende (da das Blau nun doch zu gesättigt, der Gesamteindruck doch zu hell geworden ist) gezwungen ist, schon durchgeführte Änderungen erneut zu korrigieren. Man kann die Folie immer wieder abnehmen und zwischen vorher und nachher vergleichen, indem man auf das Auge in der Ebenenpalette klickt.

Einstellungsebenen liegen wie Folien über dem Bild. Sie sind sowohl abnehmbar als auch veränderbar.

Eine Einstellungsebene erkennt man an dem Kontrastsymbol in der Ebenenpalette. Die Korrekturen lassen sich verändern, indem man einen Doppelklick darauf macht.

Reihenfolge

Man kann mehrere Ebenen übereinander legen und die verschiedenen Korrekturwerkzeuge beliebig kombinieren. Dabei muss man die Reihenfolge der Korrekturen von Groß nach Klein auch in der Ebenenpalette beachten. Ganz unten kann also z.B. die Tonwertkorrektur liegen, darüber die Gradationskurven, dann Farbton/Sättigung und ganz oben schließlich die selektive Farbkorrektur. Es entstehen unterschiedliche Ergebnisse, wenn man die Abfolge der Korrekturen nachträglich ändert.

Eine klassische Farbkorrektur mit Hilfe von Einstellungsebenen: Die großen Änderungen liegen ganz unten.

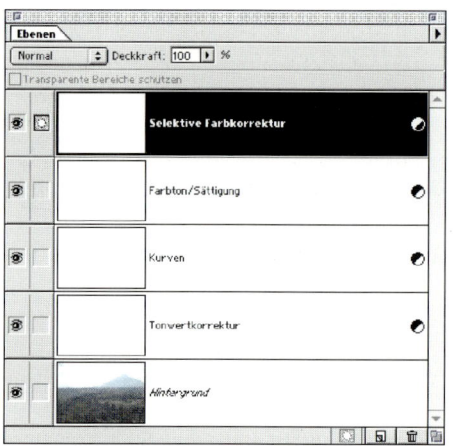

Gruppierung

Die Einstellungsebenen wirken sich immer auf alle Ebenen aus, die darunter liegen. Will man in einem Composing mit mehreren Bildebenen nur ein Motiv verändern, so muss man die Einstellungsebene mit der Bildebene gruppieren. Durch einen Doppelklick auf das Thumbnail, also die derzeit weiße Voransicht der Ebene, kann man dies definieren. Alternativ dazu kann man auch mit der Alt-Taste auf die Linie zwischen den gewünschten Ebenen klicken.

Variationen einmal anders: Alle Blumenbilder aus dem Kapitel RGB wurden in nur einer Datei mit acht Einstellungsebenen angelegt.

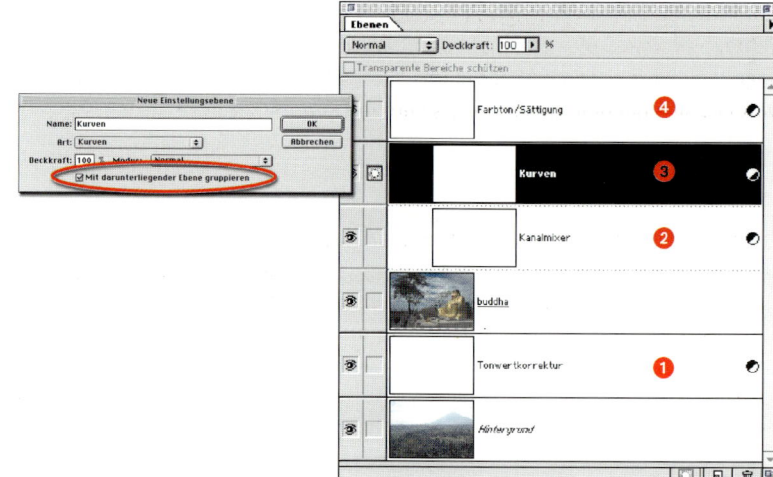

Eine Gruppierung erkennt man an dem eingerückten Thumbnail und einer punktierten Linie. Die Tonwertkorrektur ❶ wirkt nur auf die Hintergrundebene. Kanalmixer und Kurven ❷ + ❸ sind zu der Ebene „Buddha" gruppiert und ändern daher nicht den Hintergrund. Dagegen modifiziert die Farbton/Sättigung-Ebene ❹, da es ohne Gruppierung ganz oben liegt, das gesamte Bild. Das ist sehr praktisch, wenn man ein Composing mit vielen Ebenen erstellt hat und zum Schluss vielleicht noch den Kontrast verstärken will. Anstatt jede Ebene einzeln anzuwählen, legt man eine Einstellungsebene über das Gesamtbild.

Bilder mit mehreren Ebenen, ob Bild- oder Einstellungsebene, lassen sich nur im Photoshop-Format abspeichern. Das heißt, wir müssen nach Abschluss der Korrektur das Bild auf eine Hintergrundebene reduzieren, um es in einem der üblichen Ausgabeformate sichern zu können. Bei komplexen Jobs sollte man sich überlegen zweigleisig zu arbeiten. Dazu sichert man die Arbeitsdatei inklusive aller Ebenen als Photoshop-Format und eine Ausgabedatei z.B. als Tiff. Man kann dazu den Befehl KOPIE SPEICHERN UNTER wählen. Das Kästchen NICHT-BILD-DATEN NICHT MIT SPEICHERN birgt die Gefahr in sich, dass Bildansichten für die Layoutprogramme, Duplexeinstellungen, Beschneidungspfade und ICC-Profile verloren gehen.

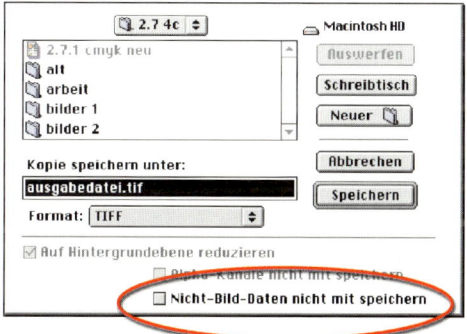

Ist das umrandete Kästchen aktiviert, werden nur die Pixel des Bildes gesichert. Das kann bei Druckdateien zu massiven Problemen führen.

Durch die Teilung in Ausgabe- und Arbeitsdateien kann man auf seine Korrekturen immer wieder zurückgreifen. Mac-Nutzer können in den Voreinstellungen definieren, dass die Endung (psd, tif) automatisch an den Dateinamen angehängt wird. Dann erkennt man auch später auf Anhieb, um welche Art der Datei es sich handelt. Bei Windows wird die Endung grundsätzlich angehängt.

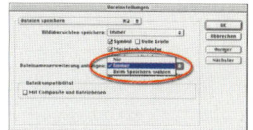

In den Voreinstellungen kann man die Dateinamenerweiterung anhängen lassen.

Partielle Korrekturen

Immer kleiner werden die Korrekturen, und so ist es der letzte Schritt der Farbkorrektur, nur bestimmte Bereiche eines Bildes zu verändern. Manchmal bietet es sich an, dafür eine Auswahl zu erstellen. Gerade bei technischen Motiven mit harten Kanten ist es sinnvoll, Pfade zu erstellen und diese dann in eine Auswahl umzuwandeln. Ganz oft will man aber, besonders bei fotografischen Motiven, diese harten Kanten vermeiden. Weiche Übergänge, sanfte Farbänderungen sind vielmehr erwünscht.

Auch hier können die Einstellungsebenen weiterhelfen. Im unteren Bild sollen alle Farben sehr viel stärker und strahlender erscheinen.

Wenn wir die Farb-
sättigung eines Bildes
erhöhen wollen ...

Bild: PhotoDisc

Wir erhöhen daher die Farbsättigung in einer dafür angelegten Einstellungse-bene. Die Verstärkung der Farben hat sich bei den Stoffen positiv ausgewirkt, aber die Hauttöne sind viel zu rot geworden. Das ist ein völlig indiskutables Resultat. Wir müssen also die Gesichter von der Korrektur verschonen. Beach-ten Sie dazu die Voransicht der Einstellungsebene in der Palette. Diese ist, wie bei allen bisher abgedruckten Beispielen, weiß. Das bedeutet, dass sich die Korrektur auf das gesamte Bild auswirkt.

... dann führt das bei
diesem Bild zu
unerwünschten
Nebenwirkungen
in den Gesichtern.

Das Einzige, was wir machen müssen, ist, die unerwünschten Bereiche in der Einstellungsebene mit Schwarz abzudecken. Dort, wo die Korrekturfolie schwarz ist, kann sie nicht wirken. Dazu nehmen wir ein Malwerkzeug, z.B. den Pinsel, und achten darauf, dass Schwarz als Vordergrundfarbe definiert ist. Die Einstellungsebene muss aktiv sein, sonst würden wir in den Bilddaten mit Schwarz malen. In der Einstellungsebene sieht man jetzt zwei schwarze Flecken. Diese Bereiche werden von der Korrektur ausgenommen.

Indem man mit Schwarz in der Einstellungsebene malt, schützt man die Bereiche vor der Korrektur.

Man könnte auf den ersten Blick den Eindruck haben, diese Vorgehensweise wäre nicht besonders exakt. Ich denke, dass genau die Ungenauigkeit der große Vorteil der Technik ist. Ich will Ihnen daher auch empfehlen, mit einer großen, weichen Werkzeugspitze zu arbeiten, denn umso geringer ist die Gefahr, dass Abrisse und Farbkanten entstehen.

Wenn man unsicher ist, ob man den Bereich, der geschützt werden soll, auch wirklich getroffen hat, dann kann man dies kontrollieren, indem man die Einstellungsebene noch einmal aufruft und völlig übertriebene Parameter wählt. Zur Erinnerung: Ein Doppelklick auf das Kontrastsymbol führt zum Korrekturmenü zurück.

Zur Kontrolle wird das Menü noch einmal aufgerufen und die Regler auf Extremwerte gestellt.

Man erkennt sehr schön, anhand der blauen Flecken auf Stirn und Kinn des Mannes, dass ich nicht besonders ordentlich gearbeitet habe. Dies kann man aber noch korrigieren, indem man auch diese Bereiche in der Einstellungsebene mit Schwarz abdeckt und dann zu den gewünschten, gemäßigten Einstellungen für Farbton/Sättigung zurückkehrt.

Das Gegenteil ist nun auch denkbar. Wir wollen nur einen kleinen Bereich des Bildes farblich verändern. Nach der beschriebenen Vorgehensweise müssten wir dann nahezu das gesamte Bild in der Einstellungsebene ausmalen, um es vor der Korrektur zu schützen. Das macht keinen Spaß.

Effektiver ist, man erstellt die gewünschte Korrektur, füllt die gesamte Einstellungsebene mit Schwarz und trägt mit weißer Farbe die Korrektur nur in den gewünschten Partien auf.

Hier etwa soll der Pullover wärmer, roter werden. Dies bedeutet, dass die Cyan-Anteile reduziert werden müssen, während das Gelb verstärkt werden soll. Mit der selektiven Korrektur ist das überhaupt kein Problem, aber die Gesichter, die Kappe des Jungen – alle Rottöne ändern sich mit.

Das Ausgangsbild und die Änderung der Rot- und Magenta-Töne durch die selektive Farbkorrektur.

Bild: PhotoDisc

Also füllen wir die Einstellungsebene mit Schwarz. Die Korrektur wirkt sich jetzt nirgends mehr aus. Nun malen wir die Bereiche des Pullovers mit Weiß aus, und dies lässt dann endlich den Pullover erröten, ohne dass die anderen Bereiche des Bildes betroffen sind.

Mit Weiß malt man die Bereiche hervor, die rot werden sollen. Die Einstellungsebene ist in dem rechten Bild durch die rote Fläche dargestellt.

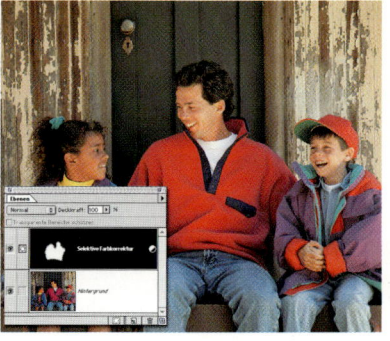

Hauttöne

Es ist in diesem Buch viel von Weiß- und Schwarzpunkt, Graubalance und anderen Konzepten die Rede. Sie werden nicht völlig unwirksam, doch treten diese Vorgehensweisen bei der Reproduktion von Portraits stark in den Hintergrund. Absolute Priorität genießen die Hauttöne. Das hat ganz viel mit unserer Wahrnehmung zu tun. Fehlen im Himmel 20% Magenta, so fällt das niemanden auf. Bei Gesichtern haben wir dagegen ein ganz sensibles Gespür für falsche Töne.

Farbstich erhalten

Bei der Tonwertkorrektur von Portraits im RGB-Modus kann es sinnvoll sein, den Schwarz- und Weißpunkt unverändert zu lassen oder nur wenig zu korrigieren. Es führt oftmals zu unschönen Ergebnissen, wenn der hellste Punkt des Bildes auf der Nasenspitze ist und wir diesen auf Weiß pegeln. Auf der anderen Seite kann die Festlegung des Schwarzpunkts zu einem allzu kontrastreichen Resultat führen. Eine feste Regel kann man daraus aber auch nicht ableiten. Es ist von dem Motiv abhängig. Bei einer Landschaftsaufnahme, in deren Vordergrund Personen abgebildet sind, mag eine ganz klassische Herangehensweise zu perfekten Ergebnissen führen. Bei anderen Bildern, wie dem hier abgedruckten, ist eine neutrale Umsetzung nicht wünschenswert.

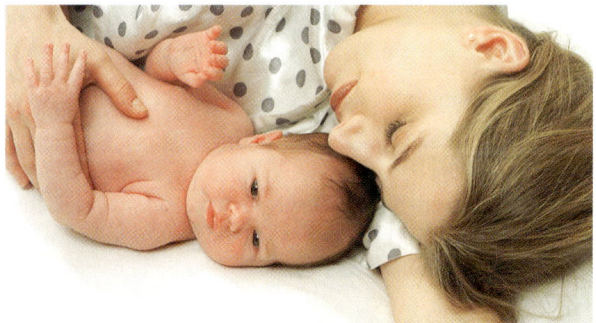

Ausgangsbild

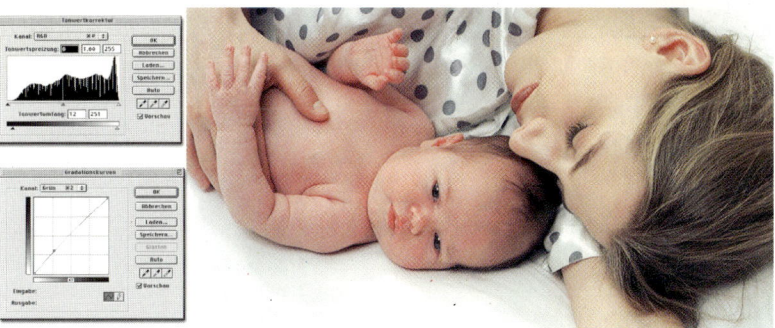

Eine kompromisslose Einstellung und Neutralisation des Bildes kann die Hauttöne zerstören.

Das Gleiche gilt für die Graubalance. Gerade bei Portraits wird es selten das Ziel sein, das Bild zu neutralisieren. Ganz im Gegenteil, die Stimmungen eines Bildes sollen oft erhalten bleiben. Weiter ist es meist erstrebenswert, die Bilder weich zu halten. Eine sehr kontrastreiche Reproduktion tut Gesichtern selten gut.

In diesem Beispiel habe ich Extremwerte und Graubalance unberührt gelassen und nur die Dreivierteltöne ein wenig aufgehellt, um den Kontrast ein wenig herauszunehmen. Der Hautton des Babys wurde mit einer selektiven Korrektur angeglichen und diese Korrektur durch Malen in der Ebenenmaske auf das Baby beschränkt. Auf den letzten Seiten wurde diese Technik eingehend beschrieben.

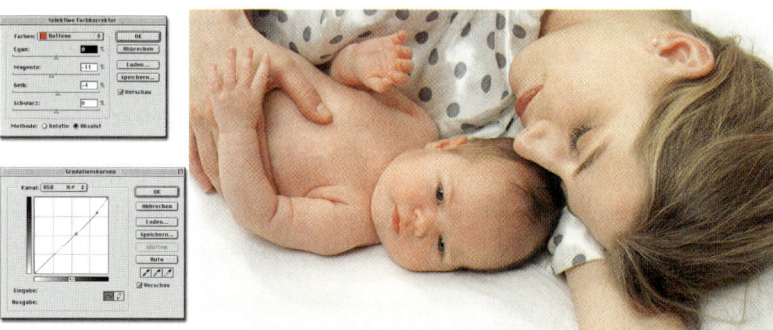

In der selektiven Einstellungsebene wurde die Korrektur auf das Baby beschränkt.

Zielwerte

Ich denke, es ist ganz sinnvoll, bei der Beurteilung von Hauttönen nicht in Prozentwerten, sondern in Anteilen zu denken. Ein klassischer Mitteleuropäischer Hautton kann etwa aus einem Teil Cyan, drei Teilen Magenta und dreieinhalb Teilen Gelb bestehen. Das Cyan darf im Gesicht nicht fehlen. Es sorgt für die Zeichnung und unterstützt die Konturen. Fehlt Cyan völlig, bekommen Gesichter schnell die Anmutung eines Luftballons. Wenn man einen starken Schwarzaufbau in den Separationseinstellungen gewählt hat, kann es durchaus geschehen, dass statt Cyan auch Schwarz in den Hauttönen zu finden ist.

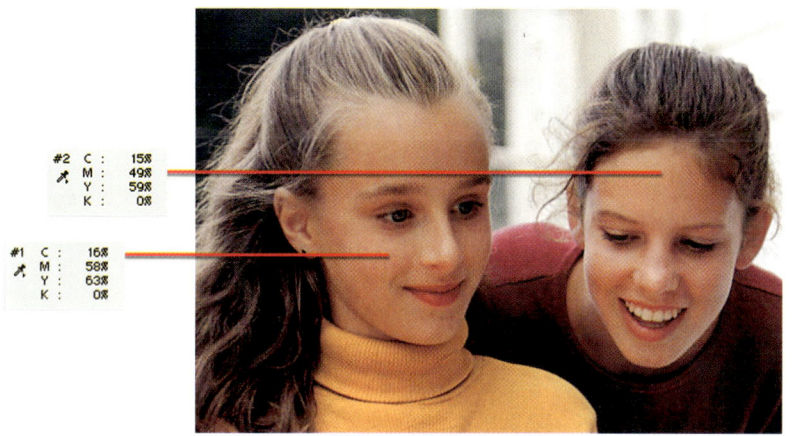

Dieses Bild verfügt über klassische Hauttöne. Es soll als Referenz dienen für die nächste Doppelseite, die unter dem Motto steht: Das Elend der Farbkorrektur hat viele Gesichter ...

Bild: PhotoDisc

Magenta und Gelb sind natürlich die Hauptfarben bei Hauttönen. Oftmals muss Magenta etwas unterhalb von Gelb bleiben, denn es wirkt besonders unangenehm, wenn die Gesichter zu rot und brandig werden. Der Gelbüberhang sollte aber auch nicht viel mehr als 10% betragen. Insgesamt wirken die Hauttöne meist freundlicher, wenn man sie eher hell reproduziert. Zu dunkle Farben fallen eher unangenehm auf.

Zu wenig Cyan:
Fehlt die Komplementärfarbe, so fehlt auch die Zeichnung. Reduziert man wie hier die Farben mit der selektiven Korrektur, können überdies Abrisse beim Übergang zu den Schatten entstehen.

Zu viel Cyan:
Zu viel der Komple-
mantärfarbe führt zu
einer Verschmutzung
der Gesichter.
Hätte man einen starken
Schwarzaufbau gewählt,
könnte man jetzt schon
beachtliche Schwarz-
werte in den Gesichtern
ablesen.

Zu viel Magenta:
Es gibt nur selten Motive,
bei denen der Magenta-
Anteil über dem Gelb-
Anteil liegen darf. Meist
wirken die Gesichter
dann, wie hier, brandig
und ungesund. Ein Fehler,
der ganz oft auftritt.

Zu viel Gelb:
oder zu wenig Magenta,
wie man es sieht, ist auch
nicht das Ziel. Gelb liegt
teils schon zwanzig
Prozentpunkte über
Magenta. Es wirkt bei
diesem Motiv nicht so
dramatisch, aber auch
Gelb sollte man im Auge
behalten.

Zu hell:
Alle Anteile wurden in gleichem Maße reduziert. Der Überhang zwischen hellen und dunklen Bild-elementen wirkt unnatür-lich. Wäre die Korrektur etwas dezenter aus-gefallen, wäre das Resul-tat aber durchaus vertretbar.

Zu dunkel:
ist schlimmer. Daraus kann man durchaus ableiten, die Hauttöne lieber offener und leichter zu halten. Im Klartext: Portraits sollten in der Tendenz lieber zu hell als zu dunkel reproduziert werden.

Als Faustregel kann man sagen, je heller der Teint, je blonder die Haare, desto weniger Cyan ist enthalten. Je mehr Cyan vertreten ist, desto stärker wird die Sonnenbräune betont.

Je dunkler, desto höher kann der Cyananteil sein und auch das Magenta muss nicht mehr unter Gelb liegen.

Ein sehr dunkler, afrikanischer Hautton besteht entsprechend aus einem starken Cyananteil, und auch Magenta darf nun etwas höher liegen.

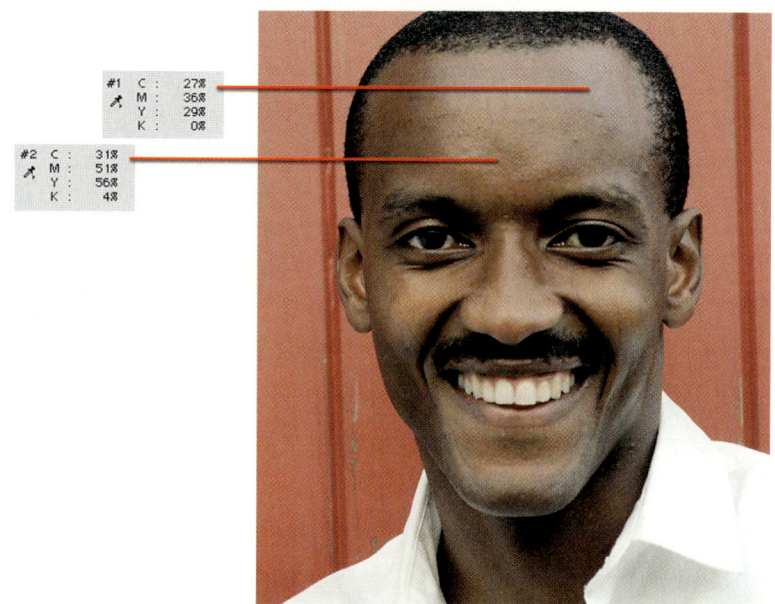

#1	C :	27%
	M :	36%
	Y :	29%
	K :	0%

#2	C :	31%
	M :	51%
	Y :	56%
	K :	4%

Bild: PhotoDisc

Keineswegs sollten Sie aber aus diesem Kapitel herauslesen, dass man einfach alle Hauttöne auf z.B. 15C, 45M, 50Y pegeln solle. Man braucht nur auf die Straße zu gehen, um zu sehen, dass es vielerlei Spielarten von Gesichtsfarben gibt. Es wäre ein großer Fehler, alle Bilder auf die gleichen Werte einzustellen. Die erwähnten Töne oder Anteile können nur ein Ausgangspunkt sein, werden aber bei den jeweiligen Bilddaten nur in Ausnahmefällen zu erreichen sein.

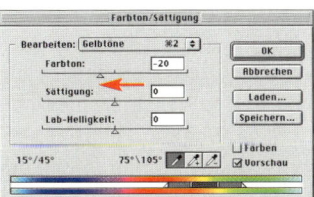

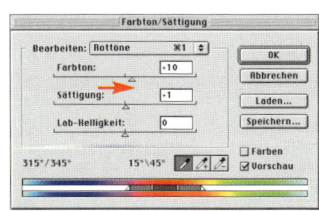

Gelb wird in Richtung Rot verschoben und Rot in Richtung Gelb. Ergebnis ist die Angleichung der Hauttöne und ein sanfter Übergang.

Manchmal kann es vorkommen, dass die Hauttöne an einer Stelle zu rot und an anderer Stelle zu gelb sind. Dieses Phänomen sieht man öfter bei Duplikat-Dias oder bei einfachen Scannern. Man könnte das einen zu hohen Kontrast, bezogen auf die Farbigkeit des Bildes, nennen. Es gibt eine hervorragende, denkbar einfache Technik, um diese Bilder zu verbessern. Dazu gleicht man die Farben, z.B. mit Hilfes des Menüs Farbton/Sättigung einander an. Hier verschiebt man die Werte für Gelb in Richtung Rot; die Rotwerte aber in Richtung Gelb. Dies führt zu einem weicheren Hautton.

Und wenn Ihnen missfällt, dass der magentafarbene Lippenstift auch von der Korrektur betroffen ist, dann sollten Sie die Korrektur als Einstellungsebene anlegen. Mit ein paar schwarzen Pinselstrichen in der Einstellungsebene wäre der Lippenstift vor der Korrektur geschützt.

Das Schwierige an den Hauttönen ist, dass wir so gut darauf eingestellt sind, sie zu unterscheiden. Fünf Prozent Abweichung macht hier schon viel aus, und deswegen ist dies eines der ganz problematischen Themen der Farbkorrektur.

Auf den Bilderseiten am Ende dieses Kapitels finden Sie weitere Hauttöne mit den dazugehörigen Werten abgebildet.

Scanmenüs CMYK

Wenn es eines Beweises bedarf, um zu klären, ob man besser in RGB oder CMYK arbeiten sollte, dann muss man sich nur die Scanprogramme anschauen. Man kann die Programme grob in drei Gruppen aufteilen. Die erste lässt nur den Import von RGB-Daten zu. Die Umwandlung nach CMYK muss in Photoshop oder einer anderen Software erfolgen. Viele Ansteuerungen für Digitalkameras arbeiten nach diesem Muster. Andere Programme bieten die Möglichkeit, einen Druckprozess auszuwählen. Man kann dann „CMYK scannen", aber die gesamte Bearbeitung und alle angezeigten Werte beziehen sich auf RGB. Erst bei dem Import der Daten werden die Lichtfarben in die Druckfarben on-the-fly (wie im Fluge) separiert.

Inzwischen gibt es immer mehr Programme, die der dritten Gruppe zugehören. Hiermit ist nun die Bearbeitung der CMYK-Werte direkt möglich. Die Gradationskurven sind dabei immer anwählbar. Spannend sind insbesondere Lösungen, die der selektiven Farbkorrektur in Photoshop ähneln. Drei Hersteller habe ich herausgegriffen, wobei es gerade im HighEnd-Bereich eine große Anzahl von hochinteressanten Tools gibt.

Agfa FotoLook

Agfa bietet die Möglichkeit, eine Farbe auszuwählen und sie anhand von CMYK-Werten zu verändern. Welche umliegenden Farben dabei mitgeändert werden sollen, kann man über eine Auswahl im Farbkreis bestimmen. Die Größe der „Tortenstücke" kann man dabei wunderbar erkennen. Darüber hinaus kann man auch festlegen, welche helleren und dunkleren Töne mitgenommen werden sollen. Man kann nacheinander mehrere Farbtöne anwählen und verändern.

Der Farbkreis in Reinkultur findet sich bei Agfa. Einzelne Farben kann man auswählen und ihre Zusammensetzung verändern.

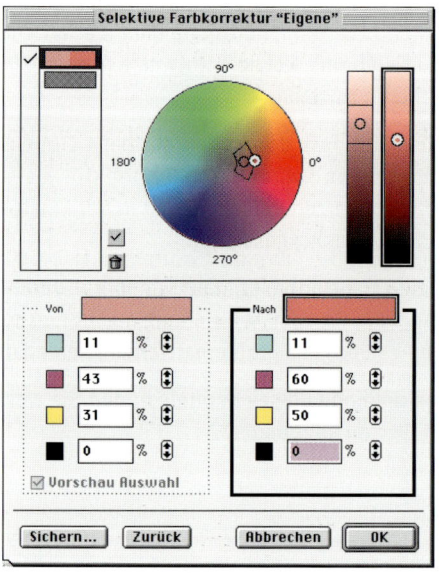

LinoColor

LinoColor hat gleich zwei Menüs zu bieten. Mit der Punktkorrektur kann man einen Farbton wählen und entweder LCH- oder CMYK-Werte modifizieren. Wohl kann man über die „Wirkbreite" bestimmen, wie viele ähnliche Pixel betroffen werden, aber eine exakte manuelle Einflussnahme fehlt. Dies bietet die Feinbereichskorrektur. Hier fährt man mit der Maus über jene Bereiche im Bild, die es zu ändern gilt, und sammelt die entsprechenden Farbinformationen ein. Zumindest bis zur Version 5.1.4 kann man hier allerdings keine CMYK-Informationen eingeben, sondern man muss anhand der LCH-Werte arbeiten.

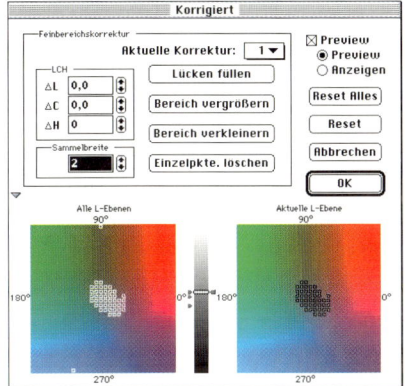
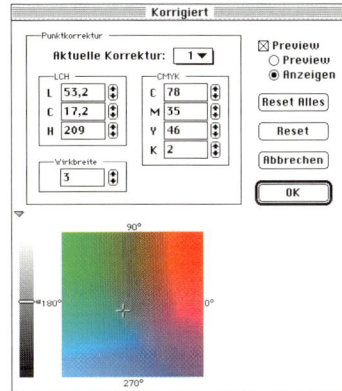

In LinoColor gibt es die Punkt- und Feinbereichskorrektur, um einzelne Farbtöne zu verändern.

SilverFast

Die klassischen Trommelscanner ohne Computersteuerung wirkten immer sehr beeindruckend, weil sie über eine schier unendliche Zahl von Drehknöpfen verfügten. Die meisten dieser Drehknöpfe gehörten zur selektiven Farbkorrektur. Für die sechs Grundfarben konnte man die Anteile der vier Druckfarben verändern. Das waren allein schon 24 Drehknöpfe.

Genau dies kann man nun auch in dem Menü von SilverFast machen. In der oberen Leiste wählt man die Grundfarbe, die geändert werden soll, und in der linken Spalte bestimmt man, welchen Farbanteil man ändern will. Es ähnelt damit am stärksten der selektiven Korrektur von Photoshop. Zusätzlich kann man hier aber die Lichtfarben Rot, Grün und Blau anwählen. Dieses Werkzeug teilt mit Photoshop den Nachteil, dass man nicht einen individuellen Farbton aus dem Bild anwählen kann.

Den Farbanteil für jede Grundfarbe kann man bei SilverFast korrigieren.

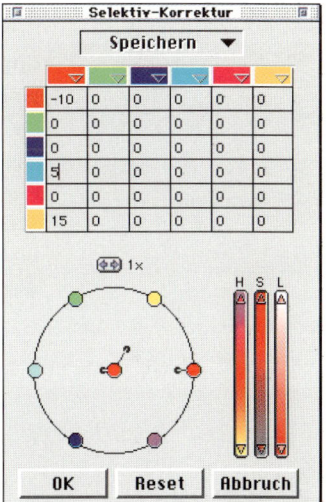

RGB oder CMYK?

Sollten Sie überwiegend CMYK-Korrekturen durchführen, dann werden Sie sicher gemerkt haben, dass ich auf den vorherigen Seiten wiederholt versucht habe, die schlechten Seiten des CMYK-Modus zu betonen. Ich hoffe, das ist mir gelungen, und ich konnte Sie davon überzeugen, dass der RGB-Modus weit mehr Möglichkeiten bietet.

Die Separation der Daten nach CMYK soll eine Bilddatei für die Eigenheiten des Druckprozesses aufbereiten. Schwarzaufbau und Gesamtflächendeckung sind zwei entscheidende Parameter, die man danach nicht mehr verändern kann. Die Festlegung von Weiß- und Schwarzpunkt muss daher in RGB stattfinden. Je nach gewähltem Schwarzaufbau kann man auch die Graubalance des Bildes nur noch unter Schwierigkeiten modifizieren. Von daher empfiehlt es sich, auch dieser Frage im RGB-Modus zu klären. Es bleiben die eigentlichen Farbkorrekturen, z.B. auf Basis des Farbkreises. Hier muss man bedenken, dass der RGB-Farbraum deutlich größer ist als die druckbaren CMYK-Farben. Wenn man aber, wie wir wissen, bei allen Korrekturen mit Verlusten zu rechnen hat, dann sollte man diese Veränderungen in dem großen Farbraum vornehmen. Man hat sehr viel mehr Farbnuancen zur Verfügung, viel mehr Platz seine Tonwerte zu verschieben. Komprimiert man später die RGB-Daten in den CMYK-Farbraum, sind mögliche Verluste vielleicht schon wieder vergessen.

Verändert man seine Bilddaten dagegen in CMYK, dann fehlt einem der Spielraum der nicht-druckbaren Farben. Viele Korrekturen enden ganz schnell an den Grenzen des Farbraums.

Ich finde es daher empfehlenswert, die großen, globalen Änderungen in RGB vorzunehmen. Es ist ja auch nicht schwierig: Mit der Tonwertkorrektur für den Weiß- und Schwarzpunkt, den Gradationskurven für die Graubalance und Farbton/Sättigung für die Farbigkeit kann man sehr schnell schöne Resultate erzielen. Erst danach sollte man sein Bild umwandeln und kann dann immer noch die eingetesteten Werkzeuge der CMYK-Korrektur nutzen.

Große Korrekturen in RGB, Verbesserungen in CMYK – das scheint mir der beste Weg zu sein. Ganz ideal wäre es natürlich, wenn man wirklich alle Korrekturen, die der Bildverbesserung dienen, in RGB oder Lab macht. Diesen Ansatz vertreten die Propheten des Farbmanagement. Ob das allerdings in den realen Produktionszusammenhängen praktikabel ist, wage ich zu bezweifeln. Auch spricht dagegen, dass es natürlich immer Korrekturen gibt, die sich nicht im Bild selber, sondern im Druckprozess begründen. In solchen Fällen führt kein Weg an Korrekturen im CMYK-Modus vorbei.

CMYK-Korrekturen

- Die globalen Korrekturen sollten in RGB/ Lab geschehen sein. Einen fehlenden Schwarzaufbau oder falsche Separationseinstellungen lassen sich in CMYK kaum noch korrigieren.

- Konvertierungen zurück nach RGB sind mit Verlusten verbunden, aber unter Umständen die einzige Möglichkeit, um korrekte Bilddaten zu erhalten.

- Die Art des Schwarzaufbaus bestimmt die Einflussmöglichkeiten in CMYK. Einen Buntaufbau kann man einfacher ändern als einen starken Unbuntaufbau.

- Eine vierfarbige Graubalance weist einen deutlichen Überhang im Cyan auf. Den individuellen Wert erfahren Sie im Photoshop-Farbwähler.

- Mit Hilfe eines Tonwertatlanten kann man sich Zielwerte für das Bild suchen. Oftmals wird man einen Kompromiss zwischen diesen Werten und der Graubalance finden müssen.

- Man sollte zuerst versuchen, mit Gradationskurven die gewünschten Werte zu erreichen.

- Gelingt dies nicht, kann man die selektive Korrektur nutzen. Sie erlaubt nur geringere Korrekturen als das Menü Farbton/Sättigung, dafür ist es damit einfacher, exakte Werte zu treffen.

- Im Regelfall sollte man Weiß, Schwarz und Grau in der selektiven Korrektur nicht mehr verändern.

- Die Einstellungsebenen in Kombination mit den Malwerkzeugen eignen sich hervorragend, um partielle Korrekturen vorzunehmen.

- Bei Hauttönen sollten Sie Weiß, Schwarz und Grau keine allzu große Bedeutung zumessen. Portraits zu neutralisieren ist selten das Ziel. Stattdessen will man meist einen Farbstich erhalten.

- Eine weiche, kontrastarme Umsetzung ist weniger gefährlich als eine harte, kontrastreiche Reproduktion.

- Es kann hilfreich sein, statt in Prozentwerten, in Farbanteilen zu denken. Es wäre aber ein Fehler, viele verschiedene Hauttöne auf einen identischen Zielwert zu pegeln.

- Halten Sie Hauttöne in der Tendenz lieber etwas heller als zu dunkel.

Sidestep 6: Korrekturpinsel erstellen

Es gibt meiner Meinung nach keine Technik in der Farbkorrektur, mit der man so schön und so schnell Erfolge erzielen kann, wie mit der partiellen Nutzung von Einstellungsebenen. Dazu erstellt man eine Einstellungsebene und deckt dann den Bereich, der nicht betroffen werden soll, mit Schwarz ab. Für jede Aufgabe kann man sich so individuelle Korrekturpinsel erstellen.

Hier ist unser Ausgangsbild. Die Frau soll blaue Augen erhalten. Dazu erstellt man eine neue Einstellungsebene und nimmt die gewünschten Änderungen vor. Das wirkt sich natürlich auf das gesamte Bild aus. Um dies zu vermeiden, kann man die gesamte Einstellungsebene mit Schwarz füllen. Sie erinnern sich vielleicht: Einstellungsebenen wirken nur dort, wo sie weiß sind. Indem wir sie mit Schwarz füllen, kann sie sich nirgends mehr auswirken.

Mit dem Pinsel und Vordergrundfarbe Weiß kann man jetzt genau den gewünschten Bereich der Pupillen ausmalen, und die Korrektur ist wieder sichtbar.

Dies ist z.B. auch eine wunderbare Methode, um rot-geblitzte Augen zu retuschieren.

Mit dieser Methode kann man sich für jede beliebige Aufgabenstellung eine Einstellungsebene erstellen. Im nächsten Schritt habe ich die Lippen in Magenta umgefärbt.

Nochmal zur Wiederholung:

1. Einstellungsebene erstellen und Farbänderung vornehmen,

2. diese Einstellungsebene mit Schwarz füllen,

3. mit dem Pinsel und der Vordergrundfarbe Weiß den gewünschten Bereich hervormalen.

Weil es so schön war, will ich gleich noch eine Einstellungsebene erstellen, um die hellen Bereiche auf der Stirn ein wenig abzudunkeln. Die Gradationskurven sind für solch dezente Aufgaben wunderbar geeignet. Je größer und weicher die benutzte Werkzeugspitze ist, umso geringer ist die Gefahr, dass sichtbare Kanten bei Änderungen entstehen.

Im letzten Schritt habe ich ihr noch rote Haare gemalt. Auch dafür eignen sich die Gradationskurven in Kombination mit einer weichen Werkzeugspitze.

Vielleicht kennen Sie aus der Werkzeugleiste von Photoshop den Abwedler, den Nachbelichter und den Schwamm. Damit kann man Bereiche aufhellen, abdunkeln oder die Farbsättigung verändern. Nach Lektüre dieser Seiten können Sie sie getrost vergessen. Das ist Kinderkram. Mit den Einstellungsebenen kann man viel exaktere Korrekturen vornehmen und sie genau der Aufgabenstellung anpassen.

Den Korrekturbereich kann man immer wieder ändern, indem man mit Schwarz malt, um Änderungen zu verhindern. Malt man hingegen mit Weiß, werden Bereiche hinzugefügt.

Auch die Einstellungen selber kann man jederzeit wieder modifizieren, wenn man einen Doppelklick auf das Kontrastsymbol in der Ebenenpalette macht.

Sidestep 7: Bilder kontrollieren

War die Arbeit erfolgreich, oder wird es bei der Ausgabe unliebsame Probleme geben? Will man diese und ähnliche Fragen beantworten, muss man die Ergebnisse genauestens überprüfen.

Kanäle

Erster Schritt ist es dabei, die einzelnen Kanäle unter die Lupe zu nehmen. Oft sieht das Bild im Zusammenspiel der Farben wunderbar aus und erst die Farbkanäle geben Aufschluss über Verluste und mögliche Probleme.

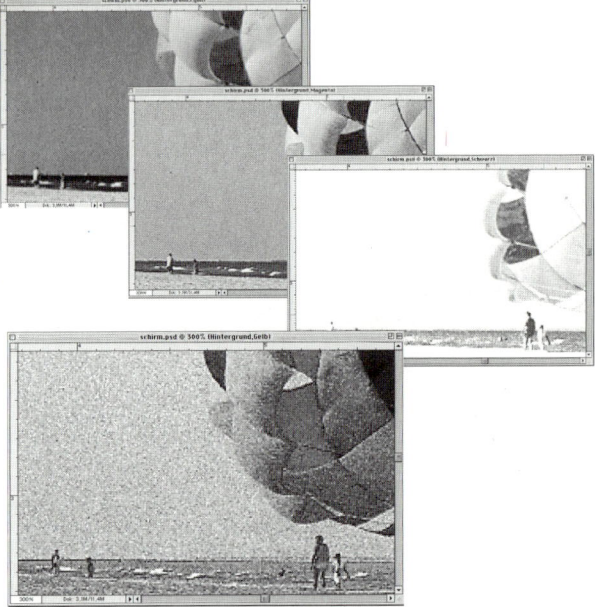

Im Regelfall genügt es dabei, die Daten bei 100% zu überprüfen. Man sieht dann die tatsächlichen Pixel – jeder Dateipixel erscheint einmal als Bildpunkt auf dem Monitor. (Die Screenshots wurden zur besseren Sichtbarkeit bei 300% gemacht.) So erhält man einen Eindruck, mit welchem Schwarzaufbau das Bild separiert wurde, und man sieht, wie es um die Qualität der Farbauszüge bestellt ist. Hier etwa ist der Gelbkanal völlig verrauscht.

Im Zusammenspiel der Farben ist dies aber nicht so einfach zu erkennen.

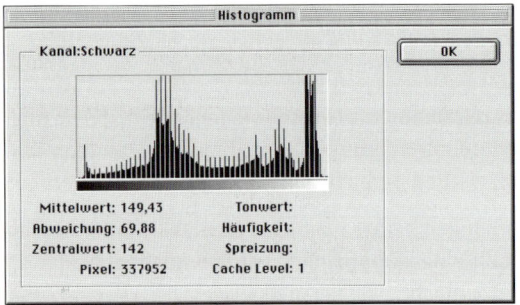

Histogramm

Ich habe, denke ich, schon in den bisherigen Kapiteln hinreichend darauf hingewiesen, dass das Histogramm die beste Informationsquelle zu Bilddaten darstellt.

Video LUT-Animation

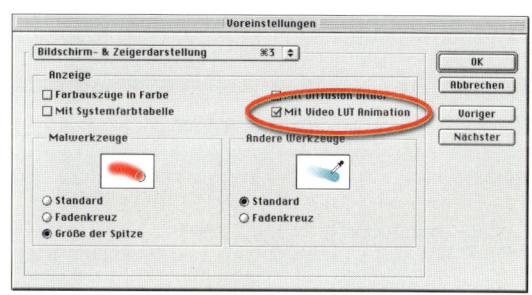

Wenn Weiß- und Schwarzpunkt die mitentscheidenden Parameter eines Bildes sind, dann möchte man auch gerne wissen, wo diese Pixel sind. Dies anhand der Monitordarstellung zu erkennen, ist manchmal gar nicht so einfach. Hier kann die VIDEO LUT-ANIMATION weiterhelfen.

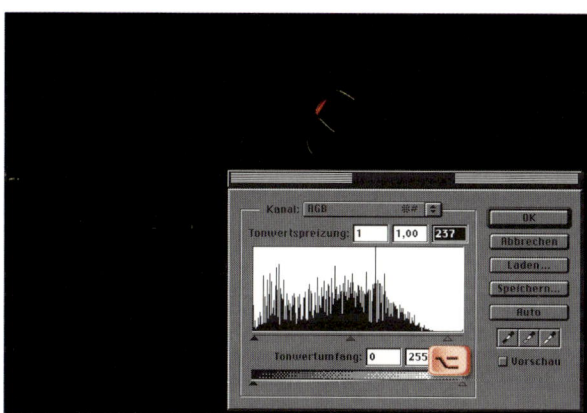

Dazu muss man in den Voreinstellungen das entsprechende Kästchen markieren. Dann muss man

- die Tonwertkorrektur aufrufen,

- die Voransicht deaktivieren,

- mit gedrückter Alt-Taste auf den Weißpunkt klicken,

- und bei gedrückter Maustaste den Weißpunkt verschieben.

Wenn man all diese Vorraussetzungen erfüllt hat, springt der Monitor auf Schwarz um, und man sieht die hellsten Pixel des Bildes.

Der hellste Punkt des Bildes ist also die Schirmkappe. Entsprechend kann man man auf den Schwarzpunkt klicken, der Monitor springt auf Weiß um, und wir können erkennen, wo die dunkelsten Bildpunkte liegen.

Bewegt man die Regler langsam zur Mitte hin, kann man überprüfen, ob das Bild fein moduliert ist. Plötzliche Veränderungen ganzer Flächen weisen darauf hin, dass es Abrisse in dem Bild gibt. Bei perfekten Bilddaten sieht man dagegen selbst geschlossene Farbflächen „langsam wachsen".

Wenn man nicht will, dass ab jetzt immer der gesamte Monitor bei Korrekturen umspringt, dann sollte man nach der Kontrolle die VIDEO LUT-ANIMATION wieder deaktivieren.

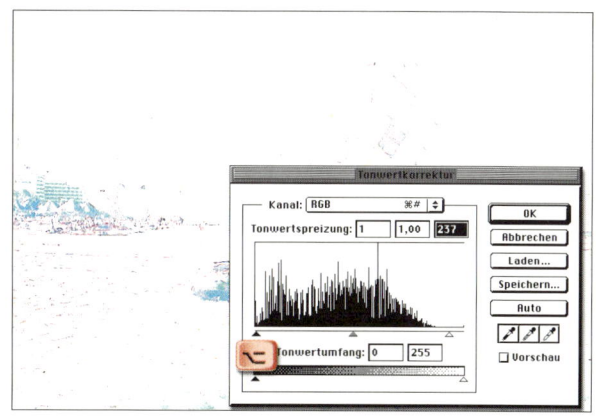

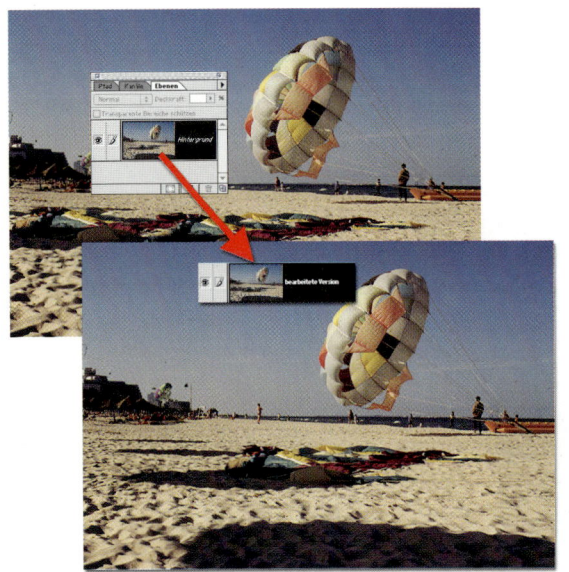

Differenzmodus

Es ist machmal eine gute Idee, an einer Kopie des Originaldatensatzes zu arbeiten. Man kann dann Vorher und Nachher vergleichen, und die Optionen der Ebenenpalette lassen sich nutzen, um die Resultate zu überprüfen.

Dazu zieht man das Ebenenthumbnail der bearbeiteten Version auf das Originalbild. Es liegt dann als neue Ebene über dem Original.

Während man das Bild hinüberzieht, kann man die Shift-Taste gedrückt halten. Die neue Ebene wird dann mittig platziert. Sofern das Bild nicht beschnitten wurde, liegen die Bilder passgenau übereinander.

Jetzt wählt man die Option DIFFERENZ für die obere Ebene. Alle Teile des Bildes, die in beiden Ebenen identisch sind, werden schwarz dargestellt, während die Unterschiede farblich hervorgehoben werden.

In diesem Fall wurden Teile des Fallschirms in den linken Bildbereich kopiert.

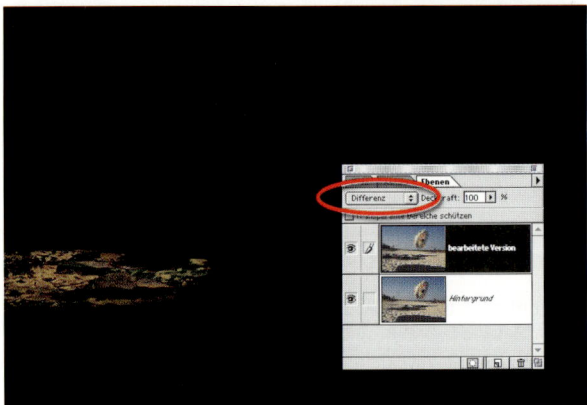

2.7 Bilderseiten

Auf den folgenden Seiten werden einige exemplarische Motive abgedruckt. Farbtöne, die mir interessant erschienen, habe ich ausgewählt und jeweils mit den RGB- und CMYK-Werten versehen.

Der Hintergedanke dabei ist, dass Sie Ihre aktuellen Bilder am Monitor mit den hier abgedruckten Bildern vergleichen können. So in der Art: Ich hätte gern so einen Rotton, wie die Orange oben, aber mit ein bisschen mehr Magenta. Sie können dann die Werte der Orange ablesen und Ihre Werte entsprechend angleichen.

Entsprechend sind auf den folgenden Seiten schwierige Farben, wie Hauttöne, Brauntöne, Metall, Pastellfarben etc., abgebildet.

Dies ist kein Referenzdruck, der unter Laborbedingungen enstanden ist. Wie das gesamte Buch unterliegen auch die folgenden Seiten den normalen Schwankungen des Offsetdrucks. Genau wie Ihre Drucksachen Schwankungen unterworfen sind. Ich denke, man kann dennoch aus dem Druck eine Tendenz entnehmen, die in der Praxis hilfreich sein kann.

Dies kann und soll keinen Tonwertatlas ersetzen. Die Farbtöne sind willkürlich ausgewählt und ganz viele Farben werden Sie hier nicht finden. Die Herangehensweise bietet aber den großen Vorteil, dass man die Farben im Zusammenspiel mit dem gesamten Bild bewerten kann. Will man in einem Tonwertatlas einen schönen Rotton auswählen, so wird man immer die stärksten und gesättigtsten Farben auswählen. In den Scans von fotografischen Vorlagen sind solche Tonwerte allerdings nur selten zu finden. Sind sie es, so wirken die Bilder meist zu gesättigt und ähneln in der Tendenz eher einem Comic.

Ich hatte das Glück, für die folgenden Seiten den schier unerschöpflichen Fundus von PhotoDisc plündern zu dürfen, und möchte mich an dieser Stelle herzlich dafür bedanken.

Die Original-RGB-Bilder wurden in ColorMatch-RGB geöffnet und mit Hilfe eines ICC-Profils aus dem Hause Heidelberg separiert. Dieses Profil entspricht einem Skelettschwarz mit max. 95% Schwarz und 340% maximaler Flächendeckung. Es hat bei der Graubalance einen leichten Überhang von Gelb (etwa 1 – 2%) lassen Sie sich davon nicht irritieren.

Gelb-Rottöne

1

R :	207	C :	14%
G :	154	M :	37%
B :	112	Y :	55%
		K :	0%

2

R :	130	C :	39%
G :	81	M :	69%
B :	34	Y :	84%
		K :	6%

3

R :	165	C :	21%
G :	75	M :	78%
B :	13	Y :	95%
		K :	1%

4

R :	228	C :	2%
G :	181	M :	31%
B :	7	Y :	89%
		K :	0%

5

R :	234	C :	2%
G :	203	M :	20%
B :	4	Y :	88%
		K :	0%

6

R :	238	C :	6%
G :	230	M :	6%
B :	159	Y :	39%
		K :	0%

7

R :	160	C :	21%
G :	31	M :	96%
B :	35	Y :	81%
		K :	1%

Hauttöne 1

1

R :	245	C :	2%
G :	218	M :	12%
B :	201	Y :	14%
		K :	0%

2

R :	232	C :	4%
G :	187	M :	29%
B :	154	Y :	31%
		K :	0%

3

R :	133	C :	40%
G :	91	M :	62%
B :	64	Y :	65%
		K :	7%

4

R :	234	C :	4%
G :	201	M :	22%
B :	158	Y :	32%
		K :	0%

5

R :	184	C :	20%
G :	128	M :	51%
B :	73	Y :	65%
		K :	1%

6

R :	124	C :	41%
G :	77	M :	70%
B :	39	Y :	80%
		K :	8%

7

R :	53	C :	73%
G :	52	M :	64%
B :	47	Y :	63%
		K :	35%

8

R :	58	C :	65%
G :	39	M :	80%
B :	18	Y :	88%
		K :	35%

Hauttöne 2

1

R : 223   C : 6%
G : 178   M : 25%
B : 157   Y : 27%
            K : 0%

2

R : 192   C : 15%
G : 134   M : 44%
B : 103   Y : 53%
            K : 0%

3

R : 79   C : 56%
G : 53   M : 73%
B : 44   Y : 76%
            K : 20%

4

R : 226   C : 5%
G : 185   M : 22%
B : 155   Y : 31%
            K : 0%

5

R : 198   C : 13%
G : 137   M : 42%
B : 115   Y : 46%
            K : 0%

6

R : 139   C : 33%
G : 88   M : 59%
B : 73   Y : 62%
            K : 4%

7

R : 173   C : 22%
G : 127   M : 44%
B : 137   Y : 27%
            K : 0%

8

R : 61   C : 71%
G : 142   M : 6%
B : 145   Y : 37%
            K : 0%

Braun-Schwarztöne

1

R:	232	C:	7%
G:	236	M:	3%
B:	238	Y:	4%
		K:	0%

2

R:	172	C:	25%
G:	172	M:	20%
B:	172	Y:	21%
		K:	0%

3

R:	227	C:	8%
G:	215	M:	9%
B:	199	Y:	16%
		K:	0%

4

R:	112	C:	44%
G:	66	M:	70%
B:	39	Y:	87%
		K:	8%

5

R:	100	C:	49%
G:	78	M:	58%
B:	76	Y:	53%
		K:	12%

6

R:	30	C:	79%
G:	26	M:	77%
B:	23	Y:	84%
		K:	58%

7.

R:	74	C:	63%
G:	63	M:	64%
B:	51	Y:	64%
		K:	25%

8

R:	7	C:	95%
G:	9	M:	87%
B:	5	Y:	87%
		K:	82%

Braun-Ockertöne

1

R :	222		C :	5%
G :	162		M :	32%
B :	95		Y :	62%
			K :	0%

2

R :	139		C :	27%
G :	41		M :	88%
B :	32		Y :	89%
			K :	2%

3

R :	122		C :	38%
G :	67		M :	72%
B :	33		Y :	91%
			K :	6%

4

R :	235		C :	4%
G :	199		M :	17%
B :	136		Y :	44%
			K :	0%

5

R :	209		C :	5%
G :	118		M :	52%
B :	35		Y :	91%
			K :	0%

6

R :	103		C :	52%
G :	159		M :	13%
B :	209		Y :	2%
			K :	0%

7

R :	25		C :	92%
G :	59		M :	59%
B :	89		Y :	33%
			K :	11%

Grün-Gelbtöne

1

R :	229	C :	8%
G :	236	M :	2%
B :	229	Y :	8%
		K :	0%

2

R :	197	C :	16%
G :	191	M :	13%
B :	89	Y :	64%
		K :	6%

3

R :	228	C :	7%
G :	216	M :	10%
B :	41	Y :	82%
		K :	0%

4

R :	125	C :	49%
G :	166	M :	11%
B :	53	Y :	82%
		K :	0%

5

R :	62	C :	73%
G :	132	M :	18%
B :	14	Y :	97%
		K :	0%

6

R :	20	C :	91%
G :	86	M :	42%
B :	19	Y :	97%
		K :	7%

7

R :	43	C :	84%
G :	146	M :	2%
B :	169	Y :	30%
		K :	0%

○1
○4
○2
○3
○7
○5
○6

Metall

1

R :	208		C :	13%
G :	202		M :	12%
B :	191		Y :	18%
			K :	0%

2

R :	198		C :	21%
G :	184		M :	22%
B :	146		Y :	37%
			K :	0%

3

R :	244		C :	4%
G :	238		M :	5%
B :	208		Y :	18%
			K :	0%

4

R :	152		C :	37%
G :	129		M :	42%
B :	104		Y :	49%
			K :	2%

5

R :	244		C :	4%
G :	244		M :	2%
B :	244		Y :	3%
			K :	0%

6

R :	124		C :	45%
G :	105		M :	49%
B :	76		Y :	60%
			K :	8%

7

R :	157		C :	37%
G :	141		M :	37%
B :	133		Y :	35%
			K :	1%

Die Farben von Metall sind wirklich langweilig. Der metallische Eindruck entsteht nur durch die Reflexe des Lichts und die Verläufe im Motiv.

2.8 LinoColor/NewColor

Die allermeisten Bildbearbeitungs- und Scanprogramme basieren auf RGB- und CMYK-Korrekturen. Eine Ausnahme stellen LinoColor und das Nachfolgeprogramm NewColor von Heidelberg dar. Beide Programme dienen zur Ansteuerung der eigenen Scanner, können aber auch als eigenständige Bildbearbeitungsprogramme für die Farbbearbeitung eingesetzt werden. Während LinoColor nur auf dem Mac läuft, wurde NewColor für Windows NT entwickelt und soll erst danach auf das Macintosh-System portiert werden.

Startet man die Programme, will man kaum vermuten, dass sie sich in der Grundstruktur sehr ähnlich sind, denn sie sehen völlig unterschiedlich aus. In ihrer Ausrichtung auf die Bearbeitung von Lab-Dateien sind sie aber identisch. Ich will daher in diesem Kapitel beide Programme gemeinsam behandeln, auch wenn manche Neuerung in NewColor dadurch nicht hinreichend gewürdigt wird. Dazu gehören die 16-Bit-Unterstützung und die enge Anbindung an die Profilerstellungsprogramme von Heidelberg.

Die konkrete Arbeit mit den Programmen steht also hier nicht im Mittelpunkt, vielmehr sollen die Unterschiede und Parallelen zu den RGB-basierten Programmen dargestellt werden.

Zu einem sehr frühen Zeitpunkt setzten die Entwickler auf automatische Bildkorrekturen mit Hilfe eines so genannten ColorAssistent. Dies geht über die automatische Extremwerteinstellung anderer Programme hinaus, da hier das Vorlagenmotiv in die Berechnung einfließt. So kann man zwischen Einstellungen für Landschaften, Portraits, Technik und anderen Motiven wählen. Inzwischen gibt es auch einige andere Programme, die diesen Ansatz aufgenommen haben, wie etwa SilverFast. In diesem Kapitel soll, neben den individuellen Einstellmöglichkeiten, die Vorgehensweise dieser Automatismen betrachtet werden.

LinoColor/ NewColor basieren auf dem Lab-Farbraum. Die Farbbeschreibung ist elegant – die Korrekturmöglichkeiten in diesem Modus sind allerdings nur schwer handhabbar und verständlich. Deswegen wurde aus Lab ein weiteres Farbmodell abgeleitet: der LCH-Farbraum.

- L steht dabei für Helligkeit (Luminanz)
- C für Farbsättigung (Chroma)
- H für die Farbe (Hue)

Eine schematische
Darstellung des
LCH-Farbraums.

Bild: Heidelberg

Diese Farbbeschreibung kann man durchaus vergleichen mit dem Farbkreis in Photoshop und den dort möglichen Farbton/Sättigungs-Einstellungen. Allerdings sind RGB-Korrekturen in diesen Programmen gar nicht möglich. Alles basiert auf Lab. Der CMYK-Modus wird nur in ganz geringem Maße unterstützt. Immerhin sind die Gradationskurven und eine so genannte Punktkorrektur anwählbar. Will man alle Möglichkeiten der Programme ausschöpfen, muss man sich mit den LCH-Korrekturen beschäftigen.

Die Korrekturwerkzeuge von LinoColor/NewColor

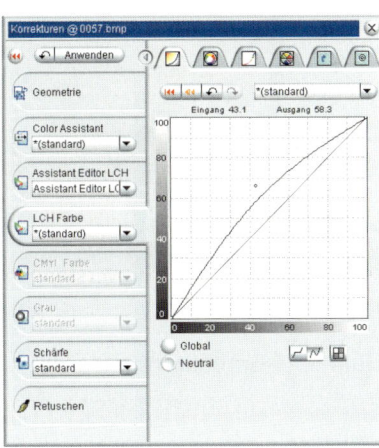

Ein Überblick über die
Korrekturwerkzeuge von
LinoColor (links) und
NewColor (rechts).

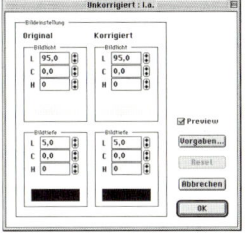

Ein ganzer Schwung von Einstellungsmenüs steht zur Verfügung. An erster Stelle steht, wie immer, die Festlegung von Weiß- und Schwarzpunkt. Hier wird sie Bildeinstellung genannt. Der hellste Punkt ist hier erreicht bei L=100, der dunkelste entsprechend bei L=0 . Natürlich wird auch hier der Tonwertumfang begrenzt. In diesem Fall auf 95 – 5.

Schwarz- und Weißpunkt
bestimmt man, auch
wenn es ungewohnt ist,
anhand von LCH-Werten.

In der Regel wird man den Programmen und ihrer ColorAssistent-Funktion diese Arbeit überlassen. Ein Histogramm, wie man es aus Photoshop kennt, steht nicht zur Verfügung. Vermutlich hat man es weggelassen, weil es im Lab/LCH-Farbmodus nur wenig Aussagekraft hat. Nichtsdestotrotz fehlt einem damit eine schöne Kontrollmöglichkeit.

Helligkeits-Gradation

Direkt darauf folgt ein Menüpunkt Helligkeitsverlauf, in dem man einen alten Bekannten, die Gradationskurve, wiedertrifft. Allerdings weist das Menü hier eine Besonderheit auf. Man kann zwischen global oder neutral wählen. Im ersten Fall werden wie gewohnt alle Töne des Bildes heller oder dunkler. Bei einer neutralen Korrektur dagegen wird die Wirkung auf die grauen Elemente des Bildes beschränkt. Gesättigte Farben werden nicht betroffen. Dies ist eine Korrektur, die man nicht auf Basis der RGB- oder CMYK-Daten durchführen könnte. Es lässt sich wunderbar einsetzen, wenn man bei einem sonst schönen Scan die Zeichnung in den dunklen Elementen herausholen will. Auch hier habe ich die Kurve wieder maßlos überzogen, damit man den Unterschied besser erkennen kann. Achten Sie auf die Tomaten und den Lauch. Bei einer globalen Korrektur wird das Gemüse heller. Eine neutrale Änderung wirkt sich dagegen nur in den Grautönen aus.

Links eine globale, rechts eine neutrale Änderung.

Bild: PhotoDisc

Buntheits-Gradation

Eine weitere Besonderheit bietet Lino mit einer Gradationskurve für die Farbsättigung. Links unten findet man die grauen Eingangswerte, während rechts oben die stark gesättigten Farben abgebildet sind. Wie man sonst Tonwerte geändert hat, kann man jetzt die Sättigungswerte modifizieren. Man kann die Sättigung erhöhen, verringern und ... tja, wie soll man es nennen? Vielleicht eine Kontrastverstärkung auf Sättigungsbasis. Welches Wort man auch dafür findet, die ungesättigten Töne werden auf Grau gesetzt, während die gesättigten Farben noch weiter verstärkt werden.

Bild: PhotoDisc

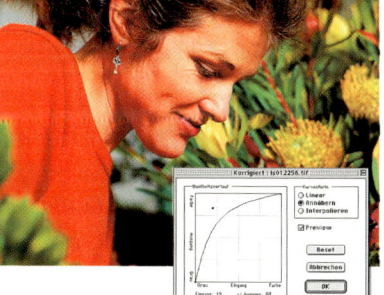

Eine Gradationskurve für
die Farbsättigung gibt es
meines Wissens nach in
keinem anderen Bild-
bearbeitungsprogramm.

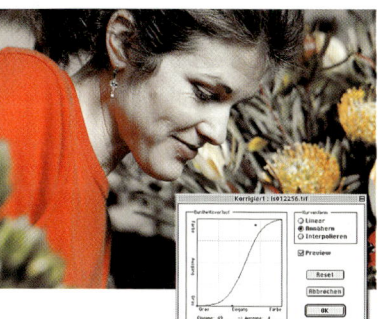

Hier eine entsättigte
Variante und eine
Korrektur, für die man
noch einen Namen
erfinden müsste.

Sektorkorrektur

Das kennen wir schon. Der Farbkreis spielt auch bei LinoColor/NewColor eine
wichtige Rolle. Die Funktionsweise ähnelt ganz stark dem Menü FARBTON/SÄT-
TIGUNG aus Photoshop. Allerdings fehlt hier die Möglichkeit, den gesamten
Kreis zu bewegen, und auch die Kolorierungsoption steht nicht zur Verfügung.

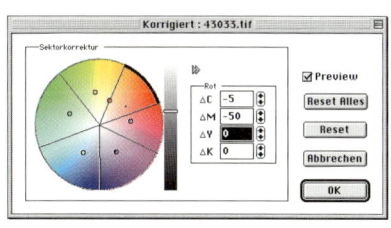

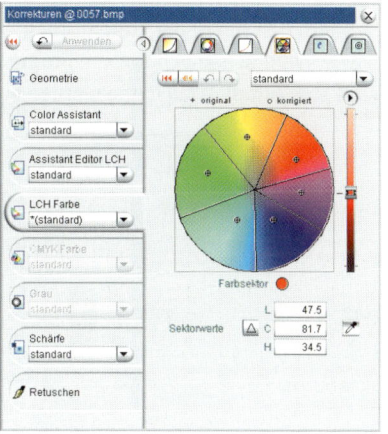

Der Farbkreis findet in der
Sektorkorrektur von
LinoColor (links) und
NewColor (rechts) seine
Entsprechung.

Punkt- und Feinbereichskorrekturen

Zwei weitere Optionen stehen zur Verfügung, um den Daten den letzten Schliff zu geben und spezielle, ausgewählte Farbtöne zu verändern. Bei den Punkt-korrekturen legt man einen bestimmten Tonwert fest. Anhand einer Toleranz-einstellung werden dieser und ähnliche Werte geändert. Bei der Feinbereichs-korrektur wählt man dagegen mehrere Tonwerte gleichzeitig aus, indem man über das Bild fährt. Dann verändert man die gesamten eingesammelten Farben.

Links die Punkt-, rechts die Feinbereichs-korrekturen.

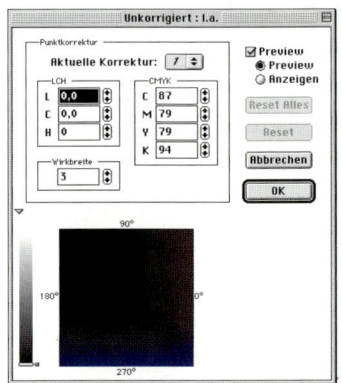
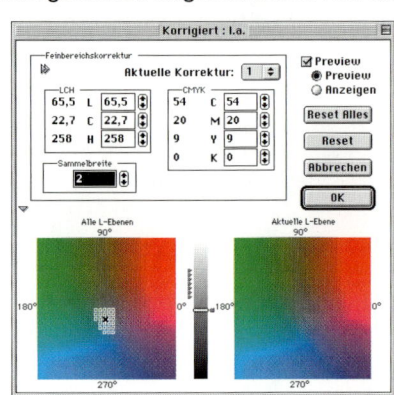

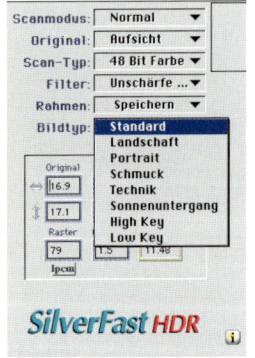

Der ColorAssistent

Mit dieser Funktion findet eine automatische Korrektur der Bilddaten in Abhän-gigkeit von dem Motiv statt. Der Anwender teilt dem Programm mit, was auf dem Bild zu sehen ist, und die Software entscheidet dann über die notwendigen Kor-rekturen. Wir dürfen dann noch bestätigen, ob und in welcher Stärke sie ausge-führt werden. Oftmals führen die Automatismen zu hervorragenden Resultaten. Das ist weder Voodoo noch Zauberei (oder höchstens ein bisschen von beidem), sondern beruht auf der statistischen Analyse der Bilddaten. Was genau passiert, wissen wahrscheinlich nur die Programmierer der Software. Einige Änderungen sind aber offensichtlich und werden auch in LinoColor angezeigt.

Rechts die Optionen der ColorAssistents von Heidelberg. Auch SilverFast, eine Software, die mit vielen Scannern arbeitet, verfügt über ähnliche Funktionen (oben).

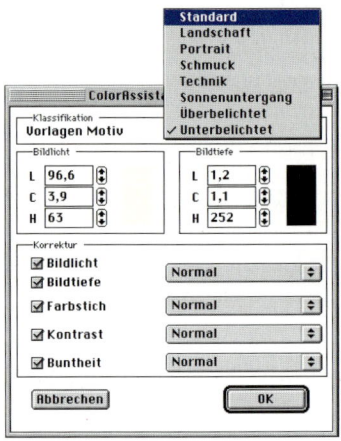

Man sollte sich die Gelegenheit nicht entgehen lassen, von dem Knowhow, das dahinter steckt, zu profitieren. Jedes Mal, wenn man den ColorAssistent anwendet, werden die Einstellungen für Helligkeits- und Farbgradation geändert. Manchmal wird die Sektorkorrektur genutzt.

Verdeutlichen kann man sich dies, wenn man (während das ColorAssistent-Fenster geöffnet ist) sich die Auswirkungen auf die LCH-Korrekturen ansieht. Diese nachfolgenden Screenshots wurden in LinoColor gemacht. Links sehen wir die Gradationskurve für den Farbverlauf. Die schwarze Landschaftskurve liegt nur ein wenig über der grünen PORTRAIT-Einstellung. Ganz anders dagegen der Helligkeitsverlauf. Man erkennt, dass im Portrait die Lichter abgedunkelt werden, während die Mitteltöne und dunklen Elemente des Bildes eher hell gehalten werden. Im Gegensatz dazu werden bei der Einstellung LANDSCHAFT die Vierteltöne aufgehellt, die Dreivierteltöne aber abgedunkelt. Resultat ist eine Kontrastverstärkung.

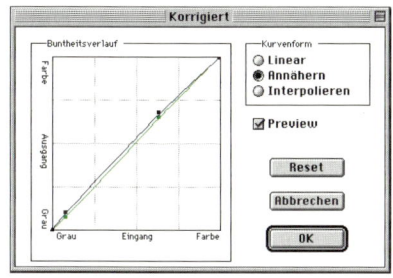
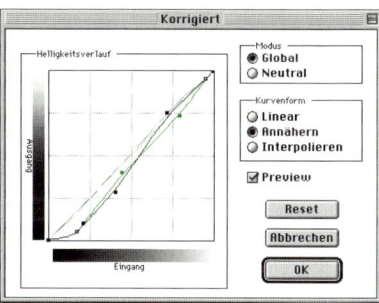

Schwarz sind die Kurven für die Landschaft, grün jene für Portrait dargestellt.
Links der Farbverlauf, rechts der Helligkeitsverlauf.

Noch offensichtlicher wird es beim Vergleich der Einstellung für unter- und überbelichtete Vorlagen. Der ColorAssistent verändert einfach die Helligkeitseinstellung. Überbelichtete Vorlagen werden abgedunkelt, unterbelichtete Bilder dagegen aufgehellt.

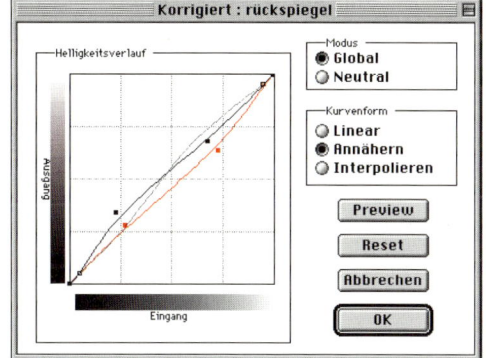

Die Helligkeitseinstellung für unterbelichtete (schwarz) und überbelichtete (rot) Vorlagen.

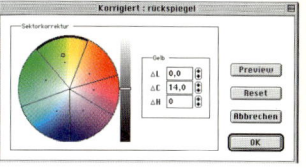

Sie sehen selbst bei diesen starken Korrekturen nur relativ geringe Ausschläge der Kurven. Geringe Änderungen haben hier schon heftige Auswirkungen.

Eine Besonderheit gibt es bei der Einstellung „Schmuck". Nur in diesem Fall wird die Sektorkorrektur zur Hilfe genommen und die Sättigung der Gelbtöne erhöht. Im LinoColor-Jargon entspricht dies einer Erhöhung des Chroma-Wertes.

In seltenen Fällen, etwa bei Schmuck, findet die Sektorkorrektur Verwendung.

Die acht Optionen des ColorAssistent im Überblick:

Standard:

Sonnenuntergang:
Es ist zugegebenermaßen nicht leicht zu erkennen, aber die Sättigung wird angezogen.

Bild: PhotoDisc

Landschaft:
Starke Kontraste und eine hohe Farbsättigung zeichnen diese Einstellung aus.
Portrait:
Im Gegensatz dazu wird hier das Bild relativ weich gehalten, damit in den Gesichtern keine störenden Kontraste entstehen.

Unterbelichtet:
Der gesamte Scan wird aufgehellt, aber ohne dass Weiß- und Schwarzpunkt geändert werden. Umgekehrt funktioniert die **Überbelichtung**.

Schmuck:
Die Gelbanteile sind gegenüber dem Ausgangsbild stärker.
Technik:
Hier wird auf eine neutrale Umsetzung und eine gute Tiefenzeichnung geachtet.

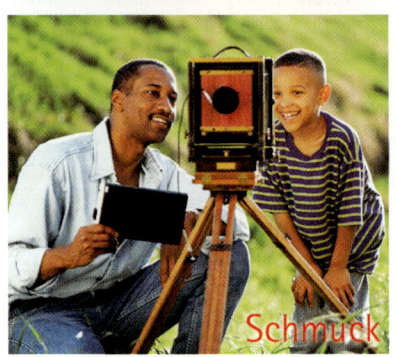 

2.9 Scharfzeichnen

Es mag auf den ersten Blick absurd erscheinen, die Scharfzeichnungsfilter der Abteilung Farbkorrektur zuzuordnen. Aber Scharfzeichnung ist nichts anderes als eine Kontrastverstärkung – also Tonwertkorrektur – dort wo Konturen im Bild zu finden sind. Eine korrekte Schärfung dürfte eines der am meisten unterschätzten Themen der Bildbearbeitung sein. Sie führt nicht nur zu einer Betonung der Details im Bild, sondern sorgt auch für einen kontrastreicheren Gesamteindruck. Es gilt dabei die Filtereinstellungen dem jeweiligen Motiv anzupassen.

Man sollte nicht denken, man müsse nur unscharfe Bilder scharfzeichnen oder der notwendige Einsatz dieses Filters würde auf einen schlechten Scanner hinweisen. Es liegt vielmehr in der Natur der Sache, dass alle Bilder, die digitalisiert werden, auch scharfgezeichnet werden müssen. Die Zerlegung der Bildinformationen in einzelne Punkte oder Pixel führt zwingenderweise dazu, dass an Konturen weiche Übergänge entstehen.

Ganz ähnlich verhält es sich auf der Ausgabeseite. Nur dass hier mehrere Pixel in einen Rasterpunkt überführt werden und dadurch das Bild weicher wird. Die Scharfzeichnung muss also den Verlusten auf Ein- wie Ausgabeseite entgegenwirken.

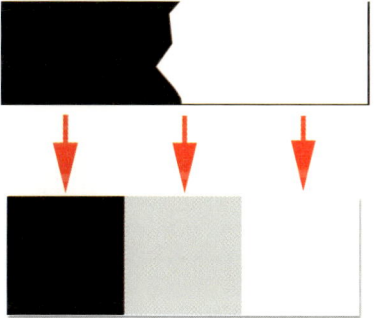

Digitalisiert man analoge Vorlagen, so ist es unvermeidbar, dass an Kanten weiche Übergänge entstehen. Das Bild wird unschärfer.

Der irritierende Name UNSCHARF MASKIEREN für den effektivsten Schärfungsfilter, den Photoshop bereithält, kommt aus der traditionellen Labortechnik. Ein unscharfes Positiv wurde über das Original-Negativ gelegt und dann belichtet. Dadurch wurden an Konturen die hellen Bereiche noch heller, die dunklen dagegen noch dunkler. Die Entwicklung hat sich inzwischen weit von solchen Techniken entfernt. Der Name ist geblieben.

Trommelscanner traditioneller Bauart nutzen ein zusätzliches Bildsignal, das über eine so genannte Umfeldblende aufgefangen wird, und verrechnen es mit dem Original-Bildsignal, um diesem Phänomen entgegenzutreten. Flachbettscanner und Digitalkameras verfügen nun nicht über Blenden, und so muss hier die Schärfung in rein digitaler Form geschehen.

In vielen Scanprogrammen ist dies schon integriert. Die Schärfung geschieht dann on-the-fly. Der Photoshop-Filter muss sich vor diesen Lösungen nicht verstecken und bietet ebenso professionelle Lösungen an.

Der Photoshop-Filter

Insgesamt vier Scharfzeichnungsfilter stehen in Photoshop zur Verfügung. Die ersten drei kann man getrost vergessen, da sie nicht individuell einstellbar sind. Alles, was sie können, kann auch der UNSCHARF MASKIEREN-Filter, und er kann es besser.

Die Herangehensweise ist die gleiche wie bei der traditionellen Technik: Kontraste werden an Konturen verstärkt. Drei Parameter bietet der Filter.

- Die Stärke (von 0 – 500) regelt, um wie viel der Kontrast erhöht wird. Also, ob ein Grau nur auf Hellgrau oder gar auf Weiß korrigiert wird.

- Der Radius (von 0 – 250, aber alle Werte über 3 sind nicht sinnvoll) bestimmt darüber, auf welcher Breite die Kontraständerung sich auswirkt.

- Schließlich der Schwellwert (von 0 – 255) mit dem man definieren kann, wie stark der Kontrast im Original sein muss, damit die Schärfung überhaupt einsetzt.

Diese drei Einstellmöglichkeiten beeinflussen sich gegenseitig und arbeiten nicht exakt mathematisch. So reduziert ein erhöhter Schwellwert auch die Stärke des Filters und umgekehrt. Also muss man sich Schritt für Schritt an die richtigen Einstellungen herantasten.

❶ Dort, wo Tonwertunterschiede sind, werden die Kontraste verstärkt. Bei einem hohen Radius von 5 und einer geringen Stärke von 100% tritt eine breite, aber nicht allzu stark akzentuierte Kante auf.

❷ Der Schwellwert entscheidet darüber, wie stark der Kontrast sein muss, damit die Schärfung einsetzt. Hier die gleiche Einstellung wie links, jetzt aber mit einem von 4 auf 30 geänderten Schwellwert. Es findet keine Schärfung mehr statt, da der Kontrast zwischen den beiden Grauwerten zu gering ist.

 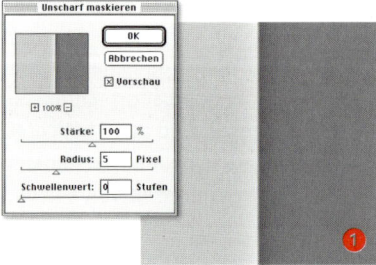 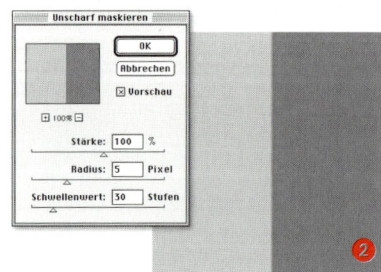

Als Ausgangspunkt dient eine Datei, die aus zwei Grautönen besteht. Der Scharfzeichnungsfilter wirkt dort, wo die Flächen aufeinander treffen.

❸ Im Gegensatz dazu eine extrem starke Schärfung: Eine maximale Stärke von 500% und ein sehr hoher Radius von 5 Pixeln führen zu einer breiten Outline an den im Bild vorhandenen Tonwertunterschieden. In der Praxis wäre das eine tödliche Einstellung für jedes Bild, da alle feinen Elemente vergröbert werden. Eine schlechte Scharfzeichnung kann man oftmals an genau diesen Outlines erkennen.

❹ Durchaus praxisnah ist dagegen eine sehr hohe Stärke mit einem geringen Radius. Dies führt zu einer klar konturierten Kante, ohne das Motiv zu zerstören. Man dürfte allerdings selten einen Wert von 500% erreichen.

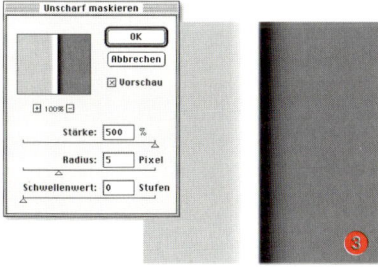 

Regeln

Bei der praktischen Arbeit sollte man einige Regeln beachten:

Die Bildschirmdarstellung sollte immer 100% betragen. Dann entspricht die Zahl der Dateipixel exakt den Bildpunkten, die auf dem Monitor dargestellt werden. Bei allen anderen Prozentwerten muss die Darstellung des Bildes errechnet werden, und es können Bildschirmmoirés entstehen. Es ist dann unmöglich, die Schärfe des Bildes auch nur annähernd zu beurteilen.

Arbeiten Sie für den Multimedia- oder Internetbereich, müssen Sie sich keine weiteren Gedanken machen. Soll das Bild aber später gedruckt werden, muss man sich bewusst machen, dass die Monitorauflösung im Regelfall bei 72 ppi liegt. Die Dateiauflösung für den Druck kann dagegen leicht 300 ppi und mehr betragen. Bei der Ausgabe wird dann aus mehreren Dateipixeln ein Rasterpunkt errechnet. Dies vermeidet Pixelstrukturen, führt aber auch zu einem weicheren Gesamteindruck. Am Monitor dürfen daher Bilder nicht nur – sie sollen sogar – etwas überscharf aussehen.

Je schlechter das Papier ist, umso stärker sollte die Schärfung sein. Ein Bild, das für Hochglanzpapier optimiert wurde, wird im Zeitungsdruck unweigerlich an Schärfe verlieren. Dem muss man entgegensteuern.

Mit dem Befehl TATSÄCHLICHE PIXEL springt die Bildschirmdarstellung auf 100% um. Das gleiche Resultat erzielt man durch einen Doppelklick auf die Lupe oder mit dem Tastaturkürzel Befehl-Alt-Null.

Praxis

Um die Funktion des Filters UNSCHARF MASKIEREN am realen Objekt zu demonstrieren, habe ich drei Beispielbilder gewählt, die ganz unterschiedliche Anforderungen stellen.

Auf der nächsten Seite finden wir die unbearbeiteten Originale: Links ein Kleinbilddia, recht ordentlich eingescannt. Es besteht überwiegend aus sehr feinen, schmalen Linien. In der Mitte eine unscharfe Aufsichtsvorlage. Rechts ein Portrait von einer PhotoCD. Im weiteren Verlauf sehen Sie die Auswirkungen des Scharfzeichnungsfilters bei unterschiedlichen Einstellungen.

Die ungeschärften
Rohdaten

Stärke 200%, Radius 0,6, Schwellwert 4

Ein kleiner Radius, oftmals bei hoher Stärke, eignet sich hervorragend für feine, scharfe Motive. Diese erhalten dadurch den letzten Schliff. Bei eher unscharfen Vorlagen verstärkt diese Einstellung nur Scanfehler und Staub. Das Motiv selber wirkt nicht unbedingt schärfer. Beim Portrait steigt die Gefahr, dass die Hauttöne unnötig unruhig werden. Nutzen Sie einen geringen Radius und eine hohe Stärke als Ausgangswert für gute Vorlagen, die bei durchschnittlichen Vergrößerungsmaßstäben in guter Qualität digitalisiert wurden.

Kleiner Radius

Stärke 200%, Radius 2,5, Schwellwert 4

Ein großer Radius bei unveränderter Stärke: Dadurch entstehen breite Kanten an Tonwertsprüngen. Feine Bildelemente, wie bei dem Pflanzenmotiv, werden vergröbert. Die Hauttöne des Portraits brechen nun aus und das Gesicht wirkt unangenehm grobporig. (Man möchte dem armen Mann diese Hautkrankheit nicht zumuten.) Beachten Sie auch die weiße Outline am linken Gesichtsrand: Ein klassischer Scharfzeichnungsfehler. Allein auf die unscharfe Aufsichtsvorlage hat diese Einstellung positiven Einfluss. Zwar wird auch hier die Körnigkeit betont und es treten Blitzer an Tonwertsprüngen auf, im Gesamteindruck wirkt das Bild aber nun schärfer. Ein hoher Radius bei verringerter Stärke kann auch Ausgangspunkt bei extrem starken Vergrößerungen und interpolierten Bilddaten sein.

Großer Radius

Stärke 180%, Radius 1, Schwellwert 12

Durchschnittliche Werte für Stärke und Radius; im Gegensatz zu den vorherigen Einstellungen aber ein erhöhter Schwellwert. Bei Dia und Aufsichtsvorlage mag man sich um die die Auswirkungen streiten. Bemerkenswert positiv dagegen das Resultat beim Portrait: Durch den hohen Schwellwert werden die kontrastarmen Hauttöne nicht geschärft, wohl aber die anderen Bildelemente, wie Augen und Mund. Klassisches Einsatzgebiet für einen Schwellwert von 10 und mehr sind denn auch Hauttöne und Portraits.

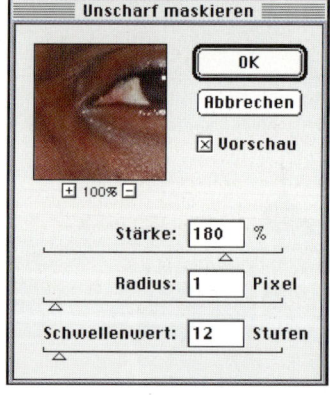

Hoher Schwellwert

Schärfungsfehler

Einen Fehler, den man sehr oft beobachten kann, ist eine fehlende oder zu geringe Schärfung. In Multimedia- und Internetzusammenhängen kann man sich auf die Bildschirmdarstellung verlassen. Hier treten fast keine Probleme auf. Bei der Erstellung von Druck-Erzeugnissen ist aber eine korrekte Schärfung von ungeheurer Bedeutung. Wer zum ersten Mal einen klassischen Trommelscan auf dem Monitor begutachtet, wird das Ergebnis schlicht und ergreifend nicht schön finden. Die Bilder wirken viel zu scharf und ausgerissen. Sehr oft sieht man auch in den dunklen Bildelementen Störungen und weiße Einsprengsel, die durch die Unscharfmaskierung betont werden. Die Überraschung folgt, wenn man das Bild gedruckt sieht. Von Störungen in den Tiefen keine Spur und auch der Gesamteindruck ist gerade richtig. Man kann also getrost Bilder so bearbeiten, dass sie am Monitor etwas zu scharf wirken. Jene weiße Flecken, die man in den dunklen Partien des Scans sieht, werden im Druck nur in den seltensten Fällen sichtbar sein. Der beliebte Spruch, „das verdruckt sich dann", stimmt hier wieder einmal.

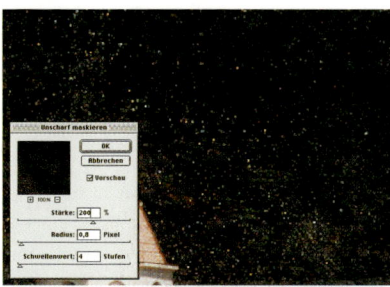

Links die Bildschirmansicht des Originalscans. Rechts die Schärfung, wie sie sich auf dem Monitor präsentiert. Jedes Staubkorn, jeder Kratzer wird verstärkt und deutlich sichtbar.
Im Druck sind diese Schärfungsfehler nur noch in ganz geringem Maße zu sehen. Man sollte also die Monitorvorschau in diesem Fall nicht überbewerten.

Vergröberungen

Diese entstehen, wenn der Scharfzeichnungsfilter die Konturen so stark betont, dass dadurch Detailzeichnung aus dem Bild verschwindet. Das ist fast immer ein Problem der Radius-Einstellung. Ich weiß nicht, warum Adobe Einstellungen von bis zu 250 Pixel zulässt. Werte über drei Pixel zerstören jedes normale Bild.

Ein weiterer klassischer Fehler ist in dem Beispielbild bei einem Radius von drei Pixeln und höher zu erkennen: Weiße Lichtkanten entstehen am Rand von dunklen Elementen, wie etwa den Bäumen. Die Entstehung dieser unfreiwilligen Outlines ist ein weiterer klassischer Schärfungsfehler. Umgekehrt treten auch schwarze Konturen auf. Sie sind allerdings meist weniger auffällig. Die abgedruckten Beispiele mit einem Radius von 25 und 250 Pixeln sind jenseits von Gut und Böse. Das hat mit Scharfzeichnung nichts mehr zu tun. Konturen werden in einer so breiten Fläche verstärkt, dass z.B. der Himmel nur noch eine weiße Fläche ist.

Das Ausgangsbild wird mit identischen Werten geschärft. Nur der Radius unterscheidet sich. Bei einem Radius von drei Pixeln beginnt eine weiße Outline um die Bäume und den Stein im Wasser sichtbar zu werden. Bei 25 Pixeln ist die Kontur so breit geworden, dass man sie gar nicht mehr als solche erkennen kann. Bei 250 Pixeln ist der ganze Himmel überstrahlt und weiß geworden.

Schwellwert-Fehler

Man kann versucht sein, bei Portraits und Motiven mit ruhigen Hintergründen
den Schwellwert sehr hoch zu wählen, damit in diesen Partien keine Schärfung
eintritt. Bei einem hohen Schwellwert muss man aber die Stärke anziehen, um
überhaupt noch einen Unterschied erkennen zu können. Dies birgt die Gefahr
in sich, dass das gesamte Bild eine unnatürliche Anmutung bekommt. In den
Flächen wird überhaupt nicht geschärft, dann trifft der Filter auf eine Kontur
oder auch einzelne Pixel, welche dann extrem betont werden. Man sollte also
auf ein harmonisches Zusammenspiel der drei Parameter achten.

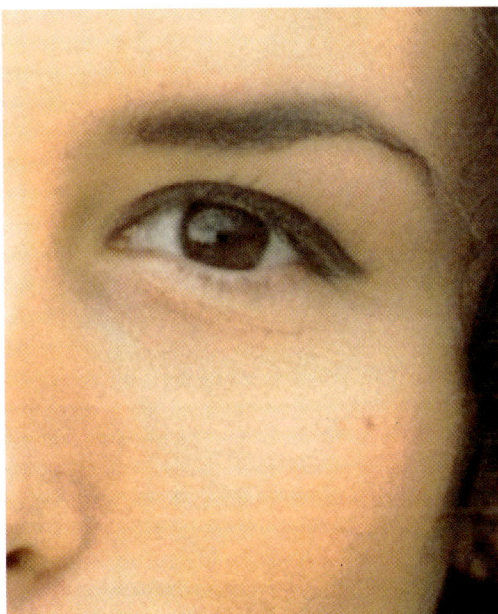
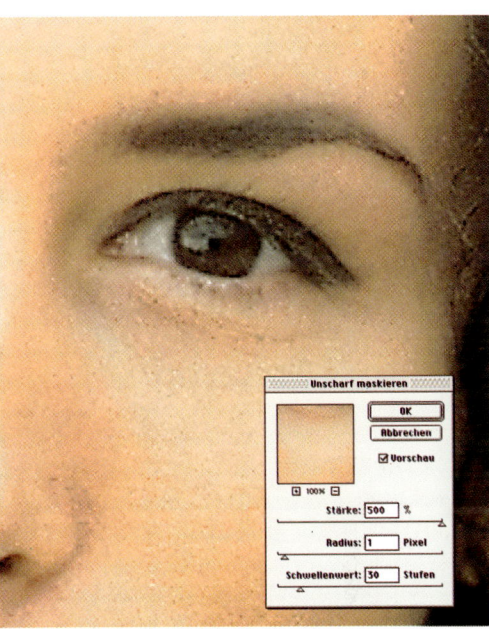

Es gibt keine richtigen oder falschen Scharfzeichnungseinstellungen – es gibt
nur angemessene und unangemessene. Sie sind abhängig von der Vorlagenart,
von dem Gerät, mit dem es digitalisiert wurde, und der Dateiauflösung. Die
Daten mancher Digitalkameras kann man mit einer Stärke von 300 schärfen,
während bei Trommelscans schon 100 des Guten zu viel sein kann. Unscharfe
Aufsichtsvorlagen verlangen einen hohen Radius, feinziselierte Motive dagegen eine vorsichtige Einstellung.

Wenn Sie sich völlig unsicher sind, bleiben Sie zwischen folgenden Eckwerten:

- Stärke: 80 – 300
- Radius: 0,5 – 3
- Schwellwert: 2 – 20

Ein hoher Schwellwert
bedarf einer hohen
Stärke. Diese Kombina-
tion kann dazu führen,
dass einzelne Pixel des
Bildes übermäßig hervor-
treten und als Ausreißer
sichtbar werden.
Sie werden in diesem
Beispiel sichtbar in den
Hautpartien unter dem
Auge.

Scanmenüs: Schärfung

Wie gesagt, verfügen viele Scanprogramme über eingebaute Scharfzeichnungs-filter, und wieder sollen einige Programme exemplarisch herausgegriffen wer-den.

LinoColor/NewColor

In LinoColor entspricht die KONTURSTÄRKE dem Begriff Stärke im Photoshop-Fil-ter. Sie ist der Basisregler, auf die zwei weitere Einstellmöglichkeiten aufbau-en. Hier ist es nämlich möglich, die helle und dunkle Kontur einzeln zu verän-dern. Es kann bei manchen Motiven sehr hilfreich sein, die entstehenden hellen Konturen etwas zurückzunehmen, damit keine Outlines entstehen. Das UMFELD ist das Pendant zum Radius. Der Begriff entstammt der Umfeldblende klassi-scher Trommelscanner. Hier gibt es nur drei Einstellungen, die aber völlig aus-reichen. Die GLÄTTE ähnelt dem Schwellwert, je höher dieser Wert ist, desto geringer ist die Auswirkung auf die Flächen des Motivs.

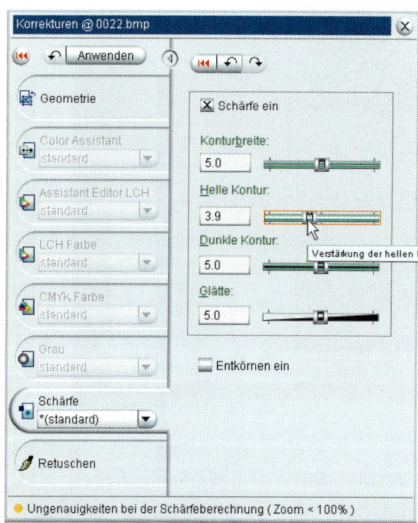

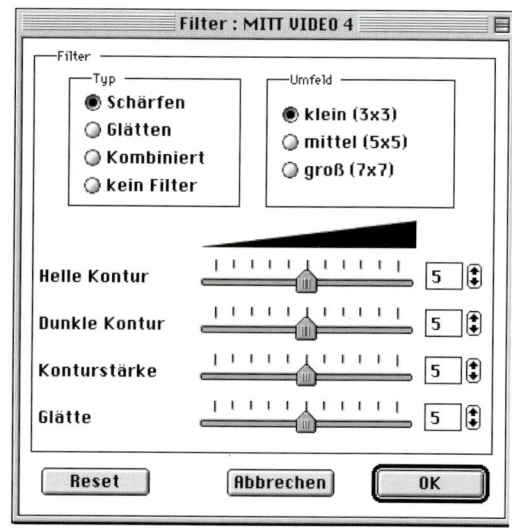

LinoColor und NewColor trennen zwischen hellen und dunklen Konturen. Das Umfeld entspricht dem Radius.

In der Nachfolger-Software NewColor finden wir die gleichen Funktionen in modernerem Gewand wieder. Sehr schön finde ich die Meldung, die immer dann vor Ungenauigkeiten warnt, wenn die Bildschirmdarstellung nicht exakt 100% beträgt.

Eine Besonderheit bei beiden Programmen ist, dass sie die Schärfung anhand der Lab-Daten vornehmen. Dies hat den Vorteil, dass eventuell vorhandene Farbsäume an den Konturen nicht betont werden, sondern nur die Helligkeits-werte geschärft werden. Sidestep 13 beschäftigt sich mit dieser Technik.

SilverFast

Auch hier kann man getrennt für helle und dunkle Konturen die Wirkung des Filters einstellen. Der Radius heißt diesmal MATRIX. Man hat die Möglichkeit, die „Schatten weich" zu halten, so dass Staub und Kratzer in den dunklen Bildelementen nicht weiter verstärkt werden.

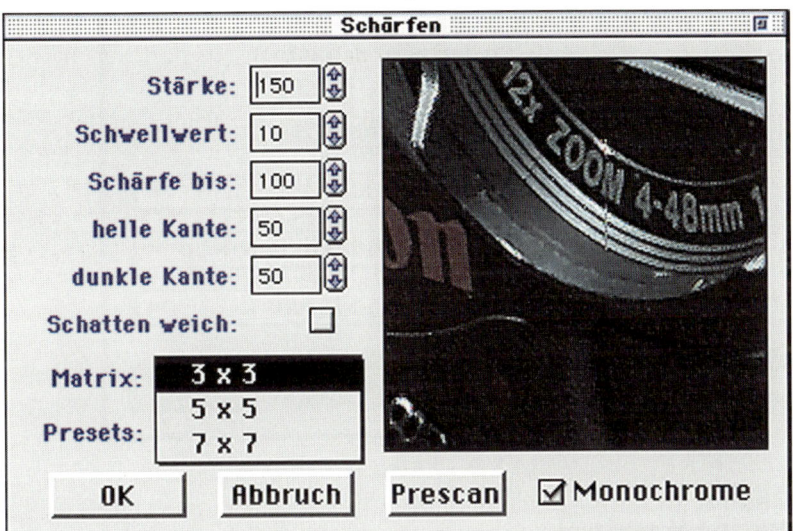

SilverFast erlaubt einen eigenen Prescan zur Kontrolle der Schärfung.

SilverFast ist eines der wenigen Scanprogramme, das eine verlässliche Voransicht der Schärfung bietet. Das liegt daran, dass Scanprogramme immer nur einen niedrig aufgelösten Prescan des Bildes zeigen. Da die Auflösung nicht mit dem letztendlichen Scan übereinstimmt, ist auch die Scharfzeichnung nicht darstellbar. SilverFast löst dieses Problem, indem es einen hoch aufgelösten Scan des Ausschnitts, allein zur Darstellung der Schärfung zulässt. Das braucht natürlich seine Zeit.

Agfa FotoLook 3.0

In der Agfa-Software findet man die Stärke unter dem Begriff UMFANG, der Radius wird diesmal KERN genannt und der Schwellwert wird zur KONTRAST-SCHWELLE. Auch hier besteht die Möglichkeit, die dunklen Bereiche vor der Schärfung zu schützen.

Bei Agfa kann man die dunklen Bereiche vor der Schärfung schützen.

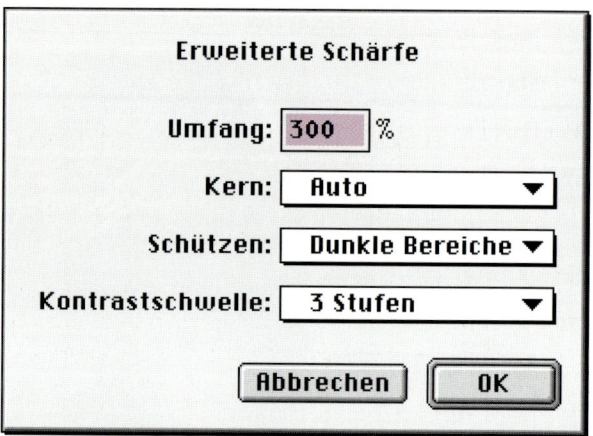

Microtek ScanWizard

Bei Microtek gleichen die Einstellmöglichkeiten bis aufs Haar jenen in Photoshop. Allerdings führen gleiche Werte nicht zu identischen Ergebnissen. Die Vorschaufunktion macht in diesem Fall keinen großen Sinn. Sie wirkt auf die niedrig aufgelösten Prescandaten, dies hat jedoch keine Aussagekraft über die Wirkung auf die Feindaten im richtigen Scan.

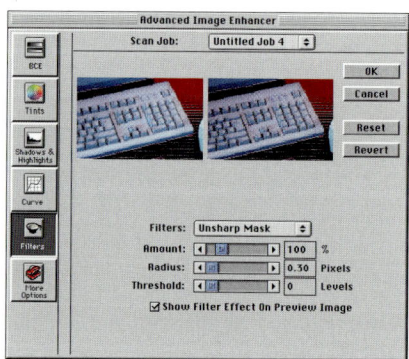

Checkliste

Scharfzeichnen

- Digitalisiert man analoge Bilddaten, muss das Ergebnis geschärft werden. Im Idealfall nur wenig – im Regelfall etwas mehr.

- Die Bildschirmdarstellung sollte dabei immer 100% betragen, damit Sie die „tatsächlichen Pixel" sehen.

- Im Multimedia-Bereich sollen die Bilder auf dem Monitor schön aussehen.

- Wenn Sie im Print-Bereich arbeiten und das Resultat sieht auf dem Bildschirm schön aus, dann drehen Sie die Regler noch etwas auf. Die Zerlegung mehrer Pixel in einen Rasterpunkt führt notwendigerweise zu einer Unschärfe, der man entgegenwirken muss.

- Je schlechter der Druckprozess, desto höher sollte die Schärfung sein.

- Die größten Gefahren lauern bei der Radius-Einstellung, die auch Umfeld oder Matrix genannt wird.

- Mit dem Schwellwert können Sie Flächen vor der Scharfzeichnung schützen.

Sidestep 8: Partiell schärfen

Bei manchen Bildern findet man einfach keine Einstellung, die dem gesamten Motiv angemessen wäre. Obwohl das Bild, trotz Filterung, weiterhin unscharf wirkt, reissen die Hauttöne schon aus, treten Schärfungskanten auf.

Die linke Gesichtshälfte ist ungeschärft, die rechte dagegen mit dem Unscharf-Maskieren-Filter bearbeitet. Beide Alternativen erscheinen wenig erstrebenswert.

Eine Lösung kann es sein nur die wichtigen Elemente, auf denen unser Hauptaugenmerk liegt, zu schärfen. In diesem Fall wären das Augen und Mund. Leider eignet sich das Scharfzeichnungswerkzeug nicht dazu. Es wirkt auf alle Pixel des Bildes und unterscheidet nicht zwischen Flächen und Konturen. Ganz schnell entstehen grieselige Strukturen, wenn man versucht es zu nutzen.

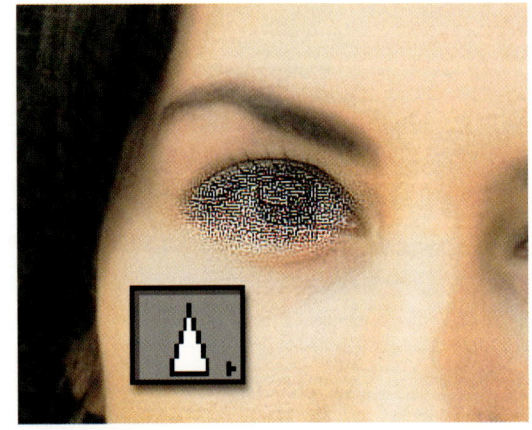

Man kann nun, um den zu schärfenden Bereich auszuwählen, mit den entsprechenden Werkzeugen arbeiten. Allerdings besteht die Gefahr, dass man dadurch sichtbare Kanten an der Auswahlgrenze erzeugt. Eine sehr elegante Möglichkeit besteht auch darin, sich eine Auswahl mit Hilfe des Maskierungsmodus zu malen.

Ich finde, die einfachste Methode ist es aber, die Bildebene zu duplizieren und den Scharfzeichnungsfilter auf diese Kopie anzuwenden.

Die Hauttöne werden natürlich auch jetzt von der Scharfzeichnung unangenehm betroffen, aber dies kann man mit einer Ebenenmaske korrigieren.

Dazu wählt man EBENENMASKE HINZUFÜGEN und bestimmt, dass ALLES MASKIERT werden soll. Maskiert heißt in diesem Zusammenhang, dass das Bild nicht mehr sichtbar ist.

Neben der Voransicht des Bildes entsteht eine Ebenenmaske, die komplett mit Schwarz gefüllt ist. Wir können die Bereiche, die sichtbar sein sollen, mit einem Malwerkzeug und der Vordergrundfarbe Weiß wieder hervorzuzaubern, indem wir im Bild malen.

Achten Sie dabei darauf, dass in der Ebenenpalette das rot umrandete Maskensymbol sichtbar ist. Ist an dieser Stelle ein Pinsel dargestellt, dann verändert man die eigentlichen Bilddaten, und das ist nur selten erwünscht.

In vielen Fällen ist es sinnvoll, eine weiche, unscharfe Werkzeugspitze zu wählen. Damit vermeidet man die Gefahr von sichtbaren Kanten an der Grenze zwischen geschärftem und ungeschärften Bereich.

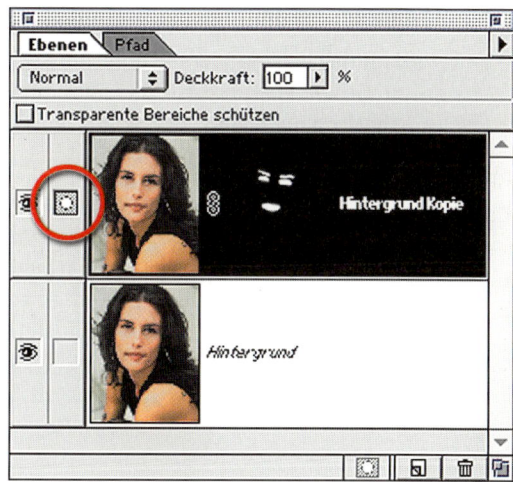

Hier das Ausgangsbild

Der Scharfzeichnungsfilter wurde nur auf Augen und Lippen angewandt. Die Hauttöne bleiben soft und ohne Abrisse. Im Gesamteindruck ist das Bild nun scharf, da die Augen als primärer Blickfang außerordentlich präsent sind.

Die Technik ähnelt sehr stark den partiellen Farbkorrekturen, die im Kapitel 2.6 Thema waren. Der einzige Unterschied besteht darin, dass man nun in einer Ebenenmaske und nicht in einer Einstellungsebene arbeitet.

Teil

3

Weiterführende Techniken

3.1 Duplex und Sonderfarben

Duplex

Alle Bilder in diesem Kapitel sind als Duplex angelegt worden, wurden dann aber nach CMYK umgewandelt, da es aus technischen Gründen nicht möglich war Sonderfarben zu benutzen.

Duplexe sind eigentlich nur eine besondere Form von Graustufenbildern. Genau wie diese verfügen sie über 256 mögliche Tonwerte. Bevor aber in der Datei die Beschreibung der einzelnen Pixel beginnt, besitzen sie noch einen Prolog, in welchem sie dem Ausgabegerät etwa folgendes mitteilen: Bitte drucke mich mit Farbe a und Druckkennlinie x, um dann das gleiche mit Farbe b und Druckkennlinie y zu machen. Genau hier beginnen die ersten Probleme, die wahrscheinlich schon jeder erlebt hat, der Duplexbilder ausgeben musste.

Die Duplex-Option ist nur anwählbar, wenn man ein Bild im Graustufenmodus vorliegen hat. Man entscheidet über die Druckkennlinie, indem man auf das Gradationskurvensymbol klickt, und über die Farbe, indem man das bunte Kästchen anwählt. Das Bild bleibt weiterhin ein 1-Kanalbild. Die gemachten Einstellungen sind Zusatzinformationen, die dem Graustufenbild mitgegeben werden. Die einzigen Dateiformate, welche Platz für diese Informationen bieten, sind EPS und Photoshop. Will man sein Bild ausgeben, bleibt also nur EPS als Dateiformat übrig. Genauso verhält es sich mit Triplex und Quadruplex, die entsprechend mit drei beziehungsweise vier Farben gedruckt werden.

Durch einen Klick auf die jeweiligen Symbole kann man die Druckkennlinie und die gewünschte Farbe einstellen.

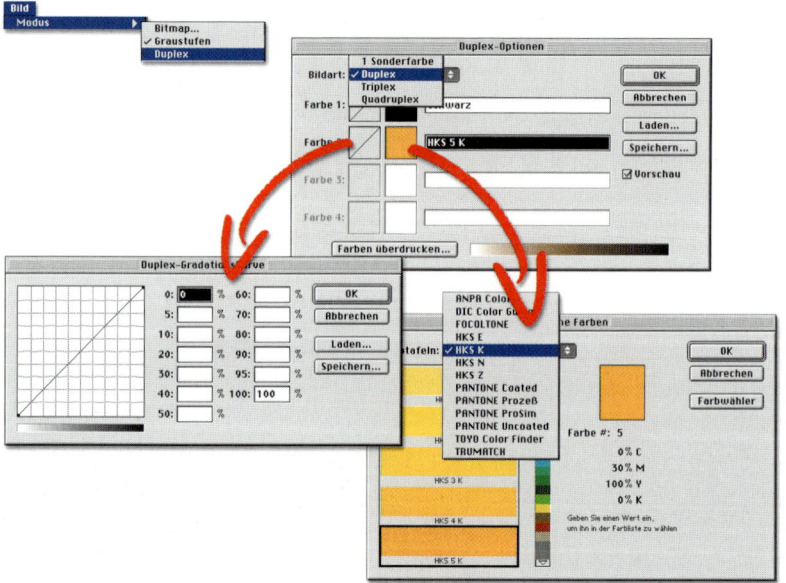

Man sollte sich genau überlegen, wann der Einsatz von Duplexbildern sinnvoll ist. Hat man einen vierfarbiges Druckobjekt, kann man Resultate gleicher Qualität viel einfacher über die Kolorieren-Funktion des Menüs Farbton/Sättigung erzielen. Auch die vierfarbige Umsetzung von Schwarz/Weiß-Bildern lässt sich mit dem CMYK-Modus besser erledigen. Die Informationen, die etwa in einem

ICC-Profil über die Druckfarben und den Tonwertzuwachs gespeichert sind, fließen hier in die Berechnung ein. Bei Duplexbildern ist das nicht der Fall. Hier ist man allein auf die richtige Einstellung der Druckkennlinien angewiesen.

Das gleiche Bild wird einmal mit zwei unterschiedlichen Farben übereinandergedruckt.

Nur wenn die Prozessfarben fehlen und stattdessen Sonderfarben zum Einsatz kommen, sind Duplexbilder von Vorteil. Allerdings sind sie auch hier nur ein Hilfsmittel, um den Bildern zumindest ein bisschen Farbe mitzugeben. Mit der jüngsten Generation von DTP-Programmen (Photoshop 5.0, Quark 4.0 etc.) hat man neue Möglichkeiten, mit Hilfe von Sonderfarbenkanälen und dem DCS-2.0-Format sehr viel einfacher und effektiver arbeiten zu können.

Einen Sonderfall stellen Duplexe mit Grau dar, die genutzt werden, um hochwertige Schwarz/Weiß-Reproduktionen zu erstellen. Durch den Einsatz der grauen Druckfarbe sind feinste Nuancen in der Kunstreproduktion darstellbar. Hier macht Duplex wirklich Sinn.

Das Originalbild wird einmal mit Grau und ein weiteres Mal mit Schwarz gedruckt. Dadurch kann man besonders feine Übergänge und eine stärkere Tiefe erreichen, als es allein mit schwarzer Druckfarbe möglich wäre.

Abschwächung der Druckfarben

Ausgangspunkt für Duplex-, Triplex- und Quadruplexbilder sind meist Graustufenbilder, die in ihrer Gradation für den Schwarz/Weiß-Druck ausgelegt sind. Lässt man diese Bilder ohne Abschwächung, z.B. als Quadruplex, in allen vier Farben drucken, ist das Ergebnis naturgemäß viel zu dunkel. Daher müssen die Druckkennlinien im Regelfall deutlich abgesenkt werden. Dies gilt natürlich ebenso, wenn man mit nur zwei Farben arbeitet.

Druckkennlinien müssen bei Duplexbildern deutlich abgesenkt werden, damit das Ergebnis nicht „zusuppt".

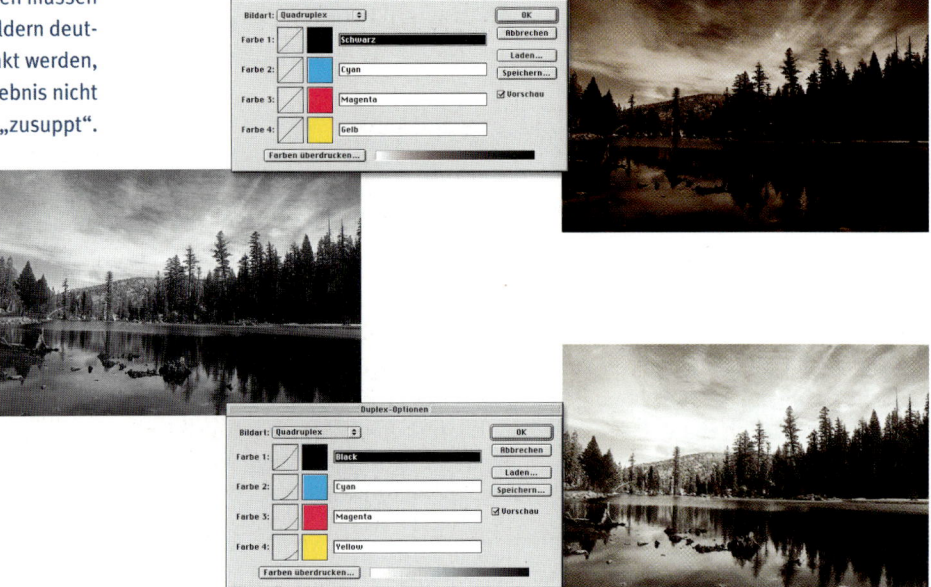

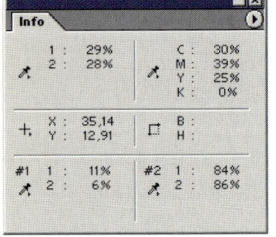

In der Infopalette werden die Werte für die beteiligten Farben entsprechend ihrer Reihenfolge im Duplex-Menü angezeigt.

Der wirkliche Spaß bei Duplexbildern beginnt mit dieser Einstellung der Druckkennlinien. Mit nur geringen Veränderungen an den Kurven kann man den gewünschten Farbton erzielen. Ein guter Ausgangspunkt für eigene Versuche können die Duplexkurven sein, die mit Photoshop mitgeliefert werden. Aus dem Duplexmenü heraus kann man sie laden. Man findet sie in einem Ordner, der je nach Photoshop-Version ZUGABEN oder GOODIES heißt.

Man kann die Wirkung der Druckkennlinien gar nicht überschätzen. Dies soll an einigen Beispielen illustriert werden.

Lässt man das Blau nur in den den dunklen Elementen des Bildes wirken, wird der Gesamteindruck kaum verändert. Ein leichter Farbstich und eine stärkere Tiefe sind das Resultat.

Eine leicht erhöhte Blaukurve bei abgesenktem Schwarz führt zu richtig bunten Ergebnissen.

Ganz oft wird man es mit Kurven zu tun haben, die leicht gegenläufig sind. Während das Blau in den Lichtern dominiert, wird das Schwarz etwas zurückgenommen. In den Tiefen dagegen übernimmt Schwarz die Zeichnung und das Blau wird auf rund 60% begrenzt.

Bildschirmdarstellung und Proof

Nur mit Mühe und Not gelingt es Photoshop, CMYK-Bilder auf dem Monitor halbwegs richtig darzustellen. Bei Duplexdaten ist die Situation noch viel schlimmer. Der Umgang mit Sonderfarben und die subtilen Unterschiede, die man gerade bei Duplexbildern oft antrifft, stellt das Programm vor fast unlösbare Probleme. Meiner Meinung nach ist es nahezu unmöglich, einen realistischen Softproof am Bildschirm zu erhalten. Glücklich ist derjenige, der ein Spektralphotometer sein Eigen nennt. Er kann, nachdem er Drucke erstellt hat, den Zusammendruck der Farben vermessen. Im Duplexmenü findet sich der Menüpunkt FARBEN ÜBERDRUCKEN. Man kann dann für die diversen Kombinationen der Druckfarben eigene Werte eingeben. Diese Informationen werden genutzt, um die Bildschirmdarstellung anzugleichen.

Photoshop kann über den Zusammendruck von Sonderfarben nur Vermutungen anstellen. Hat man genauere Informationen, kann man diese im Menüpunkt FARBEN ÜBERDRUCKEN eintragen.

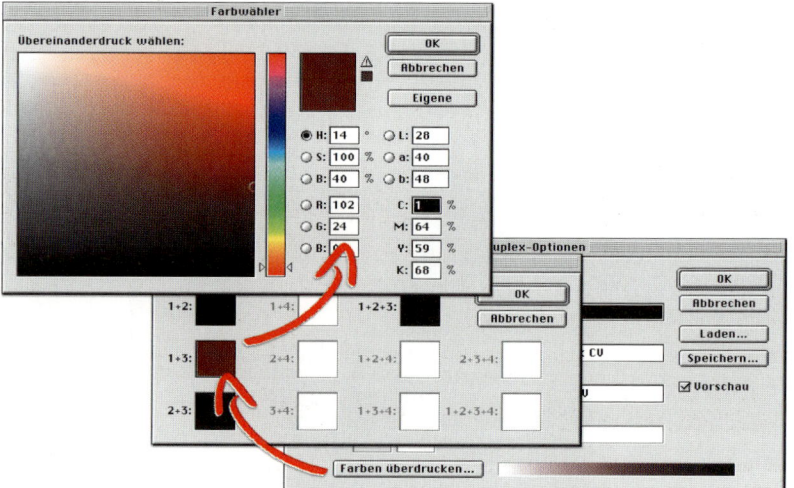

Insgesamt ist das ein sehr aufwendiges Verfahren und man kann nur den Zusammendruck von Volltonflächen definieren. Ob die Kombination aus jeweils 50% einer Sonderfarbe auch dem 50%igem Farbwert der Volltonfarbe entspricht, bleibt dabei völlig offen.

Digitale Proofgeräte in Kombination mit Duplexbildern sind auch mit Vorsicht zu genießen. Sie sind eigentlich immer auf die Simulation der vier Prozessfarben ausgelegt, wenn sie nicht sogar mit exakt diesen Farben arbeiten. Selbst teure Proofgeräte aus der Druckvorstufe, wie etwa Iris-Inkjet-Drucker müssen die Sonderfarbeninformationen zuerst in CMYK umrechnen, um sie dann ausgeben zu können. Dass dies nicht zu perfekten Ergebnissen führen kann, liegt auf der Hand. Und so bleibt das große Problem aller Duplex-, Triplex- und Quadruplexbilder, dass man erst im fertigen Druck-Erzeugnis die wirklichen Farben beurteilen kann. Dadurch stellt dieser Modus ganz sicherlich den größten Überraschungsfaktor in der Bildbearbeitung dar. Allein Andrucke und Erfahrung bieten einen gewissen Schutz dagegen.

Ausgabeprobleme

Computer sind dumm und erfüllen mit aufdringlicher Penetranz, was man ihnen eingibt. Wählt man aus dem Zugabenordner in Photoshop eine Duplexkurve, wird der Schwarzauszug automatisch mit "Black" bezeichnet. Will man diese Datei nun in einem Layoutprogramm als Farbauszüge ausgeben, so kann es passieren, dass drei Filme belichtet werden: die Sonderfarbe, Schwarz und Black. Das Black stammt dabei genau aus der Duplex-Definition von Photoshop. Die Schreibweise im Duplex-Menü sollte also exakt jener im Layoutprogramm gleichen. Die meisten Layoutprogramme bieten aber die Möglichkeit, im Druckmenü jene Doppelungen zu erkennen. Davon sollte man in jedem Fall Gebrauch machen.

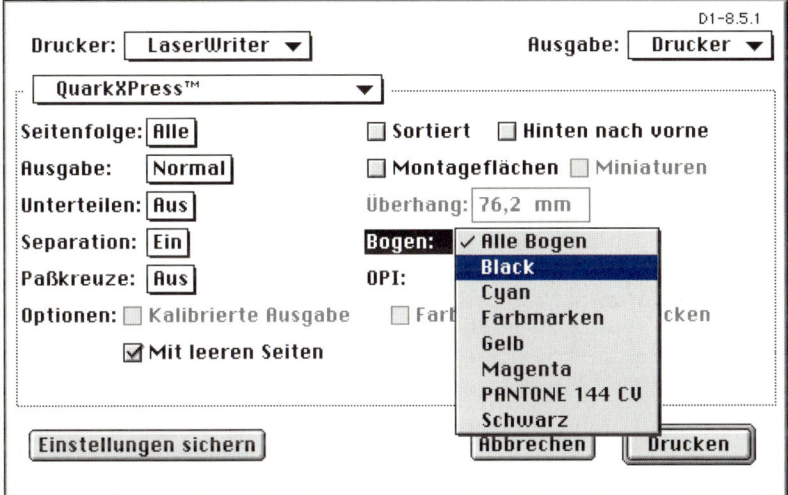

Die Layoutprogramme übernehmen aus dem Duplex die Farbinformationen. Dies kann zu Fehlbelichtungen führen.

Daneben sollte man beachten, dass Sonderfarben in den meisten Fällen, ebenso wie der Schwarzauszug, mit einer Winkelung von 45° ausgegeben werden. Druckt man auf diese Art zwei Farbauszüge, entsteht unweigerlich ein Moiré. Sie sollten also in dem Layoutprogramm prüfen, welche Winkelungen für die jeweiligen Farbauszüge genutzt werden, und bei der Kontrolle der Druckfilme diesem Problem besondere Aufmerksamkeit widmen.

Nachteil der Duplexfunktion ist es, dass die Farbigkeit für jeden Pixel des Bildes identisch gilt. Will man für einen zweifarbigen Druck nur Teile des Bildes mit einer Sonderfarbe einfärben, muss man auf die Sonderfarbenkanäle in Photoshop 5.0 zurückgreifen, von denen später die Rede sein wird. Die zweite Möglichkeit besteht darin, einen Umweg über CMYK zu gehen.

Sonderfarben

Seit Photoshop 5.0 gibt es endlich Sonderfarbenkanäle, die den Umgang mit diesen Farben ungeheuer erleichtern und eine gute Alternative zu Duplexbildern sein können. Schon früher konnte man im Farbwähler von Photoshop HKS- und Pantone-Farben anwählen, allerdings wurden diese direkt in den jeweiligen Farbraum (RGB, CMYK) übersetzt, und die Ausgabe war nicht oder nur mit Tricksereien möglich.

Das einzige Problem, mit dem man jetzt noch zu kämpfen hat, ist die Tatsache, dass man Sonderfarbenkanäle nur im DCS-2.0-Format abspeichern kann und dieses Format noch nicht von allen Layoutprogrammen unterstützt wird.

Dem CMYK-Bild wurde ein Sonderfarbenkanal Pantone 285 CV zugeordnet. Alle Kanäle sind sichtbar, aber nur der Sonderfarbenkanal ist auch aktiv.

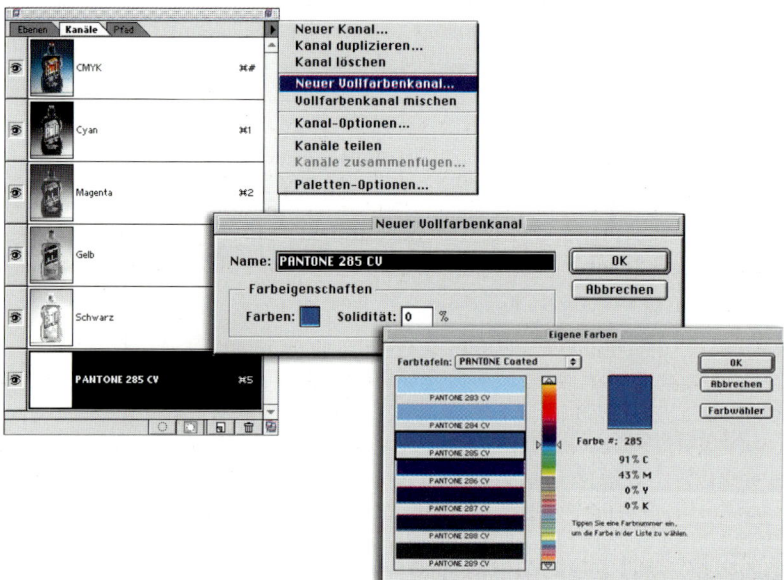

Um einen neuen Sonderfarbenkanal zu erstellen, können Sie dies in der Kanälepalette anwählen. Es erscheint ein Fenster, in dem Sie Farbe und Deckkraft des Kanals festlegen können. In der Palette kann man daraufhin einen neuen Kanal entdecken, der sich in seiner Struktur nicht von den Bildkanälen unterscheidet. Es ist eine ganz normale 8-Bit-Information, die man mit Bilddaten, Verläufen, Malwerkzeugen etc. füllen kann.

Wie immer bei den Kanälen, haben diejenigen es einfacher, die Druckfilme kennen. Wie diese sind die Kanäle nicht Träger von farbigen Informationen, sondern stellen die Farbinformation nur in Schwarz/Weiß dar. Erst im Zusammenspiel der Kanäle (oder der Druckfilme) entsteht der Farbeindruck. So wird man auch bei den Sonderfarbenkanälen nie mit der gewünschten Farbe malen. Stattdessen arbeitet man mit Schwarz. Jenen Flächen, die gefüllt sind, wird später z.B. die Farbinformation Blau zugeordnet. Eine große Gefahr der Kanälepalette ist die Trennung von Sichtbarkeit und Bearbeitung der jeweiligen Kanäle. Ein Kanal ist sichtbar, wenn das Auge in der Palette aktiv ist. Bearbeitet wird er aber, wenn der Name farblich hervorgehoben erscheint.

Wem der Umgang mit Kanälen nicht vertraut ist, kann sich in der Anfangszeit schon einmal darauf einstellen, mit kleineren oder größeren Problemen konfrontiert zu werden. Es passiert nur zu schnell, dass man bearbeitete und sichtbare Kanälen verwechselt.

Darstellung der Sonderfarben

Die meisten der genutzten Druckfarben sind lasierend. Das heißt, sie sind transparent und lassen das Licht, welches sie nicht absorbieren, auf das Papier durchscheinen. Ist darunter eine andere Farbe gedruckt, so wird diese nicht komplett verdeckt, sondern sie kann durchscheinen. Erst durch das Zusammenspiel der übereinander gedruckten Farben sind wir überhaupt in der Lage die Grundfarben zu mischen. Anders könnte man gar nicht Bildmotive drucken. Das ist auch das Prinzip, nach dem die Prozessfarben CMYK arbeiten.

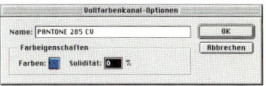

Sonderfarben, seien sie von Pantone oder HKS, sind ebenfalls meistens lasierend. Allerdings gibt es einige Ausnahmen. Gold und Silbertöne sind im Regelfall vollständig deckend. Es ist natürlich von ganz entscheidender Bedeutung, dies zu wissen und es auch Photoshop für die Bildschirmdarstellung mitzuteilen.

Die SOLIDITÄT bezeichnet die Deckkraft eines Sonderfarbenkanals.

Man kann dies tun, indem man in den Sonderfarbenoptionen die SOLIDITÄT bestimmt. Bei 100% wird die Farbe komplett deckend dargestellt. Bei 0% sieht es eher so aus, als hätte man eine farbige Folie über das Bild gelegt. Dieser Eindruck dürfte aber weitestgehend dem Ergebnis einer lasierenden Druckfarbe entsprechen. Erkennt man, dass die genutzte Farbe stärker reagiert, so kann man die Prozentzahl erhöhen, um die Monitordarstellung anzupassen.

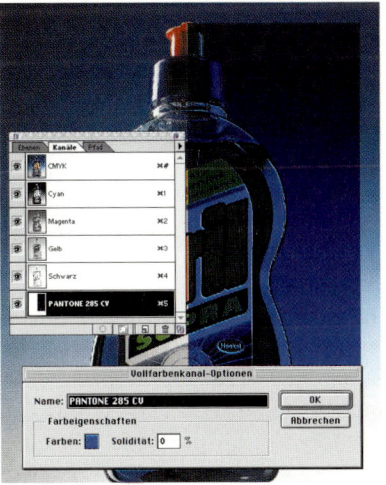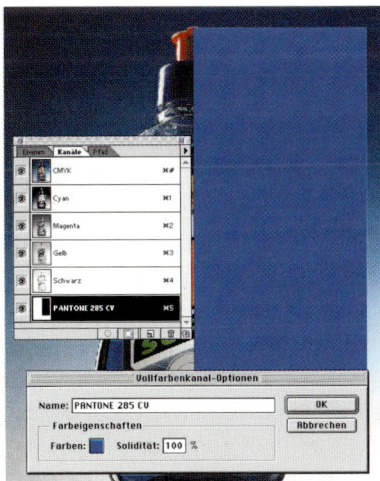

Jeweils der rechte Teil der Flasche wurde im Sonderfarbenkanal mit Schwarz abgedeckt. Bei 0% SOLIDITÄT scheint das Motiv durch (links), bei 100% wird es verdeckt (rechts).

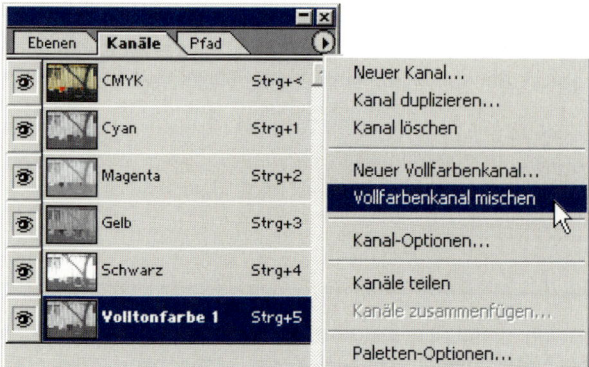

Will man eine reine CMYK-Version seines Bildes erstellen, dann kann man in der Kanälepalette die Option KANÄLE MISCHEN nutzen. Die Sonderfarben-Informationen werden dann in das CMYK-Bild eingerechnet. Dies kann sinnvoll sein, um z.B. einen Proof dieser Datei zu erstellen.

Überfüllungen

Schadenfreude ist ja immer noch die schönste Freude, und Bildbearbeiter können sich beim Thema Überfüllungen meist freuen, denn sie haben damit, ganz im Gegensatz zu Grafik und Druckvorstufe, nichts zu tun. Normale Bilder müssen nicht überfüllt werden. Die Farben laufen sowieso ineinander, und jede Art der Überfüllung würde die Bilddaten nur zerstören. Anders sieht es allerdings aus, wenn man Teile eines Bildes komplett mit einer Sonderfarbe füllt. Hier kann es durchaus geschehen, dass dort, wo Bild und Sonderfarbe aufeinander treffen, im späteren Druck Blitzer entstehen. In diesem Beispiel stellt das grüne Feld die Sonderfarbe dar.

Verwendet man Sonderfarben, kann es beim Druck zu Blitzern kommen (rechts).

Will man dies vermeiden, ist es hilfreich, die Sonderfarbe etwas zu vergrößern, um so etwas Spiel für etwaige Passer-Schwierigkeiten im Druck zu haben.

Zwei Möglichkeiten hat man dazu. Zum einen kann man einfach die dunklen, also farbigen Bereiche des Kanals vergrößern. Photoshop hält dafür einen Filter namens DUNKLE BEREICHE VERGRÖSSERN bereit. Das grüne Feld ist in alle Richtungen um drei Pixel größer geworden.

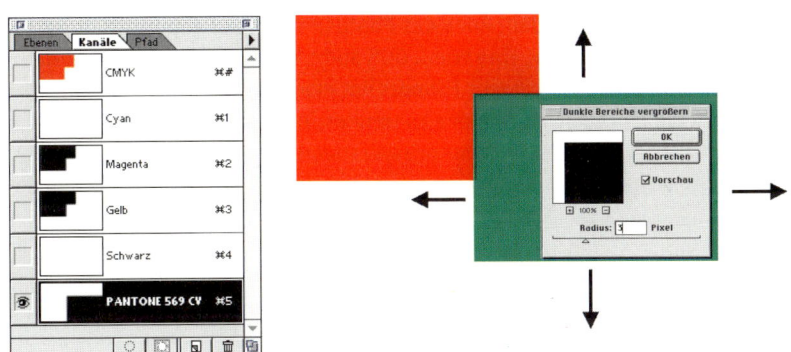

Man vermeidet Blitzer, indem man die Farbflächen der Sonderfarbe vergrößert.

Um zu vermeiden, dass die Sonderfarbe auch in die hellen Bereiche hinauswächst, kann man die Überfüllungs-Option von Photoshop nutzen. Der Sonderfarbenkanal wird dann nur in den Bereichen vergrößert, in denen er auf andere Farbflächen trifft. Wichtig dabei ist, dass die Sonderfarbe aktiv ist, aber alle Bildkanäle sichtbar sind. Nur dann arbeitet diese Funktion.

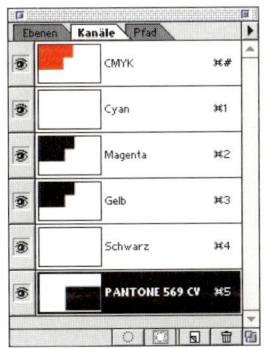
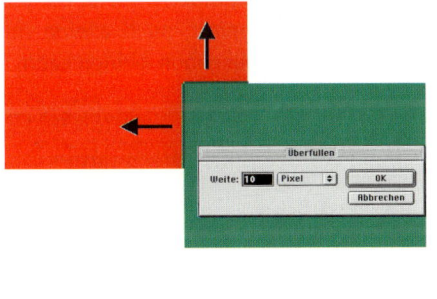

Verwendet man den ÜBERFÜLLEN-Befehl muss der Kanal aktiv, aber das gesamte Bild sichtbar sein.

Aber achten Sie darauf, dass Sie nicht aus Versehen auch die Bildkanäle aktiviert haben. Dies könnte zu völlig unerwarteten Ergebnissen führen.

Sichern von Bildern mit Sonderfarben

Hat man ein Bild mit Sonderfarbenkanälen erstellt, so wird man feststellen, dass man es nur als Photoshop, Tiff oder als DCS 2.0 sichern kann. Das Tif-Format ist in der aktuellen Version ungeeignet, da es Sonderfarbenkanäle als normale Alphakanäle behandelt. Auch das Photoshop-Format eignet sich nicht für die Ausgabe. So bleibt nur eine Wahl. DCS steht für Desktop Color Separation. In beiden Versionen (1+2) dieses Formats hat man die Möglichkeit, schon beim Speichern die einzelnen Farbkanäle zu trennen. Den Begriff Separation will ich hier gar nicht benutzen, da er etwas missverständlich ist. Es findet keine Modusumwandlung statt, wie man vermuten könnte, sondern bestehende Kanäle werden in eigene Dateien geschrieben, und eine zusätzliche Masterdatei hält die Verbindung zu den Farbauszugsdateien.

Die DCS-2.0-Optionen im Sichern-Menü.

Beim Sichern kann man über die verschiedenen Optionen entscheiden. Wählt man eine Mehrfachdatei an, so findet die Trennung der Farbkanäle statt. Das Composite entscheidet darüber, ob man die Masterdatei, welche man in das Layoutprogramm positioniert, auch alleine (in Farbe oder Graustufen) auf einem Desktopdrucker ausgeben werden kann.

Aus einem einzelnen Bild sind sechs Dateien entstanden. Fünf für die Farbkanäle sowie eine Masterdatei, die man in ein Layoutprogramm importieren kann.

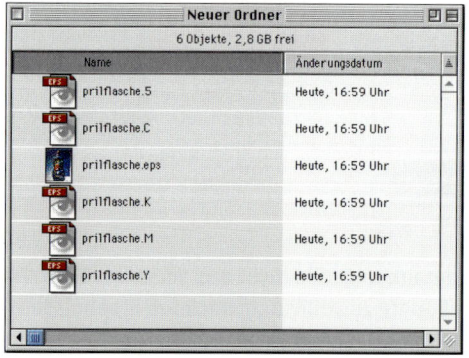

Die Farbauszugsdateien kommen erst zum Einsatz, wenn man die Bilder auf einem hoch auflösenden Laserbelichter ausgibt.

Das DCS-Format kann damit auch einen OPI-Ersatz darstellen. Der Scannero-perator behält die Feindaten und sendet nur die Masterdateien an den Grafiker weiter. So kann man auch große Bilder schnell per ISDN oder Internet versen-den. Die Bilder werden in das Layout eingebunden und erst bei der Belichtung wird auf die Feindaten zurückgegriffen.

Man sollte vor dem Sichern alle Alphakanäle löschen. Also jene Kanäle, die etwa zur Auswahlerstellung gedient haben und weder Bild- noch Sonder-farbenkanäle beherbergen. Grund dafür ist einfach, dass manche Layoutpro-gramme nur schlecht zwischen Sonderfarben und Alphakanälen unterscheiden können.

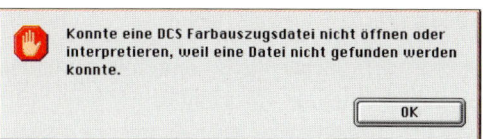

Fehlt eine Datei oder wurde sie umbenannt, so kann man das Bild in Photoshop nicht mehr öffnen.

Die Möglichkeit, Mehrfachdateien im DCS 2.0-Format abzuspeichern, ist eigent-lich brillant. Eine kleine Einschränkung gibt es aber. Man muss relativ viel Sorg-falt bei dem Umgang mit den Daten an den Tag legen. Benennt man nur eine Datei um oder verändert man ihren Speicherort, so kann man sie weder belich-ten noch in Photoshop öffnen.

Checkliste

Duplex und Sonderfarben

- Der Umgang mit Duplexdateien ist schwierig. Bildschirmdarstellung und Proof trügen meistens.

- Nicht alles, was schwierig ist, ist auch gut. Im vierfarbigen Bereich kann der Einsatz von Kolorierungsfunktionen weitaus effektiver sein. Duplexbilder machen nur Sinn, wenn man Sonderfarben einsetzt.

- Für hochwertige Schwarz/Weiß-Reproduktionen eignen sich hervorragend Duplexe mit grauer Druckfarbe.

- Die Druckkennlinien müssen im Regelfall deutlich abgesenkt werden.

- Die Schreibweise der Farbbezeichnungen muss in Photoshop und dem Layoutprogramm übereinstimmen.

- Sonderfarbenkanäle kann man erst ab Photoshop 5.0 erstellen und nur im DCS-2.0-Format sichern. Allein die neueren Layoutprogramme unterstützen dieses Format.

- Es gibt lasierende und deckende Druckfarben. Eine entsprechende Bildschirmdarstellung kann man durch einen Doppelklick auf den Kanal definieren.

- Gegebenenfalls muss man Volltonflächen der Sonderfarbe überfüllen, damit es nicht zu Blitzern im Druck kommt.

- Hüten Sie sich aber davor, normale Bilder zu überfüllen. Dies würde die Bilddatei zerstören.

- Bei der Ausgabe müssen Sie die Winkelung der Farbauszüge beachten. Dies gilt sowohl für Duplex wie für Sonderfarbenkanäle.

Sidestep 9: Duplex über CMYK

Nachteil der Duplexfunktion ist es, dass die Farbigkeit für jeden Pixel des Bildes identisch gilt. Will man für einen zweifarbigen Druck nur Teile des Bildes mit einer Sonderfarbe einfärben, muss man auf die Sonder-farbenkanäle in Photoshop 5.0 zurückgreifen von denen auf den nächsten Seiten die Rede sein wird. Ist das aus technischen Gründen nicht realisierbar, besteht der zweite Möglichkeit darin, einen Umweg über CMYK zu gehen.

Das nicht nur farblose, sondern auch noch recht flaue Bild einer Blume soll in einer Drucksache er-scheinen, die mit der Sonderfarbe Pantone 485 CV gedruckt wird.

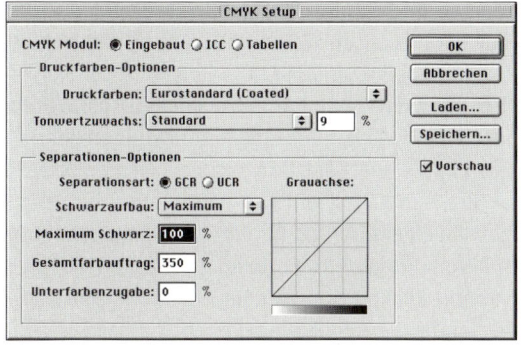

Ziel ist es hier, nicht das gesamte Bild in ein Duplex zu verwandeln, sondern in erster Linie die Blüte ein-zufärben. Dazu verwandeln wir das Bild in CMYK und nutzen dabei einen maximalen Unbuntaufbau (GCR). So werden die Informationen des Graustu-fenbildes allein in den Schwarzkanal übertragen.

Nun kann man alles auswählen (Befehl-a) und in den Magentakanal einsetzen (Befehl-v). Fertig ist ein CMYK-Bild, das nichts anderes darstellt als ein Duplex mit Magenta. In den Kanälen kann man jetzt die Auswahl- und Malwerkzeuge, Verläufe und Einstellungsmenüs nutzen, um das gewünschte Ergebnis zu erzielen.

In diesem Fall habe ich den Hintergrund im gesamten Bild aufgehellt und die Blüte im Schwarzkanal stark abgeschwächt.

Die Informationen, die später in Pantone 485 CV gedruckt werden sollen, werden zu diesem Zeitpunkt natürlich in Magenta dargestellt.

Eigene Druckfarben				
	L*	a*	b*	
C:	37,8	64,5	-107,2	
M:	46,4	64,3	47,0	
Y:	88,6	-11,8	89,6	
MY:	43,1	52,4	69,8	
CY:	24,4	42,4	-9,8	
CM:	8,1	60,6	-11,5	
CMY:	6,9	52,8	8,8	
W:	94,4	0,3	-2,4	
K:	14,1	-0,6	-1,6	

☑ L*a*b* Koordinaten
☐ Überdrucken schätzen

OK
Abbrechen

Um Abhilfe zu schaffen, sollte man sich zuerst über die Lab-Werte der Pantone-Farbe informieren, indem man die Farbe unter ECHTFARBEN anwählt und dann zurück auf den Photoshop-Farbwähler klickt. Hier kann man die Werte ablesen. In diesem Fall L 55, a 72, b 55. In den CMYK-Einstellungen lassen sich dann dort, wo man normalerweise Euroskala oder SWOP wählt, auch eigene Druckfarben definieren. Ein kleines Kästchen erlaubt seit der Version 5.0 die Benutzung von Lab-Werten, und hier trägt man die eigenen Werte für die Farbe Magenta ein. In früheren Programmversionen muss man auf das Farbfeld klicken, um in dem erscheinenden Farbwähler die Lab-Werte einzugeben.

Die Darstellung ändert sich dadurch, und **es** entsteht eine Dartellung, die dem Druck weitaus ähnli-
cher ist. Einen exakten Softproof am Monitor darf
man gerade bei Duplexbildern in Kombination mit
Sonderfarben nicht erwarten. Man kommt der
Sache aber deutlich näher.

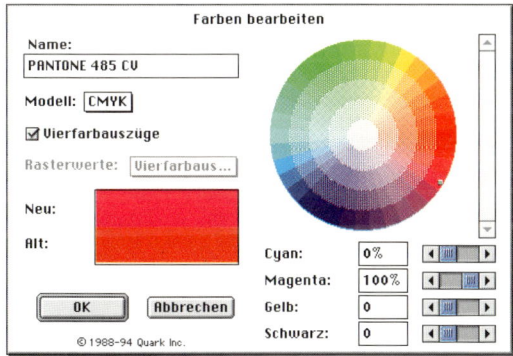

Im Layoutprogramm wird jedoch – unabhängig von
der Darstellung in Photoshop – dem Kanal die Information Magenta zugeordnet. Hier gilt es zu tricksen
und die Datei so zu bearbeiten, dass die benutzte
HKS-Farbe als CMYK-Prozessfarbe mit einem Anteil
von 100% Magenta definiert wird.

Bei der Belichtung werden alle Pantone-Informationen des Quark-Dokuments und alle Magenta-Informa-
tionen der Bilddatei in einem Druckfilm zu finden sein.

Sidestep 10: Duplex in CMYK

Gerade hatten wir den CMYK-Modus genutzt, um nur Teile eines Duplex-Bildes einzufärben. In diesem Sidestep geht es um die Frage, wie man am besten verfährt, wenn man ein Duplexbild in CMYK drucken will. Das kann z.B. in einer Zeitungs- und Zeitschriftenproduktion notwendig sein, wenn der Bogen auf dem diese Seite liegt, aus organisatorischen Gründen doch vierfarbig gedruckt wird.

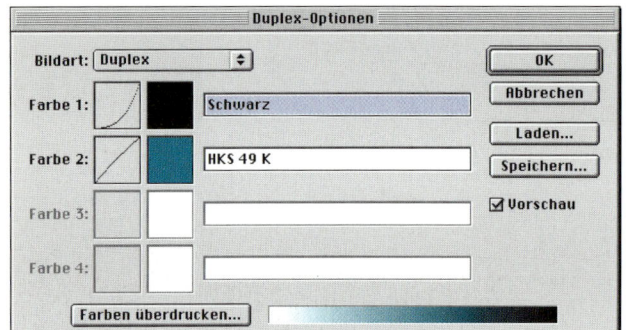

In unserem Beispiel wurde das Duplex mit Schwarz und HKS 49 K aufgebaut. HKS 49 K wird von Photoshop, Quark und Co. übereinstimmend mit den CMYK-Werten 100% Cyan, 20% Magenta und 10% Gelb beschrieben.

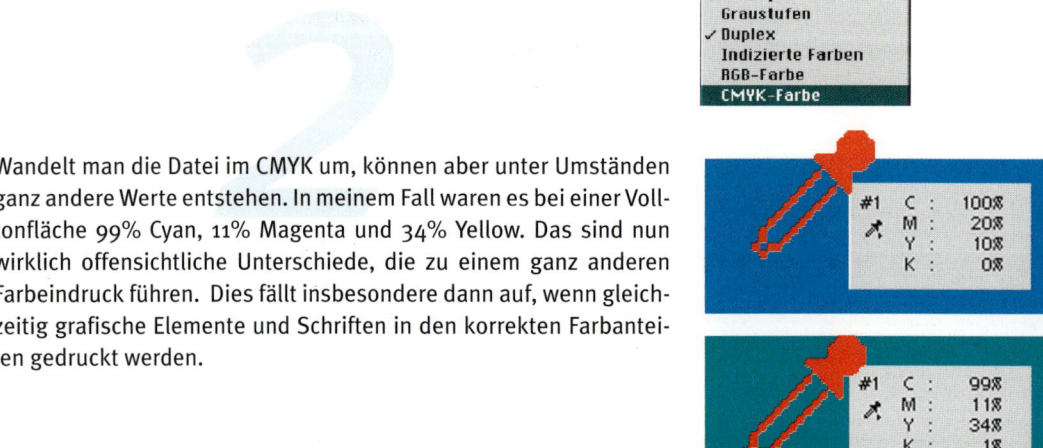

Wandelt man die Datei im CMYK um, können aber unter Umständen ganz andere Werte entstehen. In meinem Fall waren es bei einer Volltonfläche 99% Cyan, 11% Magenta und 34% Yellow. Das sind nun wirklich offensichtliche Unterschiede, die zu einem ganz anderen Farbeindruck führen. Dies fällt insbesondere dann auf, wenn gleichzeitig grafische Elemente und Schriften in den korrekten Farbanteilen gedruckt werden.

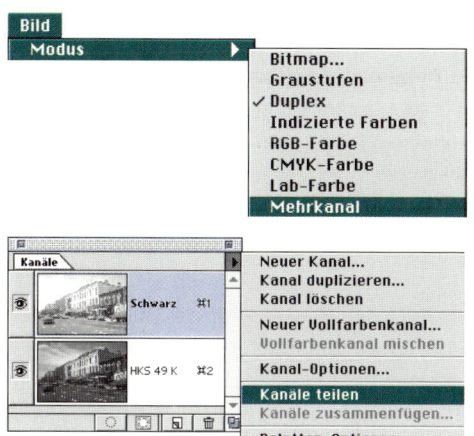

Um auch für die Bilddaten den richtigen Farbton zu realisieren, müssen wir einen Umweg gehen. Dazu verwandeln wir das Duplex zuerst in ein Mehrkanalbild. Dadurch entstehen zwei eigene Kanäle, die man in der Palette erkennen kann. Ein Kanal enthält die Informationen für Schwarz, der andere für HKS 49 K. Diese Kanäle werden nun geteilt.

Durch die Teilung entstehen zwei völlig eigenständige Graustufenbilder. An ihrem Namen kann man erkennen, welchen Farbauszug sie beschreiben. In der Helligkeit unterscheiden sie sich entsprechend der Gradations-Einstellung, die im Duplex-Menü getroffen wurde.

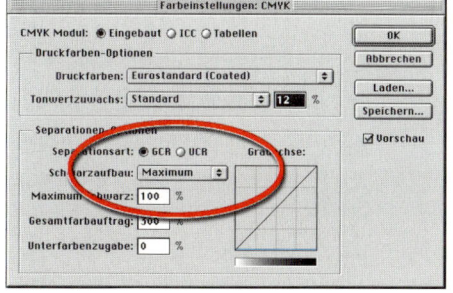

Wir wollen jetzt das Bild mit den Schwarz-Informationen in CMYK umwandeln. Dabei sollen die Tonwerte nur in den Schwarzkanal des vierfarbigen Bildes übertragen werden. Dazu wählt man in den Separationseinstellungen die Option GCR, Maximum und ein maximales Schwarz von 100% aus.

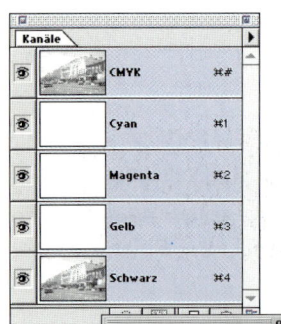

Nach der Separation erkennt man, dass die CMY-Kanäle leer geblieben sind. Die Bildinformationen wurden nur in den Schwarzauszug übertragen.

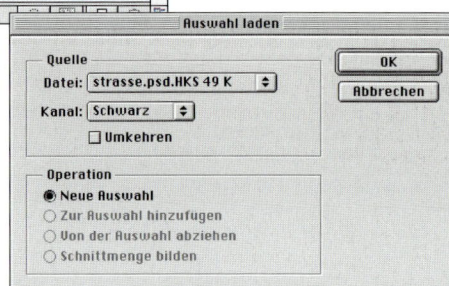

Um nun auch den HKS-Kanal in das Bild zu übertragen, wählen wir den Befehl AUSWAHL LADEN. Es ist dazu notwendig, dass das HKS-Bild noch auf dem Bildschirm steht. Dessen Tonwertinformationen werden uns dann nämlich automatisch als Auswahl angeboten. Unter Umständen muss man die Auswahl dann noch umkehren.

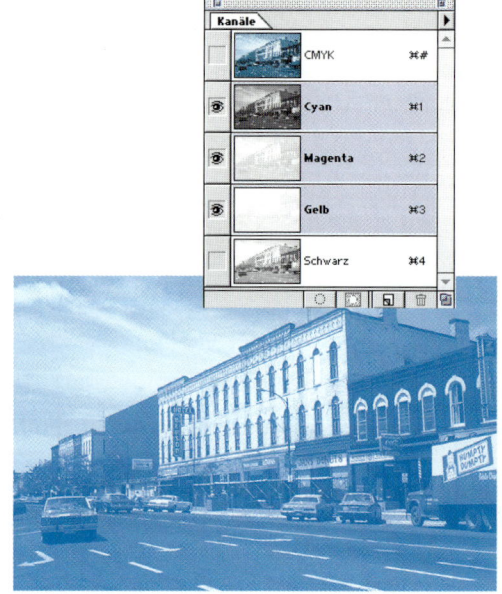

Mit der Shift-Taste aktivieren wir nun die CMY-Kanäle gemeinsam. Der Schwarzkanal darf nicht aktiv sein. Jetzt muss man nur noch die gewünschte Farbe bestimmen (100 C, 20 M, 10 Y) und den Befehl FLÄCHE FÜLLEN anwenden.

Die Tonwertinformationen des HKS-Bildes, die in eine Auswahl umgewandelt wurden, werden so in die CMY-Kanäle übertragen.

Um die Vorgehensweise noch einmal zusammenzufassen: Man trennt die Duplex-Informationen in zwei eigene Bilder. Die Tonwerte für Schwarz überführt man nur in den Schwarzkanal des Vierfarbbildes. Die HKS-Tonwerte werden dagegen, über den Umweg einer Auswahl, nur in die CMY-Kanäle gebracht.

Die einfache Umwandlung eines Duplex-Bildes führt zu einem grünen Farbstich. In den dunklen Elementen des Bildes können darüber hinaus Zeichnungsverluste auftreten.

Wandelt man das Bild aber, wie vorgestellt, manuell um, dann bleibt der korrekte Blauton erhalten.

Sidestep 11: 5. Farbe erstellen

Um das ganze Thema noch einmal zu verdeutlichen, soll hier Schritt für Schritt die Arbeit mit Sonderfarben-kanälen an einem Beispiel gezeigt werden.

Ziel ist es, den Schriftzug der Flasche in der Sonderfarbe „Pantone 179 CV" darzustellen und auszubelichten. Dazu erstelle ich zuerst eine Auswahl der Buchstaben.

Sobald man einen Sonderfarbenkanal in der Kanäle-palette anwählt, werden bestehende Auswahlen direkt in dem neuen Kanal mit Schwarz gefüllt.

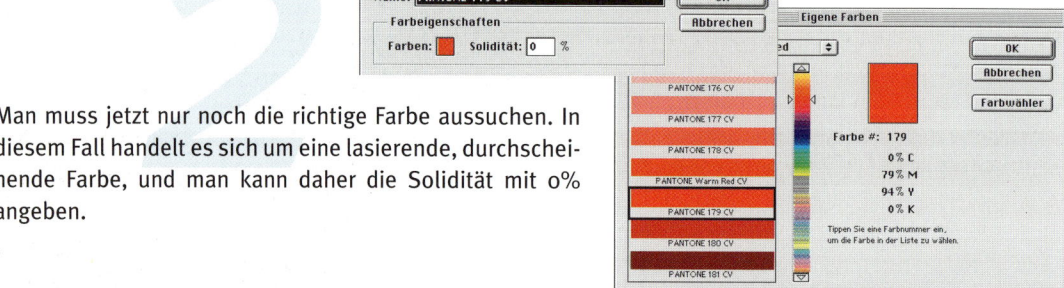

Man muss jetzt nur noch die richtige Farbe aussuchen. In diesem Fall handelt es sich um eine lasierende, durchscheinende Farbe, und man kann daher die Solidität mit 0% angeben.

Deaktiviert man die Sichtbarkeit der CMYK-Kanäle wird nur der Sonderfarbenkanal dargestellt. Genau wie bei Druckfilmen besitzen diese Kanäle erstmal keine Farbe. Es sind nur Pixel, die später in der entsprechenden Druckfarbe ausgegeben werden.

Im nächsten Schritt muss man aus den CMYK-Bildkanälen die Farbe auskopieren, sprich: die entsprechenden Bereiche mit Weiß füllen. Dazu ist es notwendig, wieder das Gesamtbild ohne den Sonderfarbenkanal zu aktivieren und dessen Farbinformation als Auswahl zu laden, denn genau diesen Bereich will man ja verändern.

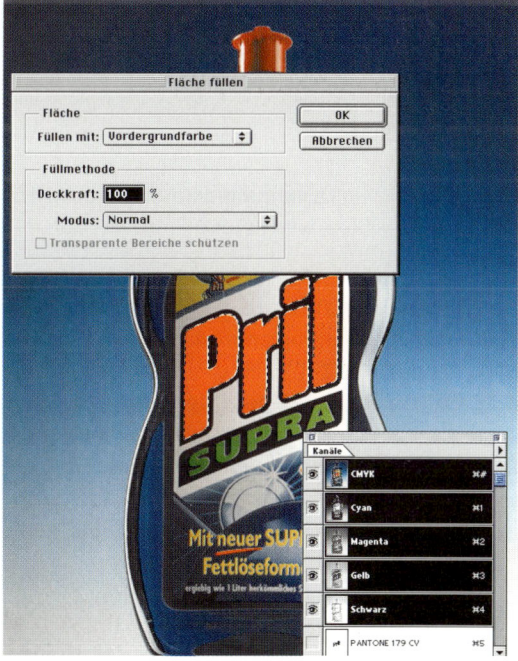

Wie jeden Alphakanal kann man auch Sonderfarben in Auswahlen verwandeln, indem man unter Auswahl den Befehl AUSWAHL LADEN wählt. Noch schneller geht es, wenn man mit der Befehls-Taste in der Palette auf das Kanalsymbol klickt. Die Bildkanäle sind aktiv, der Bereich ist ausgewählt – jetzt kann man ihn mit Weiß füllen.

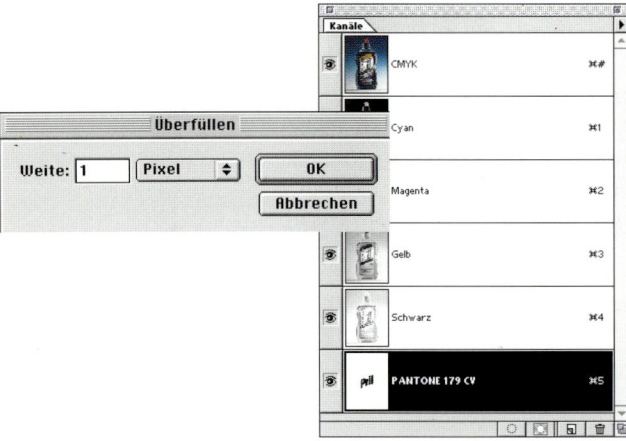

Um Problemen beim Druck vorzubeugen, wird die Sonderfarbe jetzt noch überfüllt. Bei diesem Motiv könnte man ebenso gut auch die dunklen Bereiche des Kanals vergrößern, da der Schriftzug durch eine schwarze Outline begrenzt ist.

Die Überfüllung findet sich in dem Pull-down-Menü BILD. Man kann hier zwar auch Millimeter und Punkt als Maßeinheit anwählen, aber da Photoshop sowieso immer mit Bildpunkten rechnet, kann man die Werte genauso gut in Pixeln definieren.

Wie erwähnt, ist es wichtig, dass der Sonderfarbenkanal aktiv ist, aber die anderen Kanäle auch sichtbar sind.

Um das Bild in ein Layoutprogramm zu importieren und auszubelichten, wird es im DCS-2.0-Format gesichert.

Ob die Ausgabe letztendlich möglich ist, ist abhängig von dem Layoutprogramm. Auch wenn sich die Datei importieren läßt, heißt das noch lange nicht, dass auch ordentliche Farbauszüge entstehen. Man sollte also, bevor man ernsthaft damit arbeitet, zuerst einige Tests machen, um zu erfahren, inwieweit man mit dem eigenen Arbeitsfluss in der Lage ist, DCS-2.0-Dateien auszubelichten.

3.2 Lab-Techniken

Als es um Farbmanagement ging, habe ich erwähnt, dass Photoshop nicht darauf ausgelegt ist, Farbkorrekturen im Lab-Modus durchzuführen. An dieser Stelle soll der Beweis angetreten werden, dass ich das nicht nur aus Faulheit behauptet habe, um nicht näher auf das Thema eingehen zu müssen. Insbesondere sollen aber in diesem Kapitel Techniken angesprochen werden, die man nur mit Lab-Bilddaten anwenden kann. Die Trennung von Helligkeits- und Farbinformationen, die diesem Modus zu eigen ist, bietet einige überraschende und hilfreiche Lösungen an.

Zuerst soll das Augenmerk jenen Aspekten gelten, die nicht oder nur unzureichend funktionieren.

Tonwertkorrektur

Die Histogramme der Tonwertkorrektur decken im a- und b-Kanal nur einen sehr geringen Teil des verfügbaren Spektrums ab. Man erzielt außerordentlich skurrile Ergebnisse, wenn man versucht die Methoden der RGB-Korrektur hier anzuwenden.

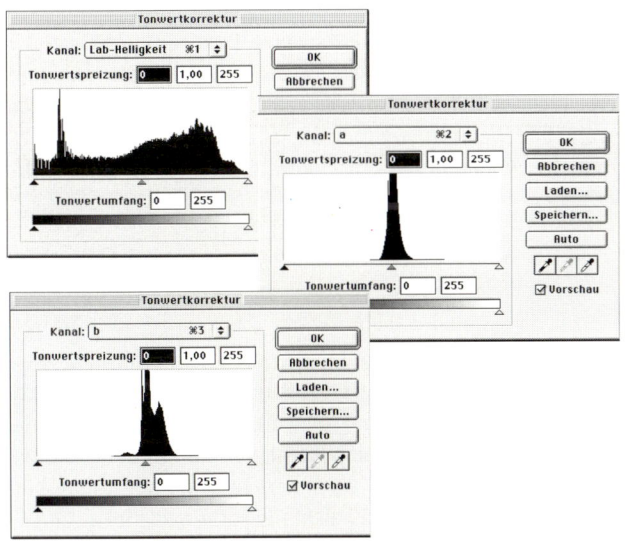

Bild: PhotoDisc

Das Ausgangsbild im Lab-Modus mit den Farbkanälen, die nur einen kleinen Bereich des verfügbaren Spektrums abdecken. Nachdem man die Dreiecke auch in den Kanälen herangeführt hat, werden die Tonwerte im gesamten sichtbaren Farbraum gespreizt. Dieser Farbraum ist weitaus größer, als dass Monitore ihn darstellen, geschweige denn Druckverfahren ihn wiedergeben könnten. Die Farben sind naturgemäß völlig übersättigt.

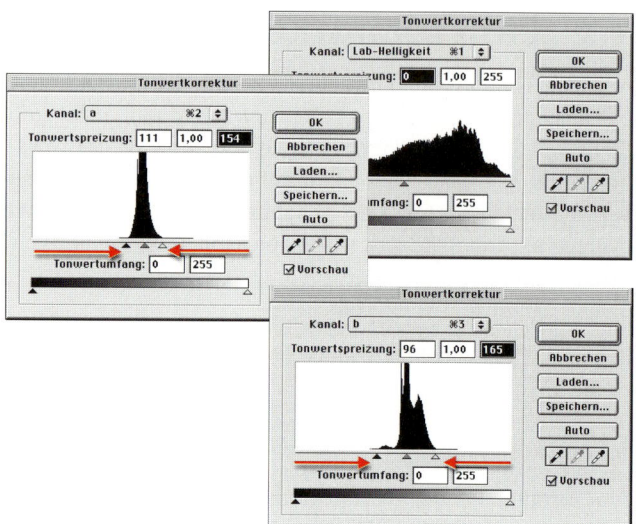

Adobe weiß um diese Problematik. Macht man eine Auto-Tonwertkorrektur, so wird allein der L-Kanal geändert. Die Farbkanäle bleiben unberührt. Genauso verhält es sich, wenn man die weiße und schwarze Pipette nimmt, um die Extremwerteinstellung vorzunehmen. Anders als bei RGB-Bildern werden nur die Helligkeitsanteile, nicht aber die Farbanteile geändert. Eine der wichtigsten Aufgaben der Schwarz- und Weißpunktfestlegung ist es, eben diese Anteile zu verändern, um Farbstiche zu minimieren. Die Tonwertkorrektur im Lab-Modus ist dazu nicht in der Lage.

Gradationskurven

Bei dieser Funktion ist der Eindruck gespalten. Die Änderung von Helligkeitswerten ist in Lab vorzüglich gelöst. Korrigiert man bei RGB-Bildern die Gradationskurven gemeinsam, so ändert man damit auch die Farbzusammensetzung, da die Komponenten, aus denen jede Farbe besteht, von der Gradationskurve unterschiedlich stark betroffen werden. Ganz anders in Lab. Ändert man hier die Helligkeitsinformationen, so betrifft das nicht die Farben, die im a- und b-Kanal beschrieben werden. Daher sind Helligkeitskorrekturen im Lab-Modus recht beliebt. Der Nachteil ist dabei, dass man die Bilddaten dafür zwischen den Farbräumen hin und her konvertieren muss.

Es funktioniert hervor-
ragend bei den
Helligkeitswerten.

Es ist eine Katastrophe,
wenn man die Farbkanäle
auch nur um einen
Millimeter bewegt.
Im Lab-Modus die Grau-
balance zu modifizieren
erfordert angesichts der
Rot-Grün und Blau-Gelb
Koordinaten sehr viel
Erfahrung.

Die positiven
a-Werte sind rot.
Die abgebildete Kurve
erhöht diese Werte. Die
Farbe Rot wird stärker
gesättigt. Die negativen
a-Werte sind grün. Sie
werden weiter verringert.
Auch hier steigt die
Farbsättigung.

Will man die Gradationskurven in Lab etwas näher kennen lernen, muss man sich die schematische Darstellung des Farbraums vor Augen führen. Zwei Achsen durchschneiden auf horizontaler Linie den Farbraum. In der Mitte ist es Grau. Genauso verhält es sich bei den Gradationskurven. In der Mitte sind die Grautöne zu finden. Der obere Bereich gehört beim a-Kanal den Grüntönen, der untere Bereich den Rottönen. Wenn man also partout versuchen will die Kurven in Lab zu nutzen, dann sollte man in der Mitte einen Punkt setzen, um so die Grautöne zu fixieren.

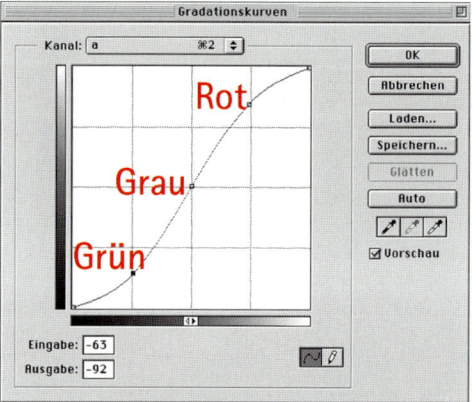

Das Gleiche gilt natürlich für den b-Kanal. Der obere Teil der Kurve gehört den Gelbtönen, der untere den Blautönen.

So langsam nähern wir uns den Techniken, die in LinoColor genutzt werden. Hier gibt es ja eine eigene Gradationskurve für die Farbsättigung. Genau das haben wir im abgedruckten Beispiel für den a-Kanal schon erstellt. Man müsste jetzt nur noch die gleiche Kurve auf den b-Kanal anwenden, und die Sättigung für das ganze Bild wird verstärkt, ohne dass die Helligkeit sich geändert hat. Eine Kurve mit umgekehrtem Verlauf würde die Sättigung entsprechend verringern. Übrigens kann man mit der Shift-Taste in der Kanälepalette mehrere Kanäle gleichzeitig aktivieren und sie so gemeinsam korrigieren.

Überträgt man das
Histogramm (hier rot
dargestellt) auf die
Gradationskurven, kann
man erahnen, welch
filigrane Änderungen
bei Korrekturen
notwendig sind.

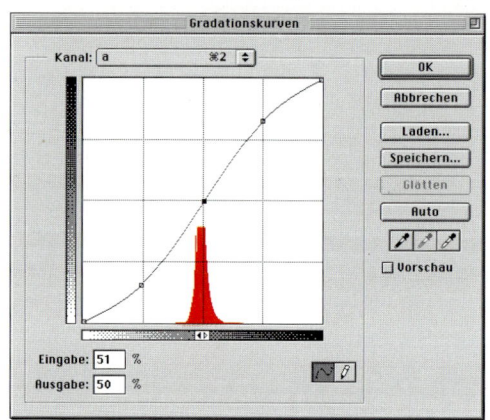

Ich finde diese Betrachtungen ungeheuer spannend, um mehr über die Funktionsweise von Lab-Modus und Bildbearbeitungsprogrammen zu erfahren. Ich möchte Ihnen aber nicht allen Ernstes vorschlagen damit zu arbeiten. Führen Sie sich dazu noch einmal das Histogramm der Farbkanäle vor Augen und projizieren Sie dieses Diagramm auf die Gradationskurven. Nur einen Zentimeter oberhalb und unterhalb des Graupunktes finden sich alle Tonwerte des Bildes. Daher stammt meine Einschätzung, dass die Werkzeuge von Photoshop nicht dafür ausgelegt sind, in Lab zu arbeiten.

Farbbalance

Dieses Menü steht auch im Lab-Modus zur Verfügung. Wiederum begegnet man den Farbpärchen, die hier im Gegensatz zu RGB-Bildern nicht aus den Komplementärfarben des Farbkreises bestehen, sondern sich aus der Struktur des Lab-Farbraums begründen. Das Menü scheint nur wenige Anhänger zu finden. Wie anders wäre es erklärbar, dass Adobe nur jede zweite Farbbezeichnung aus dem Englischen übersetzt hat.

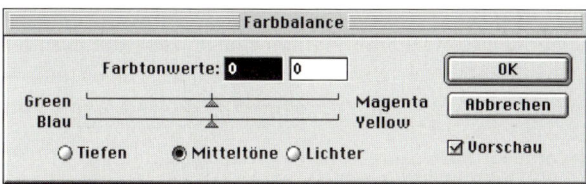

Farbton/Sättigung

Seit Photoshop 5.0 kann man das Menü Farbton/Sättigung auch im Lab-Modus sehr gut verwenden. Wohl war diese Einstellmöglichkeit auch schon in Version 4.0 anwählbar. Allerdings arbeitete es hier mit ganz anderen Farbkombinationen. In der jetzigen Version können die Einstellungen wie bei RGB- und CMYK-Bildern vorgenommen werden.

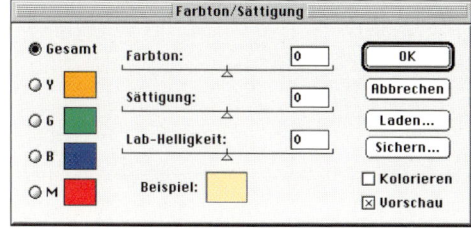

In Photoshop 4.0 waren nur die Farbenpärchen des Lab-Raums anwählbar. Das hat sich geändert.

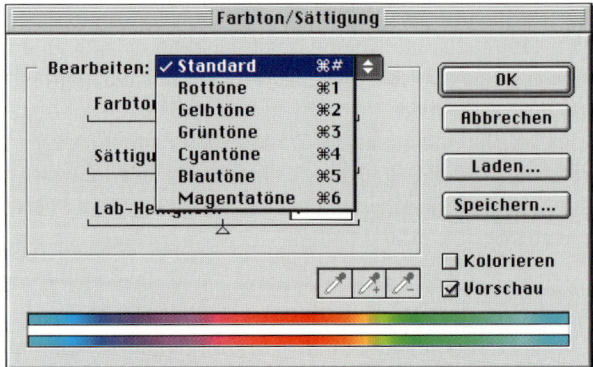

Die selektive Farbkorrektur, der Kanalmixer und das Menü Variationen sind im Lab-Modus nicht anwählbar. Die anderen Funktionen arbeiten wie gewohnt. Einige kleine Überraschungen finden ihre Begründung in dem extrem großen Farbraum, etwa wenn man eine Tontrennung durchführt: Es entstehen dann stärker gesättigte Farben, als man es von RGB-Daten kennt.

Die entscheidenden globalen Korrekturen sind im Lab-Modus außerordentlich schwer durchzuführen. Wer damit zurechtkommt, soll es nutzen, aber es erscheint mir ein schlechter Rat, Korrekturen im Lab-Farbraum zu empfehlen.

Jenseits aller Tonwertkorrekturen und Farbmanagementphilosophien bleibt die Trennung von Helligkeits- und Farbinformationen, die man bei Lab findet, einfach eine smarte Beschreibung von Farbe. Dies kann man sich für einige Problemlösungen zu Nutze machen.

Sidestep 12: Bilder kolorieren

Kolorieren heißt nichts anderes, als Farbe hinzuzufügen und die Helligswerte zu erhalten. Nichts einfacher als das im Lab-Modus.

In der Kanälepalette kann man mit Hilfe der Shift-Taste mehrere Kanäle auf einmal aktivieren. In diesem Fall geht es um die beiden Farbkanäle a+b. Indem man auf das Auge des Helligkeitskanals klickt, bleibt das gesamte Bild sichtbar. Der L-Kanal ist aber inaktiv und damit vor der Bearbeitung geschützt.

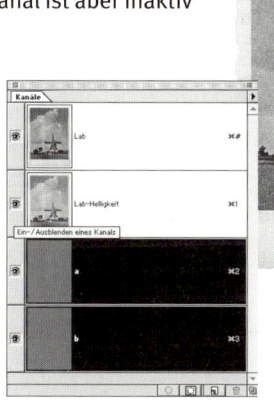

Nun kann man sich eine ansprechende Vordergrundfarbe, Werkzeugspitze und Deckkraft aussuchen und mit den Malwerkzeugen die Arbeit beginnen. Natürlich kann man auch die Verlaufswerkzeuge zu Hilfe nehmen oder den Befehl FLÄCHE FÜLLEN nutzen.

Gefällt einem die Farbe nicht mehr, wählt man einfach Schwarz oder Weiß als Vordergrundfarbe. Beide Töne haben die a- und b-Werte „0". Genau diese Farbinformation wird auf das Bild übertragen und es wird grau. Dabei ist es egal, ob Sie über dunkle oder helle Elemente des Bildes streichen, da die Helligkeitsinformationen ja nicht verändert werden.

Ganz verrückt wird es, wenn man Verläufe von Schwarz nach Weiß in den a+b-Kanälen erstellt. Die Ergebnisse würden jedem Hippie-Revival zur Ehre gereichen.

Sie denken jetzt vielleicht, das wäre einfach gewesen. Aber um ehrlich zu sein: Dies war die schwierige – dafür didaktisch wertvolle – Variante.

Farbton/Sättigung

In Photoshop ist eine Funktion eingebaut, die das Gleiche in allen Farbmodi bietet. Sie heißt je nach Programmversion FARBTON/SÄTTIGUNG oder FARBE und ist zu finden in der Ebenenpalette, im FLÄCHE FÜLLEN-Menü, in der Verlaufspalette und nicht zuletzt in den Optionen der Malwerkzeuge. Der große Vorteil ist, dass man nicht in den Lab-Modus wechseln muss, um es zu nutzen. Jede Umwandlung ist ja mit Verlusten verbunden. Es ist also sehr empfehlenswert, im RGB- oder CMYK-Modus zu verbleiben und lieber diese Option zu verwenden.

Man muss nicht immer Omas alte Schwarz/Weiß-Bilder als Beispiel heranziehen. Es kann auch in der alltäglichen Bildbearbeitung sinnvoll eingesetzt werden, etwa um störende Farbreflexio-
nen zu retuschieren.

Bei diesem Bild sieht man innerhalb der blauen Flasche magentafarbene Reflexionen. In einer vergrößerten Darstellung kann man
die störenden Farbstreifen gut erkennen.

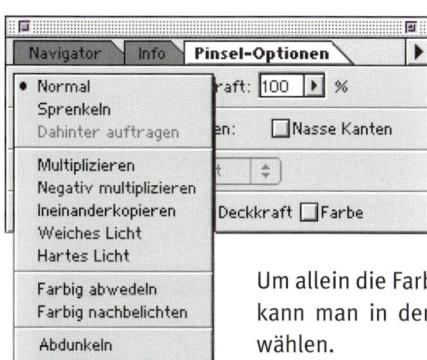

Um allein die Farbinformation zu verändern, die Helligkeitswerte aber zu erhalten,
kann man in den Optionen zum Malwerkzeug FARBTON/SÄTTIGUNG oder FARBE
wählen.

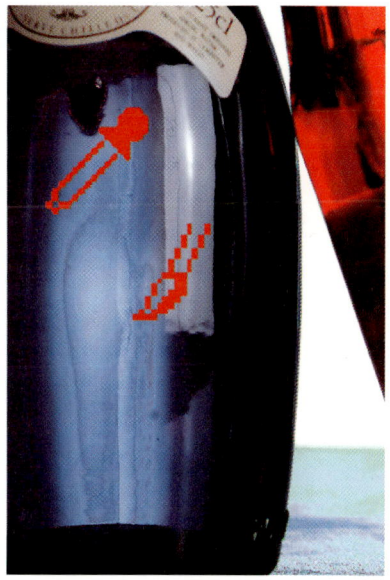

Sinnvollerweise bestimmt man mit der Pipette den gewünschten
Farbton in der unmittelbaren Nähe des zu retuschierenden Bereichs und trägt dann die Farbe auf. Man muss dazu keine Auswahlen erstellen und auch nicht besonders genau arbeiten, da die
Farbinformation ja dem umliegenden Bereich entspricht.

Sidestep 13: Rauschen entfernen

Wir können bei dem gleichen Beispielbild bleiben.

Es wurde mit einer digitalen Mittelformatkamera im 1-Shot-Modus erstellt. Während einer Aufnahme müssen dabei die drei Farbinformationen für Rot, Grün und Blau aufgenommen werden. Man löst dieses Pro-

blem, indem die CCD-Elemente immer abwechselnd einen roten, grünen und blauen Bildpunkt einlesen. Für jeden Pixel unserer Datei fehlen also zwei Farbinformationen. Sie werden interpoliert. Insbesondere an Kanten kann dies zu einem sichtbaren Farbrauschen führen.

In einer starken Vergrößerung kann man das Auftreten farbiger Pixel an Konturen erkennen.

Noch offensichtlicher wird es, wenn man sich die einzelnen Farbkanäle anschaut. Das Rauschen tritt besonders stark im blauen Kanal auf. Dies hängt mit der Art der Filterung zusammen. Bei CMYK-Bildern werden die Strukturen des Blau-Kanals in die Komplementärfarbe Gelb übertragen. Solche Strukturen treten nicht nur bei Digitalkameras auf. Flachbettscanner mit geringer Tiefenzeichnung neigen zu ähnlichen Effekten. Ein anderer Grund dafür können starke JPG-Komprimierungen sein.

Überraschend ist das Ergebnis, wenn man eine solche Datei nach Lab umwandelt.

Der L-Kanal, der die Helligkeitsinformationen trägt, sieht relativ gut aus, während a- und b-Kanal völlig verrauscht sind. Das Farbrauschen wurde naturgemäß auch in die Farbkanäle (a+b) übertragen. Die feinen Linien sehen jetzt aus wie Sägezahnblätter.

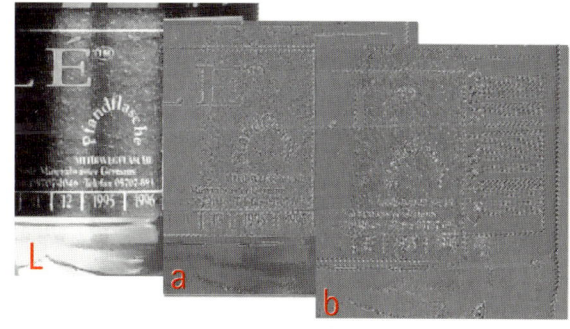

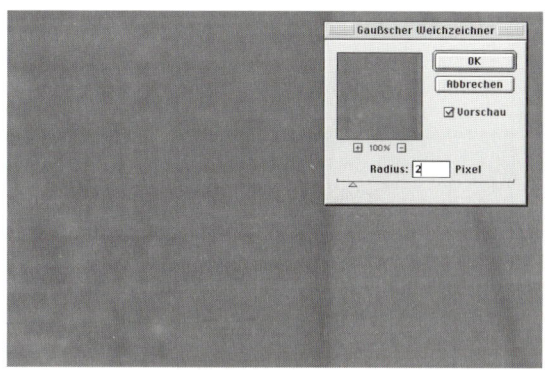

Was jetzt kommt, hört sich brutal an, funktioniert aber hervorragend. Man nimmt einfach den gaußschen Weichzeichnungsfilter und stellt ihn so ein, dass alle Strukturen im a- und b-Kanal verschwinden. Werte zwischen 1 und 2 Pixeln dürften eine gute Ausgangsbasis darstellen. Wir können dies tun, da ja die gesamte Zeichnung die Bildes in dem Helligkeitskanal L zu finden ist. Dieser muss natürlich unberührt bleiben. Wandelt man nun das Bild zurück nach RGB, kann man eine offensichtliche Qualitätsverbesserung erkennen.

Vergleichen Sie die Ergebnisse mit den originalen Farbauszügen. Es gibt ganz wenige Techniken in der Bildbearbeitung, bei denen man die reale Qualität der Bilddaten verbessern kann. Dies ist eine davon.

Hier das bearbeitete RGB-Bild. Auch im Zusammenspiel der Kanäle kann man die positive Auswirkung dieser Vorgehensweise sehen.

Schärfen in Lab

Die Weichzeichnung ist nur ein Teil der Technik. Der andere Teil ist die Scharfzeichnung. Nimmt man das Ausgangs-RGB-Bild und wendet darauf einen Scharfzeichnungsfilter an, dann wird das vorhandene Rauschen verstärkt.

Sehr viel bessere Ergebnisse erzielt man, wenn man im Lab-Modus allein den L-Kanal scharfzeichnet. Betroffen sind dann nur die Helligkeitsinformationen, nicht aber die Farben.

Diese Vorgehensweise kann auch hilfreich sein, bei Bildern mit feinen Strukturen. Hier kann es in RGB passieren, dass sich der Farbton durch eine Scharfzeichnung ändert. Im Lab-Modus treten solche Effekte nicht auf.

Hexachrome

Es ist bunt.
Es erschließt sich nicht
unbedingt auf den ersten
Blick und es macht Spaß!
Das Hexachrome-Druck-
verfahren wird auf den
nächsten Seiten Thema
sein.

An diesen farbigen
Kästchen können Sie
erkennen, ob die jeweilige
Abbildung mit Euroskala-
oder Hexachrome-Farben
gedruckt wurde.

Einleitung

Ich muss Sie warnen: Auf den nächsten Seiten wird es bunt zugehen. Richtig bunt! Wer also ein empfindsames Auge hat, sollte durchaus schon einmal die Sonnenbrille heraussuchen. Das 6-farbige Hexachrome-Druckverfahren wurde schließlich entwickelt, um den Farbraum des klassischen 4-Farbdrucks entscheidend zu übertreffen, und ich würde mir nur ungern den Vorwurf gefallen lassen, ich hätte das zur Verfügung stehende Spektrum nicht ausgenutzt. Beim Hexachrome-Druck kommen zusätzlich Grün und Orange zum Einsatz. Aber auch die klassischen Farben Cyan, Yellow und besonders Magenta wurden geändert, um ein möglichst großes Farbspektrum realisieren zu können.

Der Verlag hat für dieses Kapitel des Buches keine Kosten und Mühen gescheut und es komplett 10-farbig drucken lassen. Vier klassische CMYK-Farben plus 6 Hexachrome-Farben. Der Grund ist, dass wir natürlich herrlich bunte Hexachrome-Bilder hätten abdrucken können. Doch was hätte das ausgesagt? Das Interessante ist doch, wie der Vergleich zum Vierfarbdruck ausfällt. Ganz offensichtlich sind Vergleiche dieser Art sehr stark subjektiv geprägt. Ich habe Leute erlebt, die überhaupt keinen Unterschied gesehen haben und andere, die sich vor Begeisterung kaum noch halten konnten.

Die Grundfarben für Hexachrome und Euroskala im Vergleich. Für Orange und Grün habe ich im Vierfarbprozess Farbtöne mit möglichst ähnlichen Lab-Werten ausgesucht.

Hexachrome Cyan	Euroskala Cyan
Hexachrome Magenta	Euroskala Magenta
Hexachrome Gelb	Euroskala Gelb
Hexachrome Schwarz	Euroskala Schwarz
Hexachrome Orange	60m, 100y
Hexachrome Grün	90c, 100y

Ich muss nichts schönreden und brauche nichts zu verteufeln. Stattdessen ist das Ziel in diesem Kapitel, einen möglichst guten Überblick über die Aufbereitung von Daten für Hexachrome zu geben und möglichst viele Bilder im direkten Vergleich abzudrucken. Die Bewertung, ob sich Hexachrome lohnt, bleibt dann Ihnen selbst überlassen.

Eigentlich war der Ansatz, die Grenzen des klassischen Vierfarbdrucks zu überschreiten, schon längst überfällig. Inkjetdrucker für wenige Hundert Mark bieten völlig selbstverständlich 6 Druckfarben an, um die Qualität der Ausdrucke zu steigern. (Die in Inkjet-Druckern für den Hausgebrauch verwendeten Farben

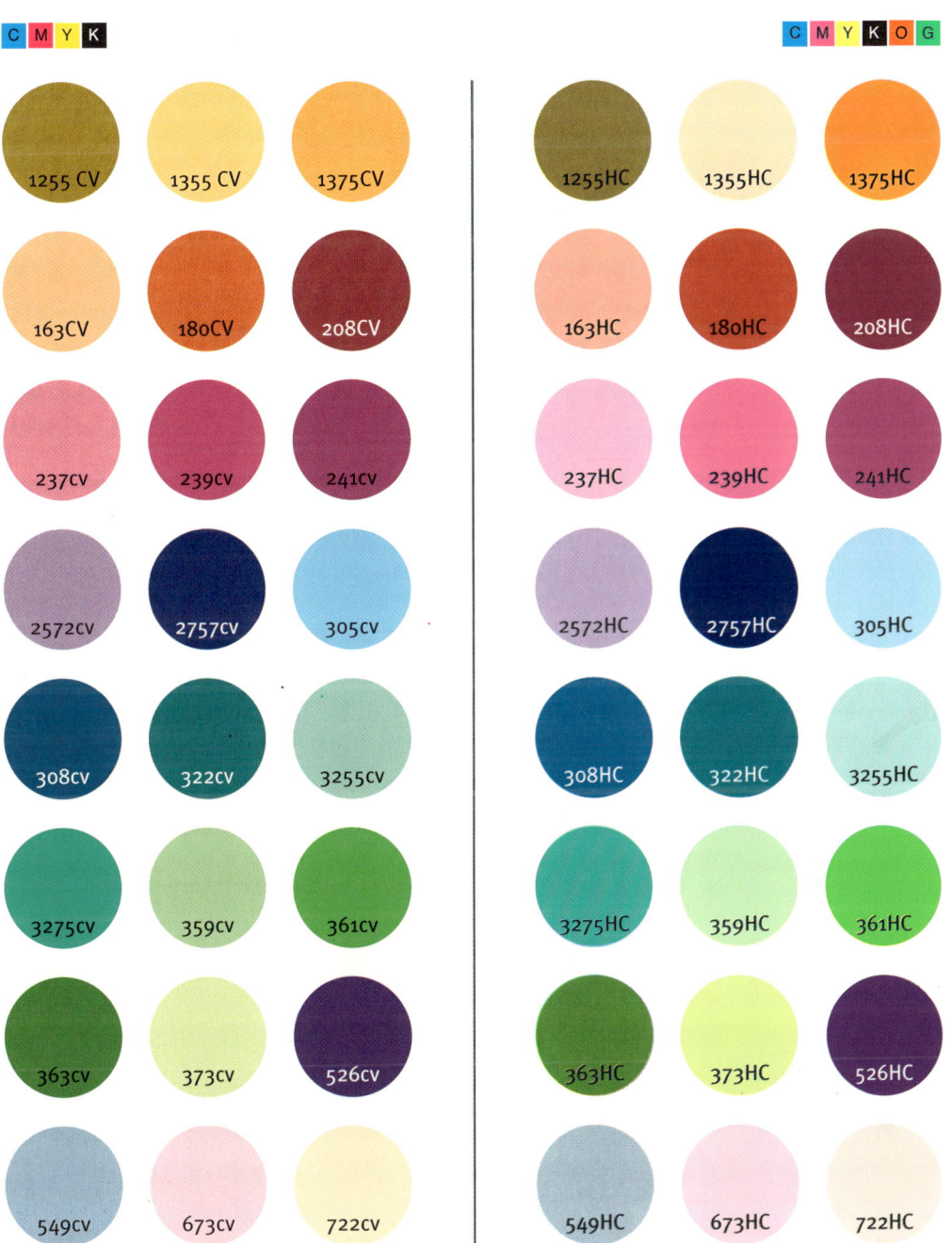

Hexachrome wurde entwickelt, um eine maximale Anzahl von Sonderfarben ohne Qualitätseinbußen abzudecken. Hier im Vergleich einige Sonderfarben, die im klassischen Vierfarbdruckverfahren (links) und 6-farbig (rechts) gedruckt wurden.

haben übrigens nichts mit Hexachrome zu tun. Hier wird meist ein helles Cyan und Magenta eingesetzt, um die Lichterzeichnung zu verbessern.)

Hexachrome wurde schon vor einigen Jahren von Pantone, dem Weltmarktführer für Druckfarben, entwickelt und ist ein eingetragenes Warenzeichen. Es ist nicht das einzige Verfahren, welches versucht, den Bereich der druckbaren Farben zu vergrößern. Doch die anderen Lösungen sind recht spezialisiert und werden teilweise nur als Dienstleistung angeboten. Sie sind daher für einen breiten Anwenderkreis weniger interessant.

Die Pantone Hexachrome-Farben wurden dagegen von vielen Druckfarbenherstellern lizenziert und können so von jeder Druckerei eingesetzt werden. Die Kosten für die Software, um Daten für den Sechsfarbdruck vorzubereiten, sind für einen breiten Kundenkreis tragbar. So kostet das Separationsprogramm HexImage knapp 700,- DM. Farbfächer schlagen mit ca. 300,- DM zu Buche. Das sind Beträge, die Druckvorstufenbetriebe und Druckereien kaum schrecken können. Dennoch fällt es der Druckindustrie schwer, die standardisierten Produktionswege zu verlassen. Hexachrome ist bei der Herstellung von Zeitschriften, Broschüren, Büchern und Werbung noch nicht besonders weit verbreitet. Ein Grund dafür ist sicher, dass die Ergebnisse, die man mit 4 Farben realisieren kann, wirklich nicht schlecht sind und die so erreichbare Qualität oftmals völlig ausreicht.

Ganz anders ist die Situation allerdings im Verpackungsdruck. Hier wird häufiger mit Sonderfarben gearbeitet. Und oft nicht nur mit einer Sonderfarbe, sondern gleich mit mehreren. Dies war für Pantone der primäre Ansatz, Hexachrome zu entwickeln. Man wollte eine standardisierte Lösung, um einen Großteil der Sonderfarben einsparen zu können. Es wird berichtet, dass anfangs auch ein Siebenfarben-Druck zur Diskussion stand, aber die weite Verbreitung von 6-Farb-Druckmaschinen für Hexachrome sprach. Pantone betont, dass man 90% aller Pantone-Sonderfarben mit Hexachrome ohne Verluste darstellen kann.

Die Abbildungsqualität von Fotografien stand also bei der Entwicklung gar nicht so sehr im Mittelpunkt des Interesses. Dennoch gibt es schon seit länge-

Ein Verlauf quer durch's Spektrum soll die Möglichkeiten des Hexachrome-Druckes verdeutlichen.

rem Softwarelösungen, um auch Bilddaten zu separieren. Eine ganz entscheidende Voraussetzung, um überhaupt 6-farbige Separationen erstellen zu können, stellt übrigens das Farbmanagement dar. Ansonsten müsste man nämlich für jeden Scanner und jeden Arbeitsprozess eigenständige Lösungen finden.

Ich denke, es ist ganz wichtig, sich bewusst zu machen, dass nicht nur Orange und Grün als Druckfarben hinzugekommen sind, sondern dass auch die anderen Farben geändert wurden. Bei Cyan mag der Unterschied gering sein, bei Gelb ist er schwer zu erkennen, aber spätestens bei Magenta sieht man die Differenz sehr deutlich.

Man kann die unterschiedlichen Farben anhand der Lab-Werte benennen. Ein gesundes Maß an Skepsis ist dabei natürlich angebracht. Die hier aufgelisteten Hexachrome-Werte stammen von Pantone. Die Euroskala-Werte habe ich den Separationseinstellungen von Photoshop entnommen. Ob dies nun wirklich die exakten Werte sind für die Druckfarben, die schlussendlich in einer Produktion auf das Papier gelangen, dafür kann und will ich mich natürlich nicht verbürgen.

Hex Cyan	L 74, a -25, b -42	**Euro** Cyan	L 56, a -22, b -48
Hex Magenta	L 57, a 67, b -8	**Euro** Magenta	L 48, a 67, b -5
Hex Gelb	L 93, a -1, b 85	**Euro** Gelb	L 89, a -12, b 90
Hex Schwarz	L 31, a 1, b 2	**Euro** Schwarz	L 14, a -1, b -2
Hex Orange	L 74, a 47, b 65		
Hex Grün	L 60, a -57, b 24		

Die Lab-Werte der Druckfarben sind für Cyan, Magenta und Gelb im Hexachrome- und Vierfarbdruck unterschiedlich.

Man erkennt den Grund, warum Cyan, Magenta und Gelb verändert werden mussten, wenn man sich die Spektralphotometer-Messungen aus dem ersten Kapitel ins Gedächtnis ruft. Die Druckfarben decken jeweils einen Teil des Spektrums ab. Kommen nun zwei Farben hinzu, dann bietet es sich natürlich an, auch die bestehenden Farben anzupassen.

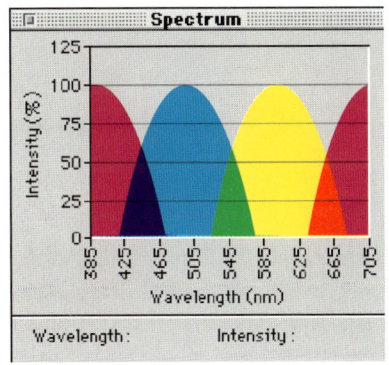
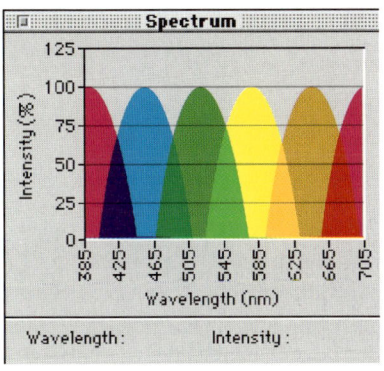

Eine sehr (!) stilisierte Darstellung des Reflexionsverhaltens der Buntfarben im 4-Farb- und 6-Farbdruck.

Auch an konkreten Bildern kann man dies beweisen. Das folgende Bild wurde ganz normal in CMYK separiert und dann sowohl mit den Euroskala-, wie mit den Hexachromefarben gedruckt. Der Grün- und Orange-Kanal sind leer geblieben. Wie so oft sind es die Hauttöne, anhand derer man subtile Unterschiede am besten erkennen kann.

Auch an Bildern kann man es erkennen: Cyan, Magenta und Gelb sind in Euroskala und Hexachrome unterschiedlich. Die Kanäle für Grün und Orange sind in diesem Fall nicht vertreten.

Foto: PhotoDisc

Arbeiten mit HexImage

Zwei Programme von Pantone sind auf dem Markt, um Hexachrome-Separationen von Bilddaten zu erstellen: HexWrench und HexImage. HexWrench ist der Vorläufer, der schon kompatibel zu Photoshop 3.0 war. Es bietet eine Vielzahl von Einstellmöglichkeiten und installiert eigene Systemkomponenten. Doch leider hat es auch einige Unzulänglichkeiten. So werden die Hexachrome-Daten nicht direkt in der richtigen Farbe dargestellt. Zwar gibt es eine Voransicht, doch die ist so klein und von so geringer Aussagekraft, dass man sie nicht positiv hervorheben kann.

HexWrench ist auch mit älteren Versionen von Photoshop einsetzbar, aber im Folgenden wird das neuere Separationsprogramm HexImage behandelt.

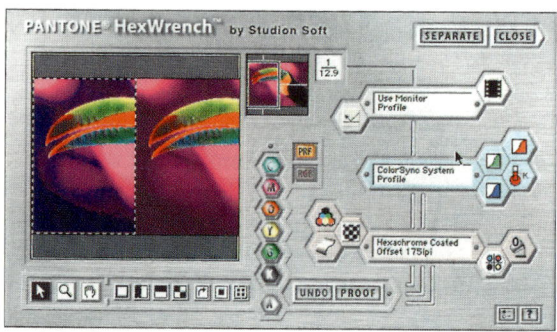

HexWrench ist besonders dann interessant, wenn man mit einer älteren Version von Photoshop arbeitet.

Ich will mich in diesem Kapitel lieber auf HexImage, welches als PlugIn ab Photoshop 5 die adäquate Wahl ist, konzentrieren. Das Programm nutzt die Farbmanagement-Systeme ColorSync (Mac), bzw. Windows ICM (Win). Basis des Programms sind Ausgabeprofile, die für unterschiedliche Druckverfahren und 2 Arten des Schwarzaufbaus zur Verfügung stehen.

Mit dem URSPRUNGSPROFIL teilt man HexImage mit, welche Farben wirklich gemeint sind. Bei Lab muss man keine weiteren Angaben machen. CMYK in Hexachrome umzuwandeln, ist sowieso unsinnig. Nur bei RGB-Daten ist es wichtig, das richtige Profil zu wählen.

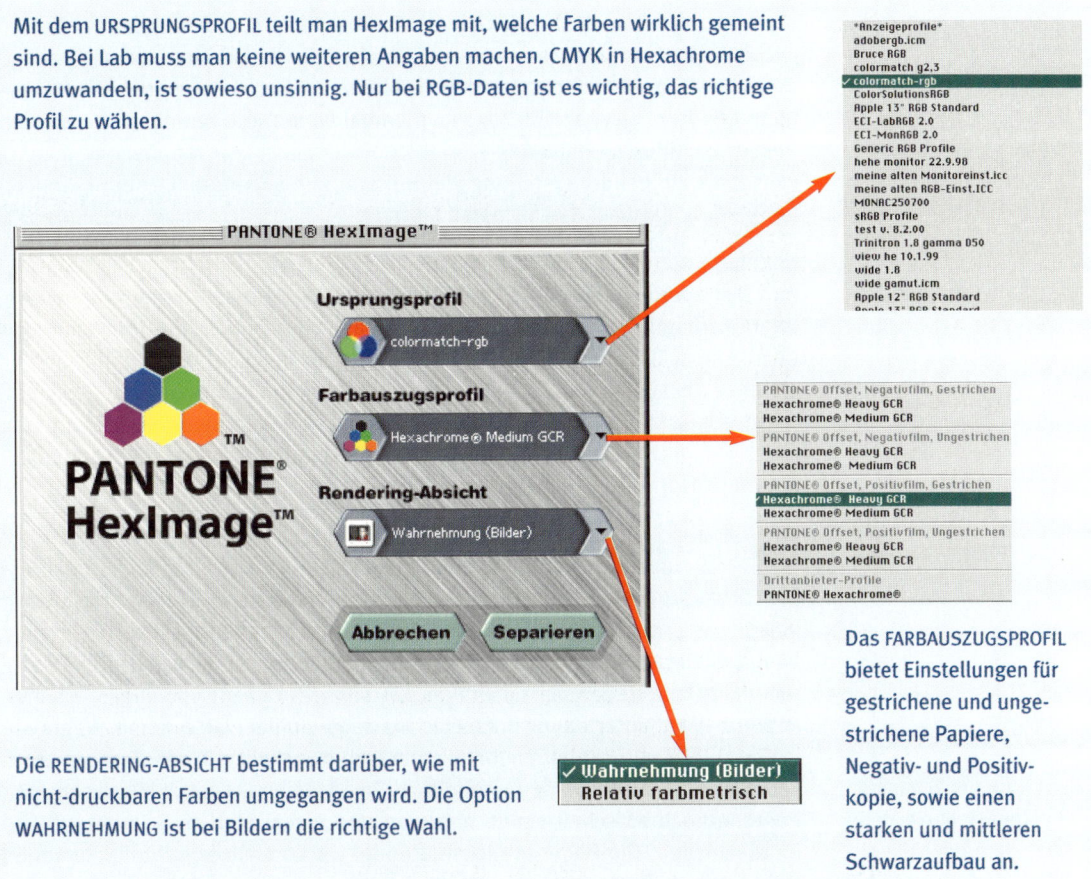

Die RENDERING-ABSICHT bestimmt darüber, wie mit nicht-druckbaren Farben umgegangen wird. Die Option WAHRNEHMUNG ist bei Bildern die richtige Wahl.

Das FARBAUSZUGSPROFIL bietet Einstellungen für gestrichene und unge-strichene Papiere, Negativ- und Positiv-kopie, sowie einen starken und mittleren Schwarzaufbau an.

HexImage ist denkbar einfach zu bedienen. Man bestimmt, mit welcher Farb-raumdefinition die Bilddaten beschrieben sind. Dann gibt man an, für welchen Druckprozess sie separiert werden sollen und schließlich legt man den Rende-ring Intent fest. Das war's: Woher, wohin und wie, lauten die Fragen, die zu beantworten sind, bevor man auf SEPARIEREN klickt.

Woher? (Ursprungsprofil)

Damit die Bilder korrekt umgerechnet werden, muss ganz klar benannt sein, welche Farbe mit einem bestimmten Wert gemeint ist. Bei Lab gibt es keine Dis-kussionen, da diese Farbwerte eindeutig definiert sind. Bei RGB-Daten bedarf es aber zusätzlich eines Profils. Dies kann ein Scannerprofil sein, ein Monitor-profil oder eine Farbraumbeschreibung, wie wir sie aus dem Farbmanagement-Kapitel kennen. Wie Sie sich vielleicht erinnern, waren nicht alle anwählbaren RGB's für den Druck gleich gut geeignet. S-RGB deckt z.B. die Cyantöne nur unzureichend ab. Es ist daher sinnvoll, mit einem eher großen RGB-Farbraum zu arbeiten. Wichtig ist dabei, dass dies schon bei der Digitalisierung bedacht wird. Einen Scan, der in s-RGB vorliegt, kann man wohl in einen größeren Farbraum konvertieren, doch eine stärkere Farbigkeit wird er deswegen nicht entwickeln. Die Farbwerte, gemessen in Lab, werden ja bei einer Konvertierung erhalten. Ohne Konvertierung den Farbraum zu wechseln, würde allerdings nicht den Farbmanagement-Regeln entsprechen und ggf. zu unberechenbaren Resultaten führen. Genau das – muss ich leider zugeben – war die Vorgehensweise, die ich bei der Erstellung von Hexachrome-Separationen sehr hilfreich fand. (Mehr dazu auf den nächsten Seiten.)

HexImage bietet auch die Möglichkeit, CMYK-Daten in Hexachrome zu separieren. Das allerdings macht keinen Sinn, da die vierfarbigen Daten ja schon in ihrem Farbumfang beschränkt sind und daher auch durch die Umwandlung nicht entpackt werden können. Das Programm kann schlechterdings nicht ahnen, ob ein CMYK-Wert exakt den gewünschten Ton beschreibt, oder ob vielleicht eine buntere Farbe gemeint war und nur nicht realisiert werden konnte. Da es also nicht möglich ist, einen kleinen Farbraum zu entpacken, kann man die CMYK-Option in HexImage getrost ignorieren.

Wohin? (Farbauszugsprofil)

Die Farbauszugsprofile sind das Herzstück des Programms. Denn hier ist festgelegt, welcher Farbanteil im Hexachrome-Druck benötigt wird, um einen bestimmten Lab-Wert zu erreichen. Dieser Wert schwankt je nach Druckverfahren und so unterteilen sich die Profile zuerst in gestrichene und ungestrichene Papiere. Die 2. Unterteilung richtet sich nach der Art der Plattenkopie. Während in den USA die Druckplatten überwiegend mit Negativfilmen belichtet werden, so werden in Deutschland mehrheitlich Positvfilme eingesetzt. Daneben hat Pantone noch zwischen einem mittleren und einem starken Schwarzaufbau unterschieden. Die Bilder in diesem Kapitel wurden mit dem Profil „Pantone Offset, Positivfilm, gestrichen - Medium GCR" separiert.

Nach der Separation entsteht ein Mehrkanalbild mit den 6 Farbauszügen.

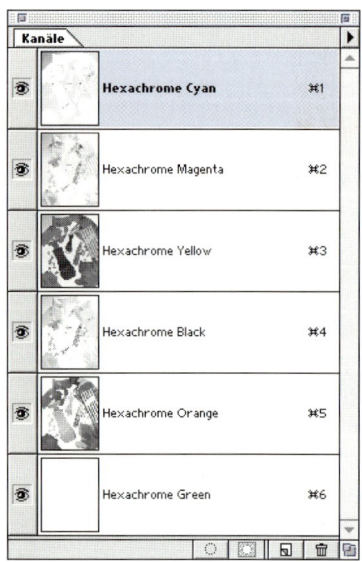

Wie? (Rendering Absicht)

In HexImage stehen zwei Optionen zur Verfügung. Die Wahrnehmungs-Option ist für Bilder geeignet. Die Tonwertunterschiede der Originaldatei werden dabei erhalten. Im Gegensatz dazu eignet sich die farbmetrische Variante, um Farben möglichst exakt umzuwandeln. Dies macht Sinn, wenn man etwa Hausfarben oder Grafiken umwandeln will. Für Fotos eignet sich diese Methode nicht, da einerseits Zeichnung verloren gehen kann und andererseits in den sehr dunklen Elementen des Bildes Abrisse entstehen.

Mit diesen drei Einstellmöglichkeiten hat man über die Qualität der Hexachrome-Dateien entschieden und muss dann nur noch auf SEPARIEREN klicken.

Sehr praxisnah erstellt HexImage zuerst eine Kopie der Originaldatei. Diese wird umgewandelt und dabei entsteht ein Mehrkanalbild, welches aus 6 Kanälen besteht. Dies sind ganz normale Sonderfarbenkanäle, denen jeweils eine Hexachrome-Farbe zugeordnet ist.

Ein CMYK-Bild und drei Hexachrome-Umsetzungen. Was ist was? Gönnen Sie sich den Spaß und raten Sie. Für die Auflösung müssen Sie das Buch umdrehen.

Die Ausgangsdatei wurde in ColorMatch RGB erstellt. Bild 1 wurde mit der korrekten Einstellung separiert. Bild 2 wurde mit dem falschen Ursprungsprofil "Color Solutions RGB" umgewandelt. Bild 3 ist vierfarbig. Bild 4 wurde mit dem falschen Profil "WideGamut RGB" mit einem veränderten Gamma von 1.8 separiert. Übrigens: Um die Farben von verschiedenen Versionen eines Bildes zu prüfen, ist es oftmals hilfreich die Bilder einfach auf den Kopf zu stellen. Man wird dann nicht von dem Inhalt abgelenkt.

Foto: Heinz Augé

Der entscheidende Punkt ist nach meiner Erfahrung die Wahl des Ursprungs-profils. Meine ersten Hexachrome-Versuche waren alles andere als überzeu-gend. Sowohl bei Lab-Daten, als auch bei RGB-Daten mit korrektem Profil, entstanden nicht die gewünschten Resultate. Die Hexachrome-Bilder waren deutlich flauer und farbloser, als ihre vierfarbigen Pendants. Ein Lösungsweg war es, einfach ein falsches Profil anzugeben. HexImage wird damit mitgeteilt, es wären mit den identischen RGB-Werten sehr viel buntere Farben (gemesssen in Lab) gemeint. Dies führt bei der Umwandlung dann auch zu stärkeren Farben in der Hexachrome-Datei. Zugegeben: Das ist sehr unbefriedigend, denn mit einer solchen Vorgehensweise führt man das ganz Farbmanagement ad absurdum. Ich will auch diese Erfahrungen nicht verallgemeinern, aber es war der einzige Weg, wie ich zu befriedigenden Resultaten für dieses Buch kommen konnte. Weitere Erklärungen dazu können Sie dem Sidestep in diesem Kapitel entnehmen.

Monitor/Farbfächer

Durch einen Doppelklick auf einen Kanal kann man die Darstellung und die Opazität für diese Druckfarbe einstellen. Das ist ein ganz wichtiger Punkt, da dies die Kalibrierung des Monitors erlaubt. Dies ist unabhängig von dem eigenen Monitorprofil und beeinflusst auch nicht die Ausgabedatei. So könnte man durchaus den Magentakanal in Blau darstellen lassen. Würde man eine solche Datei ausdrucken, wären diese Einstellungen wieder vergessen und es entstände ein ganz normales Resultat.

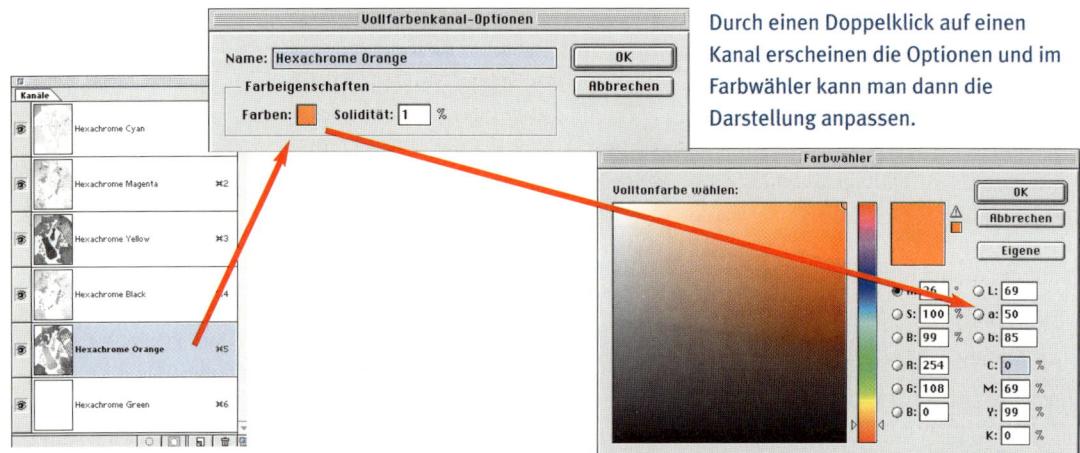

Durch einen Doppelklick auf einen Kanal erscheinen die Optionen und im Farbwähler kann man dann die Darstellung anpassen.

Die Darstellung von Hexachrome-Dateien auf dem Monitor ist überhaupt ein interessantes Thema. Ich war bei meinen Versuchen überrascht, wie gut ich mit Hilfe der Kanaloptionen den Monitor an das Druckergebnis anpassen konnte. Eine kleine Veränderung im Magenta war notwendig und allein die Grüntöne sperrten sich gegen einen exakten Softproof am Bildschirm. Ich vermute, dass hier die Grenzen meines Monitors erreicht sind und der Farbumfang des Hexachrome-Drucks einfach größer ist. Insgesamt war das Resultat aber überzeugend. Die böse Überraschung kam, als ich das gleiche Motiv im CMYK-Modus auf den Bildschirm holte: Das vierfarbige Bild sah viel besser aus, als das 6-farbige Pendant! Das ist ein schönes Beispiel dafür, wie subjektiv doch die Beurteilung von Bildern am Monitor ist. Sowohl bei CMYK- als auch bei Hexachrome-Dateien war ich vom direkten und alleinigen Vergleich zwischen Monitordarstellung und Druck ganz angetan. Der Vergleich zwischen den Farbräumen brachte aber gar nicht die erwarteten Resultate. Es war, als würde die Wahrnehmung für jeden Druckprozess einen eigenen Filter entwickeln, der nur solange gut funktioniert, bis er mit einem anderen Wahrnehmungsfilter konfrontiert wird.

Eine weitere Möglichkeit, um auf die Darstellung Einfluss zu nehmen, bieten die Farbeinstellungen. Bis Photoshop 5 wurde immer auf die CMYK-Einstellungen zurückgegriffen, um den Tonwertzuwachs für die Sonderfarben darzustellen. Seit Version 6 kann man für Sonderfarben einen eigenen Tonwertzuwachs definieren, der unabhängig von den CMYK-Einstellungen ist. Dies erleichtert es, CMYK- und Hexachrome-Bilder im direkten Vergleich zu beurteilen.

Dennoch ist die Kontrolle der Daten mit Hilfe von Farbfächern ungeheuer wichtig. Pantone stellt 2 Farbfächer zur Verfügung. „Solid in Hexachrome" stellt dar, welche Hexachrome-Werte notwendig sind, um definierte Pantone-Sonderfarben zu erreichen. Im Gegensatz dazu wird im „Hexachrome-Process"-Fächer das Zusammenspiel der Farben, wie bei einem Tonwertatlas mit rund 2000 Farb-

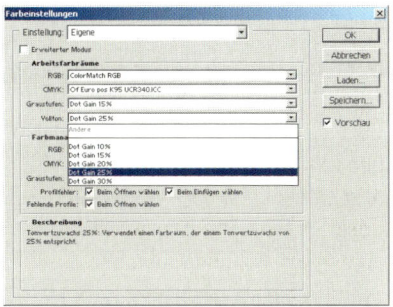

In den Farbeinstellungen von Photoshop 6 kann man den Tonwertzuwachs für Sonderfarben, wie Hexachrome, definieren.

feldern auf gestrichenem und ungestrichenem Papier gezeigt. Jeweils die Nebenfarben werden in Kombination mit den Schwarzwerten gezeigt. So werden z.B. die Gelbtöne in Kombination mit den Grünwerten und diese wiederum im Zusammenspiel mit Cyan abgedruckt. Tertiärtöne, also Farben, die aus 3 Druckfarben entstehen, werden dagegen nicht dargestellt. Das ist gerade bei Hauttönen, die aus Magenta, Orange und Gelb bestehen, problematisch. Aber es ist natürlich auch einsichtig, dass man bei 5 Buntfarben nicht alle Kombinationen von Farbwerten darstellen kann. Dies würde jeden vernünftigen Rahmen sprengen.

Um die Farbwerte seiner Datei zu erfahren, muss man sich Papier und Bleistift zurecht legen. Anders als bei CMYK-Bildern werden die Farbwerte nicht gemeinsam angezeigt, sondern nur die Prozentwerte für den jeweils aktiven Kanal. Am besten wählt man die Tastenkombination „Befehl + 1,2,3,4,5,6" um die Kanäle nacheinander zu aktivieren und dabei jeweils den zugehörigen Prozentwert aufzuschreiben. Das ist im Moment leider die einzige Möglichkeit, die Farbwerte in Erfahrung zu bringen.

Korrekturen in Hexachrome

Anders als bei RGB-, Lab- und CMYK-Bildern, hat man es bei einem Mehrkanalbild nicht mit einem Farbbild im Sinne von Photoshop zu tun. Vielmehr präsentiert sich das Bild als 6 Graustufenbilder in einer Datei. So sind denn auch alle Optionen, die auf die Farbigkeit abzielen, wie Farbton/Sättigung und selektive Farbkorrektur, nicht anwählbar. Auch kann man nicht wie bei einem Farbbild alle Kanäle gemeinsam korrigieren. In den Gradationskurven muss man z.B. jeden Kanal einzeln ändern. Genausowenig ist die Erstellung von Einstellungsebenen möglich. Daher sollte man im Idealfall alle Korrekturen schon im RGB- oder Lab-Ausgangsbild ausführen. Oftmals will man natürlich nach der Kontrolle mit dem Farbfächer in der Hexachrome-Datei noch Korrekturen vornehmen.

Wie bei den Graustufenbildern sind dabei Tonwertkorrektur und Gradationskurven, die wohl wichtigsten Werkzeuge. Indem man die Shift-Taste gedrückt hält und auf die Thumbnails in der Kanälepalette klickt, kann man mehrerere Kanäle gleichzeitig aktivieren. In den Gradationskurven sind dann die einzelnen Farbauszüge anwählbar. Will man z.B. die Helligkeit des Bildes erhöhen, so muss man jede Kurve einzelnen anklicken und korrigieren. Es bietet sich also an, Standard-Korrekturen die man öfter verwendet, abzuspeichern, um sie später einfach laden zu können.

In Hexachrome sind nur jene Korrekturen möglich, die man auch auf Graustufenbilder anwenden kann.

Nachdem man die Kanäle gemeinsam aktiviert hat, kann man sie in den Gradationskurven einzeln anwählen.

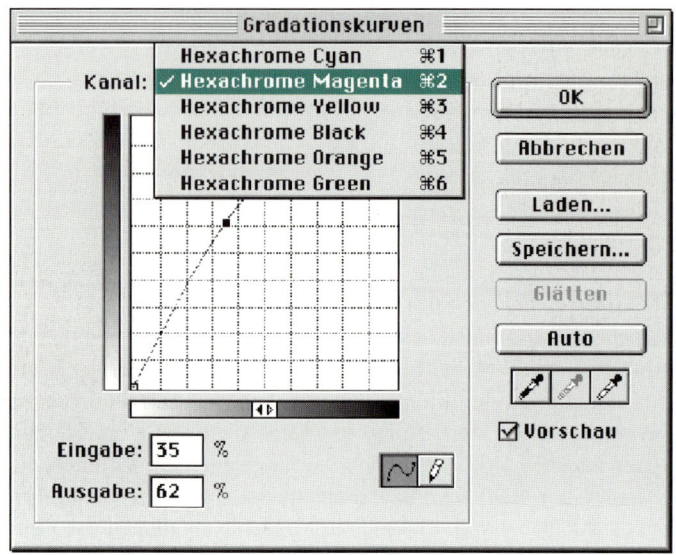

Das Problem bei all diesen Korrekturen ist, dass sie immer auf das gesamte Bild wirken und es schwierig ist, die Änderung auf bestimmte Farben zu beschränken. Aber es gibt einen recht eleganten Weg, um doch zum Ziel zu kommen. Dazu erstellt man eine Auswahl in dem RGB oder Lab-Ausgangsbild. In diesem Modus kann man z.B. einen Farbbereich auswählen und so die zu korrigierende Farbe definieren. Diese Auswahl speichert man, wodurch ein Alphakanal entsteht. Beide Bilder müssen nun in Photoshop geöffnet sein und dann kann man im Hexachrome-Bild den Befehl AUSWAHL LADEN nutzen, um den Alphakanal des RGB-Bildes in eine Auswahl zu verwandeln. In diesem Fall habe ich den blauen Farbeimer ausgewählt und kann so die Wirkung der Korrekturen in der Hexachrome-Datei beschränken.

Bei allen Korrekturen an Hexachrome-Daten kann es hilfreich sein, sich noch einmal bewusst zu machen, in welchem Verhältnis die neuen zu den alten Farben stehen. Die Rottöne eines Bildes werden jetzt nicht mehr nur aus Magenta und Gelb gebildet, sondern in viel stärkerem Maße tritt Orange in den Vordergrund. An einem Türkis-Ton ist Gelb, wenn überhaupt, nur noch in ganz geringem Maße beteiligt. Stattdessen ist Grün der entscheidende Farbton.

Entsprechend werden Änderungen am Grün- und Orangekanal immer die Nebenfarben (Cyan-Gelb) bzw. (Magenta-Gelb) betreffen. Wir haben hier also einen neues Gleichgewicht an Farben, das man entsprechend austarieren muss.

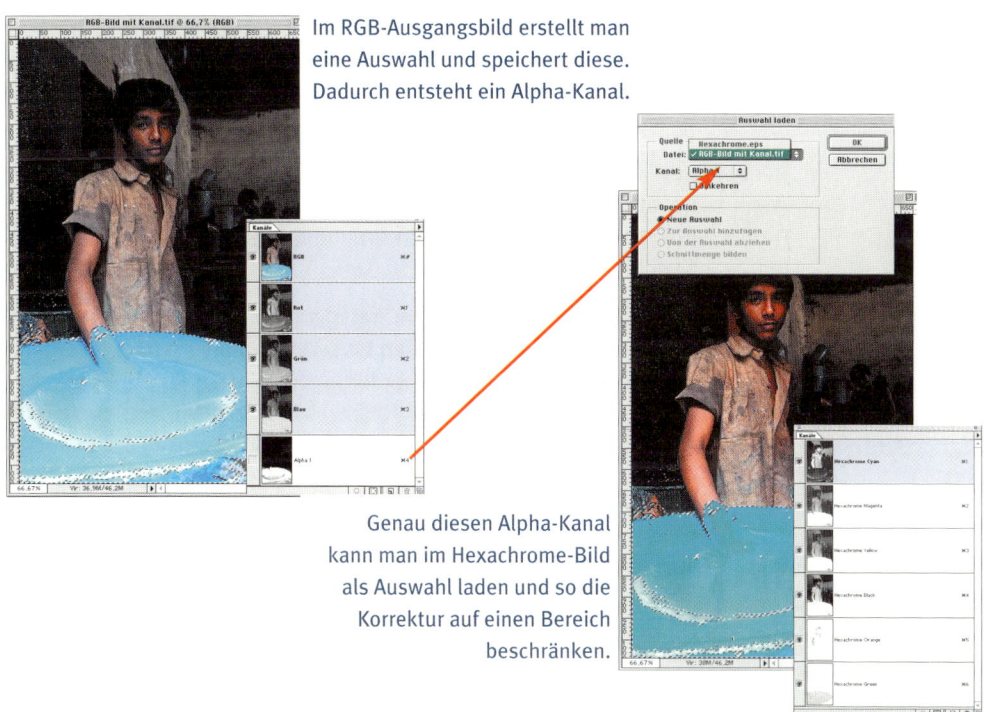

Im RGB-Ausgangsbild erstellt man eine Auswahl und speichert diese. Dadurch entsteht ein Alpha-Kanal.

Genau diesen Alpha-Kanal kann man im Hexachrome-Bild als Auswahl laden und so die Korrektur auf einen Bereich beschränken.

Es gibt aber weiterhin einen entscheidenden Unterschied zwischen den „alten" Farben Cyan, Magenta und Gelb und den „neuen" Farben Grün und Orange. Die Graubalance des Bildes ist nur aus vier Farben aufgebaut. Betrachten wir also die einzelnen Farbkanäle, erkennen wir in den dunklen Elementen des Bildes, dass hier Cyan, Magenta, Gelb und Schwarz vertreten ist. Grün und Orange wird man dagegen hier nie vorfinden. Diese Farben werden wirklich nur in den bunten Elementen des Bildes eingesetzt.

Die grauen Elemente eines Bildes werden aus Cyan, Magenta, Gelb und Schwarz gebildet. Orange und Grün sind daran nicht beteiligt.

Ein Grund dafür ist, dass bei einer konventionellen Rasterausgabe die Druckfilme für Cyan und Orange, sowie Magenta und Grün auf einer Winkelung ausbelichtet werden. Würden irgendwo im Bild diese beiden Farbenpärchen aufeinander treffen, könnten dadurch unschöne Moirés und Strukturen entstehen.

Bei Buntfarben besteht diese Gefahr nicht, da sie sich als Komplementärfarben gegenseitig ausschließen. In den Grautönen des Bildes wird das Aufeinandertreffen vermieden, indem man einfach Grün und Orange nicht in die Graubalance einbezieht.

Für die Arbeit mit Hexachrome-Bildern hat das ganz wichtige Auswirkungen. Sie können im Grünkanal z.B. den Kontrast beliebig steigern oder im Orange die Tonwerte maximal erhöhen. Alle Änderungen werden nur die Buntfarben betreffen und die Graubalance und Tiefenzeichnung nicht berühren. Ganz anders sieht es aus, wenn Sie solche Korrekturen in den Kanälen Cyan, Magenta oder Gelb treffen würden. Dann handelt man sich ggf. einen Farbstich ein oder man verliert Tiefenzeichnung.

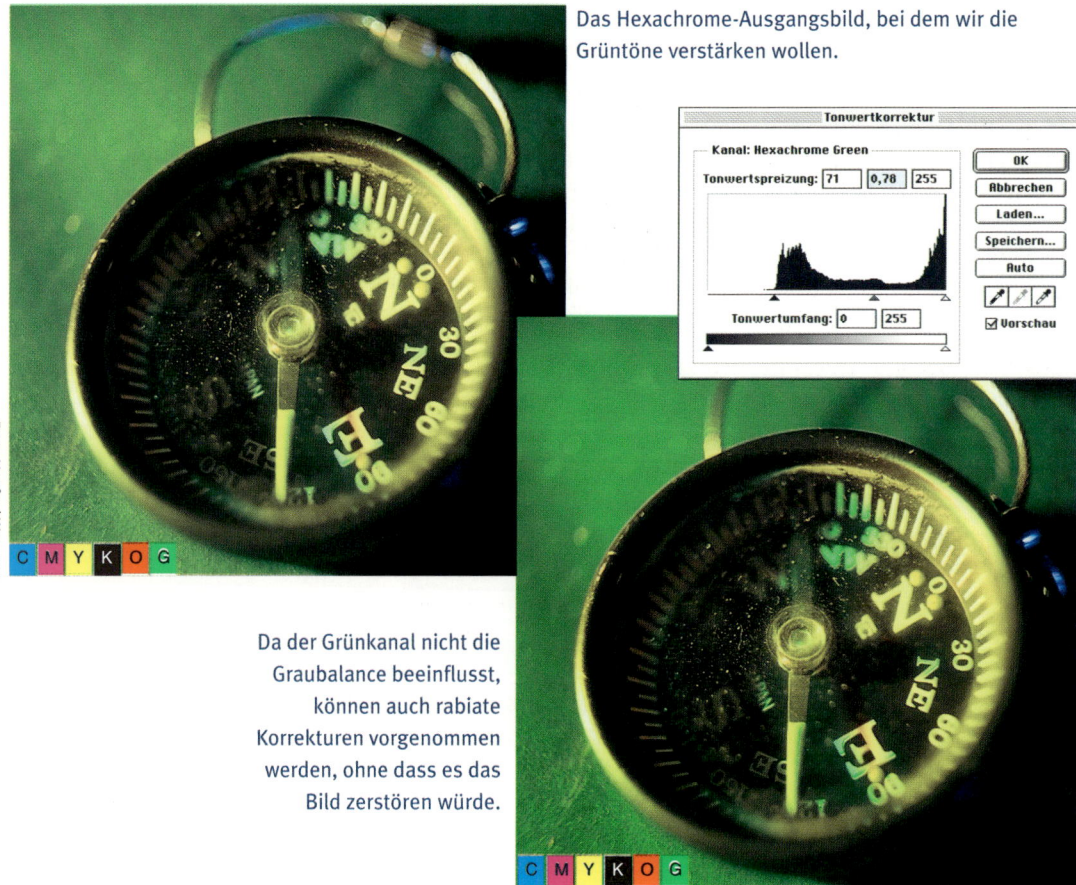

Foto: Manfred Wegener

Das Hexachrome-Ausgangsbild, bei dem wir die Grüntöne verstärken wollen.

Da der Grünkanal nicht die Graubalance beeinflusst, können auch rabiate Korrekturen vorgenommen werden, ohne dass es das Bild zerstören würde.

Um also die Farbigkeit in den Grün- und Orangetönen zu erhöhen, können Sie ganz einfach etwa die Tonwertkorrektur nutzen. Dazu aktivieren Sie den Grünkanal in der Kanälepalette. Durch ein Heranziehen des schwarzen Dreiecks verändern Sie die Tonwertverteilung in diesem Kanal und können dadurch den Farbeindruck verstärken.

Ausgabe

Als Speicherformat für Hexachrome-Dateien steht Photoshop (.psd) und zum Import in ein Layoutprogramm das Photoshop DCS 2.0 - Format zur Verfügung. Dieses Format kennen Sie schon aus dem Kapitel *Sonderfarben*. Sie bestimmen hier über die Bildschirmdarstellung, ob Sie eine Einzeldatei oder Mehrfachdateien abspeichern, und über die Kodierung der Daten.

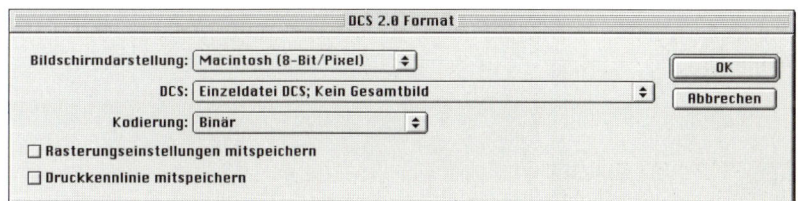

Als Speicherformat für Hexachrome-Dateien kann man das DCS 2.0 - Format nutzen.

Der Import solcher Dateien in ein neueres Layoutprogramm sollte kein Problem darstellen. Besondere Beachtung muss man aber der Rasterwinkelung widmen. Wie schon erwähnt, müssen Orange und Cyan, sowie Grün und Magenta auf einer Winkelung liegen. Pantone empfiehlt folgende Einstellungen:

Cyan: 15°	Magenta: 75°	Gelb: 0°
Orange: 15°	Grün: 75°	Schwarz: 45°

Werden die Daten in einem frequenzmodulierten Raster ausgegeben, muss man sich um die Winkelungen natürlich nicht kümmern. Allerdings wird man die eingesparte Sorgfalt dann der Plattenkopie zuwenden müssen, da die Druckpunkte bei einem frequenzmodulierten Raster außerordentlich empfindlich sind.

Nicht berücksichtigen kann ich an dieser Stelle die Probleme, die bei der Farbdefinition im Layoutprogramm auftreten können. Es ist – in Abhängigkeit vom Programm – nicht immer einfach, einerseits die Farben auf die richtigen Auszüge zu bekommen und andererseits überhaupt die richtigen Farben zu definieren. Das ist insbesondere dann problematisch, wenn ein Teil eines Druckobjektes in 4-c, ein anderer Teil aber in Hexachrome produziert wird. Wiederkehrende Logos und Farben müssen in solchen Fällen ganz genau geprüft werden.

Hauttöne

Warum sollte es bei Hexachrome anders sein? Natürlich sind auch in diesem Druckverfahren die Hauttöne von besonderer Bedeutung. Und leider stellen Sie ganz besondere Anforderungen. Orange hat als neu hinzugekommene Druckfarbe eine zentrale Funktion und es ist schwer einzuschätzen, wie sich dies auf den Gesamteindruck auswirkt. Im Hexachrome-Farbfächer kann man das Zusammenspiel von Magenta, Orange und Gelb nicht gemeinsam prüfen, da hier nur jeweils die Kombination aus zwei Farben dargestellt wird.

Ein CMYK-Bild soll als Referenz dienen.

Eine Hexachrome-Umwandlung ohne weitere Korrekturen.

Cyan	17
Magenta	51
Gelb	71
Schwarz	0

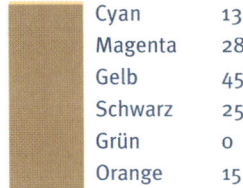

Cyan	13
Magenta	28
Gelb	45
Schwarz	25
Grün	0
Orange	15

Deswegen will ich an dieser Stelle unterschiedliche Versionen des gleichen Bildes abdrucken. Die Differenzen sind besonders im Orange-Kanal zu finden. Ich will es noch einmal betonen: Es geht nicht darum, dass jedes Bild toll aussehen soll, sondern vielmehr sollen die Unterschiede zum Ausdruck kommen. Dies ist eine der wenigen Seiten, von denen kein Proof oder Andruck existiert. Schauen wir 'mal...

Hier wurde der Orange-Anteil erhöht.

Orange wurde verringert und dafür mehr Magenta und Gelb gedruckt.

Cyan	5
Magenta	24
Gelb	47
Schwarz	25
Grün	0
Orange	28

Cyan	13
Magenta	32
Gelb	51
Schwarz	25
Grün	0
Orange	12

Foto: Heinz Augé

329

Erfahrungsbericht

Für ein Sonderheft der Zeitschrift „PrePress" hatte ich mich mit der Firma Zippel Communications in Heppendorf zusammengesetzt, um die Möglichkeiten des Hexachrome-Drucks auszutesten. Es gab – um es vorweg zu sagen – viel auszutesten. Ich will einige Teilschritte auf dem Weg zu überzeugenden Resultaten im 6-Farbdruck an dieser Stelle dokumentieren. Nicht, weil man diese Arbeitsschritte verallgemeinern kann, sondern weil sie einen Einblick geben können in die Schwierigkeiten, die auftreten können (aber nicht müssen!). Es folgt also ein durch und durch subjektiver Erfahrungsbericht...

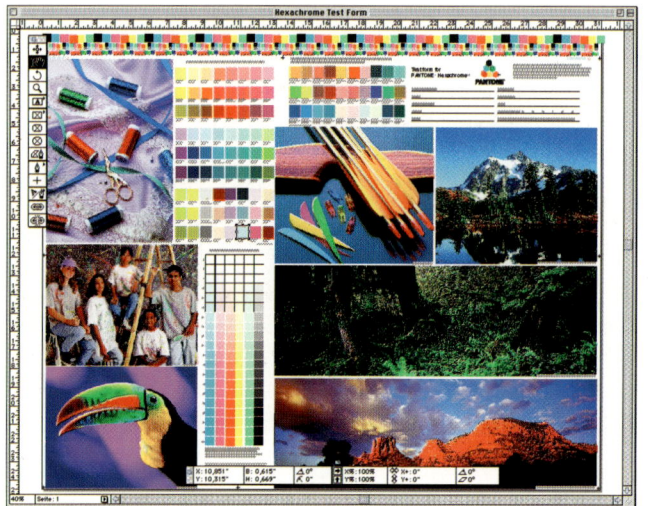

Zuerst wurde die Pantone-Testform auf der Auflagenmaschine angedruckt. Sehr schön konnte man daran die strahlend bunten Farben des 6-Farbdrucks erkennen. Neben den erwarteten Vorzügen im Orange- und Grünbereich fallen gerade die Änderungen im Magenta auf. Hier entstehen Farben, die man im Vierfarbprozess nicht auf Papier bringen kann.

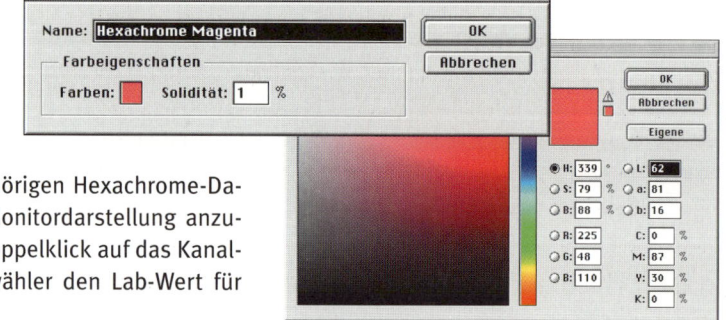

Dieser Ausdruck und die dazugehörigen Hexachrome-Dateien dienten dazu, die eigene Monitordarstellung anzupassen. Dazu macht man einen Doppelklick auf das Kanalsymbol und kann dann im Farbwähler den Lab-Wert für diesen Kanal korrigieren.

Die Vorlagen, die in dem Sonderheft verwendet werden sollten, wurden digitalisiert und direkt aus dem Scanprogramm
dreifach abgespeichert. Einmal in CMYK, eine zweite Version in
Lab und die dritte als ColorMatch RGB. Die Wahl fiel nur deswegen auf ColorMatchRGB, weil das mein eingetesteter Standard-Farbraum ist. Er ist zwar nicht überragend groß, enthält
aber ausreichend viele Farben, die in CMYK nicht druckbar
sind.

Hier sehen Sie die CMYK-Datei, deren Ergebnis zu übertreffen
war.

Die RGB-Dateien wurden mit dem korrekten Ursprungsprofil,
dem Farbauszugsprofil „Offset, Positiv, Medium GCR" und der
Rendering Absicht WAHRNEHMUNG in HexImage separiert. Die
resultierenden Dateien sahen auf dem Bildschirm OK aus. Die
Überraschung war allerdings groß, als Proofs von diesen Bildern gemacht wurden. So hatte man sich den erweiterten Farbumfang des Hexachrome-Drucks eigentlich nicht vorgestellt.

Die Vermutung lag nahe, dass es an dem Ursprungsprofil liegen musste. Wahrscheinlich war der Farbumfang von Color-
Match allzu begrenzt, um ordentliche Resultate zu realisieren.

Also wurde das Lab-Bild zum Vergleich herangezogen und ebenfalls in HexImage separiert. Das Ergebnis unterscheidet sich –
wenn überhaupt – nur in Nuancen von der RGB zu Hexachrome-
Umwandlung.

Das war nun wirklich irritierend. Dem Lab-Farbraum kann man
kaum den Vorwurf machen, ein zu geringes Spektrum zu umfassen. Schließlich werden in diesem Farbraum alle sichtbaren Farben abgedeckt. Falsche Einstellungen in HexImage konnten auch
nicht schuld sein, denn bei Lab-Bildern kann man nichts mehr
einstellen. An den Bildern durfte es eigentlich auch nicht liegen.
Die Bilder waren bunt. Weit bunter als es der Vierfarbdruck zeigen
konnte. Warum konnte es der Sechsfarbdruck nicht?

Da man eigene Fehler nie ausschließen kann, tauchte dann die
Frage auf, ob es wirklich eine gute Idee war, sich mit Hexachrome
zu beschäftigen.

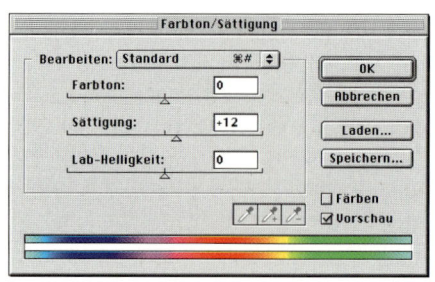

Wir haben trotzdem weitergemacht und in einem ersten Versuch die Farbsättigung für das Bild erhöht. Dies allein brachte aber keine entscheidenden Fortschritte.

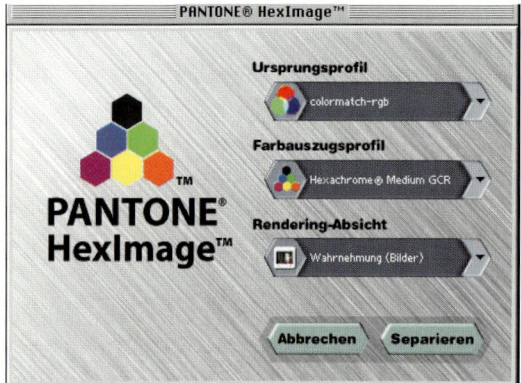

Deswegen wurde bei der Erstellung neuer Separationen einfach eine „falsche" RGB-Einstellung genommen. Während das Original in ColorMatch vorlag, wurde HexImage mitgeteilt, es wäre mit Color-Solutions, Adobe RGB oder WideGamutRGB beschrieben. Dadurch wurden bei der Erstellung der Farbauszüge sehr viel buntere Farben erzeugt. Die Wahl des Farbraums sollte man dabei einfach austesten. Wichtig ist nur, dass der Gamma-Wert in allen Fällen identisch ist, damit keine Helligkeitsunterschiede bei der Umwandlung auftreten.

Schlussendlich haben wir den Farbraum „ColorSolutions RGB" gewählt und sind damit ganz gut gefahren.

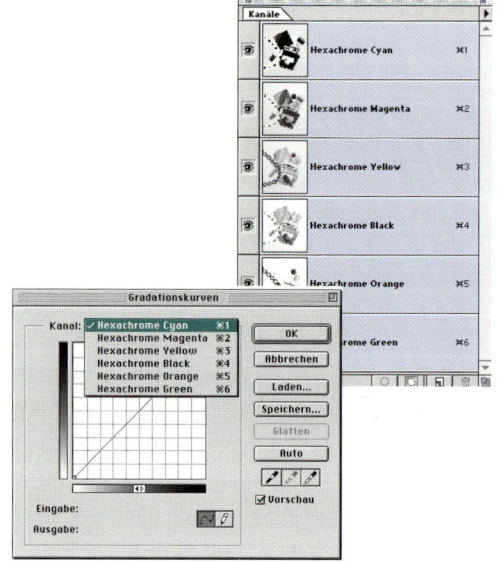

In den Hexachrome-Dateien wurden schließlich noch die Kanäle Grün und Orange mit Hilfe der Tonwertkorrektur farblich angepasst und ggf. mit den Gradationskurven weitere Veränderungen vorgenommen. Dazu wurden mit der Shift-Taste alle Kanäle gemeinsam aktiviert. Teilweise kamen dabei abgespeicherte Gradationskurven zum Einsatz, um z.B. die Mitteltöne aufzuhellen oder den Kontrast zu steigern. Dies hat den Vorteil, dass man nicht jede Gradationskurve einzeln verändern muss, sondern alle 6 Kanäle gemeinsam korrigieren kann.

Ich kann mir durchaus vorstellen, dass Sie, lieber Leser, diese Vorgehensweise nur wenig überzeugend finden. Mir geht's genauso. Die Hoffnung, man könne mit Hilfe des Farbmanagement einfach eine profilierte Datei in Hexachrome umwandeln und sich an dem schönen Resultat erfreuen, hat sich leider in unserem Fall nicht bewahrheitet. Ich weiß nicht, was letztendlich der Grund dafür ist, und will auch diese Erfahrungen, wie schon erwähnt, nicht verallgemeinern. Aber ich denke, wenn man den Hexachrome-Druck selber einsetzen will, sollte man schon bereit sein, das Ergebnis kritisch zu überprüfen, einige Testreihen zu fahren und manchen Papierbogen durch die Druckmaschine zu jagen.

CMYK

CMYKOG

Hier das CMYK-Bild, das als Referenz gedient hat.

Dies war die Hexachrome-Version, die letztendlich akzeptiert wurde.

Foto: Heinz Augé

Bilderseiten

Ziel dieses Kapitels ist es natürlich, den Weg zur Aufbereitung von Bilddaten für das Hexachrome-Druckverfahren zu erläutern. Aber ungleich spannender ist es, den 10-farbigen Druck zu nutzen und den direkten Vergleich zwischen 4-farbigen und 6-farbigen Bildern abzubilden. Auch für mich ist das spannend, wenngleich nicht ganz unproblematisch. Einerseits habe ich natürlich viel mehr Erfahrung in der Aufbereitung von Daten für den Vierfarbdruck. (Das ist unfair gegenüber Hexachrome.) Andererseits habe ich mich den Hexachrome-Dateien natürlich in besonderem Maße gewidmet. (Das ist unfair gegenüber dem Vierfarbdruck.) Ich kann Ihnen nur versichern, dass wir bei der Produktion dieser Seiten nicht versucht haben, das Ergebnis in die eine oder andere Richtung zu lenken. So werden Sie auf den nächsten Seiten durchaus auch Bilder finden, die im klassischen Vierfarbdruck besser aussehen als in Hexachrome.

Foto: PhotoDisc

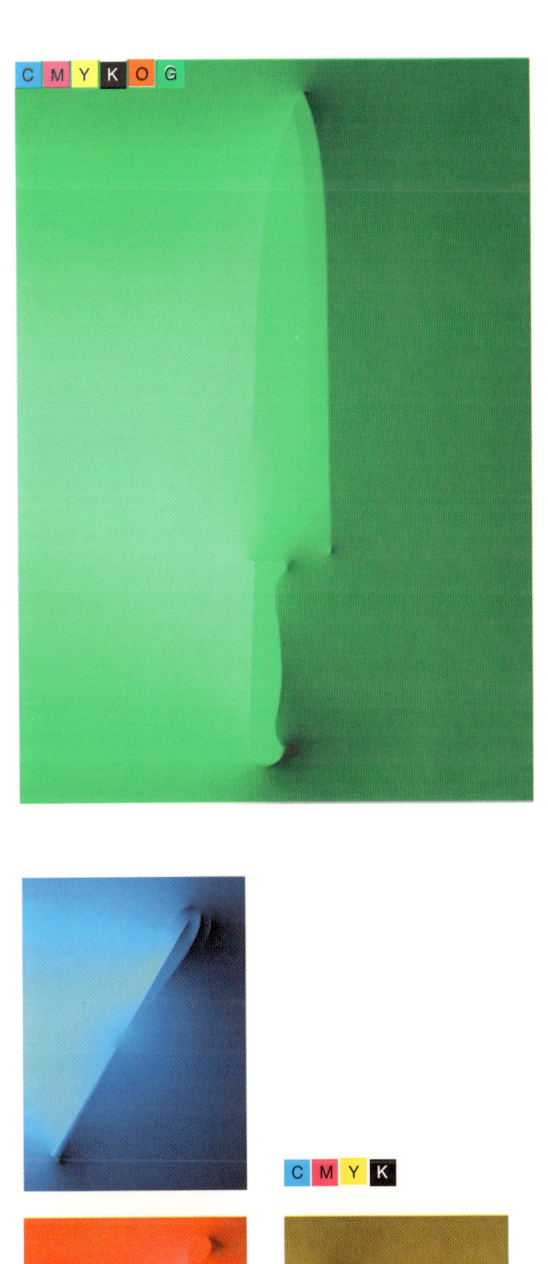

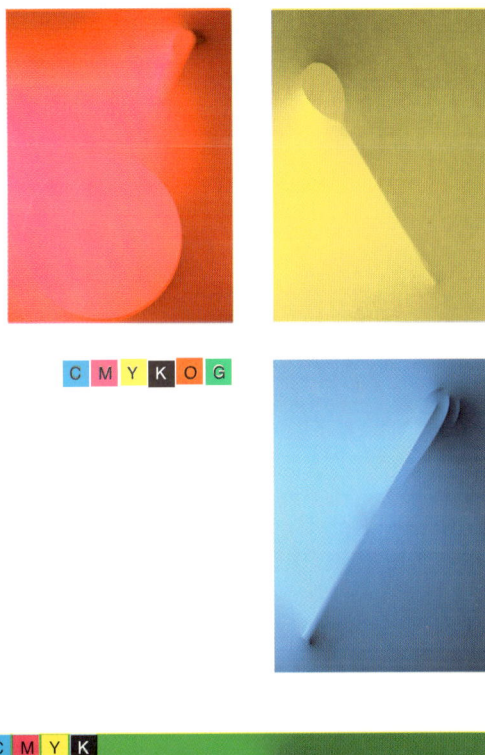

Alle Fotos auf dieser Seite: Thorsten Kern, www.foodfoto.de

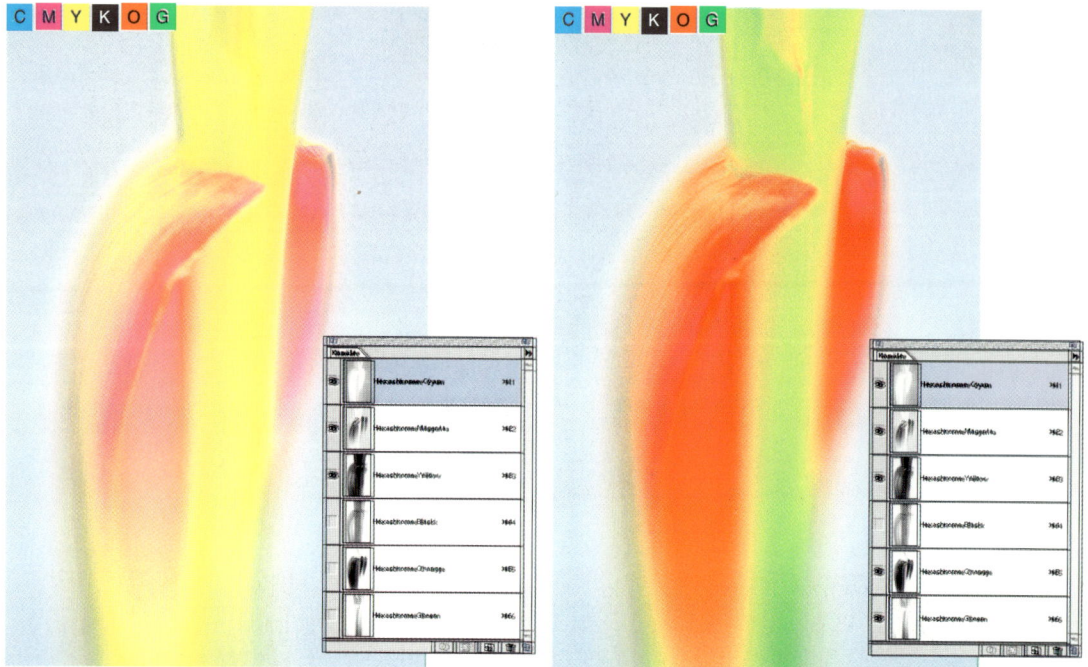

Ich finde es sehr interessant zu sehen, wie sich die Hexachrome-Farben aufbauen. Oben links die CMY-Kanäle, oben rechts CMYOG ohne Schwarz, unten links das komplette Hexachrome-Bild und unten rechts ein CMYK-Bild zum Vergleich.

Foto: Dagmar Morath

Alle Fotos auf dieser Seite: Pedro Citoler

Foto: PhotoDisc

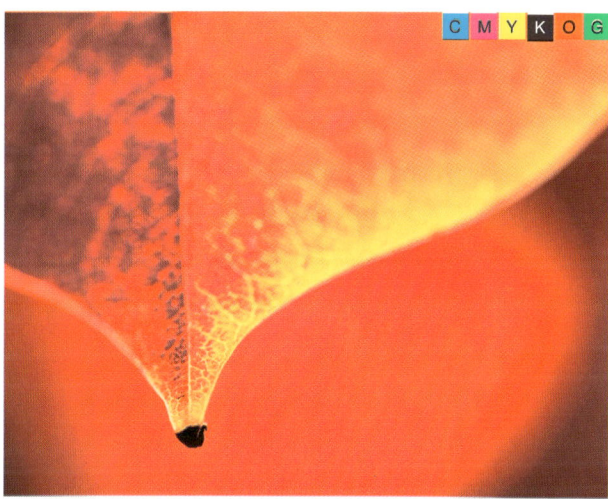

Foto: Jürgen Schaden

Foto: PhotoDisc

Foto: Manfred Wegener

Foto: Manfred Wegener

Foto: Heinz Augé

Foto: PhotoDisc

Hexachrome

- Beim Hexachrome-Druckverfahren werden zusätzlich die Farben Orange und Grün gedruckt.

- Auch die klassischen Druckfarben Cyan, Magenta, Gelb und Schwarz wurden geändert und entsprechen nicht den Euroskala-Farben.

- Laut Pantone sind 90% aller ihrer Sonderfarben mit 6 Farben darstellbar.

- Von Pantone sind 2 PlugIns zur Erstellung von Hexachrome-Bilddateien auf dem Markt. HexWrench ist kompatibel zu Photoshop 3. HexImage läuft erst ab Version 5.

- HexImage nutzt die Farbmanagementsysteme ColorSync (Mac) und Windows ICM (Win). Es ist daher erforderlich, dass die Ausgangsdaten in einem profilierten Farbraum vorliegen.

- In HexImage können von Lab-, RGB- und CMYK-Dateien sechsfarbige Separationen erstellt werden. Es macht aber keinen Sinn, CMYK-Daten in Hexachrome umzuwandeln, da sie in ihrem Farbraum schon beschränkt sind. Bei RGB-Daten sollte man nicht in einem zu kleinen Farbraum arbeiten.

- Das Ursprungsprofil hat den entscheidenden Einfluss auf die Qualität der 6-farbigen Auszüge. Es kann hilfreich sein, hier ein „falsches" Profil anzuwählen, wenn man mit den Resultaten nicht zufrieden ist.

- Die Anpassung der Monitordarstellung kann man über die Kanäle-Optionen vornehmen.

- Eine Hexachrome-Datei verhält sich nicht wie ein Farbbild, sondern wie eine Datei mit 6 Graustufenkanälen. Korrekturen, wie die selektive Farbkorrektur oder das Menü Farbton/Sättigung, sind nicht anwählbar.

- Farbkorrekturen sollte man daher immer im Ausgangsfarbraum vornehmen.

- Die Graubalance des Bildes wird nur aus Cyan, Magenta, Gelb und Schwarz gebildet. Korrekturen des Orange- und Grün-Kanals sind daher unproblematisch.

- Bei einer Rasterausgabe liegen Orange und Cyan, sowie Grün und Magenta auf einer Winkelung.

4

Anhang

4.1 Farbtafeln

Professionelle Tonwerttafeln werden mit sehr großem Aufwand erstellt. Die Drucke werden mit Densitometer und Spektralphotometer vermessen. Der Tonwertzuwachs hat sich in engen Spielräumen zu bewegen, und im Regelfall kommt hochwertiges Papier zum Einsatz. Schwankungen, die in einem „normalen" Druckprozess kaum zu vermeiden sind, dürfen hier eben nicht auftreten. Es wäre peinlich, wenn auch nur kleinste Farbverschiebungen zwischen den einzelnen Drucken auftreten würden.

Man nehme ein Stück weißes oder graues Papier, falze es diagonal und schneide ein Dreieck heraus.

Verlag, Druckerei und Autor haben sich zusammengesetzt und geprüft, ob wir diese hohen Anforderungen erfüllen können. Die Antwort war ein schlichtes Nein. In einer industriellen Buchproduktion wie dieser kann man nicht sicherstellen, dass alle Exemplare die Qualität eines Referenzdruckes erreichen.

Es erscheint vermessen, dass wir trotzdem an dieser Stelle Tonwerttafeln abdrucken, aber dafür gibt es gute Gründe. Auch wenn wir in einer Buchproduktion nicht Laborbedingungen herstellen können, so können wir doch davon ausgehen, dass die Schwankungen recht gering sind und im Rahmen eines „Ideal-Standard"-Offsetdrucks bleiben.

Den größten Einfluss auf unsere Wahrnehmung hat sowieso das Papier. Wenn Sie also auf hochglänzendes Kunstdruckpapier drucken wollen, dann sind diese Tonwerttafeln nur mit äußerster Vorsicht zu genießen. Sie werden weitaus strahlendere Farben, als hier abgebildet, erreichen.

Damit können Sie die umliegenden Felder abdecken, die sonst den Farbeindruck beeinflussen würden.

Wenn der Fortdruck aber auf einem ähnlichen, einfach gestrichenen Papier erfolgt, dann können Ihnen diese Drucke sogar eine bessere Vorstellung vermitteln als ein professioneller Tonwertatlas auf Kunstdruckpapier.

Sind Sie also auf der Suche nach dem perfekten Referenzdruck? Dann sollten Sie die Investition nicht scheuen und sich einen professionellen Farbwerteatlas zulegen. Vergessen Sie nicht, dass darüber hinaus das Umgebungslicht Einfluss auf das Ergebnis hat. Um die Farben ganz exakt einschätzen zu können, brauchen Sie auch eine Normlichtquelle.

Kurz und gut: Dies ist kein Referenzdruck. Wir denken, dass man ihn trotzdem sinnvoll einsetzen kann, wenn man sich der Grenzen bewusst ist.

Die Seiten sind so aufgebaut, dass die Cyan- und Magentawerte in 10er-Schritten abgedruckt sind. Die oberen Kästchen der Flächen sind mit 10% Schwarz gefüllt. Hinter dem gesamten Aufbau ist ein bestimmter Anteil Gelb gedruckt. Auf der gegenüberliegenden Seite ist es 0%. Der Wert steigt auf den nächsten Seiten jeweils um 10% an.

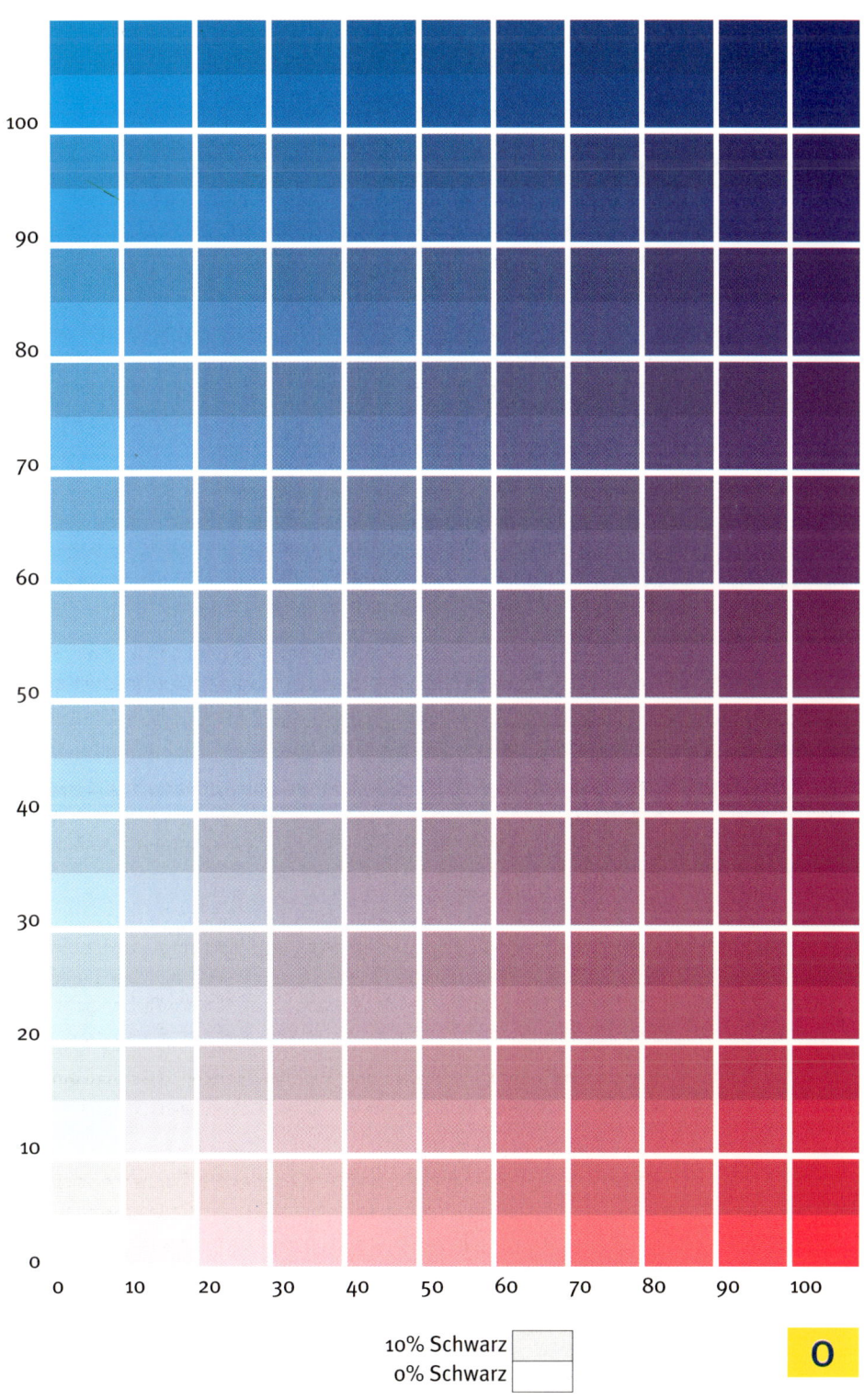

10% Schwarz
0% Schwarz

O

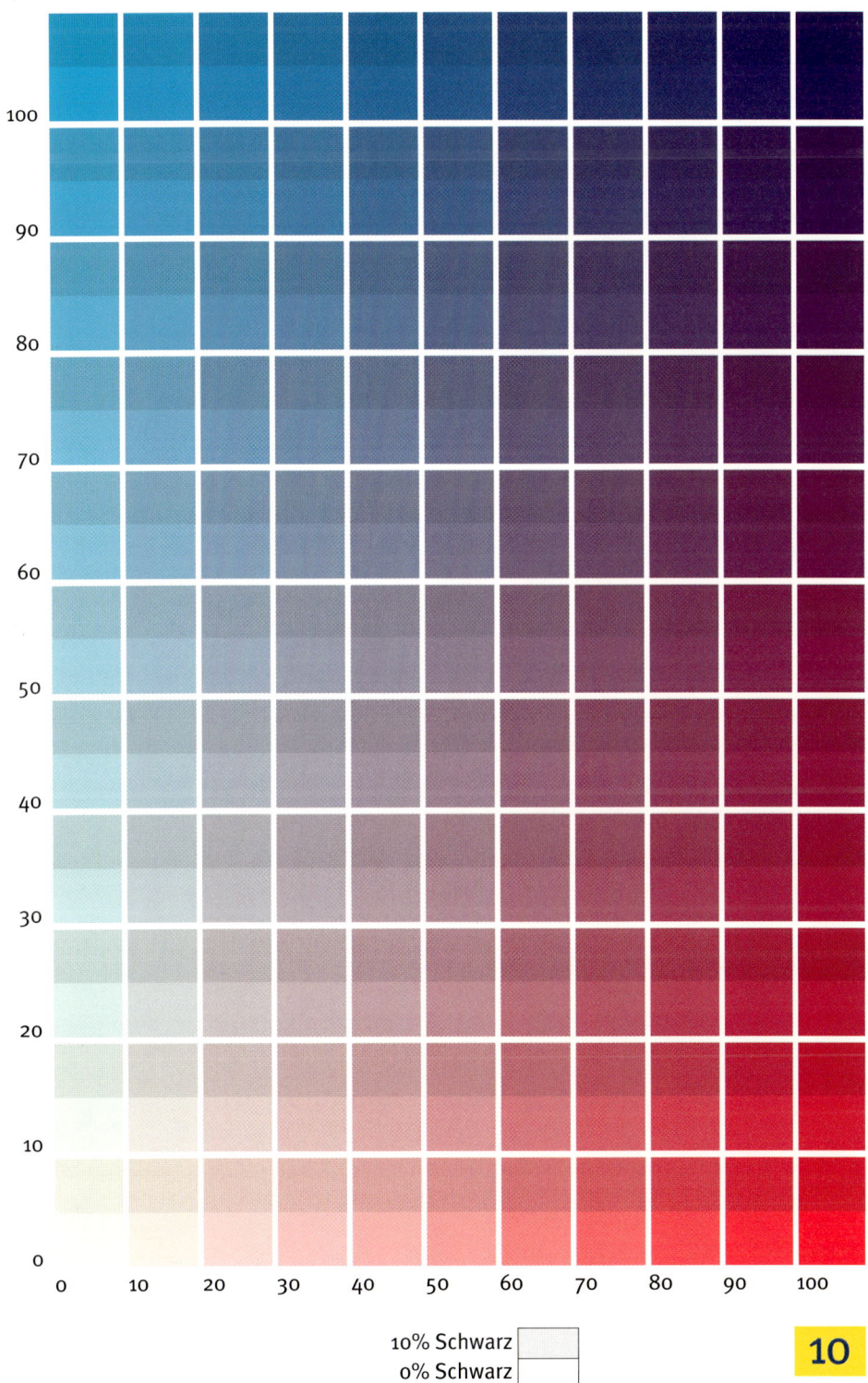

100
90
80
70
60
50
40
30
20
10
0

0   10   20   30   40   50   60   70   80   90   100

10% Schwarz
0% Schwarz

10

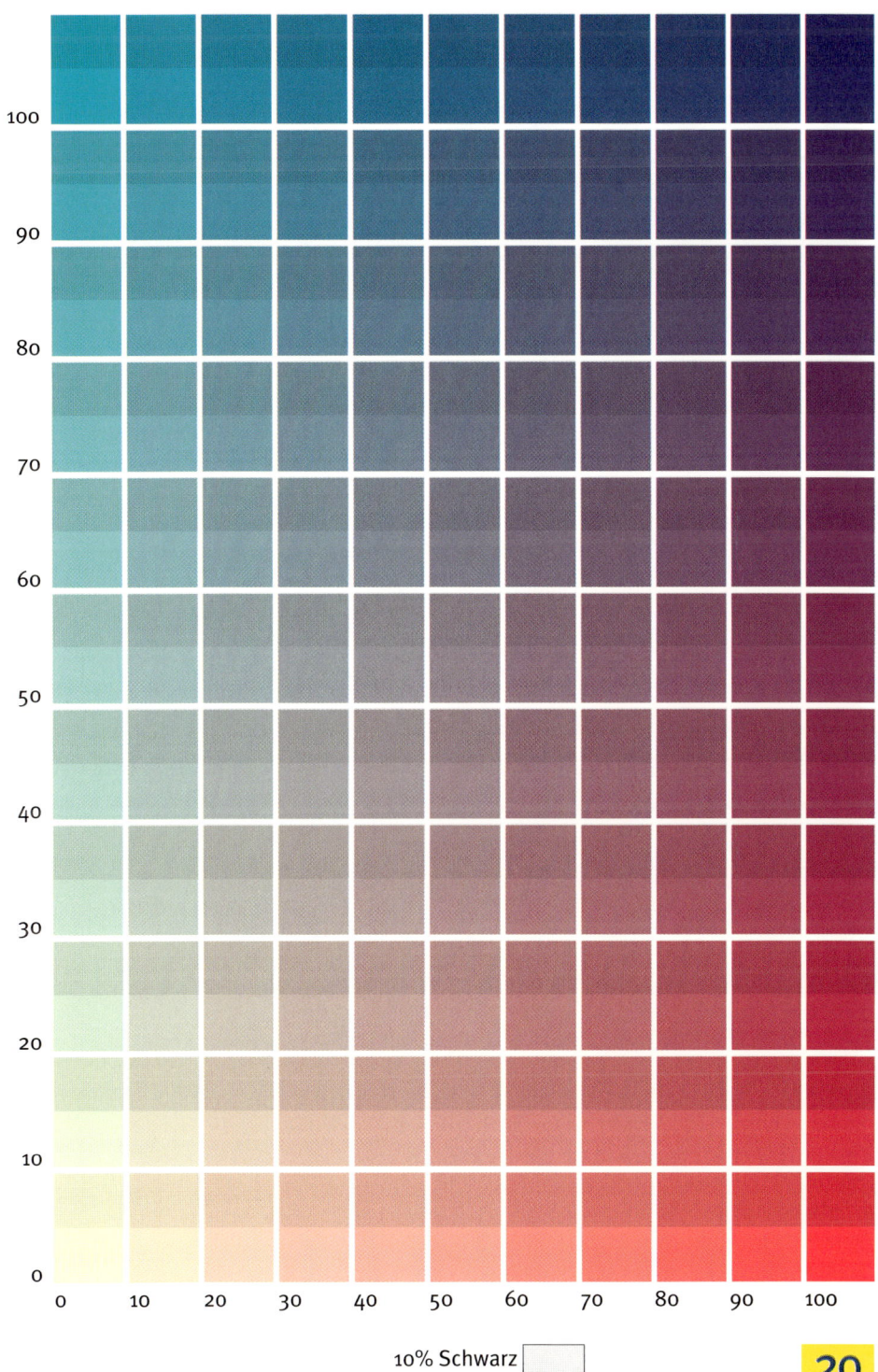

100

90

80

70

60

50

40

30

20

10

0

0   10   20   30   40   50   60   70   80   90   100

10% Schwarz
0% Schwarz

20

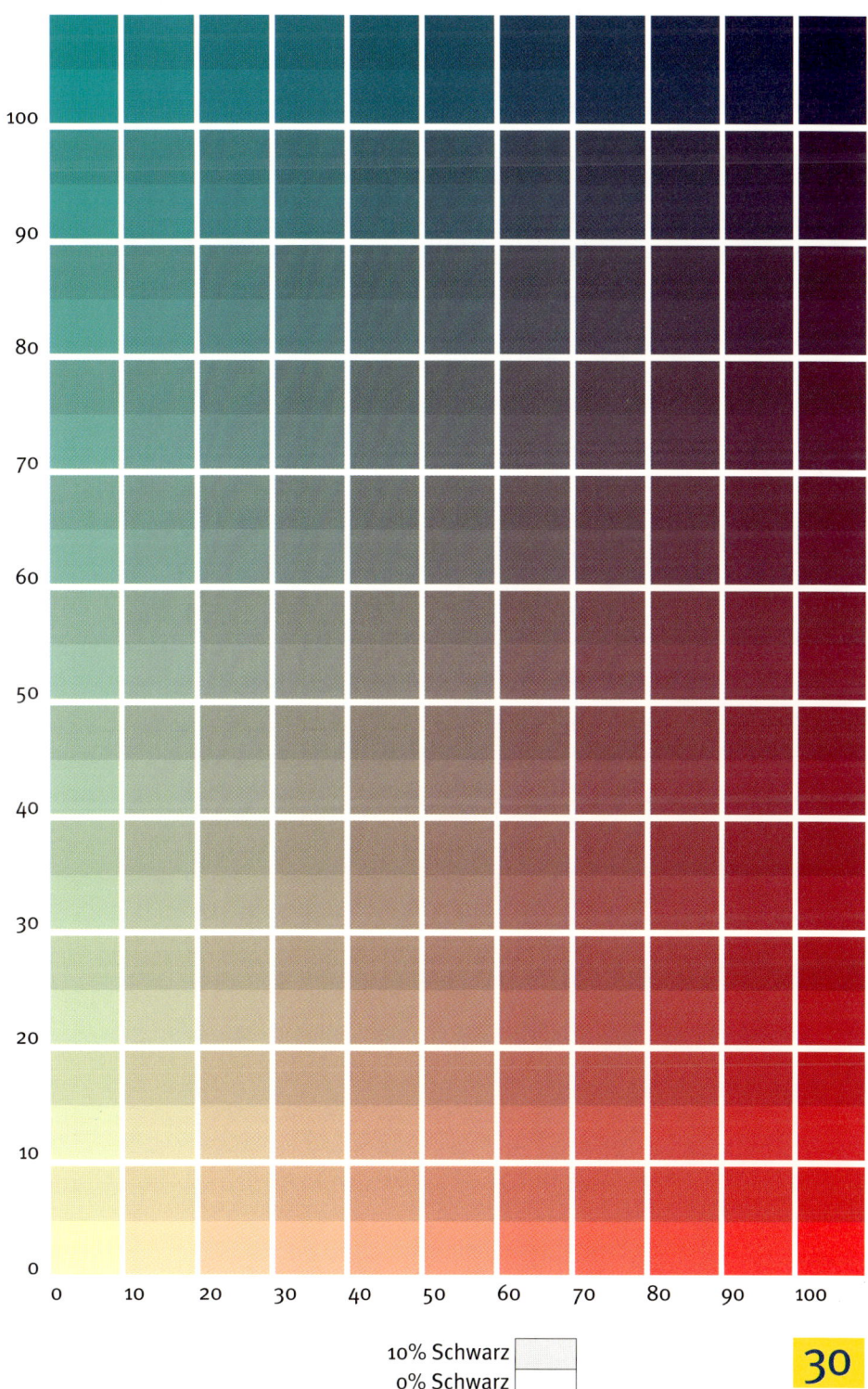

10% Schwarz
0% Schwarz

30

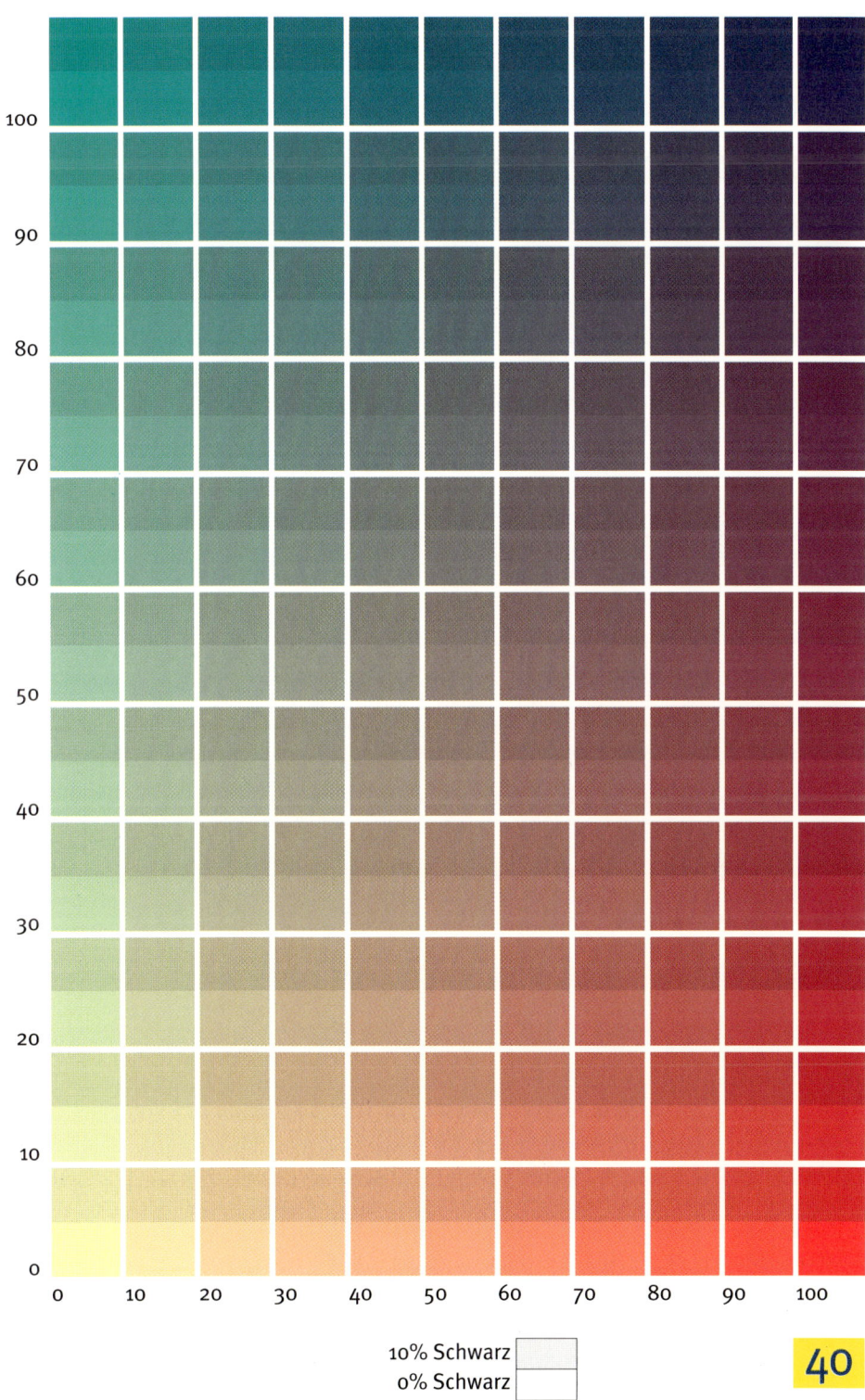

10% Schwarz
0% Schwarz

40

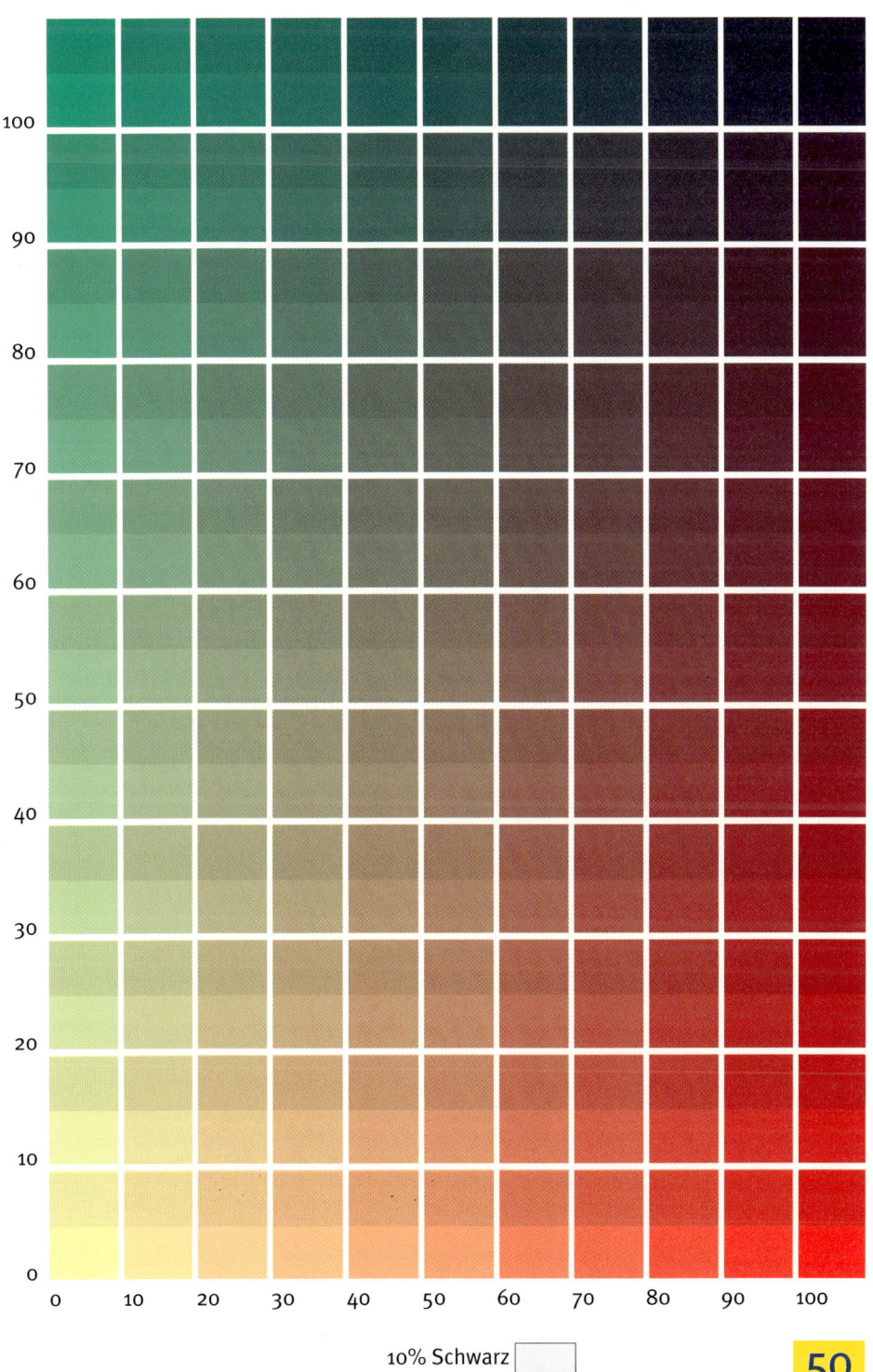

10% Schwarz
0% Schwarz

50

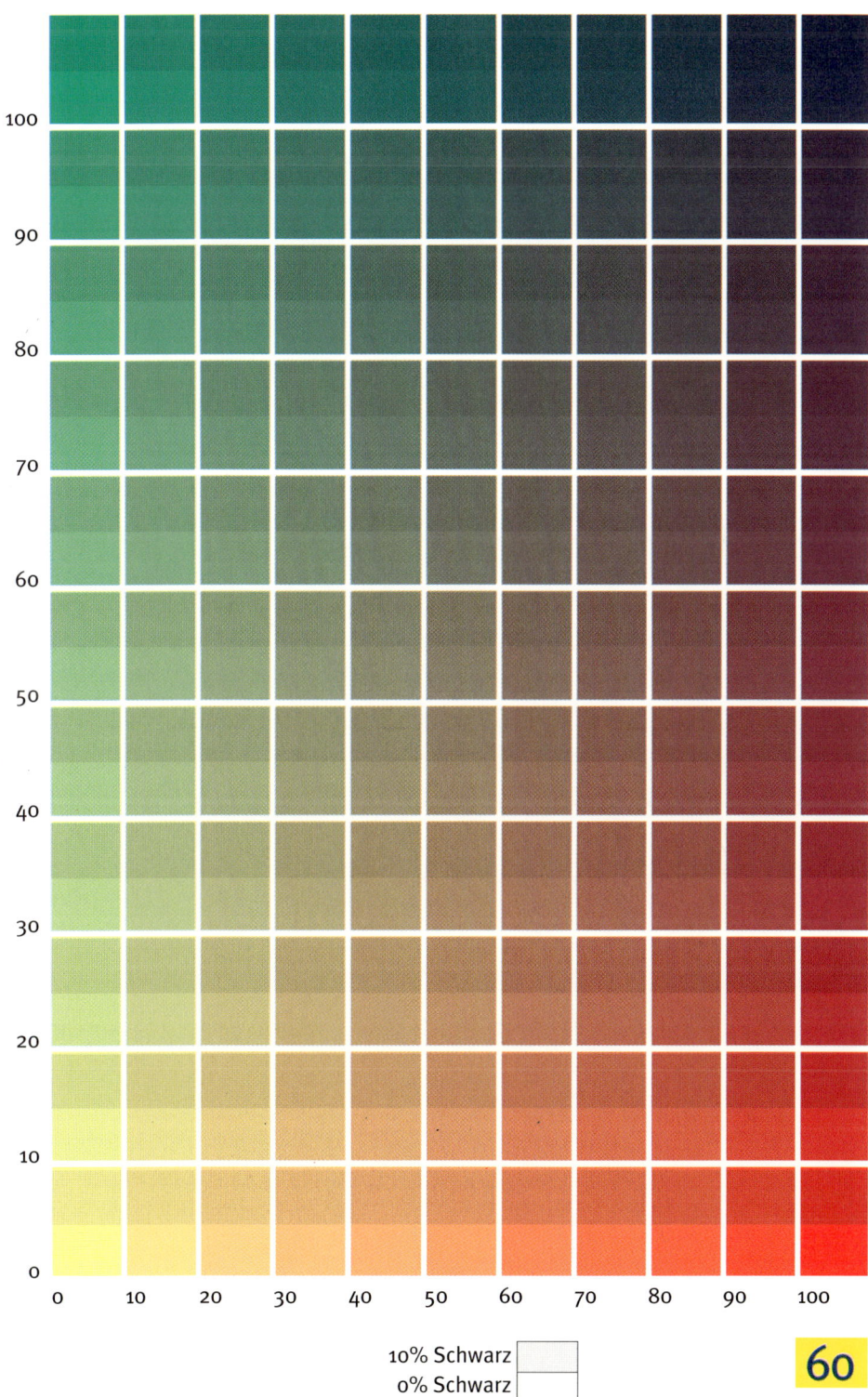

10% Schwarz
0% Schwarz

60

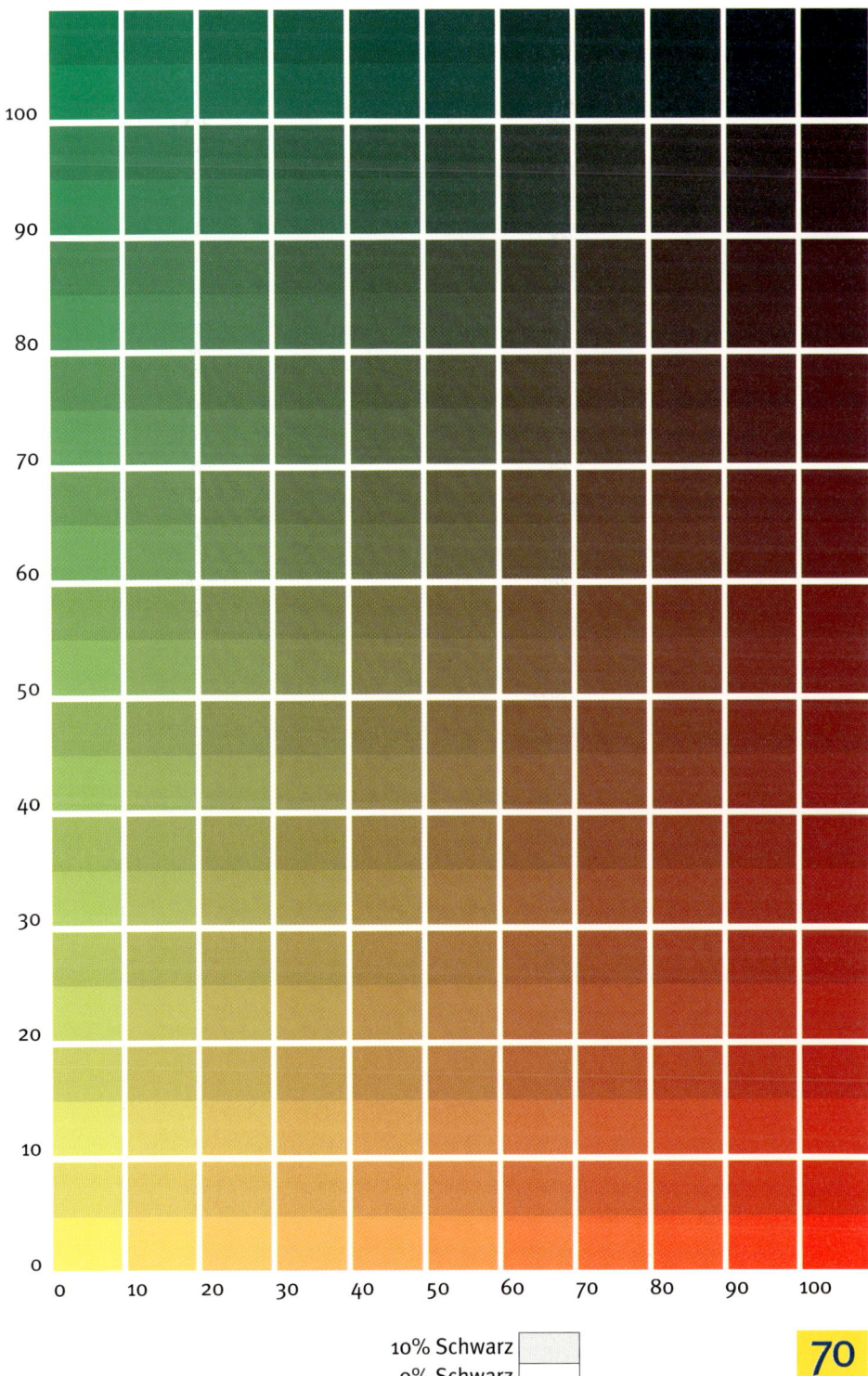

100
90
80
70
60
50
40
30
20
10
0

0   10   20   30   40   50   60   70   80   90   100

10% Schwarz
0% Schwarz

70

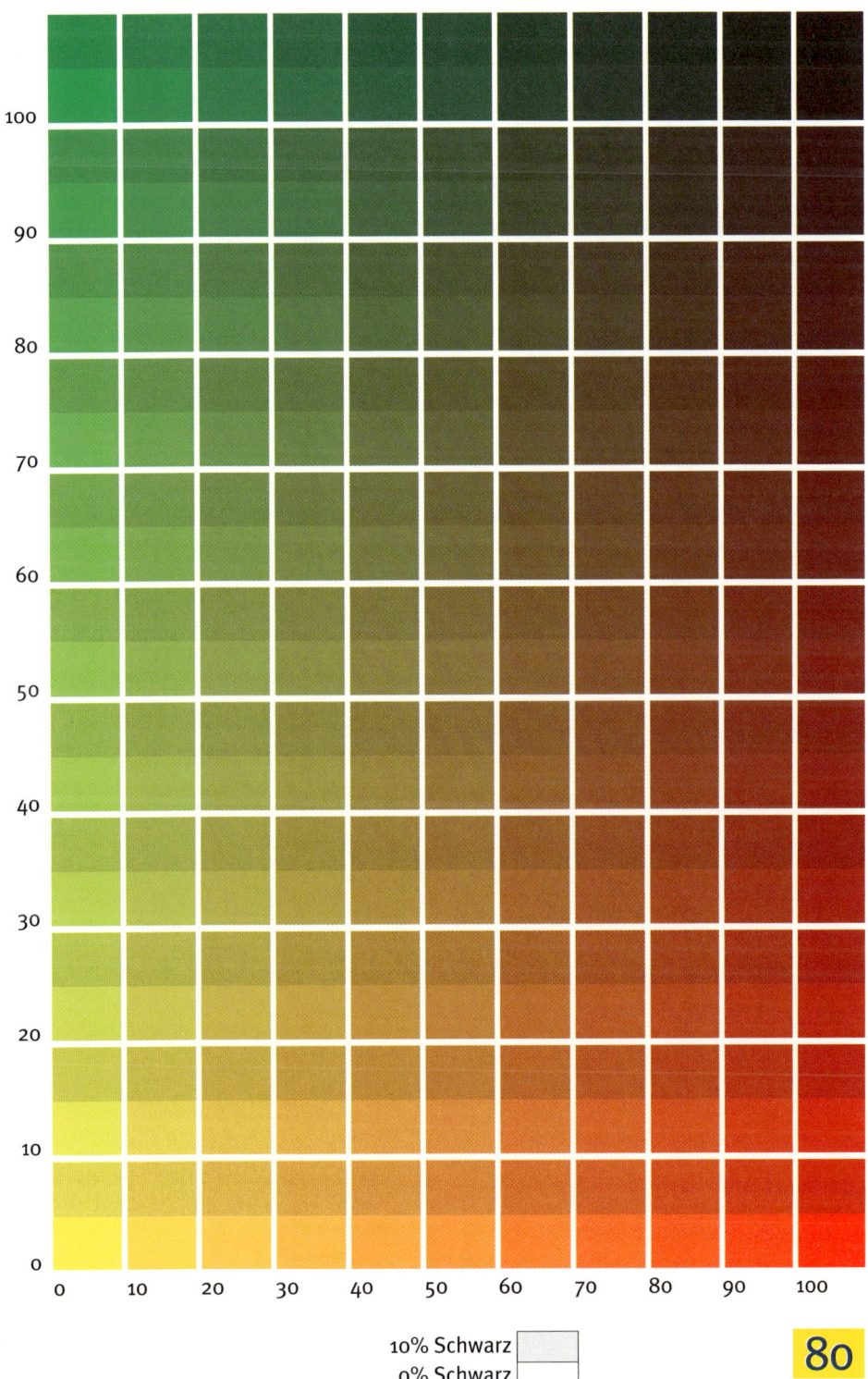

100

90

80

70

60

50

40

30

20

10

0

0   10   20   30   40   50   60   70   80   90   100

10% Schwarz
0% Schwarz

80

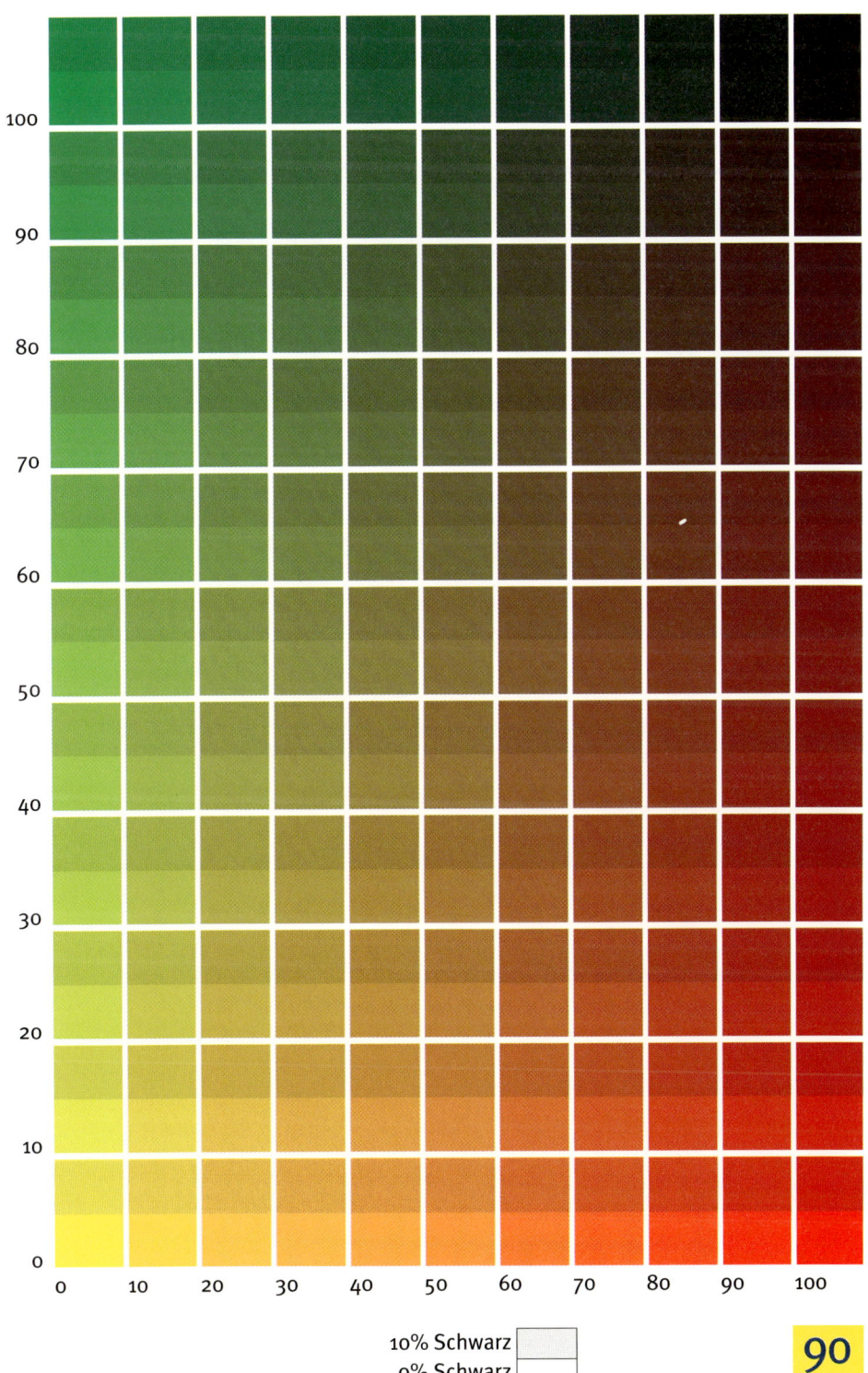

10% Schwarz
0% Schwarz

90

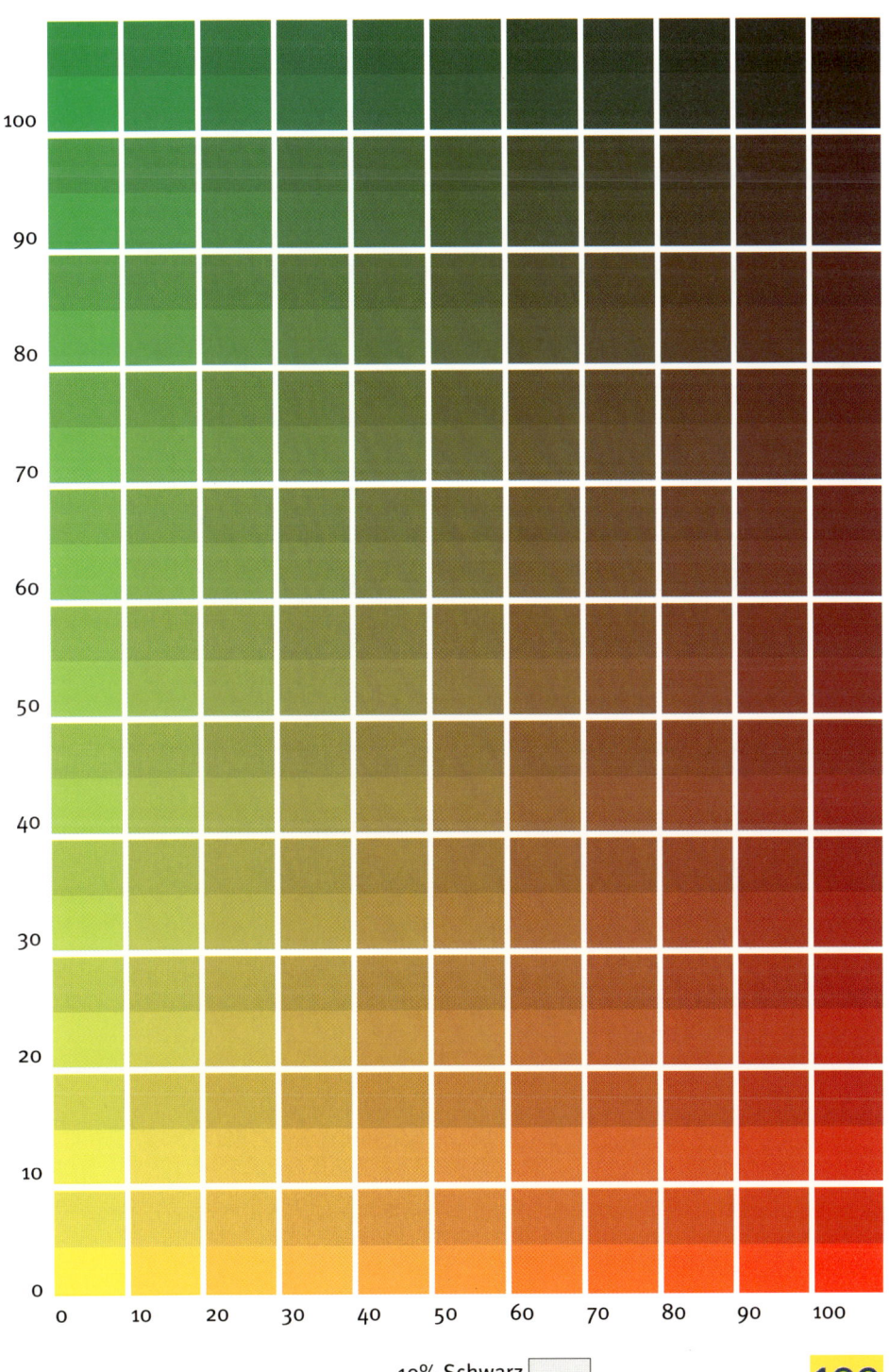

10% Schwarz
0% Schwarz

100

4.2 Internet-Adressen

Ein Buch ist eine schöne Sache. Allerdings ändert sich die Welt schnell. Um auf dem Laufenden zu bleiben und an den aktuellen Entwicklungen teilzuhaben, ist das Internet das Medium der Wahl.

Nachfolgend einige ausgewählte WWW-Adressen. Diese Liste erhebt nicht im Geringsten den Anspruch vollständig zu sein.

Zuerst sollen natürlich Autor und Verlag erwähnt werden.

www.daton.de/wargalla

Hier finden Sie Artikel, die ich regelmäßig für die Zeitschrift „PrePress" schreibe. Monatlich kommt ein neuer hinzu, so dass sich inzwischen eine beachtliche Anzahl angesammelt hat. Keine Sorge: Es geht nicht immer nur um Farbkorrektur und -management.

www.mitp.de

Sie haben jetzt eines in der Hand. Dabei gibt es noch so viele andere Bücher aus dem Hause MITP. Hier finden Sie die Infos zu Verlagsprogramm und Verlag.

Hexachrome

http://www.mediaprint.de/
MediaPrint hat das Hexachrome-Kapitel gedruckt.

http://www.ebdruck.de/start.html
eb-Druck hat den Titel gedruckt.

http://www.zippel.de
Mit Zippel Communications hatte ich einen Hexachrome-Sonderdruck für die Zeitschrift „PrePress" erstellt.

http://www.pantone.com/
Pantone hat das Hexachrome-Druckverfahren entwickelt.

Zeitschriften

http://www.prepressworld.de
PrePress

http://www.macup.de/
MacUp, Page und Screen sind hier versammelt.

http://www.publish.de/
Publisher

http://www.publisher.ch/
Eine deutschsprachige Fachzeitschrift aus der Schweiz, für die ich auch schreibe.

http://macworld.zdnet.com/ und http://www.macworld.co.uk/
Die amerikanische respektive englische Ausgabe der MacWorld.

http://www.seyboldreport.com/
Die Seybold-Konferenzen dürften einigen bekannt sein. Hier gibt es Infos aus dem internationalen Publishing-Geschehen. Da Seybold auch Publikationen herausgibt, will ich es unter Zeitschriften einordnen.

Hersteller

http://www.adobe.com und http://www.adobe.de
Adobe hat eine beachtliche Stellung im Publishing-Bereich erreicht. Nicht zuletzt dank Photoshop. Entsprechend umfangreich ist das Angebot an Infos, News und Werbung auf dem deutschen und internationalen Server.

http://www.heidelberg.com
Der Druckmaschinenhersteller, zu dessen Produkten LinoColor und NewColor gehören und dessen Seiten man nur besuchen kann, wenn der eigene Browser Cookies akzeptiert.

http://www.agfahome.com/

http://www.nikon.de

http://www.microtek.de/

http://www.polaroid.de

http://www.lasersoft.de
macht die Scansoftware SilverFast.

http://www.epson.de

http://www.quato.de

http://www.camerabits.com/
Camerabits hat einen Filter entwickelt, um das Rauschen und die Farbsäume, die bei manchen Digitalkameras auftreten, zu minimieren. Eine ganz ähnliche Technik ist im Kapitel 3.2, Lab-Techniken, erwähnt.

www.photodisc.com
verfügt über 60.000 Fotos auf CD und im Internet. Einige der Bilder sind auch in diesem Buch abgedruckt.

http://www.macromedia.com/
Neben Adobe der andere große Softwarehersteller im DTP-Bereich. Die Bildbearbeitungssoftware Xres aus dem Hause Macromedia hat sich auf dem Markt nicht neben Adobe positionieren können, weswegen sie hier ausgeblendet blieb.

www.canto-software.com/
machen die Bilddatenbank Cumulus.

www.scitex.com/
Eigentlich ist es eine Schande, dass ich mit keinem Wort auf die Produkte von Scitex eingegangen bin, denn sie bieten im Bereich Scanner und Digitalfotografie ganz hervorragende Lösungen.

www.kodak.com/
Was für Scitex gilt, stimmt ebenso für Kodak.

www.binuscan.com/
Hat eine Lösung zur automatischen Farbkorrektur entwickelt, die selbständig im Hintergrund die Arbeit erledigt – mit verblüffend guten Ergebnissen.

Farbmanagement

http://www.colormanagement.de
Die Seite von Jan-Peter Homann ist der perfekte Startpunkt, um sich im Internet über das Farbmanagement schlau zu machen, und steckt voller Informationen. Sehr empfehlenswert!

www.color.org/
The International Color Consortium. Kurz: ICC. Die Erfinder des gleichnamigen Profils.

http://www.eci.org
Bei der ECI (European Color Initiative) findet man Profile von namhaften Druckereien und Verlagen.

http://www.apple.com/colorsync/
Die neuesten Versionen und die neuesten Infos zu dem Rechner, der das Farbmanagement auf Apple-Systemen möglich macht.

Diverse

http://www.digitaldog.net
Santa Fe, USA ist der Sitz der Firma von Andrew Rodney, der Artikel zu Photoshop und Farbmanagement schreibt. Empfehlenswert, aber englisch.

http://www.geocities.com/SoHo/Coffeehouse/8144/linqs/linqs.html
Eine grauenhaft lange Adresse, hinter der sich Photoshop-Links in englischer Sprache verbergen.

http://www.pixelfoundry.com/
Photoshop-Tips gibt es hier. Nach diesem Buch, das sich strikt mit den Hard-Facts der Medienproduktion beschäftigt hat, kann es ganz entspannend sein, hier die bunteren und filterintensiven Seiten der Bildbearbeitung zu erforschen. (englisch)

http://www.actionxchange.com/
Hier kann man Photoshop-Aktionen herunterladen, um z.B. einen Schriftzug in Gold zu verwandeln oder in Flammen aufgehen zu lassen kann.
Natürlich kann man auch seine eigenen Krea(k)tionen uploaden. (englisch)

http://desktopPublishing.com/
Ein umfassendes Angebot nicht nur zu Photoshop, sondern zu allen DTP-
Programmen ist auf diesem Server zu finden. (englisch)

index

Danke schön

Lieber Leser, Sie haben soeben die letzte Seite des Buches erreicht. Es freut mich sehr, dass Sie so lange durchgehalten haben. Ich hoffe, es waren neue Informationen für Sie dabei. Vielen Dank für Ihr Interesse.

Ganz herzlich möchte ich mich auch bei den Lesern der ersten Auflage bedanken, die mir mit Lob, mancher Kritik und vielen Anregungen weitergeholfen haben.

Und natürlich gilt der Dank meinen lieben Freunden und Bekannten:

Dirk Schlossarek, Pedro Citoler, Peter Obenaus, Jürgen Schaden-Wargalla, Heinz Augé, Thorsten Kern, Dagmar Morath, Manni Wegener (allesamt Fotografen), die mir mit Fotos und klugen Fragen zur Seite standen. Dirk Schlossarek muss man besonders hervorheben, da er nicht nur hinter, sondern auch vor der Kamera eine hervorragende Figur macht, wie man bei der Zwei-Minuten-Korrektur unschwer überprüfen kann.

Herr Karst und Frau Koch von Photo-Disc für jede Menge schöne Fotos.

Ralf Schlossarek und Annette Huhmann von DatonWebEngeneering, die immer meine Internet-Fragen beantworten.

Linde, Werner, Gerhard, Renate, Gisela, Joachim und Nadja von der Repro-werkstatt in Köln.